中经财税培训　　蔡昌财税系列

企业财税合规

涉税风险排查与税控管理案例解析

主编◎蔡　昌
副主编◎冯守东　潘慧君　王爱清

·北京·

图书在版编目（CIP）数据

企业财税合规：涉税风险排查与税控管理案例解析/蔡昌主编．--北京：中国经济出版社，2023.6
ISBN 978-7-5136-7280-1

Ⅰ．①企… Ⅱ．①蔡… Ⅲ．①企业管理-财务管理-案例-中国 ②企业管理-税收管理-案例-中国 Ⅳ．①F279.23 ②F812.423

中国国家版本馆 CIP 数据核字（2023）第 061702 号

责任编辑	夏军城
责任印制	马小宾
封面设计	任燕飞

出版发行	中国经济出版社
印 刷 者	河北宝昌佳彩印刷有限公司
经 销 者	各地新华书店
开 本	710mm×1000mm 1/16
印 张	27.75
字 数	513 千字
版 次	2023 年 6 月第 1 版
印 次	2023 年 6 月第 1 次
定 价	98.00 元

广告经营许可证 京西工商广字第 8179 号

中国经济出版社 网址 http://www.economyph.com 社址 北京市东城区安定门外大街 58 号 邮编 100011
本版图书如存在印装质量问题，请与本社销售中心联系调换（联系电话：010-57512564）

版权所有 盗版必究（举报电话：010-57512600）
国家版权局反盗版举报中心（举报电话：12390） 服务热线：010-57512564

前言

　　财税合规管理是现代企业治理的基本功和必修课，是增强企业抗风险能力的基本要求。业界把2022年称为"合规元年"，企业、政府机关和社会机构对合规工作更加关注，而财务合规又是合规管理的关键内容。

　　合规管理与业务管理、财务管理并驾齐驱，是企业管理的三大支柱。盈科律师事务所创始人梅向荣在2022年9月24日召开的"企业合规改革与律师业务拓展高端论坛"上说："合规是企业的生命线。"党和国家高度重视合规管理，国家"十四五"规划纲要明确提出要"全面推进依法治国"。国资委发布《中央企业合规管理指引（试行）》，提出的八个合规管理重点中即有"财务税收"，要求中央企业"健全完善财务内部控制体系，严格执行财务事项操作和审批流程，严守财经纪律，强化依法纳税意识，严格遵守税收法律政策"。

　　随着大数据时代的到来，税务机关的税收风险管理模式已经由传统依靠经验分析判断向大数据分析转变，税务部门须充分运用大数据技术，实时取得纳税人全方位的涉税信息并开展风险分析与筛查。时至今日，金税四期的部分模块已上线，将对各纳税主体的涉税情况进行全面监控，同时各监管部门之间的信息共享和核查通道更加通畅。与金税三期相比，金税四期最大的特点是利用企业信息联网核查系统，搭建各部委、人民银行以及商业银行等参与机构的信息共享和核查通道，具备企业相关人员手机号码、企业纳税状态、企业登记注册信息核查三大功能，真正实现信息共享。金税四期不仅合并了税务，还纳入非税业务，可对业务进行更全面的监控。同时，通过各部门的数据共享，并以大数据为支撑，实现全国范围内市场主体全业务、全流程的"数据画像"。由此可见，企业面临的财税合规环境正发生急速变化，财税合规尤其是税务风险管理的客观需求更加迫切，财税合规及风险管理的重要性愈加凸显，应如何理解加强财税合规及风险管理的意义，如何构建财税合规风险管理体系，成为当下企业特别关注、亟待完善的重要事项。

本书基于企业财税合规要求，从财税合规的理论框架、整体思路，以及企业设立期的财税合规、企业运营期的财税合规、企业退出期的财税合规等方面全面阐释如何进行财税合规管理，深入分析了企业财税合规的操作要求，并对企业税务稽查与风险控制方法进行详解。本书的亮点在于突出财税合规管理工作的基本框架与思路，从企业设立、企业运营、企业退出等不同时期的财税合规管理出发，深入探讨了财税合规工作的基本规律与实践模式，指导保证企业财税合规。

本书由蔡昌任主编，设计大纲、总纂定稿，冯守东、潘慧君、王爱清任副主编，蔡昌、冯守东、潘慧君、王爱清、黄洁瑾参与写作。由于该领域尚处于发展阶段，书中难免错漏，恳请读者提出宝贵意见，以便再版修订。

编者

2022 年 6 月 8 日

目录

第一章　企业财税合规理论框架与整体思路	001
第一节　企业财税合规的基本问题	001
一、企业合规的内涵与外延	001
二、企业财税合规管理的内在价值	004
三、企业财税合规风险管理	006
四、企业财税合规风险的类型和特征	007
第二节　企业财税合规管理的目标要求	012
一、财税合规管理的根本目标	012
二、财税合规风险管理的基本要求	013
第三节　建立企业财税合规管理的组织架构	017
一、建立企业财税合规管理组织架构的原则与要求	017
二、企业财税合规管理机构设置与组织制度	018
三、建立企业财税合规文化	027
四、建立企业财税合规人才培养机制	029
第四节　企业财税合规管理的运作模式	030
一、大合规管理模式	030
二、日常性合规管理模式	031
三、突发性合规管理运作模式	031
四、各种合规管理运作模式的关系	033
第五节　企业财税合规管理的基本思路和实践应用	034
一、"业财法税融合"的逻辑框架	034
二、"业财法税融合"催生内聚式耦合管理模式	036
三、"业财法税融合"驱动企业管理变革	039
四、企业"业财法税融合"管理实践应用	041
五、企业财税合规管理创新之路	044

第二章　企业设立期的财税合规操作　047

第一节　企业设立阶段的基本流程　047
一、设立企业的准备工作　047
二、企业设立的基本流程　048
三、刻章　066
四、税务登记操作流程　067

第二节　企业常见组织形式　075
一、企业类型的选择　075
二、税收角度企业规模分类　079

第三节　股权结构搭建　084
一、持股比例的确定　085
二、易出问题的股权结构　086
三、设置科学的股权结构　091
四、股权结构设计注意事项　093

第四节　不同组织形式企业涉税分析　094
一、不同组织形式企业适用税种、税目不同　094
二、不同组织形式企业的税基、税率结构和税收优惠存在差异　094
三、分公司与子公司的税收差异　095
四、集团型企业组织形式的涉税规划　095
五、不同组织形式企业的涉税风险　098

第五节　企业设立期合规体系搭建重点　098
一、搭建合规管理组织架构　098
二、从合法性、合规性角度做好合规体系建设　099

第三章　企业运营期的财税合规操作　103

第一节　组织体系搭建　103
一、对外组织结构搭建　103
二、内部组织结构　105
三、组织结构的设计　107

第二节　财务核算软件的选择　111
一、ERP（企业资源计划管理）　112
二、常用的财务软件　112
三、企业选择财务软件应考虑的因素　114
四、"以数治税"下的税务合规信息化系统建设　115

　　　　　五、企业信息化系统建设中的常见问题　　　　　118
第三节　合同涉税合规管理　　　　　118
　　　　　一、合同管理的常见风险分析　　　　　119
　　　　　二、合同管理环节　　　　　122
　　　　　三、合同审查的重点　　　　　123
　　　　　四、合同管理的常见误区　　　　　126
　　　　　五、如何审核合同　　　　　127
第四节　发票涉税风险分析　　　　　128
　　　　　一、发票领用管理　　　　　129
　　　　　二、发票开具管理　　　　　129
　　　　　三、发票抵扣和入账管理　　　　　133
　　　　　四、发票的鉴别　　　　　134
　　　　　五、业务实质性审查要点　　　　　137
　　　　　六、发票入账的合规性审查　　　　　138
　　　　　七、全电发票的推行及对企业财税合规的挑战　　　　　139
第五节　用工关系财税合规管理　　　　　140
　　　　　一、劳动关系、劳务关系与平台用工三种业态区分　　　　　141
　　　　　二、企业用工涉税处理　　　　　149
第六节　采购合规管理　　　　　159
　　　　　一、采购业务和采购内部控制　　　　　159
　　　　　二、采购业务内部控制设计及运营流程　　　　　160
　　　　　三、采购业务活动中的主要风险及控制　　　　　160
第七节　企业成长阶段合规体系建设　　　　　171
　　　　　一、合规管理的重点部门　　　　　172
　　　　　二、合规管控和流程再造的重点　　　　　172
　　　　　三、企业合规建设重点关注的方面　　　　　173
　　　　　四、企业合规涉案处罚规定　　　　　175
　　　　　五、企业前期常见的财税合规问题　　　　　178

第四章　企业退出期的财税合规操作　　　　　180

第一节　企业退出的常见方式　　　　　180
　　　　　一、吊销的常见情况　　　　　180
　　　　　二、企业营业执照被吊销的后果　　　　　181
　　　　　三、企业依法注销退出市场基本程序　　　　　181

　　　　四、企业破产清算　　　　　　　　　　　　　　　　183
　第二节　企业注销的基本流程　　　　　　　　　　　　　　184
　　　　一、申请注销税务登记　　　　　　　　　　　　　　184
　　　　二、申请注销操作流程　　　　　　　　　　　　　　186
　第三节　企业股东退出的合规处理　　　　　　　　　　　　201
　　　　一、股权转让操作流程　　　　　　　　　　　　　　201
　　　　二、股权转让的涉税问题　　　　　　　　　　　　　203
　　　　三、清算注销的涉税重点　　　　　　　　　　　　　205

第五章　企业财税合规视角的稽查风险防范　　　　　　210

　第一节　税务稽查模式嬗变　　　　　　　　　　　　　　　210
　　　　一、由账面稽查转向"互联网+稽查"　　　　　　　211
　　　　二、多部门一体化联动　　　　　　　　　　　　　　211
　　　　三、"数智化"稽查模式　　　　　　　　　　　　　212
　第二节　税务稽查业务流程　　　　　　　　　　　　　　　214
　　　　一、税务稽查选案　　　　　　　　　　　　　　　　216
　　　　二、税务稽查实施　　　　　　　　　　　　　　　　216
　　　　三、税务稽查审理　　　　　　　　　　　　　　　　217
　　　　四、税务稽查执行　　　　　　　　　　　　　　　　217
　第三节　税务稽查重点解析　　　　　　　　　　　　　　　219
　　　　一、税务稽查重点　　　　　　　　　　　　　　　　219
　　　　二、近年来税务稽查重点聚焦　　　　　　　　　　　231
　　　　三、金税四期下的税务稽查重点　　　　　　　　　　234
　　　　四、需重点关注的税收风险点　　　　　　　　　　　239
　第四节　税务稽查方法　　　　　　　　　　　　　　　　　260
　　　　一、稽查案源与稽查要点　　　　　　　　　　　　　260
　　　　二、对偷税案件收入费用项目的稽查方法　　　　　　261
　　　　三、"互联网+"税务稽查方法　　　　　　　　　　263
　　　　四、"网络爬虫""百度地图"查税案例　　　　　　264
　第五节　税务稽查合规与税收风险应对　　　　　　　　　　266
　　　　一、"以数治税"下财税合规风险应对策略　　　　　267
　　　　二、依托财税数智化工具促成业财法税一体化构建　　269
　　　　三、建立企业纳税自查机制　　　　　　　　　　　　270
　　　　四、需要注意的若干问题　　　　　　　　　　　　　272

第六章 法律视角下的企业财税合规应用　　276

第一节 "灵活用工"政策合规应用　　276
　　一、政策历程　　276
　　二、灵活用工政策汇总及解读　　276
　　三、灵活用工税收政策解读　　279
　　四、灵活用工合规及应用的法律视角　　281
　　五、灵活用工税务风险管理建议　　285

第二节 "税收洼地"政策合规应用　　285
　　一、税收洼地　　285
　　二、"税收洼地"的类型　　286
　　三、利用"税收洼地"节税的风险　　290
　　四、税务机关后续监督　　291
　　五、"税收洼地"的税收优惠政策　　291
　　六、如何选择"税收洼地"　　293
　　七、"税收洼地"的选择风险　　293
　　八、如何安全有效地运用"税收洼地"　　295

第三节 高新技术企业财税合规要求　　298
　　一、高新技术企业及其优势　　298
　　二、高新技术企业认定　　299
　　三、高新技术企业享受的税收优惠政策　　300
　　四、申请国家高新技术企业认定后享受的税收优惠政策　　301
　　五、"高企"认定程序　　302
　　六、软件企业享受的优惠政策　　302
　　七、研发费用加计扣除的税务风险防范措施　　303
　　八、高新技术企业风险管控对策建议　　304
　　九、高新技术企业构建财税风险控制体系的策略建议　　306

第四节 新税收征管环境下的财税合规　　310
　　一、现行法律对企业财税合规的基本要求　　311
　　二、财税合规是企业合规的起点　　311
　　三、企业财税合规的发展　　313

第五节 法律视角下企业滥用税收优惠政策分析　　319
　　一、企业滥用税收优惠政策的表现　　319
　　二、税收优惠政策使用规范相关规定　　322

第六节 小微企业财税合规要求　　323

一、相关政策　　323
　　二、小微企业面临的财税风险　　327
　　三、小微企业的财税风险防范　　329
第七节　法律视角下小规模纳税人的财税合规应用　　330
　　一、小规模纳税人的认定标准及相关政策　　330
　　二、小规模纳税人的征收方式　　331
　　三、相关政策　　331
第八节　法律视角下个体工商户的财税合规　　339
　　一、个体工商户核定税额　　339
　　二、税收优惠　　340
　　三、相关报税简易操作　　346
　　四、纳税风险点　　346
第九节　法律视角下合伙企业的财税合规　　351
　　一、税收优惠　　351
　　二、纳税风险点（税收筹划方法）　　356
　　三、纳税处理　　357
　　四、11个常见涉税问题问答　　358
第十节　法律视角下数字企业财税合规应用　　363
　　一、税收优惠　　363
　　二、数字企业税务风险分析　　380
　　三、数字经济企业享受减税降费相关政策梳理　　381

附　录

附录1　中央企业合规管理办法　　389
附录2　ISO37301：2021《合规管理体系要求及使用指南》与《中央企业合规管理办法》对比表　　395
附录3　企业合同管理体系应用——合同管理制度（模板）　　406
附录4　国务院国资委政策法规局负责人就《中央企业合规管理办法》答记者问　　415
附录5　关于进一步深化税收征管改革的意见　　418
附录6　《重大税收违法失信主体信息公布管理办法（修改草案征求意见稿）》　　424
附录7　关于《重大税收违法失信主体信息公布管理办法（修改草案征求意见稿）》的说明　　429

第一章
企业财税合规理论框架与整体思路

第一节 企业财税合规的基本问题

一、企业合规的内涵与外延

(一) 企业合规的内涵

2022年8月23日,国务院国有资产监督管理委员会公布的《中央企业合规管理办法》(国务院国有资产监督管理委员会令第42号)第三条指出,本办法所称合规,是指企业经营管理行为和员工履职行为符合国家法律法规、监管规定、行业准则、国际条约和规则,以及公司章程、相关规章制度等要求。胡国辉教授在《企业合规概论》一书中指出,企业合规是指企业的运营遵守相关法律、法规、准则和规范。合规要综合考虑法律、法规、规定、标准、行业规范、合同义务、企业内部制度以及道德规范。

由此可见,企业合规是指通过构建合规管理体系、建设合规管理各项制度,规范企业和员工行为,使企业的经营管理符合法律法规、其他规范性文件规定的监管要求,以及国家、社会公共利益和道德标准的一系列管理活动。企业合规管理是以合规规范要求为基础、以合规风险为导向、以合规经营为目标、以企业和员工的合规行为为对象,有组织、有计划地开展包括制度建设与完善、风险识别、风险应对、内部控制、控制评价,以及合规审查、责任追究、合规培训等管理活动。

认识合规的内涵与外延,需要回答两个方面问题:一是谁要合规?即合规义务主体。二是合哪些规?即合规义务来源。

1. 企业合规的义务主体

从企业合规所涉及的相关方而言,合规的义务主体应当包括三方:一是作为法人的企业本身；二是直接控制或者参与企业决策、经营和管理的主体，包括实际控制人、股东、管理层、经理层、普通员工；三是同企业经营管理有联系，从而影响企业合规成效的外部主体，主要指客户、供应商、经销商、承包商、中间商等企业业务伙伴。

2. 企业要合什么"规"

一般来说，企业在生产经营过程中，应当遵守以下几个方面的规范。

按照大类划分，一是法律来源的"规"，主要包括：成文法（国际法、宪法、法律、行政法规、地方性法规、自治条例、行政规章）；不成文法（政策、司法解释、司法惯例）；法院裁决。二是非法律来源的"规"，主要包括：雇用合同、买卖合同等；行业和组织标准、准则；自愿性原则和行为守则；企业所签协议产生的义务；商业伦理道德；企业内部规章制度。

按照层级划分，一是法律规范，包括国内国际相关法律规定，即相关国际法、国际条约，国内宪法以及根据宪法制定的各项法律、条例细则、行政规章。二是行业规范，即企业所在行业的经营规范、组织标准等行业性规定。三是内部规范，即企业章程以及内部制定的各项管理制度，包括业务制度、财务制度、税务管理制度、内部控制制度和组织管理制度等。四是道德规范，包括企业各级管理人员、企业员工应当遵守的商业伦理道德、职业道德和社会公德。

企业合规主体一方面承担合规义务和法律责任、开展合规管理、防范合规风险；另一方面享受合规带来的收益。

◎ **知识链接**

企业财税违规受处罚典型案例

2022年5月，中国证监会公布2021年证监稽查20起典型违法案例，其中某家居企业信息披露违法违规案件，是一起实际控制人指使上市公司实施财务造假的典型案件。2016—2019年，该企业通过虚构销售业务等方式，累计虚增收入71亿元。该企业主营业务为家具和木地板等家居产品的设计、生产与销售，其中产品外销占比高达70%以上。2019年4月27日，该企业发布了2018年年度报告，在报告期末，该企业货币资金余额为33.89亿元，长期借款、短期借款、应付债券余额合计为52.56亿元，报告期内财务费用4.47亿元，占归母净利润的115.50%。一边账面上"躺着"数十亿元货币资金，一边为融资支付高额利息，该企业财务数据的异常，引起了监管部门的注意。2020年4月，中国证监会依法对该企业涉嫌信息披露违法违规立案调查。

国内某知名咖啡品牌也发生过财务暴雷事件。2020年4月2日晚，该公司审计机构安永表示，在对公司 2019 年年度财务报告进行审计过程中，发现该公司部分管理人员在 2019 年第二季度至第四季度通过虚假交易虚增了公司相关期间的收入、成本及费用。2020 年 4 月 4 日凌晨，该公司自曝造假事件持续发酵，周五收盘，该公司股价大跌 15.94%，报 5.38 美元。中国证监会此前称，对该公司财务造假行为表示强烈谴责。2020 年 4 月 5 日下午，该公司发布道歉声明，涉事高管及员工已被停职调查。

从以上案例可知，财务造假不仅涉及行政责任，严重的甚至涉嫌刑事犯罪。2020 年 8 月，财政部、中国证监会和市场监督管理局同时发布了针对该公司的调查通报，该公司不仅存在大规模虚假交易，虚增收入、成本、费用，虚假宣传等行为，其关联公司还涉嫌信息披露违法。2021 年 3 月正式生效的《刑法修正案（十一）》专设"违规披露、不披露重要信息罪"，试图通过刑罚制裁企业违规信息披露的行为，敲响了财务造假行为刑事犯罪的警钟。

从以上案例，我们可以发现：

（1）一次铤而走险的财税造假可能会导致企业股价熔断、市值缩水，给企业带来的经济损失和社会影响巨大。

（2）财务造假的参与者具有高层性、长期性特点，涉案企业的内控合规管理存系统性问题。

（3）对涉事人员应采取法律手段，建立合规机制进行专业化管理。

（4）合规文化的建立有助于强化企业合规思想意识，匹配企业合规文化。

（二）企业合规的外延

企业合规涉及企业合规义务和企业合规风险两个方面，是企业合规的"一体两面"。企业合规制度的建构就是围绕合规义务和合规风险展开的。

1. 企业合规义务

法律义务是设定或者隐含在法律规范中、实现于法律关系中的、主体以相对抑制的作为或者不作为方式保障权利主体获得利益的一种约束手段。法律义务的构成要件包括三个层面：一是应当；二是行为；三是可能施加的法律责任。合规义务与法律义务之间存在一定的关联性。合规义务主要指企业所应承担的关于合规方面的一系列责任或者任务的总和，主要包括两个层面内容，即合规要求与合规承诺。合规要求又称为强制性合规义务，主要指外部相关方赋予企业的各项义务要求。合规要求主要涉及法律层面上的各项义务，即行政法律层面所应遵守的义务、民事法律层面所应遵守的义务以及刑事法律层面所应遵守的义务等。企业若未遵守相关的合规要求，则可能产生合规风险，甚至诱发危机。合规承诺可称为自愿性合规义务，即企业公开允诺的所要承担的合规义务。

2. 企业合规风险

《合规管理体系指南》将合规风险定义为"不确定性对合规目标的影响"。《中央企业合规管理办法》第三条指出，本办法所称合规风险，是指企业及其员工在经营管理过程中因违规行为引发法律责任、造成经济或者声誉损失以及其他负面影响的可能性。因此，合规风险指通过对比合规义务产生的影响合规目标的不确定性。在企业合规管理体系中，合规目标是企业对生产经营整体合规性以及各部门工作的具体合规性制定的目标。在合规目标的指引下，企业在达成目标的过程中产生的不确定性即成为合规风险。合规风险包括：合规风险行为、合规风险发生可能性、合规风险发生后果三个方面。企业首先应当确定哪些生产经营行为可能存在合规风险，进而确认该合规风险发生的可能性，以及风险一旦发生将产生的后果。合规义务是合规风险评价的参照标准，与合规风险是一一对应的关系。

二、企业财税合规管理的内在价值

（一）企业合规管理的目的与意义

企业合规管理的主要目的是使企业及其员工的行为符合相关规定、规范和要求，避免出现合规风险或者违规事件。为了达到这一目的，企业需要从战略层面、战术层面及操作层面确定企业合规目标。企业可通过合规体系的建立、合规管理的实践、合规风险的防范和化解等举措，达到理想的经营结果或者状态。

依据《中央企业合规管理办法》第三条，合规管理是指企业以有效防控合规风险为目的，以提升依法合规经营管理水平为导向，以企业经营管理行为和员工履职行为为对象，开展的包括建立合规制度、完善运行机制、培育合规文化、强化监督问责等有组织、有计划的管理活动。

企业合规管理的目标分为直接目标、间接目标和长远目标，三项目标是由近及远、由表及里、层层递进、环环相扣的有机整体。这既涉及企业自身价值，也涉及国家和社会价值。

合规管理的直接目标就是有效防范和化解合规风险，即通过合规实践的深入开展，不断识别、判断、查找、防范以及化解各种合规风险，不断增强企业自身的"免疫力"。通过合规管理，有助于降低企业因违法违规而受到法律制裁或监管处罚的可能性，相应避免或控制企业财产或声誉受损的后果。随着企业的经营活动日益综合化、国际化，业务和产品越来越复杂，合规风险管理的要求越来越高。目前，企业合规管理正逐渐从消极、被动地应付转变为积极主动地运用于业务发展。合规管理不再是应付外部监管的需要,而是企业自身业务发展的需要。合规管理已与业务管理、财务管理并驾齐驱成为企业管理的三大支柱。

就其间接目标而言,合规管理是为企业可持续性发展保驾护航的。《合规管理体系指南》开宗明义地指出,"合规是组织可持续发展的基石"。企业通过合规体系的建构、合规组织的建立、合规人员的配置、合规文化的培育以及合规风险的防控,可以达到三个目的:一是可以有效地避免因不合规问题导致的成本付出,进一步减少企业的各项损失;二是可以有效地改善企业内部治理体系,促进企业内部治理的科学化、规范化,逐步形成"合规创造价值""人人都要合规""合规与业务同步"的良好氛围;三是可以有效提升企业的诚信度和美誉度,进一步提升顾客的品牌忠诚度,增加企业品牌的含金量,从而有助于提升企业的核心竞争力,进而实现企业可持续发展。

就其长远目标而言,合规管理是为了实现整个经济社会的稳定健康发展。在市场经济条件下,企业被视为最具活力、最为核心的市场经济"细胞"。企业的生存和发展不仅关乎每个家庭的经济来源和幸福稳定,而且关乎劳动力就业、财政收入、社会稳定和国际形象等。从宏观视角和其根本目的来看,要充分、有效地实现企业经济价值与社会价值的统一,最终实现经济社会的健康有序发展及国民的共同福祉。

(二) 企业财税合规管理的内在价值

由企业合规的概念不难得出,企业财税合规指企业通过构建财税合规管理体系,建设财税合规管理各项制度,规范企业和员工在财税方面的业务行为,使企业的经营管理既符合财务税务法律法规及规范性文件规定的监管要求,又符合国家、社会公共利益和道德标准的一系列管理活动。同样,企业财税合规管理是以财税合规风险为导向、以合规经营为目标、以企业和员工的合规行为为对象,有组织、有计划地开展包括制度建设与完善、风险识别、风险应对、内部控制、控制评价,以及合规审查、责任追究、合规培训等的管理活动。

我们可以从宏观和微观两个层面讨论企业财税合规管理的内在价值。就宏观层面而言,企业财税合规管理有助于实现整个国民经济安全有序发展。若每个企业在财税合规管理上做好了,那么企业的财务税务风险就会降到最低,继而可以确保国家财政收支稳定,且能够为中央决策提供真实有效的财税信息,使得整个经济社会发展安全有序。就微观层面而言,企业财税合规管理有助于企业有序经营,获得正常的投资回报,避免因违规付出额外代价,从而确保企业可持续发展;进一步说,企业可以基于财税法律政策,安排合理的财税规划,提升企业配置资源的能力和效率，实现更高的经济效率和社会价值，继而提升整个社会的经济效率和社会福利。

三、企业财税合规风险管理

（一）什么是企业财税合规风险

复杂多变的税收政策环境和税务机关基于信息技术严征管、重稽查的税收监管措施均加大了企业纳税的不确定性，涉税风险已成为企业经营管理过程中面临的重要风险之一。财税合规风险可分为民事、行政、刑事三个方面。具体为在民事上承担赔偿责任，行政上面临行政处罚，刑事上涉嫌犯罪。这些风险导致的后果极大地影响企业的生存与发展。

为引导大企业合理控制涉税风险，国家税务总局于2009年5月印发的《大企业税务风险管理指引（试行）》（国税发〔2009〕90号，以下简称《指引》），对大企业税务风险管理的目标、原则、组织结构、税务风险识别和评估提供应对指导，对大企业内部控制、信息与沟通、监督和改进等进行规范。

财税合规风险是每个企业在经营发展中都会面临的问题，贯穿于企业管理的始终。可以说，企业进行财税合规管理的过程，就是财税风险管理的过程。正确地认识财税风险，把握财税风险的起因、表现形式及应对措施，是事关企业生死存亡的大事。企业可以通过识别财税风险、采取应对措施、构建管理体系，降低财税风险发生的概率。

因此，所谓企业财税合规风险指由企业财税合规制度不完善、企业的财务税务与业务没有很好对接、企业合规组织体系不健全，以及合规义务人执行不到位等导致的财务风险与税务风险的总称。

> **知识链接**
>
> **网络直播行业财税合规稽查案件**
>
> 近两年"财税合规"这一话题，越来越热，备受重视，税务稽查案例频繁出现于大众视野中。
>
> 【示例1】2021年11月，杭州市税务局通过税收大数据，发现某网红主播偷逃税款，追缴税款、滞纳金并处罚款共9322.56万元。
>
> 【示例2】2021年12月，杭州市税务局通过税收大数据，发现某网红主播，2年内偷逃、少缴税款7.03亿元，最终追缴税款、加收滞纳金并处罚款共13.41亿元。

【示例3】2022年2月，广州市税务局通过税收大数据，发现某网红主播偷逃、少缴税款3376.77万元。税务局最终追缴税款、滞纳金并处罚款共6200.3万元。

【示例4】2022年6月，北京市税务局通过稽查大数据，发现某网红主播偷逃税，对其追缴税款、加收滞纳金并拟处罚款，共计1171.45万元。

大数据稽查系统已经渗透社会的方方面面，如果对财税合规没有认知，心存侥幸，被引爆和稽查只是时间问题。随着金税四期上线，税收征管逐步实现从"以票管税"向"以数治税"转变。随着依法治税、以数治税的有序推进，监管层对企业合规化治理的要求日益趋严，企业面临的财税数字化转型升级压力加大。

（二）企业财税合规风险管理的内容

企业财税合规风险管理的内容涵盖了企业整个生命周期以及企业经营管理活动的各个方面。总的来说，包括财务预算、收入与成本控制、税务筹划、会计处理、资金收支管理，以及供产销、投融资、产品（服务）技术与设计等一系列管理活动。企业应当建立财税管理制度实现财税控制，包括制定财税决策、编制财税预算、处理财税数据、财税审核等财税管理环节。如果企业财税控制不能覆盖所有部门、所有操作环节，那么就很容易出现管理漏洞，给企业带来难以预料的财税风险。除此以外，企业还要注重培养各层级各环节人员的财税合规风险防范意识，帮助其不断提高财税合规能力，以确保所有成员在开展工作的过程中有效执行财税合规制度。如果相关人员缺乏风险意识，法律意识淡薄，对财税风险的客观性认识不足，忽视对企业财税风险的预测和预警，就会使企业在面对突发事件时，应变能力不足，容易带来财税风险。因此，企业高管和财务人员树立财税合规风险意识特别重要。

四、企业财税合规风险的类型和特征

（一）企业财税合规风险的类型

1. 按照企业财税合规风险主体进行分类

财税风险可以分为决策层面的风险、股东层面的风险、财务管理层面的风险、业务层面的风险，以及企业层面的风险。

决策层面的风险包括公司战略决策、经营决策、财务政策等方面的财税风险。

股东层面的风险包括股东在投资、股权转让、股利取得等环节可能发生的财税风险，以及股东财产与企业财产混同之风险、股东与企业资金往来手续不全之风险等。

财务管理层面的风险包括会计处理、财务决策等环节的财税风险，以及会计档案保管不善、出具财务会计报告不实或不一致的风险等。

业务层面的风险包括供产销各环节业务流程、发票开具及索取、合同签订、销售及结算方式等方面的风险。

企业层面的风险包括收入不入账、成本费用多列支、企业利润不实的风险，以及企业组织架构、资本结构、人员结构不合理的风险，此外还有虚开发票的风险、贷款手续不规范或材料不真实之风险等。为了防范财税管理风险，企业需建立相应的管理制度、设置合理的组织机构。

2. 按企业生命周期和财税风险形成环节分类

企业财税风险可以分为设立与投融资涉税风险、生产经营涉税风险、重组清算涉税风险、财务报表涉税风险、税务管理涉税风险。

设立与投融资涉税风险是指企业在设立、投资、融资环节所面临的涉税风险。税收法律法规对企业设立地点、设立身份、不同类型的投资方式和融资方式的具体规定均有差异，产生的纳税结果也不同，剖析不同投融资方式的税收结果，有助于企业深入比较各类方式的优缺点，做出准确的判断。

生产经营涉税风险是指企业在生产经营活动中可能面临的税务风险。税收贯穿于企业采购生产、销售等多个环节，包括原材料、固定资产的采购与付款，不同销售模式的收入确认，各项成本费用的税前扣除等。生产经营各环节均有可能出现税务问题，产生涉税风险，影响企业的生产经营。

重组清算涉税风险是指企业在发展过程中法律结构和经济结构的改变导致的税务风险。重组和清算涉及的法律法规种类多，税收成本是影响重组或清算业务成败的一个重要因素。税负风险可能导致阻碍重组清算正常推进，侵蚀收益，使目的落空等结果。有效识别重组清算中的企业漏税、欠税、逃税风险，识别税务政策风险、税务备案和审批风险等，有助于重组清算的有效实施。

财务报表涉税风险是指企业财务报表项目及指标隐含的涉税风险，财务报表是企业财务状况、经营成果和现金流量等会计信息的综合反映，企业生产经营活动等产生的涉税风险隐含在财务报表中，税务机关在税收征管工作中越来越重视对财务报表的信息化处理，深入分析财务报表项目和指标有助于识别企业涉税风险并进行有效的风险管理。

税务管理涉税风险是指企业在经营活动中的实际表现与税法规定之间的差异而产生的影响。一方面是企业的纳税行为不符合税收法律法规的规定，面临被责令限期改正、补税、罚款、信用损失、刑事处罚等风险；另一方面是企业经营活动适用税法不准确，多缴纳了税款，承担了不必要的税收负担。根据税务管理事项可以将企业的税务管理风险划分为日常发票管理、税款征收、税务检查等；企业税务风险可能招致的处罚有行政责任和刑事责任。

3. 按企业涉税风险形成原因分类

企业财税风险可以分为法律制度变动风险、内外合规制度衔接不畅风险、内部协同不足风险、合规风险意识不强风险、道德丧失风险、合规培训与考核不当风险。

法律制度变动风险指国家层面的法律、法规、规章、准则、办法等制度发生变化，企业应调整并监督执行合规风险管理制度，否则会发生财税合规风险。

内外合规制度衔接不畅风险指企业内部合规风险管理制度应同外部监管部门的合规要求有效衔接、相互协调，使企业各项合规制度和做法与监管部门的合规要求一致，这样才能有效避免风险的发生；否则会形成财税合规风险。

内部协同不足风险指企业内部各环节各部门之间应保持统筹协调而不是各自为战、单打独斗，业务部门应同企业的财务、法务、税务部门有机配合，在企业合规委员会领导下按照合规流程及要求开展工作，否则会给企业带来难以预料的风险。

合规风险意识不强风险指企业合规义务人（从决策者到普通员工）合规意识不强、合规执行不到位导致的财税风险。

道德丧失风险指企业合规义务人在执行合规制度过程中玩忽职守、道德丧失、以公谋私带来的财税风险，涉及合规义务人的职业道德和社会公德。

合规培训与考核不当风险指企业在合规培训环节和风险责任考核追究环节工作不利导致的风险。

4. 按企业涉税风险导致结果分类

按企业涉税风险导致的最终结果可将其分为少缴纳税款的风险和多缴纳税款的风险。

少缴纳税款的风险指企业的纳税行为不符合税收法律法规的规定，应纳税而未纳税少纳税，从而面临补税、罚款、加收滞纳金、刑事处罚以及声誉损害等风险。

多缴纳税款的风险指企业纳税行为适用税法不准确，没有用足有关优惠政策，或者虽然适用税法没有问题，但没有充分开展税务筹划导致多缴纳税款，承担了不必要的税收负担。

 **知识链接**

财税合规管控与不合规表现

随着金税四期上线,我国税收征管逐步从"以票管税"向"以数治税"转变。大数据时代,企业经营管理越来越透明化,违规成本越来越高。

当前中小企业在税务处理中普遍存在以下不合规问题。

(1) 财务数据核算不及时、不连续、不准确;

(2) 财务制度不健全,权责不分离;

(3) 报销混乱,企业资金被侵占侵吞;

(4) 股东未出资、实物出资不评估、抽逃出资、资产权属不清;

(5) 账外经营、领导私设小金库、收入不入账、多列成本费用降低利润等。

....

企业财税合规失控会造成企业财务异常,严重者会被相关监管部门拉入黑名单、罚款甚至直接吊销营业执照。因此,在财税合规的前提下减轻税收负担,是每个企业必须重视的工作。

(二)企业财税合规风险的特征

1. 系统性

一方面,外部因素冲击可导致企业财税合规风险发生,如会计准则、税收政策、外部监管要求等变化引发的财税风险;另一方面,企业内部各组织环节及人员职业操守问题也有可能引发财税风险。换言之,财务及税务风险的发生不仅反映在财务税务管理环节,而且反映在企业相关业务环节,以及合规义务人本身的合规意识、专业素养与职业道德层面。从整体上看,企业的业务系统、财务系统、法务系统和税务系统若各自为战,彼此不兼容,必然会导致系统性风险的发生。

2. 复杂性

财税合规不仅涉及企业内部的业务规程、财务管理制度、税务管理制度、员工职业道德,以及企业合规组织体系,而且还涉及国家财税制度政策的变化,以及外部监管模式、制度的影响。不能单纯认为财税合规风险是由相关环节或者人员所致,是各环节综合作用的结果,其原因是深层次的、多方面的。一方面,由于各项法律法规规章制度的复杂性、企业内部控制制度的多面性、所涉业务的广泛性,财税合规风险具有制度层面的错综复杂性;另一方面,企业合规组织体系的适配性、合规人员执行合规要求的及时性和准确性，合规人员对财税法律制度、合规制度理解的偏差，使得财税合规风险具有技术层面的不确定性。从某种程度上说，正是财税合规风险的系统性，决定其具有一定的复杂性。

3. 动态性

企业经营处在一个动态的环境之中，内部环境与外部环境的变化使企业面临财税合规的风险，这使得企业财税合规风险的动态性非常明显。企业需要根据外部监管、法律法规、税收政策等外部环境的变化及企业经营业务、组织架构、人员变动等内部情况的变化进行动态监测预警，以应对不断变化的合规风险。此外，当条件发生变化时，会产生财税合规的风险，或者风险的级别随之变动，不同级别的风险亦会互相转化。譬如，税收政策及法律法规发生变化，以往实施的涉税业务核算和调整等行为，很可能与税收政策、法规等出现矛盾甚至背离，产生新的财税合规风险。

4. 不确定性

引发财税风险的因素涉及企业外部及内部两个方面。其中有些是确定性风险因素，如税制差异、税收优惠差异、经济周期、市场利率、通货膨胀、企业的发展和收益变动幅度等；有些是不确定性因素，如不同时期税收政策的变化、财政货币政策的变动。对于国家财税制度等外部因素，企业难以预料和控制，这使得财税合规风险具有很大的不确定性；就内部因素而言，企业员工的专业技能、性格与道德修养等也是企业难以把握和控制的，财税合规风险也带有一定的不确定性。上述因素对企业财税风险管理的影响是巨大的，其不可控性与不确定性特征使得企业一方面必须调整内部因素适应不断变化的外部因素，另一方面需要不断加强员工职业培训与合规训练。

5. 涉税性

一方面，财税合规风险往往伴随着税收风险，给企业带来额外的税收负担；另一方面，企业财税合规风险管理不仅要满足合规要求，还要考虑税收风险。也就是说，合规并不意味着没有税收风险，合规也有税收风险，即多缴税款的风险。譬如，企业签订普通赊销合同而不是分期收款合同，虽然单就合同本身而言合规，但所签订的合同不同，会导致企业缴纳税款的差异；普通赊销方式会于当期多缴税款，分期收款方式则会产生递延纳税的效果。这就需要企业进行税务规划，不仅要做到合规，还要注意节税，获取正当的税收利益。

第二节　企业财税合规管理的目标要求

一、财税合规管理的根本目标

企业财税合规管理的目标分三个层级：第一层级是防范企业财税合规风险；第二层级是优化资源配置效率；第三层级是完善企业治理。三个层级的目标逐层进行递进，防范企业财税合规风险是基本目标和底层逻辑，在此基础上以税收为切入点，通过税务规划对企业相关资源要素进行配置、对组织架构进行优化集成，帮助企业提高资源配置的效率和价值创造力，并按照合规风险最低、资源配置高效的原则，进一步完善企业治理，优化企业治理结构，让利益相关者积极参与企业治理，使企业内部上下同频共振产生协同效应，从而实现企业效益和企业价值（经济价值和社会价值）最大化，保障企业持续健康发展。

（一）防范企业财税合规风险，有效降低市场交易成本

合规是企业在运营过程中首先要面对和解决的问题，否则会给企业带来难以预料的损失，甚至致使企业破产。企业一旦出险，可能是系统性的，会加速扩散到其他环节，导致整个企业出现问题，加大企业运营成本，侵害企业的信用，对企业发展造成不良影响。因此，要确保企业健康有序运营，就必须考虑如何消除和减少财税合规的风险。为此，企业要建立健全财税合规风险管理制度，将财税合规意识和办法传达到企业的各个环节、各个层级，培养企业财税合规文化，营造企业财税合规的良好氛围，抓好企业各级员工的合规教育及道德提升；同时，配之以内部监管和违规责任追究机制，使财税合规风险管理落到实处。然而，在一个以营利为主要价值目标的商业组织中，高成本的投入通常会引起企业有关部门的抵制。因此，财税合规管理需要得到企业高层的高度重视和大力支持。

（二）优化资源配置，提高企业经营管理水平

一方面，有效利用资源、创造更多经济价值是企业的内在诉求。但许多企业并不能充分地获取资源并加以利用，资源缺乏、资源要素错配、结构不合理易导致企业实际经营效益低下。例如，有的企业虽拥有许多专利技术，但不具有高新技术企业资格，享受不了高新技术企业的税收优惠。从税务规划的角度看，企业可将专利技术作为企业发展的"税收基因"，企业应该通过这种"税收基因"进行纳税筹划，对照高新技术企业的标准，利用分劈法将企业资源进行适当剥离，塑造具有高新技术企业资格的企业。再如，有的企业虽拥有一定

数量的残疾人员但不是福利企业，不能享受福利企业的税收待遇。从税务规划的角度看，企业可以将部分残疾人员和相关业务分设为一个独立的福利企业，使其符合福利企业的标准，从而享受相关的税收政策。从产业链角度看，企业可以对其所在的产业链资源进行财税统筹规划，通过与上下游企业的合作，提升整个产业链的竞争力，为企业谋取更多利益。

另一方面，大部分企业在建立合规体系前，出于风险管理的需要，内部已经部分存在合规风险识别的工作机制，但散见于各个部门，并不系统完善。因此，建立统一的合规风险识别分析制度，是合规管理的首要工作。事实上，合规管理不仅有助于防控风险，还有助于提高管理效率。企业建立合规制度体系以及合规管控机制，即从合规管理的角度，将内控、内审、法律、风险管理、纪检监察等职能部门整合，与合规管理部门相互配合，共同完善企业的相关制度，最大限度地降低企业风险、保障企业合规运营。虽然合规管理本身并不能直接为企业增加利润，但是持续不断的合规管控可以重构企业管理组织体系，形成一整套具有较强执行力、程序化的管控制度和流程，有利于清晰地界定企业运营过程中的尽职、监责和免责标准，从而提高管理效率、降低企业运营成本，最终为企业创造价值。

（三）完善企业治理，保持持续健康发展

企业合规是崭新的治理模式。不能将企业财税合规简单地理解为"合法经营"和"财税风险防控"。作为一个企业，合法经营、遵守法律是常态，也是常规要求。企业合规的特别之处在于在内部成立一个独立的部门，建立一套管理体系来检测和阻止违反法律、政策的行为，帮助企业提高自我管理的能力，形成一种协同治理模式，这是一种新的"风向标"。合规职能是确保企业遵守法律、监管要求和社会规范，不同于传统的企业治理模式，它不是来自董事会，而是由执法机构从外部施加给企业的内部治理结构，这颠覆了传统的企业治理结构。传统企业治理结构主要体现为业务管理和财务管理，现在增加了一个首席合规官或者首席道德与合规官，企业治理结构从"两驾马车"变为"三驾马车"。

二、财税合规风险管理的基本要求

要实现财税合规管理的目标，必须做到"五个严格"：严格落实财税监管法规要求，严格落实财税合规内部规章，严格履行财税合规职业道德与操守，严格财税合规风险管理流程，严格合规考核责任追究。

（一）严格落实财税监管法规要求

财税监管法律法规包括会计准则、企业会计核算制度、财务报销制度、税收程序法和税收实体法、税收政策、税收征管制度和发票管理办法，以及纳税服务规范、税务稽查规范、税收征管规范和出口退税工作规范等。企业制定财税合规管理制度首先要高度重视外部监管制度要求。合规管理制度的重要作用在于将强制性监管要求内化为企业的行为规范，避免企业因违规受到惩罚，从而降低财税合规制度性交易成本。

防范财税合规风险要认真将政府相关法律法规及监管要求内化于企业的内部合规控制制度和各项业务流程，做到内外合规制度有效衔接，建立健全企业财税合规管理办法和具体业务合规操作手册，并分解到企业内部各部门各环节各岗位以及具体业务。同时，企业要结合实际有针对性地开展财税合规培训，宣传和讲解财税合规的重大意义、具体操作办法以及注意事项，帮助员工树立合规意识，提高合规能力，养成良好的职业道德和行为习惯，营造浓厚的合规文化氛围。及时化解合规风险点，防止风险扩散；对违规操作导致企业遭受损失者应根据情节予以批评教育或者惩戒，追究其违规责任。

（二）严格落实财税合规内部规章

企业财税合规内部规章包括企业财税合规管理制度、业务合规操作指南或具体操作办法（手册），以及对合规义务人道德操守的规范要求。在落实财税合规制度过程中，应当以防范财税合规风险为目标，以提高经营管理水平为导向，以降低生产经营合规成本为根本遵循，不断强化合规风险意识，强化合规培训，提高全体人员合规水平；同时还要做到企业内部各环节各部门之间无缝衔接，产生协同效应，实现财税合规管理的高质量运转。

要着力抓好"五个关键"，确保"五个到位"，首席合规人员作为关键环节，要全面参与重大决策，确保管理职责到位；把合规审查作为关键环节，加快健全工作机制，确保流程管控到位；聚焦关键领域，扎实做好财税风险清单，确保风险防范到位；将风险排查作为关键举措，坚持查改并举，确保问题整改到位；把强化财税合规作为关键任务，通过信息化手段加强动态监测，确保合规制度要求落实到位。

（三）严格履行财税合规职业道德与操守

企业合规运转需要全体员工认真履行合规义务、遵守合规操守和职业道德，形成企业内部各部门各环节合规协同，确保企业业务经营活动的品质，履行企业的社会责任，从而提升企业的诚信度和美誉度，带来合规红利。

企业要做到财税合规往往取决于企业决策层的合规意志、企业财务税务部门人员的专业素养和业务部门员工的职业操守及合规操作意识。为此，一方面，要紧抓员工普法教育、强化员工思想道德教育，不断提升员工素养，培育企业合规文化，提高员工合规意识，使业务人员学法、懂法、守法、用法，重合同、守信用，营造良好的法治环境，形成良好的职业道德风尚；另一方面，财税部门需要会同合规部门、业务部门，开展合规监测，检查监督员工职业道德、职业行为与合规行为，引导大家恪守社会职责和道德标准。

（四）严格财税合规风险管理流程

财税合规风险管理流程包括风险识别、风险排序、应对处理、评估改进，是企业建立财税合规体系的核心。其中，合规风险识别和分析是合规体系建立的基础，是落实财税合规的前提。按照财税风险识别要求，需做好以下几个方面的工作。

一是针对各业务环节各岗位查找风险点，识别合规风险源。要对应部门、岗位，明确财税合规风险责任主体，重点识别重大、关键风险，由合规部门进行筛选，排除合规风险，形成财税合规风险清单。

二是评估财税合规风险发生可能、相应后果及风险等级，对企业合规风险清单排序整理。根据合规风险识别分析结果，对已经识别的合规风险从高频率、高风险到低频率、低风险进行排序，并据此制订合规管理方案。

三是制定合规风险管理措施。对财税合规风险清单重新排序后，企业需要对识别的合规风险制定不同的合规风险管理措施。一般而言，对于企业原有制度框架内的合规风险，可改进措施进行增补，以达到控制合规风险的目的；对于企业新发合规风险，需新建措施加以管控，并将措施植入企业制度和流程。

四是开展财税合规风险管理绩效评估，提交财税合规报告，定期或不定期更新合规风险清单，持续改进。随着合规义务、企业战略、组织结构、经营活动、产品或服务和市场环境等变化，合规风险也随之变化。因此需要定期或不定期地更新合规风险数据库，对风险发生的可能性、影响程度、潜在后果等进行分析，监控潜在不合规领域，对典型性、普遍性或可能产生严重后果的风险及时预警，对所列风险进行控制和纠正，对管控制度重新设计或评审，必要时修订财税合规管理制度。企业应利用大数据等技术，加强对重点领域、关键节点的实时动态监测，对合规风险即时预警、快速处置。

（五）严格合规考核责任追究

企业应将合规管理作为法治建设和企业治理的重要内容，纳入企业合规考核评价体系。企业应对在履职过程中故意或者有重大过失，或者存在失职渎职行为，给企业造成损失或者不良影响的单位或人员开展责任追究。

企业应当完善违规行为追责问责机制，明确责任范围和责任主体，强化"双主体"责任，包括内部合规管理主体（首席合规官、合规部门和合规专员）和合规义务主体（企业各业务部门和具体责任人），细化问责标准，针对问题和线索及时开展调查，按照有关规定严肃追究违规人员责任。应当建立所属部门和员工合规工作档案，对其履职违规行为进行记录，将违规行为性质、发生次数、危害程度等作为考核评价、职级评定等的重要依据。对合规管理不到位引发违规行为的，董事会或合规委员会应当约谈相关部门及责任人并责成整改；造成损失或者不良影响的，根据相关规定进行责任追究。

知识链接

企业财税合规问题的根源

金税三期系统通过大数据比对、发票链比对、技术模型分析，基本达到了精准推送风险、精准核对企业账目的目的。金税四期目前已上线，税收征管逐步从"以票管税"向"以数管税"转变。税务部门可利用大数据和区块链技术在各地区和各非税部门建立联系。税务系统可通过企业的运行状况、趋势走向、动作频率等数据来模拟企业的画像并进行分析和警示。

企业遵守财税法规势在必行。私账、体外循环、隐性收入、虚增成本、恶意策划、两套账……在金税四期的监管下，将无处遁形。企业只有提前规划，尽快进入合规流程，才能实现低风险运行。

1. 树立企业的底线思维

在某种程度上，企业的底线其实就是企业领导者的底线。企业领导者对税务知识的了解程度、对税收征管环境变化的敏感程度以及对风险的接受程度等会直接影响其对财税风险的认知。在税收征管日益规范的今天，企业领导者必须与时俱进，树立底线思维，筑起风险墙。

2. 顶层架构建设

财税合规建设是一个系统工程，建立财税合规体系要从顶层架构进行梳理。很多企业财务核算不规范是因为业务不规范，企业只有明确规范股权结构、管理方式、经营模式，才能进一步规范财税管理。财税合规建设需从股东层面、高管层面、业务层面入手。利用股权结构设计、员工激励、财务管理、税控等手段，打通业务与财税之间的内在联系，可使企业低成本、高效率地完成财税合规建设。

3. 财税合规建设

财税合规建设有过去和现在两个维度：对于已经发生的业务，须进行全面的财税风险检测，找出不规范之处及存在的财税风险，再基于遗留问题设计解决方案，配合企业完成遗留问题的整改。基于当下，企业要根据业务特点和财税要素，建立企业财务会计操作和税收管理规范，既可低成本实现财税合规，又能使企业核算清晰准确、纳税标准合理，从而降低财税风险。

第三节 建立企业财税合规管理的组织架构

一、建立企业财税合规管理组织架构的原则与要求

建立完善的合规管理组织架构是开展合规工作的基本前提。企业各机构和成员都或多或少地承载着合规职责，只有构建起科学的组织架构，才能明确不同层级部门的管理职责，确保企业合规管理体系的高效运行。

企业可通过建立有效的合规管理体系来防范合规风险，基于对合规风险进行识别、分析和评价，建立并改进合规管理流程，从而对风险进行有效的应对和管控。建立有效的合规管理体系虽不能杜绝不合规，但能够减少不合规风险。

合规管理是独立于决策治理、业务治理和财务管理的管理活动。合规管理由首席合规官团队负主要责任，以最大限度降低企业合规风险、避免企业遭受损失为主要目标，旨在确保企业依法依规经营。为保证合规管理的有效性，企业最高层要作出合规承诺，并承担最终责任；董事会要成立合规管理委员会，董事长和首席执行官应成为委员会成员，使合规管理委员会成为最具权威的合规决策机构和监督机构；企业要设立首席合规官，并赋予其与合规管理职务相称的地位和资源；企业要设立合规管理部门，为其配备足够的人员和预算，并确保其具有独立性和权威性；企业要在其分支机构和各部门设立合规执行部门或合规专员，使合规管理能够渗透企业的生产、经营、财务以及其他业务的流程；企业还要确立合规审查制度，使合规部门、首席合规官乃至合规管理委员会拥有否决不合规业务的权利；另外，合规管理应成为企业人事管理的内容，作为对员工进行考核和奖惩的依据。通过制度设计，合规管理不再是一种针对企业依法依规经营的"外部监督力量"，而是内化为企业治理结构的有机组成部分。

一个运作良好的合规组织体系，是有效发挥日常性合规管理作用的必要保障。在现代公司治理结构中，合规组织通常包括四个层级：一是董事会下设的

合规管理委员会。二是首席合规官。三是企业合规部门。四是企业下属部门或分支机构的合规部门及合规专员。合规组织若要有效发挥合规管理的作用，必须遵循以下几项基本原则：一是最高层承诺原则。二是权威性原则。无论是合规管理委员会、首席合规官，还是合规部门，不仅要具有较高的行政层级，而且对合规管理拥有决定权，在合规管理与业务发生冲突时，拥有"合规否决权"。三是独立性原则。企业必须配备充足的专职合规管理人员，专职合规管理人员不得从事与合规管理相冲突的经营、财务等管理工作。四是资源充分保障原则。企业应为合规管理配备充足的管理人员，提供足额的经费预算。五是合规管理嵌入企业经营所有流程原则。必要时，企业应将合规转化为绩效考核的重要依据，使专职和兼职合规管理人员在人事奖惩方面拥有话语权和影响力。

二、企业财税合规管理机构设置与组织制度

（一）机构设置

1. 企业合规委员会（跨部门组织协调）

企业可在董事会中设立合规委员会，由具备法律、财务、人事管理背景的董事组成。在不设董事会的企业中，合规委员会应由执行董事牵头，包括法律、财务、人事管理方面的最高管理层成员。在不设董事会也没有执行董事的企业中，合规委员会可由企业总经理、党委书记、其他党组成员、最高管理层成员组成。合规委员会的主要职责是负责企业合规管理的总体部署、体系建设及组织实施。一般情况下，合规委员会应履行的主要职责包括：一是制定企业合规管理基本政策，或贯彻落实上级企业的合规管理基本政策，制定企业合规管理战略、目标和工作要求。二是建立和完善企业合规管理体系、审定企业合规管理工作部署和年度合规管理工作计划。三是听取合规管理工作汇报，指导、监督、检查合规管理工作。四是研究解决企业加强合规管理的重大或突出问题，指导、监督、检查违规问题整改。

企业决策层的合规职责。企业决策层是整个企业运营的"神经中枢"，是影响企业合规运行的关键因素。其合规职责主要包括三个层面：一是统筹职责，即统筹整个企业合规管理工作的顺利开展；二是决策职责，即决定企业合规管理中的重大事项，如重要人事任免工作；三是处置职责，即依法依规对于违规人员作出最终处理决定。

合规委员会，处于企业合规组织架构体系的"塔尖"，主责主业为领导企业合规建设，尤其是从宏观层统筹企业合规管理工作，起着定方向、明目标、

谋长远的主导作用。

2. 设立独立的合规管理部门（合规牵头部门）

企业设立的合规管理机构应具有专业性，应配备一定数量的具有法律背景的人员。

在具体合规管理实践中，企业设置专职合规部门主要有四种模式：独立设置模式、复合设置模式、简约设置模式和外聘设置模式。

独立设置模式是指在企业内部单独成立合规部，这是企业设置专职合规部门的主流模式。合规部门是企业的内部部门之一，与其他部门并列。这种设置模式体现了合规部门在企业中的地位，优点在于有助于保障企业合规管理工作的独立性，避免来自其他部门的干扰。

复合设置模式是指企业合规部门与其他部门合并设置，最为常见的是设置合规与法律部，即企业不单独设立专门的合规部，而将合规部和法律部合二为一，形成法律合规部或将企业合规管理职责归入法律部，下设合规分部或合规团队。企业法律顾问往往兼任合规负责人（首席合规官）。

简约设置模式是指企业只设立合规小组或者合规专员，具体承担企业日常合规管理工作。这种设置模式适用于规模较小（主要是小微企业）、合规风险低的企业。这种模式能够有效减轻企业的总体负担，具有较大的灵活性。但这种模式易使合规工作效果不尽理想。

外聘设置模式是指企业依法委托具有合规管理资质的团队和人员来承担企业的合规管理工作。

企业应根据经营的业务性质、地域范围、监管要求等设置相应的合规管理机构，合规管理机构的规模要与合规管理任务相匹配。规模较小的企业，可以不设立专门的合规管理机构，由相关业务部门履行合规管理职责。

企业合规管理部门负责本企业的合规管理工作，履行以下职责：①组织起草合规管理基本制度、具体制度、年度计划和工作报告等。②关注企业内外合规环境因素的变化，结合企业实际，及时提出相关合规工作建议和对策等，为企业领导层的合规决策服务。③负责规章制度、经济合同、重大决策合规审查，检查、督导其他业务部门及下属企业或者分支机构开展合规工作。④组织开展合规风险识别、预警和应对处置，根据董事会授权开展合规管理体系有效性评价。⑤受理职责范围内的违规举报，提出分类处置意见，组织或者参与违规行为的调查。⑥组织或者协助业务及职能部门开展合规培训，受理合规咨询，推进合规管理信息化建设。

企业可结合实际配备与其经营规模、业务范围、风险水平相适应的专职合规管理人员。合规专员履行的主要职责有：一是持续关注法律法规、行业监管要求和国际准则关于所属部门各项业务的最新要求，建立所属部门各项业务的合规管理制度，或根据监管要求完善各项业务流程。二是与企业合规管理部门沟通，按计划完成各项合规管理任务，包括但不限于合规风险评估、合规培训宣贯、合规登记报告等。三是为所属部门员工提供合规管理建议，解答其他部门员工提出的相关合规问题。

首席合规官或合规负责人是企业合规管理工作负责人、决策者和监督者，对企业合规管理工作负具体管理责任。根据企业性质、规模、合规管理工作的业务量，有专人担任、兼职或外包三种安排。一般情况下，合规负责人应履行的职责主要包括：一是贯彻执行企业董事会、监事会和最高管理层对合规管理工作的各项要求，全面开展并具体实施合规管理工作。二是协调合规业务与企业各项业务之间的关系，监督各业务部门、企业所属各个机构执行企业合规管理要求的情况，及时解决合规管理中出现的重大问题。三是领导合规管理部门，完善组织队伍建设，做好人员选聘培养，监督各级合规管理部门认真有效地完成工作任务。

合规部门要配合企业财税部门做好财税合规工作。合规管理部门要围绕财税合规风险做好以下工作：①审查财务部门（税务部门）及业务部门在财务、税务方面的合规情况；②向财务部门、业务部门提供财税合规情况审查报告，明确合规风险点及负责人，提出应对意见，化解和消除财税合规风险；③当好决策参谋，向决策层提供财税合规分析报告，提供合规建议。

3. 企业各业务职能部门承担合规管理主体责任

企业业务及职能部门承担合规管理主体责任，履行以下职责：①建立健全本部门业务合规管理制度和流程，开展合规风险识别评估，编制风险清单和应对预案；②定期梳理重点岗位合规风险，将合规要求纳入岗位职责；③负责本部门经营管理行为的合规审查；④及时报告合规风险，组织或者配合开展应对处置；⑤组织或者配合开展违规问题调查和整改。

需要注意的是，合规组织架构的搭建要与企业的实际需求相适应，过于繁杂会导致额外的经营成本，过于简单则无法防控风险。企业的合规管理架构要与企业的经营模式相一致。

（二）制定财税合规风险管理制度体系

1. 制定企业财税合规行为准则

企业的合规制度搭建相当于"内部立法"，要将外部制度要求内化成为企业制度。企业合规行为准则是企业财税合规的"宪法"。财税合规行为准则是企业合规管理制度架构的关键部分，奠定了企业财税合规管理的总基调。为确保实用性，行为准则要简明扼要、提纲挈领、直达要害。虽然行为准则无法为员工提供全方位、全流程、全环节、全覆盖的合规指南，但能够为员工提供合规行为的指导思想与根本遵循，让员工了解如何应对财税合规风险。

2. 建立企业财税合规风险防范体系

企业财税合规是旨在应对财税合规风险的企业治理体系，主要功能是确保企业依法依规经营，预防企业财税违规、违法和犯罪。因此，企业要建立财税合规管理的基本流程，及时评估、识别、监控、处置潜在的财税风险和可能发生的财税违规行为。依据国际经验，从程序上看，合规管理流程包括三个基本系统：一是风险防范系统，是预防违规事件发生的管理流程；二是风险监控系统，是及时识别、报告合规风险的管理流程；三是违规事件应对系统，是违规事件发生后采取的调查、奖惩和制度修复流程。企业财税合规风险管理要遵循这些基本流程，并按照"事前""事中""事后"分阶段制订控制流程。

首先，建立财税风险防范系统，即"事前预防流程"，它通常由五个要素构成：一是财税合规风险的评估；二是财税合规的尽职调查；三是财税合规培训；四是财税合规信息的沟通和传达；五是财税合规文化建设。其中，财税合规风险评估是风险防范体系的核心要素，是企业通过对业务性质、交易规模、违法违规情况、涉讼情况等的审查，检验自身是否存在财税违规、违法和犯罪可能性的管理活动。财税合规尽职调查是合规风险评估的一种特殊形式，是企业审查客户、第三方商业伙伴和被并购企业是否存在财税违规、违法情况所采取的背景调查活动。财税合规培训是企业针对全体员工、客户、第三方商业伙伴所进行的定期或专门性财税合规培训教育活动。财税合规信息沟通和传达是企业就相关法律法规、财税合规建设的进展情况进行的面向全体员工、股东、第三方商业伙伴的宣传、沟通和交流，目的在于促使上述人员了解财务、税收法律法规及企业财税合规政策的变化，以做到全员合规。财税合规文化建设是企业通过日常性财税合规管理体系的运行形成依法依规经营的习惯和氛围，有助于员工养成"合规创造价值、合规即道德"的价值观。

其次，建立财税风险监控系统，即"事中识别流程"，是企业对经营活动是否合乎相关法律法规所进行的实时监督和控制，并对可能发生的财税违规、违法行为及时加以识别，以对财税违规、违法事件做出及时处置，采取改进措施。形象地说，风险监控系统如同企业全天候、全覆盖的"雷达预警系统"，可以对企业各环节经营管理活动进行精准扫描和专业检查，确保财税违规、违法行为进入企业监管者的视野。财税风险监控系统通常由以下几个要素构成：一是实时财税合规检查，又称为"合规控制管理"，是对企业的投资、并购、生产、销售、进出口等业务活动进行财税合规性审查，确保这些业务活动符合财税法律法规的要求。二是财税合规审计，又称为"独立第三方财税合规审查"，是企业委托外部独立的专业机构对合规管理体系的有效性进行定期或不定期审查，既审查合规政策在企业内部是否得到了良好执行，也审查企业是否发生了财税违规、违法情况。三是实时举报机制，如设置举报电话、电子邮箱、专项信箱等。对于员工、客户、第三方商业伙伴及其他针对企业财税违规、违法行为的投诉，无论是实名投诉，还是匿名投诉，都要进行调查处理，并确保举报人得到有效保护，不被打击报复。四是财税合规报告制度。企业应确保首席合规官、合规部门和分支机构的合规专员能够定期或不定期就企业财税合规管理问题进行报告，报告事项既包括企业财税合规管理的执行情况，也包括企业内部发生的财税违规、违法乃至犯罪情况。

最后，建立财税违规事件应对系统，即"事后合规管理流程"，是在违规事件发生后，企业所采取的纠正和补救程序。当然，前提是企业虽发生财税违规事件，但还没有陷入被税务部门执法调查、检查、刑事追诉的危机。在检验企业财税合规管理系统是否有效时，不是看其是否已发生了财税违规事件，而是要看在发生财税违规事件之后，企业是否采取了有效的应对措施。具体说，财税违规事件应对至少包括三个要素：一是财税合规内部调查，即企业自行或者委托外部专业机构对所发生的财税违规行为进行全面调查，既要查明违规事实，查明负有相关责任的员工、管理人员、客户、第三方商业伙伴或者并购企业，也要揭示企业财税合规管理的漏洞和隐患。二是惩戒财税违规人员，即对负有直接责任的员工、管理人员进行惩罚，如调离工作岗位、做出行政处分、送交司法机关处理等；对于负有直接责任的客户和第三方商业伙伴，则应采取责任切割或终止商业合作等处理措施。三是及时对财税合规计划进行完善和改进，对存在漏洞的日常性财税合规管理制度做必要的补救，对存在隐患的管理环节进行纠正。

3. 制定企业财税合规管理办法

在制定财税合规管理办法时，要注意以下几点。

第一，确定适当的财税合规目标是合规工作顺利开展的必要前提。财税合规制度应确立清晰且能够实现的目标。如果设立的目标过高则无法达成，员工会消极应付、忽视制度要求。反之，如果制度要求过低，则员工会失去进取心，给企业带来合规风险。原则上，企业必须保证设立的目标不低于法律、法规和外部监管机构对企业的要求。在制定财税合规管理办法时，应清晰划定权责。每项制度都应确定明确的对象，并明确相关责任。如果权责划定不清晰，则容易使相关责任人互相推脱，无视制度；而权责清晰的制度可让事事有人管、人人都管事。

第二，完善的财税合规管理架构是合规工作顺利开展的必要保障。合规管理作为企业的重要内控机制，必然要求部门间协同运作。只有建立完善的合规管理组织架构，才能使合规、风控、审计、法务、业务等部门充分发挥各自优势，形成管理合力，将合规管理工作落实到位。

第三，必要的合规管理考核是财税合规管理的助推器。财税合规管理办法应将财税合规责任纳入岗位职责和员工绩效管理流程。建立财税合规绩效指标，监控和衡量各环节各岗位财税合规的绩效，强化财税合规主体责任。

第四，关注重点领域财税合规问题是提高财税合规管理有效性的必然选择。为此，一是要加强资金管理，加强企业年度资金预算计划管理，通过预算编制明确企业年度资金运作的重点，规范企业日常资金支出，避免盲目贷款和不合理存款等情况。加强资金的日常管理，严格资金审批程序，明晰各决策机构资金审批程序和权限。加强资金重大风险管理，尤其要强化对大额度资金的决策管理和审批。审慎对待和严格控制对外担保，严格按照三重一大决策有关要求，开展专项风险评估并执行决策流程。二是加强收入、成本费用核算与管理。按照新准则有关要求及企业财务内部控制制度，真实、准确核算收入与成本。同时，加强费用管理，按部门和业务线条进行费用预算分解和管控。三是加强信息披露管理。明确重大信息内部报告要求及信息披露有关要求，做好信息知情人登记，强化有关人员的信息披露意识，依法依规做好信息披露。

第五，同时关注企业内部和外部的财税合规，确保企业财税合规管理完整性。基于产业链、价值链、供应链、业务链等"链条思维"，企业在市场活动中不可能独善其身。在复杂的环境中求生存，企业不能仅仅关注自身，在做到洁身自好的同时，还要注意处理与商业合作伙伴的关系。在业务合作中确保各方合规无风险，共同维持健康良好的业务合作关系，力促实现共赢发展。换言之，在大合规时代，企业合规建设不仅关涉企业内部治理的成效，还涉及企业外部合作的成败。

（三）编制企业财税合规业务操作手册

制定了财税合规管理制度后，企业还应就重点合规领域编制财税合规业务操作手册。一份好的财税合规手册不仅能够帮助员工理解企业的财税合规要求，还能就合规的流程及具体操作提供行动指南。可以说，财税合规业务手册就是企业关键业务指导细则。财税合规业务手册应按照不同层级设定合规行为规则，明确各自的财税合规义务与责任，为各项工作开展提供相关财税法律制度资讯和具体操作流程指引，指导行为人如何保存合规记录，实施财税合规"痕迹化"管理，同时提供详细的财税合规自我评估清单，以及核查、审查、反馈和解决漏洞的程序方法。

在财税合规业务操作手册中，企业最高领导人通常会以公开信的形式，简要介绍财税合规政策、合规目标和发展愿景，并代表企业做出道德与合规承诺；同时，还会在手册中设置员工承诺书，要求全体员工签署并承诺遵守行为准则。企业应将相关法律法规所确立的禁止性规则进行整合，使之成为规范外部人员和企业行为的准则；将法律法规所禁止的事项加以阐述，使之成为内部人员从事职务活动的准则。

企业进行合规培训、合规风险评估、合规尽职调查、合规审计、合规奖惩等活动时，应将财税合规政策和员工手册遵守情况作为基本评判依据。此外，企业设置合规举报渠道，如人员、电话、电子邮箱等，便于员工对违规事项进行举报。

知识链接

央企税务合规建设的4个做法

近日，华润（集团）有限公司依法治企、风控与合规管理委员会召开专题会议，听取了自2022年10月1日起施行的《中央企业合规管理办法》（国务院国有资产监督管理委员会令第42号，以下简称《办法》）解读，审议通过了2022年集团合规管理工作报告，并部署了下一阶段工作。与华润（集团）有限公司一样，中国南方航空集团有限公司、中国移动通信集团有限公司、国家石油天然气管网集团有限公司等多家央企，都将落实《办法》规定列入重点工作清单。

根据《办法》要求，央企在全面税务合规管理方面尽管各有侧重，但都开始积极行动，重点发力。

1. 设置首席合规官

《办法》第二章"组织和职责"部分明确，央企应设立合规委员会，可以与法治建设领导机构等合署办公，统筹协调合规管理工作，定期召开会议，研究解决重点难点问题。同时规定，央企应当结合实际设立首席合规官，不新增领导岗位和职数，由总法律顾问兼任，对企业主要负责人负责，领导合规管理部门组织开展相关工作，指导所属单位加强合规管理。《办法》明确，央企应当在业务及职能部门设置合规管理员，由业务骨干担任，接受合规管理部门业务指导和培训。

设立合规委员会和首席合规官是一种基于制度与机构建设策略的合规建设。一些央企已经设置税务合规管理员岗位，负责审核纳税申报是否准确，集团转让定价制度是否合理，是否全面享受税收优惠等。

设立首席合规官，是强化合规管理工作的一项重要举措。央企设立首席合规官，既有利于进一步明确合规管理职责、落实责任，也展现了央企对强化合规管理的高度重视和积极态度，对推动各类企业依法合规经营具有重要示范带动作用。尽快设置首席合规官，将设立首席合规官的工作纳入重点合规工作计划，进一步明确其合规管理职责、落实责任，并通过公司制度予以固化。首席合规官在领导合规管理部门、组织开展相关工作时，可以重点关注合规管理与法务管理、内部控制、风险管理的协同运作，加强统筹协调，避免权责间的交叉重复，通过"多位一体"的合规管理机制建设，持续提高管理效能。

鉴于央企组织机构和管理体制的特殊性，以及税务合规遵从的复杂性，在首席合规官之下，建议设立税务总监和若干税务合规管理员职位。同时，设立税务部或税务管理中心等税务管理机构，参考国务院国资委印发的《关于中央企业加快建设世界一流财务管理体系的指导意见》（国资发财评规〔2022〕23号），税务合规人员应主动参与投资并购、改制重组和创新业务等重大事项，从机制上保证税务合规人员真正发挥其作用。

2. 制定税务合规指南

《办法》第三章"制度建设"部分明确，央企应当构建分级分类的合规管理制度体系，包括合规管理基本制度、合规管理具体制度或专项指南。同时，应根据法律法规、监管政策等变化情况，及时对规章制度进行修订完善，对执行落实情况进行检查。

绝大多数央企的税务合规管理制度建设已初具规模，并具有较好的管理成效。央企普遍制定了税务管理手册、具体业务指导手册和操作指南等与税务合规有关的制度文件。如某集团制定的《税务管理手册》分合规分册、风控分册、规划分册，内容分业务和纳税申报两个部分，介绍了财税人员应注意的合规管理细节。《税务管理手册（合规分册）》详细介绍了8个主要业务的税务合规管理要点，包括基础设施建设、PPP项目、勘察设计与咨询、资金管理等。在此基础上，还详细介绍了增值税及附加税费、企业所得税以及其他税种的合规申报要点。

"九层之台，起于累土。"建立全面的税务合规管理制度，是央企加强税务合规管理的重要组成部分。尚未建立税务合规管理制度的央企，应在充分梳理业务、财务、税务基础上，从三个层次建立税务合规管理制度——基本制度+合规办法+操作手册。具体来说，基本制度明确税务合规管理的基本原则；合规办法明确涉税事项的合规管理要求；操作手册则明确在财税综合场景下，处理涉税事项的具体步骤和内容。已经建立较为完善的税务合规管理制度的央企，可以重点关注投资并购、改制重组、新业务模式、转让定价和海外运营等税务合规风险较高的业务，结合企业具体业务流程和关键税务风险节点，制定专项业务税务合规指南，从而降低复杂涉税事项的税务合规风险。

3. 形成有效闭环管理

《办法》第四章"运行机制"部分明确，央企应当建立合规风险识别评估预警机制；将合规审查作为必经程序嵌入经营管理流程；发生合规风险，相关业务及职能部门应当及时采取应对措施；建立违规问题整改机制，提高依法合规经营管理水平。大多数央企正在努力建设税务合规运行机制，少部分央企因早年赴境外上市等，形成了较为成熟的风险识别、合规审查、风险应对、违规问责机制。

作为国内保险行业头部央企，C企业利用税务信息化和合规操作指引等手段，识别税务合规风险；由业务经验丰富的税务人员审核日常纳税、税收优惠适用准确性；在发现税务风险后，从相关的业务端入手，逐步分析业务、财务、税务等环节，深入分析产生问题的原因，并寻找解决办法。同时，定期总结税务合规风险，以避免后续出现同类问题。

税务合规管理运行机制建设非一日之功，央企可以分阶段进行运行机制建设。在税务风险识别阶段，重点关注管理体制、重大事项可能触发的整体性、行业性和系统性重大税务风险。具体来说，在内部，央企应坚持重大事项税务报告制度，防止决策不当导致税务风险；同时，可以通过建立税务风险指标，利用计算机系统自动扫描，识别税务风险，及时预警处置税务风险，形成一套集团整体性、业务链条式、架构穿透性的税务风险严密防控体系。在外部，可以充分利用税务部门的个性化服务，开展税企直联互动，深化税企合作，定期开展企业税收风险内控机制有效性测试评估。发现税务风险后，在风险应对环节，央企应从税务、财务、业务和管理的角度去调整，长效地解决税务风险。

4. 加强税务信息化建设

《办法》第六章"信息化建设"部分明确，央企应当定期梳理业务流程，查找合规风险点，运用信息化手段将合规要求和防控措施嵌入流程，针对关键节点加强合规审查，强化过程管控；同时应当利用大数据等技术，加强对重点领域、关键节点的实时动态监测，实现合规风险即时预警、快速处置。

目前，绝大多数企业都在进行税务信息化建设，但建设进度不同。处在基础建设期的企业，通过信息化系统代替人工完成发票审核、纳税申报等日常基础作业；信息化程度较高的央企，利用风险评测、数据统计等系统工具，帮助集团完成各业务单元的风险控制、税负统计、税金预测等工作。少数做得比较好的央企，正在围绕企业战略，制定包括业务拓展在内的整体税务规划，深入挖掘涉税数据价值。

某集团在税务管理平台建设中，将发票、申报、涉税管理项目从线下搬到线上。集团总部坚持制度先行，全面梳理了涉税操作流程和风险点，借助信息系统实现全集团税务管理流程的统一化、规范化，并汇总、分析集团下属所有单位的数据，使集团总部可实时掌握各项目的税务管理情况。

央企应基于自身情况，分阶段建设、完善智慧税务管理体系，充分运用数字驱动的技术力量，提升税务管理水平与税法遵从度。对税务信息化建设已初具雏形的央企来说，可以将重点放在借助系统整合梳理符合行业特性的风险指标、强化动态分析与监测；基于总体发展战略，将税务数据分析纳入重大事项决策依据；基于成员单位税务数据强化绩效考核等工作，深入挖掘涉税数据价值，建设成世界一流管理体系，实现合规高效管税。

资料来源：阙歆旸. 全面税务合规管理：央企怎么做？[N]. 中国税务报, 2022-10-05.

三、建立企业财税合规文化

在建设现代企业合规体系中，"全员合规""业务发展、合规先行""合规经营与业务发展并重""合规与业务相融"已成为企业普遍接受的重要合规理念。因此，企业业务部门在企业合规体系建设和实践中不仅不能缺席，而且须发挥越来越重要的作用，是企业合规建设体系的"第一道防线"。企业合规的主体是全体员工，企业合规的主要任务围绕着企业业务开展。企业业务部门应当切实树立现代化企业合规理念，切实将企业合规风险防范置于业务实践之前，将企业财税合规制度落实到业务中去，将企业合规文化融入业务发展中去，真正筑牢企业合规建设的"首道防线"。

企业财税合规的核心在于企业文化。健康、向上、积极的企业合规文化可为企业各层级人员提供明确的合规行为指引，促使其形成合规意识、理念和思维，从而最大限度地推动企业合规制度落到实处。一般认为，企业财税合规是一种企业治理结构，是为预防、发现财税违法犯罪行为进行自我管理与约束的措施和机制，在法律上，国家给予实施了有效合规计划的涉案企业以从宽甚至免除处罚的制度设计。

随着企业合规在全球范围内的普及，国际标准化组织于2014年制定了《合规管理体系指南》（ISO19600），并于2018年11月启动修订，形成了2021年《合规管理体系指南》（ISO37301）。《合规管理体系指南》（ISO37301）最大的特点是融入企业文化，将合规嵌入组织的文化和员工的行为态度中，已成为企业核心价值和治理的一部分。《ISO37301：2021合规管理体系要求及使用指南》

给合规文化下了定义：遍布整个组织的价值观、道德、信念和行为，并与组织的结构和控制系统进行交互以产生有助于合规的行为规范。一个组织的文化是其行为规范、思维方式和价值观念的体现。因此，只有将合规作为企业文化的一个组成部分，财税合规建设才能真正成为企业自觉的行为。最新的《中央企业合规管理办法》突出合规文化建设，正是基于这一考量。企业合规的内涵逐步丰富，从遵守法规到符合道德，从合规管理体系到企业文化。从某种意义上来说，企业合规的发展历史，就是从管控到企业文化的历史。因此，企业合规的内涵是指预防和发现违法犯罪行为以及改善企业文化（"鼓励符合道德的行为和承诺遵守法律"的企业文化）的内控体系。

强化财税合规管理有助于企业文化理念的提升。有效的财税合规管理，不仅要求企业具有清晰的管控制度和流程，以及相应的责任制度和激励约束机制，而且要依靠员工的职业精神、个人品行以及良好的风险意识，形成良好的商业氛围，即使在没有明确的行为准则或指南情况下，员工也能凭借良好的职业操守和道德规范做出正确的选择。显然，这需要财税合规文化来支撑。

要保证企业财税合规管理体系的有效性，必须塑造一个以责任为核心的财税合规文化，使财税合规的价值观成为现代企业文化的核心组成部分，即确保所有员工和相关业务部门共同朝着合规化方向前进。企业的财税合规管理体系只有致力于可持续发展而非即期利益，只有将财税合规理念贯穿于企业的每个层级，特别是实现领导决策层对于企业合规文化的认同和支持，只有与商业合作伙伴实现合规文化认同与共享，形成自上而下、由内到外的合规文化机制，企业的财税合规管理体系才是切实可行的、成功的。

🎯 知识链接

财税合规的深层理解

1. 财税合规公式

财税合规＝财务合规＋税务合规

（1）财务合规

企业的财务核算需要在一定的框架内运作，这个框架就是企业的财务规范，包括会计法、会计准则等。

（2）税务合规

企业的纳税遵从，即企业的所有业务必须符合税法的规定，依法纳税。

（3）财税违规情形

其一：财务合规，税务不合规。

其二：税务合规，财务不合规。

其三：财务不合规，税务不合规。

2. 财税合规的判断程序

（1）评价企业的财务管理体系

包括会计制度是否合理，会计机制是否健全，会计制度是否稳定，会计资料是否完整。

（2）判断企业的核心会计政策

包括收入确认、坏账计提、资产折旧与摊销、成本结转等，看其是否符合会计准则与会计法要求。

（3）明确企业的主要涉税行为及纳税额

重点是增值税、个人所得税、企业所得税、房产税、土地增值税等；从税务逻辑角度看，检查企业的税务数据和财务数据，看其政策是否统一、口径是否一致，财务核算与税务数据是否存在差异，是否存在计算错漏。

（4）研判重大经济行为的涉税处理与会计处理

审查相关经济行为及会计处理的合理性与合规性。

四、建立企业财税合规人才培养机制

除了建立财税合规管理制度、编制具体操作手册、倡导企业合规文化，企业还需要建立财税合规人才培养机制，确保各环节、各业务、各岗位正确履行合规义务，落实合规主体责任。

企业合规政策和合规制度确立之后，财税合规管理重点是对人的管理，如果不能将制度落实到人，那也只是纸上谈兵，是纸上的合规。财税合规管理制度要落地，就需要广泛发动员工，培养员工财税合规的知识和技能。有条件的企业可以在业务及职能部门设置合规管理员，由业务骨干担任，接受合规管理部门业务指导和培训，以点带面，推动整个企业全面合规。

贯彻落实财税合规培训的基本要求：一是要对企业各级领导干部开展财税合规培训，筑牢领导干部财税风险防范意识，提高其合规决策能力，为各级业务部门和职能部门提供领导支持。二是要对财务会计人员开展职业道德教育与合规培训，不断提高其"爱岗敬业、熟悉法规、依法办事、客观公正、搞好服务、保守秘密"的职业道德水平与合规能力。三是财务部门要配合企业合规部/人事部/培训部开展员工财税合规培训，包括新员工任职合规培训，各级管理人员、各类业务员工的定期合规培训，确保相关员工按规定接受培训。财务部门要会同有关部门组织制定财税合规管理程序以及合规手册、员工行为准则等合规指南，评估合规管理程序和合规指南性文件的适当性，为员工把握法律法规、行业监管要求和相关国际准则提供指导。四是要对高风险领域的员工有针对性地开展财税合规培训，为其提供重点合规操作指导，杜绝高风险发生或降低发生频率。五是财务部门要会同合规部门定期或不定期对商业合作伙伴开展合规制度、风险防控要求以及合规文化的系统培训及个性化的合规培训，不断提升商业合作伙伴的合规意识和合规实效，共同维护"合规共同体"。

第四节　企业财税合规管理的运作模式

一、大合规管理模式

在某种程度上，企业财税合规管理的运作模式取决于企业财税合规的体制架构和合规管理的运行状态。从企业体制架构上考察，财税合规管理的运作模式是涉及企业内外的一体化运行模式，即大合规运作模式；从其运行的状态考察，表现为日常性合规管理运作模式和突发性合规管理运作模式。

在现代公司治理结构中，合规组织通常有四个层级：一是董事会下设的合规管理委员会；二是首席合规官；三是企业合规部门；四是企业下属部门或分支机构的合规部门或合规专员。从组织模式上看，财税合规管理组织体系是其重要组成部分。因此，财税合规管理的运作离不开上述四个层级的关系处理和组织协调，以及企业内部各部门各环节各成员之间的关系。

大合规管理就是一方面要将合规管理要求注入企业内部各项工作流程，将合规业务操作手册发到每个合规义务人手中，并配之以合规文化的理念支撑、各部门各环节之间的协作，而不是合规管理部门单打独斗；另一方面除了四个层级自上而下和自下而上的协调配合，还需要自内而外和自外而内的合作共享，即企业同其商业合作伙伴之间的关系协调，以及与外部监管部门的关系协调。这意味着，企业财税合规管理不仅实施于企业内部，而且要拓展至企业外部，在外部合规监管制度内化的同时，将财税合规制度外化，即与合作伙伴以及监管部门进行有效沟通，分享财税合规文化和具体合规操作方案，以此来检视财税合规管理的有效性，做到与外部环境同频共振，达到财税合规运作的良好状态。

"大合规模式"是时代发展的必然产物。随着市场竞争规则的变化，市场竞争模式从过去传统的单个企业之间的竞争发展到产业链竞争，从单打独斗发展到合作共享。如果产业链某个环节出了问题，就会给整个产业链带来巨大合规风险。因此，在产业链、价值链内部各企业之间需要始终保持"合规、合作、共赢"的经营理念。

二、日常性合规管理模式

"日常性合规管理模式",即常态化的合规风险管理模式,目的是防患于未然,将合规风险消灭在萌芽状态。就是在合规风险发生之前,根据企业实际搭建日常性合规管理体系,并将外部和内部合规管理要求内嵌于各项业务流程。由于企业在决策、经营、财务、人事等管理环节可能存在制度漏洞,存在不合法或不合规的情况,尽管没有形成现实危机,却带来潜在的财税合规风险。因此,日常性财税合规管理应覆盖企业决策、经营、财务、人事等管理环节,形成完整的合规治理体系。

合规管理制度建立后,合规义务部门及其人员,在日常业务中必须按照合规政策、合规准则及合规业务操作手册开展工作,认真落实事前、事中和事后过程管控要求。各部门各环节需要开展日常性核查,依据风险管理的识别、排序、应对、考评流程,对出现的合规风险和潜在的合规风险及时处理和报告,预防违规行为发生。合规部门要牵头会同财税部门及业务部门联合开展合规审查,利用企业内部的信息管理系统,对企业经营的每一环节进行实时合规监控,对发现的财税风险及时预警和处置,对合规管理体系进行持续改进与完善;定期开展合规管理考核,对违规操作造成损失的予以责任追究。

总之,企业合规的治理结构包含四项要素:一是作为企业宪章的"合规章程";二是作为实体规范的合规政策和员工手册;三是作为企业组织规范的合规组织体系;四是作为企业管理程序规范的合规流程。上述四项合规制度要素,相互结合和补充,形成了完整的日常性合规管理体系。

企业建立常态化的合规管理体系,可以发挥以下几个方面的作用:一是定期评估潜在的合规风险,并根据合规风险建立相应的专项合规管理体系;二是通过合规政策、员工手册、尽职调查、合规培训等,对企业基层员工、管理人员、子公司、客户、第三方商业伙伴和并购企业发挥行之有效的违法预防作用;三是通过合规报告、合规审计、内部举报系统,对企业违法犯罪事件进行实时监控;四是在违法犯罪行为发生之后,通过针对性的合规整改,可发现合规管理的漏洞,消除合规管理的隐患,推动企业合规管理体系的不断完善。通过常态化的合规管理体系建设,企业发生违法犯罪事件的概率将大大降低,相应的合规风险可得到及时有效的识别、监控、预防,企业自行改进合规管理体系的动力机制也能发挥作用。

三、突发性合规管理运作模式

"突发性合规管理运作模式",亦称为"危机应对合规管理模式",即企业因涉嫌违规、违法或者犯罪，在面临行政执法检查、民事诉讼、刑事追诉或者国际组织制裁的情况下，针对其在经营模式、管理方式、决策机制等方面存在的漏洞和隐患，进行针对性制度修复和错误纠正，依据合规风险情况对企业及外部商业合作伙伴予以合规整改。

企业之所以要进行合规整改，是因为合规整改是一种有效的激励机制，表明企业的运营过程是在合规框架下开展的，可以说服行政机关免除或者减轻行政处罚，说服司法机关作出不起诉决定或者其他宽大处理，说服国际组织解除制裁，恢复企业的社会信用等级和市场准入资格。为达到上述效果，企业需针对自身存在的合规漏洞和制度隐患，采取针对性补救措施，建立或完善合规管理制度。

知识链接

常见财税不合规行为

1. 隐瞒收入或转换收入名目

注意事项：①赔偿金；②其他应付款；③预收账款。

2. 视同分红或发放薪酬的若干业务

注意事项：①与关联企业签订虚假购销合同，预支大量资金；②将资金借给股东或关联方；③将资金借给企业高管；④出资为企业股东或高管个人购买车辆、房产等。

3. 借款利息涉税风险

注意事项：①与非关联方签署借款协议，计算利息，但不开具发票；②借款给关联方，无借款协议，无利息无偿使用。

4. 成本费用虚增风险

注意事项：①以虚开的发票套取资金；②虚开发票转化为股东代支付业务，从而向股东转移资金；③成本或费用虚高，导致企业利益外流。

5. 报销不合规风险

注意事项：①报错不该报销的费用；②费用超标；③舍近求远采购；④不当报销，以增值税普通发票代替增值税专用发票等。

6. 合同成为财税合规的障碍

注意事项：①合同隐瞒真相；②合同费用不合常理；③合同不列明金额或交易条件；④合同数量或金额不实；⑤合同不约定发票类型与税率；⑥合同不约定损失的处理方案及后续管理。

7. 被迫确认收入的风险

注意事项：①长期挂账，如应付账款或其他应付款超过 3 年，且无法证明该笔款项仍须支付，被迫确认收入纳税；②获取的赔偿款项，也须确认收入。

8. 无序对冲往来账的风险

注意事项：①分属不同主体的长期挂账进行对冲；②资产与负债对冲。

四、各种合规管理运作模式的关系

大合规管理模式、日常性合规管理模式和突发性合规管理运作模式是在不同维度呈现的具有不同特征的管理模式。大合规管理模式体现财税合规管理制度体系的广度和作用范围，合规管理不能只局限于企业本身，还要延伸至企业外部，后两种模式都体现了大合规管理理念；日常性合规管理模式体现财税合规管理制度体系的深度和作用程度，合规管理根植于企业各项业务、各个环节，直达企业员工日常的具体行为；突发性合规管理运作模式则体现财税合规管理制度体系的高度和作用强度，当企业遭遇监管部门的行政处罚和刑事追诉等不利形势时，企业可以凭借其完整的财税合规管理制度体系，争取更多的合法权益，获得免于处罚或减轻处罚、修复信用、免予起诉等实际利益。日常性合规管理模式和突发性合规管理运作模式各有其适用的对象和空间，可以独立发挥合规治理的作用，但两种模式各有局限性，单靠一种模式，企业无法形成有效的财税合规管理制度体系。

从企业合规的长远发展来看，日常性合规管理侧重于企业常态化的合规管理体系建设，旨在增强企业的商业竞争优势，应对监管部门日益严格的合规监管要求；而合规整改则注重对企业的制度纠错体系和违法犯罪预防体系进行完善，旨在兼顾"针对性"和"体系性"的合规改进。从有效防控合规风险的角度来看，两种合规模式可以在以下几个方面进行必要衔接，以便发挥制度合力：一是通过加强日常性合规管理，减少企业违规、违法行为的发生，避免任意启动合规整改程序；二是通过危机后的合规整改，推动日常性合规管理体系的完善；三是两种模式齐头并进，互为补充，从不同角度推动企业的有效合规治理。日常性合规管理使违法犯罪事件发生的概率大为降低，因此，企业为应对危机而进行合规整改的必要性就会大大降低。可见，有效的日常性合规管理是减少企业合规整改的必由之路。①

---

① 陈瑞华. 有效合规管理的两种模式 [J]. 法制与社会发展，2022，28（1）：5-24.

第五节　企业财税合规管理的基本思路和实践应用

建立财税合规管理的组织体系和合规制度，不能局限于财务和税务合规两个方面，更不能局限于企业财务和税务两个管理部门。实际上，合规管理运作过程无不贯穿着集成化管理思维，即在运作模式之广度、深度和高度方面体现出"温度"。换言之，就是改变以往各个业务板块单兵作战的思路，走向从整合到聚合、再到融合的合规管理。简言之，就是形成"业财法税融合"的合规工作思路。

一、"业财法税融合"的逻辑框架

（一）"业财法税融合"的理论逻辑

"业财法税融合"是指企业根据现代财税管理要求，通过数据挖掘、信息传播、信息共享的高科技手段，有机融合业务、财务、法务、税务活动，在合法经营的基础上，利用财务手段、税收政策、法律工具等，在规划、决策、组织、控制和评价等方面全面提升效率、降低成本，实现企业价值的最大化。[①] 相较于"业财融合"，"业财法税融合"提升了企业运营及财税风险的价值认知，内涵与外延有所拓展，实现了企业三大流程——业务流程、财务流程、税务管理流程的有机结合，使企业的财务数据、税务处理和业务操作融为一体。从管理协同视角出发，将法务、税务元素引入"业财融合"，会产生"业财法税融合"的聚变效应。

"业财法税融合"凸显了业务、财务、法务、税务四位一体的重要性，产生了奇特的聚变效应，是一种管理协同行为，强调基于风控逻辑的场景融合，其逻辑框架如图1-1所示。"业财法税融合"为企业的交易结构设计、财税合规、价值创造奠定了稳固的基石，成为新时代管理变革与技术创新的新引擎。

（二）"业财法税融合"的路径依赖

"业财法税融合"，既涉及企业业务活动的正常开展，又与交易结构、节点控制、合同签订、凭证获取、资金管理、账务处理、财务披露、税务管理等密不可分。实现"业财法税融合"，不仅需要交易结构的科学设计，还要考虑账务处理、财务披露、税务管理与合同签订、节点控制、凭证获取等环节的无缝

[①] 蔡昌，王道庆. 业财法税融合：理论框架与行动指南 [J]. 税务研究，2020（12）：122-128.

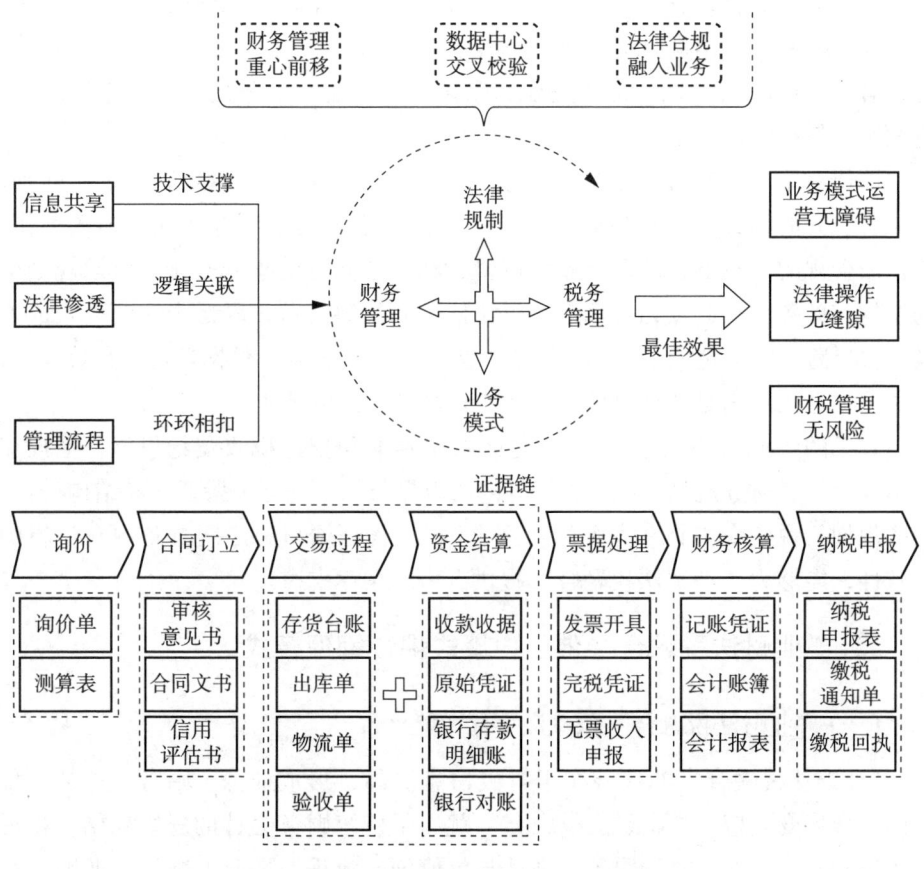

图 1-1 "业财法税融合"逻辑框架

衔接，构建包括合同文本、财务资料、完税凭证等在内的完整的"证据链"，这与法律上要求的"谁主张谁举证"原则相契合。即使面对外部审计、税务调查等事项，也能够提供符合商业原则以及财税合规要求的证据材料。从这一角度出发，"证据链"为"业财法税融合"开辟了一条坦途，成为"业财法税"运行所依赖的基本路径，能够深度阐释企业经营活动在"业财法税融合"下形成的一体化特征与一致性结果。

合同是商业活动、交易结构的主要载体；合同锁定了交易结构，同时成为影响财务和税务风险管理的重要证据。理想的财务规划、税务安排应该始于合同。合同是商业行为、交易活动的先导，没有合同就没有交易，合同约定条款的不同表达，会对财务核算和税收结果产生不同的影响。企业在做财务规划、税务安排时，往往是以合同文本为依据，合同自然成为企业财务规划、税务安排"证据链"的关键。

严谨完备的会计核算及真实的账簿资料、备查簿，是企业进行税务安排、税务风险控制、适用税收优惠政策的法律证据。因此，企业如何开展财务核算，是否有效管理原始凭证、记账凭证和账簿记录，会对税务处理产生直接影响，进而影响最终的税务结果。

法律对于"业财法税融合"有着特殊的贡献，没有法律规制与事实甄别，就没有稳固的税务安排与风险控制行动。税收筹划是一项专业性很强的工作，在依法合规的前提下，借助于商业逻辑、经济合同等的事先安排，科学规划交易结构与商务活动，以无可争辩的事实依据和法律规范，降低企业的税收成本及涉税风险。财务造假、阴阳合同等违法行为，并非合法税收筹划的有效范畴，其从根本上无法满足"业财法税"内在逻辑的一致性要求。

真正的"业财法税融合"，一是必须做到准确把握税收契约思想，把握交易结构设计、财务规划、税务安排等的法律界限；二是必须保证交易结构设计、财务规划、税务安排具有完整的"证据链"，且证据材料之间具备内在逻辑的一致性，能够为"业财法税融合"提供有力的法律支撑。

二、"业财法税融合"催生内聚式耦合管理模式

（一）"业财法税融合"依赖数字化智能平台

"业财法税融合"的核心在于打破信息孤岛，形成业务、财务、法务、税务的耦合聚变效应。"业财法税融合"跳出了传统财务会计的思维桎梏，将视野扩展到整个企业，且着眼于合规性与价值创造流程。平台思维是"业财法税融合"的理论基石，基于数字化智能平台，可为进一步巩固"业财法税融合"提供强有力的平台支撑。不同于现行的财务共享模式，"业财法税融合"下构建的数字化智能平台，使全流程数据有序汇聚数字化智能平台网络，可有效根治信息不对称带来的问题。可以预见，数字化智能平台最终将以构成元素的形式融入"万物互联"的社会经济大环境，进入智能数据生态系统之中。

（二）"业财法税融合"的目标是企业价值最大化

短期来看，"业财法税融合"致力于强化内部合规性。从"业财税一体化"进阶至"业财法税融合"，是将法律规制提升至业务、财务、税务同一水平，从整体上强化内部合规性。中期来看，"业财法税融合"旨在降本增效。"业财法税"重在融合，旨在推动业务、财务、税务、法务四大部门的有机融合，打破部门之间的信息壁垒，避免信息不对称带来的逆向选择与道德风险，降低各部门之间的信息传递与沟通成本，提高经营绩效与管理效率。长期来看，"业财法税融合"专注于企业价值最大化。无论是短期的合规，还是中期的降本增效，

最终都要着眼于企业价值提升。合规的持续推进有助于促进企业规避外部风险，降本增效的不断强化可使企业从内部管理中挖掘价值。因此，尽管业务、财务、法务、税务职能不同，但在"业财法税融合"指向共同的目标，即服务于企业价值最大化。

（三）"业财法税融合"：内聚式耦合管理的推动力

在企业价值最大化目标导引下，业务、财务、法务、税务四个部门经过交流、协商、权衡并形成四方制衡的最优方案。这种交流、协商、权衡形成最优方案的过程，就是"业财法税融合"的实现过程。借鉴波特的价值链模型剖析"业财法税融合"的耦合互动与协作关系，可归纳出"业财法税融合"的内聚式耦合管理模式，如图1-2所示。

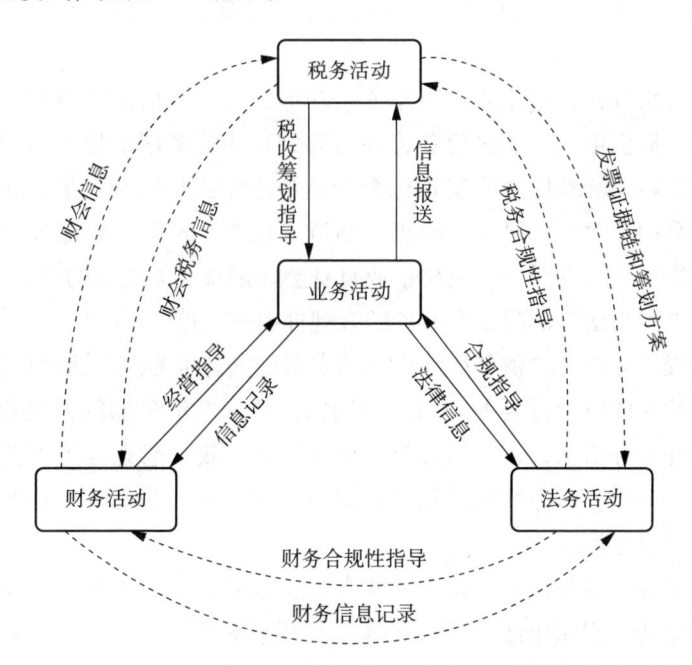

图1-2　"业财法税融合"的内聚式耦合管理模式

迈克尔·波特（1986）曾在《变化中的国际竞争模式》[①] 中提出，企业自身价值才是形成竞争优势的根本因素，并认为企业自身价值是由众多价值行为共同构建，具体价值行为在企业经营过程中相互联系，形成价值链。波特通过价值链模型，细化企业活动中的各项价值行为，从而将研究视角转向企业

---

① MICHAEL E. PORTER. Changing patterns of international competition [J]. SAGE Publications, 1986, 28 (2): 15.

内部。

"业财法税融合"可借鉴波特的价值链模型，通过拆分与重组企业管理活动的各项价值行为，构建"业财法税融合"的内聚式耦合管理模式。基于价值链模型将企业管理活动拆解为业务、财务、税务、法务四项，并以业务为内聚核心，以财务、税务、法务为支柱，重组企业各项价值行为，建立以信息交互为特征的耦合管理模式。

企业的业务活动通常可划分为采购、研发、生产、销售等环节，这些业务活动必然要经过财务会计的记录形成会计信息，经过税务信息系统完成纳税，进而形成经营利润、税收支出、营业成本等财税信息，提供给企业管理层及相关信息使用者；管理层通过甄别、判断会计信息进行经营决策，进而调整经营方向与业务模式，实现业务、财务的统筹规划，此乃"业财融合"的本质。

从税务视角分析，企业的各项业务活动形成的会计信息可为税务管理与筹划等税务决策提供依据；反之税务管理与筹划可为业务活动提供财税支持，调整业务部门的经营活动使企业实现综合税负最小化或税后利润最大化。除此之外，企业的采购、生产、研发、销售、物流、投资、融资、分配等内外部活动需要录入数据和开具发票，形成比企业自身会计记录效力更强的业务操作证据，形成证据链可为法务部门提升业务的合规性提供支撑。

从法务视角分析，除税务活动形成的发票证据链可为法务活动提供支持外，还有业务经营形成较为重要的合同。合同信息传递至法务部门，法务部门除了可以直接指导业务活动，还可通过指导财务管理、税务管理与筹划活动间接指导业务活动。此外，财务数据、税收筹划方案相应地成为佐证企业经营合规性的决策结果和信息流。

总之，业务、财务、税务和法务四类活动依靠各自产生的信息流在四个部门之间顺畅流动，相互印证、相互支撑，不断平衡直至获得企业经营的最优方案，并服务于企业价值最大化目标。

知识链接

某知名"网红"为何被罚 13.41 亿元？

2021 年 12 月，某知名"网红"因偷逃税款，被税务机关追缴税款、加收滞纳金并处罚款，共计 13.41 亿元。具体情况分析如下。

1. 避税路径

第 1 步：虚构业务，将个人劳务报酬转换成企业业务收入，再由企业业务收入转化为个人经营所得。

税率由 6%+45%=51% 降为 6%+35%=41%。

第 2 步：企业利润按照 10% 核定，税率由 41% 降为 6%+10%×35%=9.5%。

第 3 步：取得地方财政返还，税率由 9.5% 降为 5% 以下。

2. 违法事实

（1）该"网红"虚构业务将个人劳务报酬转换成企业的收入，再将企业收入转化为个人经营所得。其企业无资产、无人员、无生产经营条件，非实际经营。

（2）企业利润并非不能准确核算，属于滥用核定征收。

（3）该"网红"逃避税收，且以欺诈手段取得财政返还，该财政返还应被收回。

3. 主要伎俩与手法

（1）转换收入名目。

（2）核定征收。

（3）购买发票。

4. 财税合规思路

（1）贯通产业链、证据链、税收链。

（2）收支两条线，"平衡"最关键。

（3）规划好成本、费用开支，并保证其合理性、合规性。

三、"业财法税融合"驱动企业管理变革

"业财法税融合"的行动指向是企业各部门的管理协同，以及实现企业价值最大化。在"业财法税融合"前期，由于信息化技术的应用，企业传统"金字塔形"组织架构尚能满足其对于价值创造的追求。由于组织运行存在交易成本，[①] 当一种新的组织结构能够为企业带来更低的交易成本时，企业就会选择转变为这种新的组织结构。[②] 故在"业财法税融合"后期，为满足价值最大化的目标追求，企业应当积极推动组织变迁，摒弃传统"金字塔形"组织架构，转向具有"小前台—大中台"特征的"尖兵+航母群+大脑中枢式"组织架构，如图 1-3 所示。

[①] 交易成本概念最早由 Coase（1937）提出，并由 Williamson（1985）进一步发展，核心思想为企业的存在基于企业内部交易成本小于市场交易成本，组织架构的演变来源于对交易成本降低的追求。

[②] 李朋波，梁晗. 基于价值创造视角的企业组织结构演变机理研究——以阿里巴巴集团为例 [J]. 湖北社会科学，2017（02）：104-111.

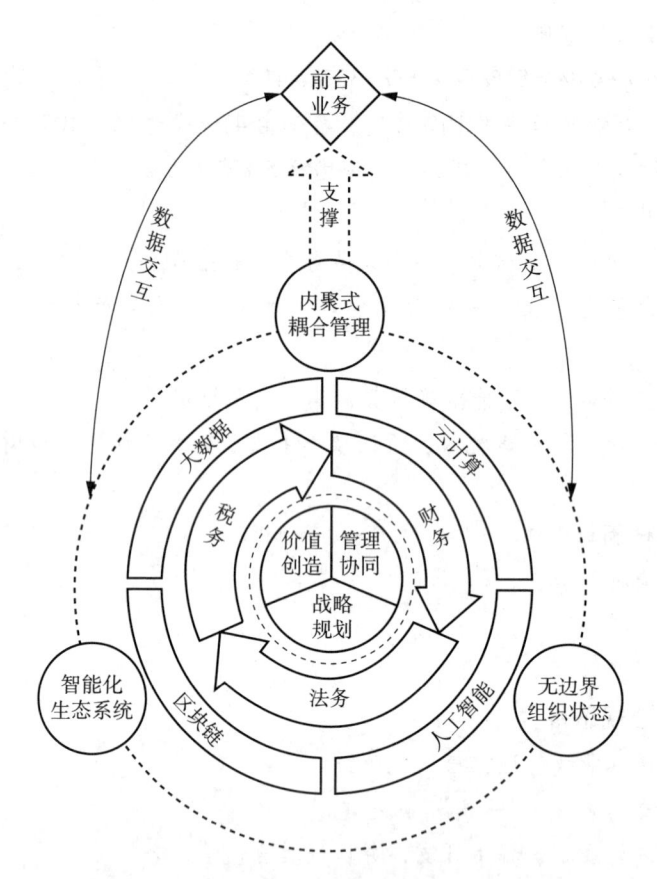

图 1-3 "尖兵+航母群+大脑中枢式"组织架构

这一组织变革的内涵在于缩小业务前台,将其作为外界探寻、合作交流的先锋,后续以数字化、智能化,多种职能部门共建互融的"航母群"为中台,后台则以"战略规划+管理协同+价值创造"为"大脑中枢"。这种聚焦"前台—中台—后台"结构拆分、匠心独运的组织架构,功能定位和管理协同优势明显:业务前台体形缩小,便于应对瞬息万变的外界环境;庞大的中台体系基于大数据技术支撑,集合企业各项职能,综合财务、税务、法务等部门共同对前台业务提供技术服务层面的支持,从组织保障、管理协同层面实现"业财法税"的有机融合;后台则以战略规划、管理协同思想、价值创造目标为"大脑中枢",为"业财法税融合"实践行动提供坚实的理论基石与决策指导。

"业财法税融合"推动了管理创新与税务管理创新。税务管理作为政府与企业沟通的重要桥梁,具有植根于业务、起源于法务、取材于财务的特点。将税务管理作为"业财法税融合"行动实践的落脚点,既能充分体现"业财法税"四位一体、耦合协同的特征,又能"窥一斑而知全豹",全面推进"业财法税融合"的实践模式创新。

四、企业"业财法税融合"管理实践应用

(一) 平台与技术变革催生税收经济生态

平台经济+交易结构设计+大数据技术＝税收经济生态圈，揭示了平台经济、交易结构设计与大数据技术结合产生的聚变效应。

自然界的生态圈是指生物群落及其生存环境之间基于依存与共生关系，融合形成的一种动态平衡系统。税收经济生态圈与自然界的生态圈有着极为相似的特征与运行规律，体现了人类经济活动创造财富和税权分配的动态平衡机制。税收经济生态圈的形成意味着在税收经济环境中萌生了一种新的机制，即在互联网时代以数字经济、大数据技术等为环境背景和技术工具，使税收经济生态圈的各参与主体与环境背景、技术工具融为一体，形成新的税收经济平衡关系。

简而言之，借助大数据技术优势，平台经济与交易结构设计相结合，产生了聚变效应，催生出新的税收经济生态圈。一种新的税收经济生态圈的形成，必然会形成新的交易结构与业务流程，改变原有的利益格局与生态环境，构筑税收经济生态圈新的利益均衡机制。

(二) "业财法税融合"的大数据应用

大数据技术变革与数字经济的加速发展，决定了未来世界必然是信息融合的世界。大数据背景下，企业根据财税合规管理要求，通过数据挖掘、信息传播、信息共享，有机融合业务、财务、法务、税务管理活动，将财税合规管理规则信息融合至各项业务流程，形成一体化运作的协同效应，并辅助决策者精准把握企业财税合规的内在规律，洞察财税合规事物的真相，帮助企业主动地预测财税合规风险，通过优化合规管理制度和合规技能培训化解财税风险。

(三) "业财法税融合"下的"四流一致"

1. "四流一致"的内涵

所谓"四流一致"，是指业务流（货物流或服务流）、合同流、资金流、票据流保持统一性。具体而言，"四流一致"不仅要求收款方、开票方和货物销售方或服务提供方是同一个经济主体，而且付款方、货物采购方或服务接受方也必须是同一个经济主体。"四流一致"的基本假设：买卖双方签署经济合同，真实发生合同所约定的交易活动，即合同流；卖方向买方转移货物或提供服务，即货物流或服务流；买方向卖方支付款项，即资金流；卖方向买家开票，买家凭票入账并抵扣进项税，即票据流。如果企业在经济交易过程中，不能保证资

金流、票据流和业务流相互统一,则会出现票款不一致,涉嫌虚开增值税发票,一经查实,不仅需要补缴税款及滞纳金,还须承担行政处罚甚至刑事责任。

2. "四流一致"的运行规则

从企业经济实践分析,"业财法税融合"下的"四流一致"要求满足以下三大运行规则(见图1-4)。

规则1:以合同流为中心,票据流、业务流并行一致;

规则2:资金流允许通过委托收付款方式保持间接一致;

规则3:销售方向第三方采购货物再转销购买方时,允许第三方直接通过物流配送转移给购买方。

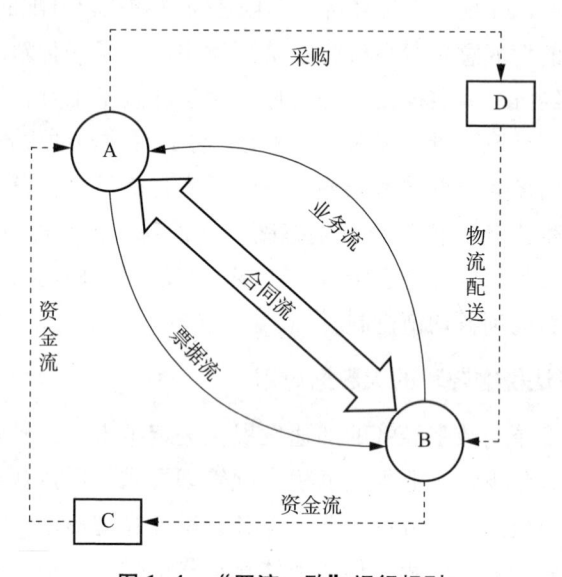

图1-4 "四流一致"运行规则

规则1容易理解,业务流、合同流、票据流应保持一致,尤其是业务流,是"四流一致"的根基。如果业务流不存在,合同就不真实或者没能正确履约,则属于商业欺诈或合同欺骗;若出现开具增值税发票的行为,则涉嫌虚开增值税发票。

在满足业务真实发生的前提下,若出现合同、发票与业务不一致的情形,应按照以下逻辑规律处理:①当业务流与合同流不一致时,通常需要根据真实的业务流,以业务流为标准,对合同流进行补充调整,最终达到合同流与业务流一致。即当业务真实发生后,不允许业务流与合同流出现不一致的情形。②当业务流与票据流不一致时,需要对发票所载事项或金额做相应处理。如果发票所载事项与业务内容不符,或者发票所载事项与业务内容相符,但发票金额与业务金额不一致时,需要根据真实业务的内容对发票做以下处理:若发票所载事项与业务内容一致,但发票金额大于业务金额,则开票方须收回原发票并作废，再开具与业务内容和金额相吻合的发票。如果发票所载事项与业务内容相符，且发票金额小于业务金额，则可由开票方以差额补开同一事项发票。即最终必须满足发票所载事项、金额与真实业务完全相符，使票据流与业务流完全一致。③当合同流与票据流不一致时，不论属于哪种情况，都需要根据真实业务情况对合同或发票内容进行相应处理，且合同、发票都与业务保持一致。

规则 2 的本质是维持业务合规性与灵活性的平衡。其实，"四流一致"并不必然要求资金流、业务流、合同流、票据流保持完全一致，允许资金流通过委托收付款方式与其他三流保持间接一致。这里需强调的是收款方或付款方可以与开票方或受票方不一致，但并不是允许资金流的金额不一致。关于资金流不必然要求与业务流、票据流、合同流保持一致的问题，国家税务总局曾给予明确的政策解释。国家税务总局于 2016 年 5 月 26 日在视频会上针对网友提出的问题——"纳税人取得住宿费的增值税专用发票，但住宿费是以个人账户支付，这种情况能否允许抵扣进项税？是不是需要以单位对公账户转账付款才允许抵扣？"给出如下答复：其实现行政策在住宿费的进项抵扣方面，从未作出过类似的限制性规定，纳税人无论通过私人账户还是对公账户支付住宿费，只要其购买的住宿服务符合现行规定，都可以抵扣进项税。需要补充说明的是，不仅是住宿费，对纳税人购进的其他任何货物、服务，都没有规定因付款账户不同就不可以抵扣进项税额。① 上述答复清晰地表明，只要业务真实性不存在问题，资金支付主体可以不完全与业务流、合同流、票据流保持一致。在经济实践中，企业之间经常存在复杂的债权债务关系、三角债问题，以及资金集中支付、委托收付款、债权债务抵销、债务重组等实操模式，不可避免甚至经常出现购买方与付款方不一致的情形。因此，资金流与业务流、合同流、票据流在现实中很难保持完全一致。需要说明的是，虽然资金流与业务流在特殊情况下并不必然强求一致，但一般要求在资金流方面企业能够清晰证明货币收支不存在违反财经纪律，也未出现非法集资或套取现金等违规操作。

规则 3 主要是针对互联网经济下的电子商务、平台经济模式作出的灵活调整。在日渐繁盛的互联网时代，电子商务、平台经济呈现加速发展的态势，经济交往的广度与深度前所未有，交易活动越来越趋向复杂化，点对点的物流配送愈加难以实现，同时基于物流经济性原则而丧失点对点配送的必要性。例如，上海贸易公司接到来自成都客户的采购订单，收款并开具发票；货物不是由上

---

① 2016 年 5 月 26 日国家税务总局 "营改增" 视频会政策问题解答（https：//www.bjeye.com/shui/17101.html）。

海贸易公司发出，而是由上海贸易公司委托广州的生产商直接发货给成都客户，上海贸易公司不负责运输，货物也不从上海发出。这种现象在大宗商品贸易中较为普遍，由于运输、仓储环节需要耗费大量的成本费用，企业或市场主体进行货物转卖时往往会约定货物暂时不发生实际交付，而是以"指示交付"或"占有改定"的方式完成货物所有权转让与交付过程。虽然货物本身没有发生空间上的转移，但已经发生法律意义上的"交付"，即货物所有权已经发生转移，交易行为合理有效。这种物流运输与资金流、票据流不一致的情况符合常理，即不能因为物流配送问题而认定为不符合"四流一致"原则。因此，"四流"不一致并不必然存在问题，除票据流不一致外，其余三流不一致皆须结合实际交易情况进行专业判断。

知识链接

财税合规的四个境界

1. 照章纳税

处理好合同、发票、资金流的关系，做好纳税申报工作。

2. 确保财务报表的真实可用

平衡项目指标关系，平衡资产负债，实现节税。

3. 关键业务的合规处理

关注股权转让、IPO 上市及投融资、大额资产交易等业务的合规性。

4. 财税结构符合行业惯例

确保利润率、实际税负率、资产负债率等结构性指标符合行业惯例。

五、企业财税合规管理创新之路

（一）技术拓展

传统的企业税务活动分为以纳税申报为主的合规性税务活动和以提升企业价值为主的控制性税务活动。在"业财法税融合"中二者均需建立数据生态系统。纳税强调合规性，而合规性来源于程序正义。税负控制强调价值，价值则源于厘清法律边界。在创新性与复杂性并存的业务中，企业通过数据生态系统能够清楚判断业务存在的税务风险点和价值创造点。

"业财法税融合"下的数据生态必须引入区块链、大数据、云计算等现代信息技术，以形成税务应变能力。区块链技术构建的数据生态环境，通过分布式存储、多节点共享、自动化合约等技术囊括了整个业务的所有信息。从税务合规角度分析，无论是外部税务稽查，还是内部税务审计，企业均能提供足够的数据资料溯源业务生命周期全过程，提供验证"程序正义"的重要依据。基于大数据与云计算构建的数据挖掘系统，能够在大量业务、财务、法务数据下探索最优化路径方案。从税务管理角度分析，通过深度分析涉税数据探明业务的涉税法律边界，在纳税义务发生时间、纳税地点等传统税收关键点中寻找最优解，在税务合规基础上实现价值创造。

（二）虚实结合

"业财法税融合"强调管理、供给、创新三大思维。从税务拓展视角分析，分别形成内外协同管理思维、多元化供给思维、内聚式创新思维。内外协同管理思维，是"业财法税融合"突破税务管理束缚的创新点。税务管理的视野不能只局限于客户、企业内部，还要放眼于政府与社会公众。对内，要将税务管理融入企业生产经营的各个环节，构建一个完备的税务合规性体系；对外，以信用体系建设为契机，将税务管理外拓于政府与社会公众范畴，促进企业税务信用的稳步提升。

多元化供给思维，是"业财法税融合"下税务与其他部门保持协作关系的基础。企业各部门具有不同的信息供给能力，业务部门供给贴近市场要求的个性化资源计划，财务部门供给完整的财务信息，法务部门提供合法、合规性落地方案，而税务部门则提供满足税后收益最大化约束条件的税务管理。因此，"业财法税融合"下税务部门需要秉承多元化供给思维，在合规性税务与价值性税务两大目标导向驱动下，尽量提供多元化税务方案。

内聚式创新思维，是"业财法税融合"下税务管理的底层逻辑。税务管理贯穿于业务、财务、法务等诸多领域，内聚式创新思维与业务模式创新及法律边界约束下的价值创造相契合。唯有秉承内聚式创新思维，将税务管理积极融入业务活动、财务管理、法律规制之中，根据交易结构、管理特征提供个性化税务管理实践操作方法，才能使企业在合规基础上实现价值创造。

在大数据背景下，基于不断增强的管理协同性与组织开放性，企业迫切需要走数字化转型之路。基于财务共享需求与合规性要求，企业借助大数据、云计算、人工智能、区块链等信息技术为其价值创造活动插上翅膀，可使"业财法税融合"逐步迈向数字化、云端化、智能化发展之路。

（三）重塑生态

"业财法税融合"要求企业将业务、财务、法务、税务部门的信息管理系统有机衔接，构筑统一的信息集成平台，企业各部门在平台上完成各项工作任务，从而构建一个智能化数据生态系统。

1. 基于区块链的数据生态环境

"业财法税融合"拟从根本上打破企业各部门之间的信息壁垒，增强企业管理控制的协同效应。但信息共享并非将企业管控于无节制、无规律的数据洪流之中，而是使之融入一种合规性与价值创造性管理流程。

基于管理无边界及各部门处于物理层面的分割状态，企业管控必然要求有条件、有约束的信息共享。区块链是一种采用分布式共识算法生成数据、加密链式区块结构存储数据、加密技术保障信息传输安全的去中心化数据库结构，与"业财法税融合"框架下的信息共享要求有着高度的契合性。

在共享机制方面，区块链节点式、去中心化的技术架构与"业财法税融合"的四位一体组织架构相契合。区块链具有分布式数据存储共享机制，在各节点间储存数据账本，去中心化的数据存储机制，使得各节点间数据有备份，企业业务、财务、法务、税务部门都持有交易活动数据，从数据存储结构上保证数据信息的及时共享。

在安全机制方面，区块链摒弃传统的中心信任架构，以加密技术与共识算法搭建技术信任机制。通过区块链搭建"业财法税融合"的数据环境，有效限制企业不同部门由于权利不对称所导致的数据造假及信息失真问题。在合约机制方面，区块链的智能合约编译内置于数据区块，并运行于区块链的虚拟环境之中。当交易状态发生变化时，智能合约能够自动判断预设的合约触发条件，自动履行合约规则。基于区块链智能合约的"业财法税融合"能够通过预设的交易状态转换条件，自动地将与交易相关的"业财法税"相关数据记录在区块中。

2. 基于大数据与云计算的数据挖掘

谷歌首席经济学家哈尔·范里安（Hal Varian）认为："数据非常之多且具有战略重要性，但真正缺少的是从数据中提取价值的能力。"

面对"业财法税融合"下的海量数据环境，企业利用云计算和大数据技术进行数据挖掘，可使"业财法税"等各方面数据信息有效关联，不仅能感知数据背后隐藏的行为动因，还能根据数据波动预测深层的趋势演化，从而更敏锐地洞察"业财法税"的互动规律。

3. 基于人工智能的协同进化

"业财法税融合"将原本割裂的各项职能有机地整合，深入推进了管理协同的实践应用。在智能数据生态系统中，企业面对错综复杂的外部环境与不断变革的内部环境，仅靠人工经验难以满足决策的及时性与可靠性要求。因此，企业引入人工智能技术，模拟人工复杂决策过程，可编织一张涵盖交易活动、财税处理、风险管理、合规管控等细节的"信息网"，并加持神经网络算法、遗传算法等深度学习模型，不断迭代更新，实现数据生态系统的协同进化。

第二章
企业设立期的财税合规操作

企业财税合规是以企业的生存和发展为基本前提，贯穿于企业全部生命周期，因战略和经营变化调整带来的财税风险主要集中于企业设立与投融资管理两个方面，具体可从公司战略规划、注册资本金、设立地点、设立身份、投资类型和组织类型等方面进行阐述。

第一节 企业设立阶段的基本流程

一、设立企业的准备工作

（一）做好战略规划

企业的使命是企业的根本性质与存在理由，企业的目标是企业使命的具体化。企业的目标是一个体系，以财务目标和战略目标为基本标准，将使命转化为具体业绩指标。财务目标是企业基于市场占有率、收益增长率、投资回报率、股利增长率、现金流等推动企业实现经营业绩，获取更多利润。战略目标主要有提高财务业绩，发挥企业的竞争优势，改善企业的业务前景。企业目标有短期目标和长期目标两个维度。

（二）确定企业的经营方向

企业可优先选择享受税收政策优惠的行业，如农、林、牧、渔业，以及国家重点扶持的公共基础设施、环境保护、节能节水、高新技术等项目，既可以享受所得税税收优惠政策减轻税收负担，也可以避免因政策调整导致企业投资失败。

【示例1】*企业投资经营之前首先要了解相关政策要求，国家规定部分行业私营业主不能经营。如果不了解情况，盲目投资会浪费大量的人力和物力。例*

如，在沿海边境地区，我国现行法规及政策允许个体户、私营企业进行小额外贸业务，允许私人经办中外合资、合作企业和承办"三来一补"贸易，但军工业、铁路运输业、石油业、拆船等行业私营企业限入。不准个体户或私营企业从事下列生产和经营：①民用爆炸品；②化学危险品；③严重污染城乡卫生、生态环境的生产项目；④特殊管理药品的生产经营；⑤猎枪；⑥棺木、土葬用品等。

【示例2】PPP模式作为新型社会治理模式和公共服务供给机制，在转变政府职能、提高公共产品数量和质量、防范政府债务风险等方面具有一定的优势，不少中小企业都乐于参与其中，以提升其自身实力，但一些企业并未充分了解项目投资的利弊和特殊性。近年来，国家规范PPP的政策不断出台，市场融资环境改变，加上合作方不切实际的"跑马圈地"导致其履约能力下降，常因现金流不足导致项目终止。

从税收角度分析，企业可选择国家鼓励的行业，以享受特定的税收优惠政策，使企业步入快速发展的轨道；但若不了解国家的禁业限制，企业也有可能陷入发展困境，甚至失败。例如：国家支持环境保护、促进节能环保、鼓励资源综合利用、推动低碳产业发展，实施了56项支持绿色发展的税费优惠政策。

二、企业设立的基本流程

企业成立需要完成工商注册登记（营业执照申领）、刻章、税务登记、银行开户、社保和公积金账户开立等，部分区域已实现线上办理，注册登记人员可实名认证登录网络平台，进行相关业务操作，线上和线下主要办理流程基本一致，如图2-1所示。

企业设立登记是一种设权登记，非经依法登记，不得成立。

《中华人民共和国刑法》（以下简称《刑法》）第二百二十五条规定了非法经营罪及处罚规定，即违反国家规定，有下列非法经营行为之一，扰乱市场秩序，情节严重的，处五年以下有期徒刑或者拘役，并处或者单处违法所得一倍以上五倍以下罚金；情节特别严重的，处五年以上有期徒刑，并处违法所得一倍以上五倍以下罚金或者没收财产：

（1）未经许可经营法律、行政法规规定的专营、专卖物品或者其他限制买卖的物品的；

（2）买卖进出口许可证、进出口原产地证明以及其他法律、行政法规规定的经营许可证或者批准文件的；

（3）未经国家有关主管部门批准非法经营证券、期货、保险业务的，或者非法从事资金支付结算业务的；

（4）其他严重扰乱市场秩序的非法经营行为。

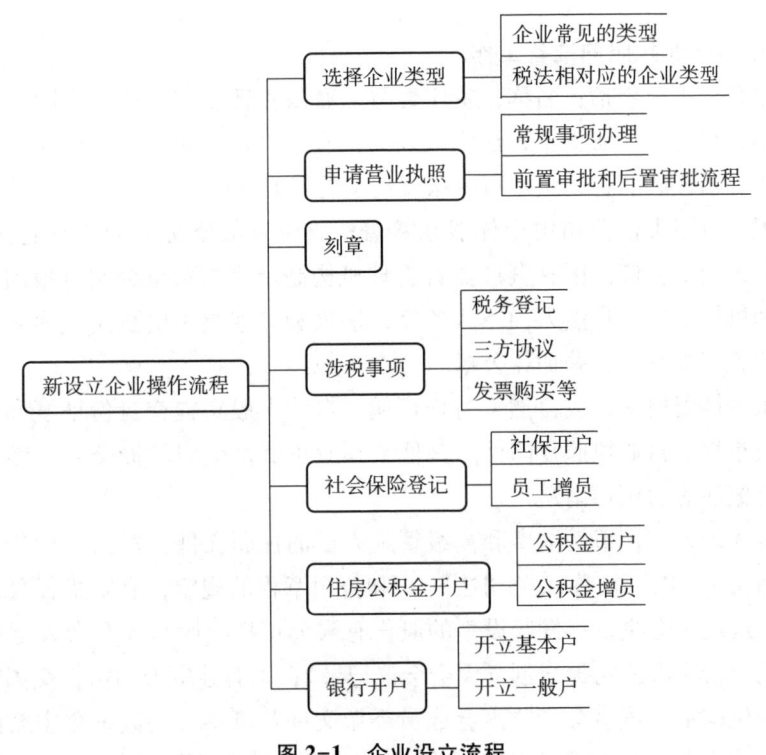

图 2-1　企业设立流程

（一）企业工商注册登记（营业执照申领）

根据《中华人民共和国市场主体登记管理条例》，企业的登记事项包括：①名称；②主体类型；③经营范围；④住所；⑤注册资本；⑥法定代表人姓名；⑦有限责任公司股东或者股份有限公司发起人的姓名或者名称；⑧法律、行政法规规定的其他事项。

企业的下列事项应当向登记机关办理备案：①企业章程；②经营期限；③有限责任公司股东或者股份有限公司发起人认缴的出资数额、缴付期限和出资方式；④公司董事、监事、高级管理人员；⑤企业登记联络员、外商投资企业法律文件送达接收人；⑥企业受益所有人相关信息；⑦法律、行政法规规定的其他事项。

企业登记申请人可以委托其他自然人或者中介机构代其办理登记。登记机关应当对申请材料进行形式审查。登记申请不符合法律、行政法规规定，或者可能危害国家安全、社会公共利益的，登记机关不予登记并说明理由。企业设立分支机构，应当向分支机构所在地的登记机关申请登记。法律、行政法规或者国务院规定设立企业须经批准的，应当在批准文件有效期内向登记机关申请登记。

1. 申请营业执照的准备工作

一般登记事项包括：名称；主体类型（有限责任公司、股份有限公司等）；经营范围；住所；注册资本；法定代表人；有限责任公司股东、股份有限公司发起人的姓名或者名称；法律行政法规规定的其他事项。

章程：有限责任公司由全体股东签署；股份有限公司由全体发起人签署；国有独资公司章程应由国有资产监督管理机构制定或由董事会制订报国有资产监督管理机构批准。自然人由本人签字，法人和其他组织由法定代表人、负责人或有权签字人签字，并加盖公章。

股东主体资格文件或自然人身份证明：自然人股东提交身份证复印件，企业法人股东提交营业执照复印件。其他类别股东资格证明的提交方式参见《市场主体登记注册通用指南》。

法定代表人、董事、监事和高级管理人员的任职文件：根据《中华人民共和国公司法》（以下简称《公司法》）和公司章程的规定，有限责任公司提交股东决定或股东会决议；发起设立的股份有限公司提交股东大会会议记录（募集设立的股份有限公司提交创立大会会议记录）；国有独资公司需提交国有资产监督管理机构批准董事会、监事会成员委派文件及董事长、监事会主席的指定文件。对《公司法》和章程规定公司组织机构人员任职须经董事会、监事会、职工大会（职工代表大会）等形式产生的，还需提交由董事签字的董事会决议、监事签字的监事会决议、职工（职工代表）签字的职工大会（职工代表大会）决议等相关材料。

高级管理人员，是指公司的经理、副经理、财务负责人，上市公司董事会秘书和公司章程规定的其他人员。股份有限公司必须设立董事会、监事会，其董事会成员为五人至十九人；监事会成员不得少于三人，监事会中职工代表的比例不得低于三分之一。国有独资公司必须设立董事会、监事会，监事会成员不得少于五人，其中职工代表的比例不得低于三分之一。

住所使用相关文件：产权人签字或盖章的房产证复印件。产权人为自然人的应亲笔签字，产权人为单位的应加盖公章。其他情况参见《市场主体登记注册通用指南》。

验资证明：募集设立的股份有限公司提交依法设立的验资机构出具的验资证明。发起人首次出资是非货币财产的，提交已办理财产权转移手续的证明文件，注册资本金实行认缴制。

国务院证券监督管理机构的核准文件：募集设立的股份有限公司公开发行

股票的需提交。

批准文件或者许可证件的复印件：法律、行政法规和国务院规定设立公司必须报经批准的或公司申请登记的经营范围中有法律、行政法规和国务院规定必须在登记前报经批准的项目，提交有关批准文件或者许可证件的复印件。

2. 企业登记注册的相关规定

企业的法人资格和股东的有限责任并非自然具有，只有具备法定条件的人，履行一定的程序，满足一定形式，才能享有这些法律上的资格和权利，这一过程就是企业设立。设立行为是企业成立的前奏，经发起人申请，获准登记、取得营业执照的，企业方告成立。成立意味着取得法人资格。企业设立过程中，发起人的活动主要有两个方面：一是形成企业资本，包括认缴、实缴出资、对出资评估作价等；二是形成企业组织，包括申请预先核准名称、制定章程、设定住所、设立组织机构等。

登记机关依法准予登记的，应当向企业签发营业执照。营业执照签发日期为企业的成立日期，营业执照分为正本和副本，具有同等法律效力，电子营业执照与纸质营业执照具有同等法律效力。企业应当将营业执照置于主要经营场所的醒目位置。从事电子商务的企业应当在其首页显著位置持续公示营业执照信息或者相关链接标识。任何单位和个人不得伪造、涂改、出租、出借、转让营业执照。营业执照遗失或者毁坏的，企业应当通过国家企业信用信息公示系统声明作废，申请补领。

登记申请人应当对提交材料的真实性、合法性和有效性负责。提交虚假材料或者采取其他欺诈手段隐瞒重要事实进行企业登记的，受虚假登记影响的自然人、法人或其他组织可以向登记机关提出撤销企业登记的申请。登记机关受理申请后，应当及时开展调查。经调查认定存在虚假登记情形的，登记机关应当撤销登记。相关企业和人员无法联系或者拒不配合的，登记机关可以将相关企业的登记时间、登记事项等通过国家企业信用信息公示系统向社会公示，公示期为45日。相关企业及其利害关系人在公示期内没有提出异议的，登记机关可以撤销登记。因虚假登记被撤销的企业，其直接责任人自登记被撤销之日起3年内不得再次申请企业登记，登记机关应当通过国家企业信用信息公示系统对此予以公示。登记机关或者其上级机关认定撤销企业登记决定错误的，可以撤销该决定，恢复原登记状态，并通过国家企业信用信息公示系统公示。

> 🎯 **知识链接**

企业当事人违反法规登记须承担相应的法律责任

①未经设立登记而以企业名义从事经营活动的，由登记机关责令改正，没收违法所得；拒不改正的，处1万元以上10万元以下的罚款；情节严重的，依法责令关闭停业，并处10万元以上50万元以下的罚款。②提交虚假材料或者采取其他欺诈手段隐瞒重要事实进行企业登记的，由登记机关责令改正，没收违法所得，并处5万元以上20万元以下的罚款；情节严重的，处20万元以上100万元以下的罚款，吊销营业执照。③企业未依法变更登记的，由登记机关责令改正；拒不改正的，处1万元以上10万元以下的罚款；情节严重的，吊销营业执照。

企业经营异常，企业法人、股东、监事、财务负责人、财务人员等会受到一定影响。经办人若非企业正式成员，在办理相关事项时通过委托授权方式，一般不负连带责任，但如果企业非法经营或以虚开发票为目的，经办人会被公安经侦调查。登记注册时，财务负责人无论是否实际任职，作为直接责任人要承担法律责任，构成犯罪的则依法追究其刑事责任。企业一旦被认定为"重大税收违法失信"的，对负有直接责任的财务负责人，税务机关将依法公布其姓名、性别、身份证号码、职业资格证书编号等信息，并对其采取联合惩戒和管理措施。

（二）企业住所

企业住所为营业执照记载的注册地址，是企业主要办事机构所在地，经营登记的企业住所只能有一个（企业设立分支机构，应当向分支机构所在地的登记机关申请登记）。市场主体申报办理住所登记，原则上应该使用真实、合法、安全的非住宅类规划用途的固定场所作为住所，企业需要对注册地址的真实性、合法性、安全性负责。

1. 可以作为企业注册登记地址的房屋类型

（1）住宅；

（2）商用；

（3）商住两用；

（4）单位房；

（5）城中村改造房；

（6）政府招商引资地址等。

需要关注的是，不同城市对于企业注册的经营地址要求有差异，部分城市严格管理经营地址，不允许将住宅性质的房屋用于注册经营，部分地区对于虚拟注册地址进行严格管控。企业需要根据实际经营情况选择便于经营管理的地址作为注册地址，以保证企业合规经营。

2. 注册企业登记住所需要提供的资料

（1）首选有"房产证、商品房买卖合同"的房屋。

（2）无法提供房产证、商品房买卖合同复印件的，2014年1月1日后由房产管理部门、物业管理部门、有形市场开办方、街道办事处、居委会、村委会或者开发区（工业园区）管理机构等出具地址使用证明。

（3）招商引资注册地址或虚拟地址，需要由物业或产权所属单位和产权证明单位确认的证明材料，街道办事处、居委会、业主委员会或政府监管部门出具的工商管理部门或者市场监督管理部门印发的《企业住所经营证明登记表》或《经营住所证明》，并盖章签字；否则市场监督管理部门不受理登记注册业务。

3. 企业地址区域相关税收政策

原则上说，企业选择不同的注册地址，同行业的税种、税率相同，就是说不同地区、不同区域注册的企业所承担的税收负担一样，但实际上企业注册在税收优惠区域享受税收优惠政策，会导致企业少负担税收。注册地址的选择是企业纳税筹划和财税合规需要考虑的重要因素，利用国与国之间、地区与地区之间的税负差异可实现纳税合规和税收成本下降。涉及全球布局的企业除了要考虑境内税收优惠因素，还应考虑双重征税的影响，包括居住地和注册地对税收的影响，及国家与国家之间的双边税收协定等情况。

企业在选择注册地时需要考虑三个方面：①优惠时效性。如海南作为自由贸易区有很多税收优惠政策，但有一定的时效性。②实质性运营。企业需要明确注册地鼓励类产业目录，是否符合当地的政策要求。③政策落地可行性。出于优化征管服务、防范税收风险，税务部门既要落实好各项税收政策，确保优惠措施落地见效，又要避免"税收洼地"沦为"避税天堂"，产生偷税漏税风险；国家税务总局必然会对"税收洼地"进行严格监管，必须坚持在"管得住"的基础上才"放得开"原则，在所有环节上都要比其他注册地严格。

例如，企业若将注册地址选择在海南，务必要保证符合"企业实质性运营"的条件。实质性运营是企业享受海南自由贸易港15%的企业所得税优惠的前提条件之一。财政部、国家税务总局关于海南自由贸易港企业所得税优惠政策的通知当中，明确了实质性运营的概念，所谓实质性运营是指企业的实际管理机构设在自贸港，并对企业生产经营、人员、财务、财产等进行实质性的全面管理和控制，具体如下：①企业注册在自贸港且在自贸港之外未设立分支机构。判断实质性运营的条件是居民企业的生产经营、人员、财务、资产在自贸港。四要素当中任何一项不在自贸港，就不属于实质性运营。②总机构在自贸港的跨自贸港经营汇总纳税企业，判定实质性运营主要把握注册在自贸港的居民企业能够从生产经营、人员、财务、资产四个维度实施对各个分支机构的全面实质性管理和控制。对各个分支机构的生产经营活动进行计划、组织、指挥、协调，对各分支的人、财、物具有最终决策权和控制权。③企业注册在自贸港外且在自贸港设立分支机构，总机构在自贸港外的跨自贸港经营汇总纳税的企业，判断自贸港的分支机构实施实质性运营，主要强调分支机构具有生产经营的职能，具备与生产经营相匹配的软硬件支撑条件，并开展相关业务。同时，从功能的角度分析，分支机构的营业收入、职工的薪酬和资产总额，与企业生产经营职能相匹配。④非居民企业在自贸港设立机构、场所。强调机构、场所具有生产经营职能。

知识链接

在"税收洼地"进行注册

充分利用税收优惠政策是最好的税收筹划方式，也是风险最小的税收筹划方式。

企业充分利用国家出台的区域性税收优惠，既可以推动、鼓励地方发展，又能帮助企业降低税务成本。

企业如何正确利用国家相关税收优惠政策？具体如下：①以财政返还为例，企业要了解当地税收返还流程和自留比例；②评估企业达到相应条件有没有难度，是否符合相关的政策要求，能否真正到账还是直接减免。

税务操作的风险：财政返还跟税务机关没有直接关系，税务机关按照政策照常征收税收，企业需要与地方招商部门或者财政部门讨论财政返还问题。

公司注册地址与实际经营地址不一致带来的财税风险

注册地址与实际经营地址不一致，会给企业造成企业信用风险和财税风险：
依据 2022 年 3 月 1 日施行的《中华人民共和国市场主体登记管理条例》第二十四条和第四十六条的规定，市场主体变更登记事项，应当自作出变更决议、决定或者法定变更事项发生之日起 30 日内向登记机关申请变更登记。市场主体未依照本条例办理变更登记的，由登记机关责令改正；拒不改正的，处 1 万元以上 10 万元以下的罚款；情节严重的，吊销营业执照。由于市场监督管理部门对企业的登记住所和经营监管会按照相关规定进行，因此二者不符合的情况可能会对企业带来财产损失和信用风险。

《国家税务总局海南省税务局　海南省财政厅　海南省市场监督管理局关于海南自由贸易港鼓励类产业企业实质性运营有关问题的公告》（2021年第1号）补充，在执行税收优惠政策落地执行方面，明确"注册地址与实际经营地址不一致，且无法联系或者联系后无法提供实际经营地址"视为不符合实质性运营，其他税收优惠的园区也按照类似的规定执行，如不符合相关规定会造成企业无法享受税收优惠。

从2016年10月1日起正式实施"五证合一、一照一码"，在更大范围、更深层次实现信息共享和业务协同，将由工商、质监、税务、社保、统计五个部门分别核发不同证照，改为由工商行政管理部门核发唯一统一的社会信用代码证，执行企业登记、数据交换等方面的标准，各个部门实现信息共享互认。"金税三期"是经国务院批准的国家级电子政务工程，是国家电子政务"十二金"工程之一，是税收管理信息系统工程的总称，税收管理从"以票控税"向"以数治税"转变，覆盖税收征管所有税种，所有税收征管工作环节，国、地税局并与相关部门联网；"金税四期"企业信息联网核查系统搭建了各部委、人民银行以及商业银行等参与机构之间信息共享和核查的通道，具有企业相关人员手机号码、企业纳税状态、企业登记注册信息核查功能，增加了非税业务管控，实现了人民银行的信息联网，便于资金的严格管控。经营地址异常会受到税务机关、工商部门和社保机构的监管，很多企业因为地址查验被纳入经营异常，导致社保协查和税控异常，企业的正常经营受到影响。例如，企业开立银行基本存款账户和一般存款账户时，银行必须对经营地址进行实地核验，实际经营地址和注册地址不一致虽然可以开户，但是开户银行会将企业纳入重点监管范围，一旦有异常随时会冻结企业银行账户，导致企业无法正常经营。企业在办理税务登记和涉税事项时，税务部门要求其提供住所证明及生产、经营地址证明文件。如此，银行和税务机关以及房屋登记部门等实现了监管数据同步。

因此，企业住所与经营地址不一致可能会影响到银行贷款的审批、税务发票的领取和开具等相关工作，使企业无法正常享受税收优惠，还会被相关部门重点监管，不利于企业的正常经营活动开展，情节严重的甚至会被银行和税务部门纳入重点监管对象，从而给企业造成直接经济损失，对企业的信用产生不良影响，影响到企业的融资和其他财税风险。

（三）股东确定

股东作为出资者按其出资数额（股东另有约定的除外），享有所有者收益、重大决策和选择管理者等权利；股东地位一律平等，原则上同股同权、同股同利，但企业章程可作其他约定。股东对企业承担出资义务。企业投资人因目标不同通常分为战略投资者和财务投资者两种类型。创业期企业应优先选择能够带来资源或者具有经营经验的投资人，慎重接纳单纯的财务投资人。

股东可以货币及实物、知识产权、土地使用权、股权等非货币财产作价出资，但法律法规规定不得作为出资的财产除外。

有限公司股东人数应为1人（含1人）以上50人（含50人）以下，股东以其出资为限对公司承担责任，公司以其全部财产对公司债务承担责任。

股份有限公司发起人应符合法定人数，为2人（含2人）以上200人（含200人）以下，发起人需有半数以上在中国境内有住所。股东以其认购的股份为限对公司承担责任，公司以其全部资产对公司的债务承担责任。

国有独资公司的投资人为各级人民政府国有资产监督管理机构，由国务院或者地方人民政府授权本级人民政府国有资产监督管理机构履行出资人职责。

知识链接

股东人数如何确定？

创业初期，创业者可选择注册有限责任公司，有限责任公司的法定股东人数为1~50人，股东以其认缴的出资额对公司承担有限责任。企业也可以选择设立股份有限公司，股份有限公司的设立期股东不得超过200人。股东人数太多，股权的分配和动态调整易产生争议，导致决策困难。因此，企业成立初始，股东人数应限制在合理的范围内，必要时可以设立1人有限责任公司。股东人数并不是硬性的，但企业需要根据实际状况来抉择，企业在设立期应谨慎考虑股东人数，否则后期易因股权变化而产生相关涉税问题。此外，依照《中华人民共和国合伙企业法》相关规定，设立合伙企业，应当具备2个以上合伙人，有限合伙企业应有2个以上50个以下合伙人。企业确定股东人数应注意以下几个方面。

1. 限制自然人成为公司股东情形

完全民事行为能力人具备一定的财产，可依法独立承担责任，方可成为公司的股东。根据《中华人民共和国民法典》（以下简称《民法典》）第十八条规定，成年人为完全民事行为能力人，可以独立实施民事法律行为。十六周岁以上的未成年人，以自己的劳动收入为主要生活来源的，视为完全民事行为能力人。《民法典》第一百四十四条规定，无民事行为能力人实施的民事法律行为无效。

限制自然人成为公司的股东一般是由于其工作单位性质或者个人身份导致的。具体而言，可以归类为以下几种情形：①禁止对外投资成为企业股东者，如党政机关干部和职工、现役军人等；②有条件禁止对外投资成为企业股东者，如处级以上领导干部配偶、子女（有条件禁止），国有企业领导人，银行工作人员等；③限制非自然人成为企业股东者，如事业单位、高等院校、分公司等，以及因自身信用问题不能成为企业股东者。

值得注意的是，相关法律规定失信人员能够担任股东，但是不能担任企业的高管。

2. 不可以作为企业股东的人员

《公司法》第二十条规定，公司股东应当遵守法律、行政法规和公司章程，依法行使股东权利，不得滥用股东权利损害公司或者其他股东的利益；不得滥用公司法人独立地位和股东有限责任损害公司债权人的利益。

《中华人民共和国公务员法》第五十九条规定，公务员应当遵纪守法，不得违反有关规定从事或者参与营利性活动，在企业或者其他营利性组织中兼任职务。基于此，以下人员不得作为企业的股东。

（1）国家公务人员不可以作为公司股东；
（2）个人负债数额较大，到期未清偿者；
（3）无民事行为能力人或者限制民事行为能力人；
（4）正在被执行刑罚或正在被执行刑事强制措施者；
（5）正在被公安机关或者国家安全机关通缉者。

3. 企业选择股东的误区

一是直接用股份来激励员工。短期看节省了支出，但长期来看容易导致企业股份分散。

二是吸纳短期帮扶者为股东。

三是吸纳亲朋好友作为股东。

四是吸收不利的战略投资者。

4. 利用股东特殊身份节约税收成本

企业股东有国有企业、政府、自然人、外资企业、内资企业等，企业可利用股东的不同身份节约税收成本。如残疾人股东可以享受各项税收优惠政策：①企业所得税。民政部门兴办的社会福利工厂和街道办的非中途转办社会福利生产单位，凡安置"四残"人员占生产人员总数的35%以上的，暂免征收企业所得税。凡安置"四残"人员占生产人员总数的比例超过10%未达到35%的，减半征收企业所得税。②个人所得税。残疾人员经省、自治区、直辖市人民政府批准可以减征个人所得税。③城镇土地使用税和车船使用税等。民政部门兴办的安置残疾人员占一定比例的福利工厂用地，免征城镇土地使用税。残疾人专用的特制车辆免征车船使用税等。

【示例】A公司注册资本为5000万元，A公司股东结构为一家外资企业（股权1500万元）、一家内资企业（股权2000万元）和一名自然人（股权1500万元）。2018年A公司实现税后利润2000万元，A公司决定按股权比例进行利润分配，其中外资企业取得分红600万元，内资企业取得分红800万元，自然人股东取得分红600万元。因股东身份不同，利润分红时，纳税存在很大差别（企业所得税方面）。

外资企业股东取得的分红收益按10%税率计算缴纳企业所得税60（600×10%）万元。

内资企业股东从直接投资的企业取得的分红收益免税，应缴纳企业所得税为0。

自然人股东取得的分红收益按20%税率计算缴纳个人所得税120（600×20%）万元。

通常可以选择自然人股东，也可以选择法人股东，如果企业有集团化布局的安排，最好设置企业为控股股东，但需要注意关联关系对于企业经营的影响。通常银行、税务等会重点关注存在关联关系的企业；同时应避免因规避关联关系事项而形成的股权代持风险。在税收方面，自然人股东取得分红按照股息红利的20%缴纳个人所得税，法人企业股东取得分红因子公司分配的是税后利润，前期已经缴纳企业所得税，故按照规定免征企业所得税。股权转让时，自然人股东需要按其所得缴纳20%个人所得税，企业股东需要按其所得缴纳25%企业所得税。企业财务人员还应关注股权转让的节税效应，转让亏损可以弥补亏损减少税费，享受税收优惠政策。

（四）注册资本金

在数字时代，应以企业的盈利能力、注册资金、组织结构来判断企业的大小，设立企业时要考虑注册资本金和企业组织机构情况。

投资者通常比较关注企业注册资本金额的大小，法定注册资本最低限额情况为：①有限责任公司3万元；②一人有限责任公司10万元；③股份有限公司500万元；④上市公司3000万元。修订后的《公司法》取消了有限责任公司、一人有限责任公司、股份有限责任公司最低注册资本的要求，与此相对应，股东首次出资额比例要求也被取消。

> 知识链接

随意设置注册资本限额的风险

注册资本实行认缴制，法律对注册资本金额没有限制，不少创业者随意设置企业注册资本额，存在相关风险。首先，注册资本金过小，影响企业发展，有限责任公司注册资本金额是企业股东承担有限责任的保障，企业注册资本金过小合作方会怀疑企业运营能力，不利于企业参与招标等运营活动。其次，注册资本金过大，意味着企业要承担更多法律风险。很多创业者认为设立较高的注册资本金可使企业看起来更具实力，从而使企业的注册资本和实际出资金额存在差异。如果企业经营过程中出现无力偿还欠款的情况，法院会按照企业章程要求全体股东以企业注册资本金为限偿还债务。

股东出资后能否转回

一般情况下，股东出资后不允许转回，但在两种情况下可以退还股东：一种情况是公司发生减资时，按出资比例退还给股东；另一种情况是公司清算时有过剩的实收资本，按出资比例退还给股东。原则上股东不能要求退还出资，但可以转让持有部分股权。企业实收资本比原注册资本金额增减超过20%时，应持资金使用证明或验资证明，向原登记主管机关申请变更登记。

需要注意的是，应避免抽逃出资的行为发生。抽逃出资是指在公司验资注册后，股东将所缴出资暗中撤回，却仍保留股东身份和原有出资金额的一种欺诈性违法行为。抽逃出资包括抽逃注册资本和抽逃股东出资。抽逃注册资本属于违法犯罪行为，不仅侵犯了公司的利益，而且可能侵犯公司以外第三人的利益，如公司的债权人，因此法律严令禁止，情节严重的还构成犯罪。[①]《公司法》规定，虚假出资和抽逃注册资本将承担民事和行政责任，同时《刑法》规定了虚报注册资本罪、虚假出资以及抽逃注册资金罪，违反了刑法相应规定的行为人将承担刑事责任。

（五）经营项目

企业的经营范围可分为许可经营项目和一般经营项目。一般经营项目，指不需批准，企业可以自主申请的项目。许可经营项目，指企业在申请登记前依

---

① 《公司法》第二百条规定：公司的发起人、股东在公司成立后，抽逃其出资的，由公司登记机关责令改正，处以所抽逃出资金额百分之五以上百分之十五以下的罚款。

据法律、行政法规、国务院决定应报经有关部门批准的项目，有"前置审批"和"后置审批"。前置审批：在办理企业营业执照前需先行审批的项目，待相关部门审批后企业再办理营业执照。后置审批：对于应当予以前置审批的商事登记，企业为了提高商事登记的效率，促进商事活动的迅速开展，先行商事登记后进行的审查。

1. 经营范围填写

企业同时经营多个行业业务，这些业务的增值税可能不同，但同一家企业只能选择一种税率，税务机关通常会选择企业经营范围中的第一项业务，经营多种业务的企业可以考虑先填写低税率的项目。如果企业设立分公司，分公司的经营范围不能超过总公司，考虑到母子公司之间相互提供产品或劳务，可以在母子公司的经营范围中增加双方提供的内容。采用核定征收方式的企业纳税负担通常低一些，计算更简单。如果企业申请增值税核定征收，需要注意经营范围中不能出现不允许核定征收的内容，包括金融（银行、保险、证券、期货、信托、担保、典当、资产管理、融资租赁、财务公司）和经济鉴定类、中介类业务（会计师事务所、律师事务所、资产评估、房地产评估、价格鉴定、公证、专利代理、商标代理）。经营范围并不是越广越好，企业经营超过经营范围的业务时，需要由税务部门代开发票。

2. 特殊事项不审批的影响

企业未经许可审批擅自经营将面临处罚，直至吊销执照。税务机关依据企业的营业执照进行相关税种核定，企业应根据核定后的税率开具发票。

例如，企业未取得食品经营许可从事食品经营活动，由县级以上人民政府食品安全监督管理部门没收其违法所得和违法经营的食品以及用于违法经营的工具、设备、原料等物品；违法经营的食品货值金额不足一万元的，并处五万元以上十万元以下罚款；货值金额一万元以上的，并处货值金额十倍以上二十倍以下罚款。我国对食品生产经营实行许可制度，从事食品生产、食品销售、餐饮服务的企业或者个体工商户等，应当依法取得食品经营许可。但是，销售食用农产品和仅销售预包装食品的，不需要取得许可。预包装食品，指预先定量包装或者制作在包装材料、容器中的食品。仅销售预包装食品的，应当报所在地县级以上地方人民政府食品安全监督管理部门备案。企业应根据其经营情况及时完成审批或备案工作，降低企业运营风险，保障自身权利。

【示例】企业办理登记可实现"证照联办"，一次性完成相关事项。根据企业经营业务的不同，需要办理的许可证照会有差异，相关资料也有所不同。

如经营饮品店，企业除须完成营业执照注册登记外，还应办理食品经营许可证，须提供租赁合同、食品经营操作流程、经营场所方位图、经营场所平面图、安全消防管理制度等资料。

经营美容美发店，企业除须完成营业执照注册登记外，还应办理卫生许可证，须提供公共场所卫生检测或者评价报告、平面布局图、集中空调通风系统卫生检测或评价报告等资料。

企业若要成为医疗器械经销商，须办理第二类医疗器械经营备案、医疗器械网络销售备案，同时还应具备相应经营条件，在药品监督管理局的监管下完成相关备案流程。须提供法定代表人的学历或者职称证书、企业负责人的居民身份证、企业负责人的学历或职称证书、质量负责人的学历或职称证书、企业基本情况、企业设备设施情况、医疗器械经营许可证、医疗器械生产许可证、第二类医疗器械经营备案凭证，涉及互联网经营情况的还须提交互联网药品信息服务资质证书或药品医疗器械网络信息服务备案表，涉及自建网站的须提供电信业务经营许可证、非经营性互联网信息服务备案说明，涉及入驻第三方平台的还须提供《入驻协议》，具体情况根据政策要求各地有一定差异。

（六）注册登记的备案事项——章程

企业应当自作出变更决议、决定或者法定变更事项发生之日起 30 日内向登记机关申请变更登记备案。

企业章程是审批机关和登记机关审查的文件之一，企业能否注册登记企业章程是重要因素。如果没有章程，企业就不能正常完成注册登记。企业章程是其确定权利、义务关系的重要依据，企业的组织和活动原则及细则由企业章程规定，主要包括经营的目的、企业财产状况、企业权利与义务关系等。企业章程为企业股东、债权人和第三人与企业交往提供了条件和资信依据。凡是依据企业章程与企业进行交易的人员，可获得法律保护。

企业章程是其组织和活动的基本准则，企业设立必须订立企业章程，无规矩不成方圆，企业章程是企业自治的基本规范。

企业应根据自身特点，制定章程以规避经营风险、法律风险。企业应重点关注企业章程的自由度，尤其是分红比例与股权比例、表决权比例与股权比例、股权转让、回购、除名等方面的规定，股东会议、董事会议的议事方式、表决方式，股东会、董事会、高管的职权分工等，这些事项对于企业的经营管理和长久发展很重要。

【示例 1】一些初创企业，因为不熟悉、不重视企业章程，引入投资后或导致创始人失去企业控制权，或被淘汰出局。新浪创始人王志东，带领新浪上市却被淘汰出局就值得反思。

2000 年 4 月 13 日晚 10 时，新浪（http://SINA.com）在纳斯达克股票市

场正式挂牌交易，代码是 SINA，股价由开市 17 美元增长至 20.8 美元报收，涨幅达 20%，随后一路上扬，甚至达 50 多美元。2001 年，新浪股票价格跌至 1 美元左右。作为 CEO，王志东与董事会在盈利时间安排和企业战略布局上存有分歧，董事会希望新浪发展成为互联网门户网站，而王志东一直想把新浪往软件公司方向发展。

2001 年 6 月 1 日，新浪董事举行例行董事会。会议一开始，就有董事严厉批评新浪的财务状况，指出 CEO 王志东应该为这一状况负责。董事会很快做出决定，撤销王志东新浪 CEO 职务，同时免去其新浪董事的资格。6 月 4 日，新浪宣布王志东已辞职。王志东随后通过媒体回应其并未辞职。这使得新浪董事会与王志东公开决裂，新浪董事会随后宣布裁员，王志东位列裁员名单之首。

CEO 王志东作为新浪的创始人占有 21% 股权，新浪最大的股东是四方集团。意识到一家独大的风险，王志东开始融资，并购华渊上市，王志东的股权从开始的 21% 被稀释至新浪上市时的 6.22%，王志东丧失了新浪的控制权，最终导致其出局。

随着上市公司经营治理方式的不断改革和产业多元化发展，双重股权结构兴起且不断成熟。与传统的同股同权结构不同的是，创始人团队创建企业，若采用双重股权结构上市，可以使创始人团队拥有表决权，帮助其持有少数股份就拥有绝对的话语权，进而掌握企业，企业的创始人应充分考虑现有的股权结构对其利益的保障作用。

【示例 2】东方公司是一家由集体企业改制的有限责任公司，股东基本上是公司的员工，公司章程规定："本公司股东违反公司章程或者违反公司管理制度，如应出勤而不出勤，危害公司利益，出卖公司利益，泄露公司机密，贪污公款、虚报冒领公款、侵占公司财产等，经公司股东大会按 55% 股份表决权通过后立即除名，剥夺其股权。按注册资本额退还股金，不给付股本利息。"该章程经公司股东表决通过，并于市场监督管理局备案。该公司股东李某为公司员工，多次旷工，被开除，并被股东会除名，公司退还李某原始股金 2 万元。此时，公司股权价值已大大超过原始股金。李某不服，向法院提起诉讼。法院最终判决驳回李某的诉讼，认定该公司章程的相关规定有效。本案例体现了公司章程的自治功能。

1. 如何订立公司章程

公司章程是设立公司的前提，对公司、股东、董事、监事、高级管理人员具有约束力。公司章程是由股东大会制定，先由股东大会讨论商定，再由股东大会表决。股东大会要做出修改公司章程的决议，必须经持表决权出席会议股东三分之二以上通过。

(1) 法定性。法定性主要指公司章程的法律地位、主要内容及修改程序、效力由法律强制规定，任何公司都不得违反。公司章程是公司设立的必备条件之一，无论是设立有限责任公司还是设立股份有限公司，必须由全体股东或发起人订立公司章程，且必须在公司设立登记时提交至公司登记机关。

(2) 真实性。真实性主要指公司章程记载的内容必须是客观存在的，与实际相符。

(3) 自治性。自治性主要体现在：其一，公司章程作为一种行为规范，不是由国家而是由公司依法自行制订的，是公司股东意思表示一致的结果；其二，公司章程是一种法律以外的行为规范，由公司执行，无须国家强制力来保证实施；其三，公司章程作为公司内部规章，其效力仅及于公司和相关当事人，而不具有普遍的约束力。

(4) 公开性。公开性主要是对股份有限公司而言的，公司章程的内容不仅要对投资人公开，还要对包括债权人在内的一般社会公众公开。

2. 公司章程的记载事项

根据是否由法律明确规定，公司章程规定分必要记载事项和任意记载事项。法律明文规定必须载明或选择列举的事项，为必要记载事项。法律未予明确规定，由章程制订人任意选择记载的事项，为任意记载事项。按照法定的必要记载事项对公司章程效力的影响，可将必要记载事项分为绝对必要记载事项和相对必要记载事项。公司章程主要关注三个方面：公司股东成员的权利与责任；公司的组织规则；公司的权力与行为规则。

(1) 绝对必要记载事项。绝对必要记载事项是公司章程必须记载、不可缺少的法定事项，缺少其中任何一项记载均属不合法，整个章程即归无效。绝对必要记载事项一般是涉及公司根本的重大事项，其中一些事项是各种公司都具有的问题。依据《公司法》规定，有限责任公司的章程必须载明下列事项：公司名称和住所；公司经营范围；公司注册资本；股东的姓名或名称；股东的权利和义务；股东的出资方式和出资额、股东转让出资的条件；公司的机构及其产生办法、职权、议事规则；公司的法定代表人；公司的解散事由与清算办法；股东会认为需要记载的其他事项。股份有限公司的章程必须载明的事项包括：公司名称和住所；公司经营范围；公司设立方式；公司股份总数、每股金额和注册资本；发起人的姓名、名称和认购的股份数；股东的权利和义务；董事会的组成、职权、任期和议事规则；公司法定代表人；监事会的组成、职权、任期和议事规则；公司利润分配办法；公司的解散事由与清算办法；公司的通知和公告办法；股东大会认为需要记载的其他事项。

(2) 相对必要记载事项。相对必要记载事项是法律列举规定的一些事项，由章程制订人自行决定是否予以记载。如果予以记载，则该事项发生法律效力；如果记载违法，则该事项无效；如果不予记载，不影响整个章程的效力。确认相对必要记载事项，目的在于使相关条款在公司与发起人、公司与认股人、公司与其他第三人之间形成约束力。《公司法》没有规定相对必要记载事项。

（3）任意记载事项。任意记载事项是法律未予明确规定是否记载于公司章程，由章程制订人根据公司实际情况任意选择记载的事项。公司章程任意记载的事项，只要不违反法律规定、公序良俗，章程制订人就可根据实际需要载入公司章程。任意记载事项不予记载，不影响整个章程的效力；如予以记载，则该事项具有法律效力，公司及其股东必须遵照执行，不能任意变更，如予变更，必须遵循修改章程的特别程序。从《公司法》第二十二条和第七十九条来看，股东会或股东大会认为需要规定的其他事项当属于任意记载事项。

3. 公司章程的内容

依据《公司法》第八十一条的规定，股份有限公司的章程应当记载的事项多达12项，体现了公司章程对股份有限公司的严格控制。12项规定内容具体为：公司名称和住所；公司经营范围；公司设立方式；公司股份总数、每股金额和注册资本；发起人的姓名或名称和认购的股份数、出资方式及出资时间；董事会的组成、职权和议事规则；公司法定代表人；监事会的组成、职权和议事规则；公司利润分配办法；公司的解散事由与清算办法；公司的通知和公告办法；股东大会会议认为需要规定的其他事项。企业法人章程的内容应当符合国家法律、法规和政策的规定，并载明以下事项：宗旨；名称和住所；经济性质；注册资金数额及其来源；经营范围和经营方式；组织机构及其职权；法定代表人产生的程序和职权范围；财务管理制度和利润分配形式；劳动用工制度；章程修改程序；终止程序；其他事项。联营企业法人的章程还应载明：联合各方出资方式、数额和投资期限；联合各方成员的权利和义务；参加和退出的条件、程序；组织管理机构的产生、形式、职权及其决策程序；主要负责人任期。公司章程缺少上述必备事项或章程内容违背国家法律、法规、规定的，登记机关应要求申请人进行修改；申请人拒绝修改的，应驳回公司登记申请。

4. 有限责任公司章程

有限责任公司章程由股东共同制定，经全体股东一致同意，由股东在公司章程上签名盖章。修改公司章程，必须经代表三分之二以上表决权的股东通过。有限责任公司章程是公司依法约定公司内外部法律关系、确定公司内部管理体制和股东基本权利义务的法律文件。实践中，有限责任公司因具备较强的灵活性，往往忽视公司章程的具体化、细节化设计，甚至只是按照相关部门的固定模板进行"填空"，引发大量争议。

实践中，部分公司在设立时，往往急于成功设立，忽略了公司章程的相关内容是否有利于公司发展、股东权利保护等，自认为股东之间不会产生矛盾、纠纷，自身的权利不会被侵害。为了省时省事放弃制定符合公司发展的特有章程，使用相关管理部门提供的范本式章程，使得公司的章程沦为"填空式"章程。另外，制定章程主体主要是公司人员或者由代办人员决定，没有资深的法律和经济顾问参与，使得章程并未对公司诸多细节加以规定，在发生权益纠纷时，公司章程无法发挥调整与规范的效用。大股东或者实际控制人自行设立公司章程并凭借控制权损害小股东权益。在规模较小的有限责任公司中，股东利益与公司利益存在一定冲突时，制定适当的公司章程可以保护中小股东的权益。

5. 范本式公司章程的弊端

一是缺乏针对性，大多数有限责任公司章程的制定，普遍使用登记机关提供的样式模板或者网络范文，略作修改直接使用。虽然符合公司法对章程的规定，但是既不能反映具体公司法人的特质，也不能满足公司管理需要和经营的特殊要求。二是内容设置简略、部分权益不涉及，无法统筹公司发展全局、指导公司经营、保护股东各项权益、提供股东冲突解决方法等，关乎股东切身利益的权利没有提及，缺乏实际操作性。三是一些有限责任公司存在决策与执行角色混同的情况，当股东与经营管理人员身份混同，势必引发股东利用经营管理人员身份，为自身谋"福利"，从而损害其他股东的利益。四是关联交易缺乏限制，易损害股东关系导致公司陷入治理僵局。

从企业安全和财税合规角度来看，制定公司章程应避免将设立公司的协议当作公司章程；避免不结合自身的实际情况运用统一模板制定章程；避免公司章程与法律法规存在冲突或者章程内容相互矛盾，公司章程的制定没有经过法定程序、公司的股东签字存在瑕疵（伪签或者冒签）；避免出现约定的内容与备案通过的内容不一致的情况；避免提供虚假材料，必要时请法律顾问介入。

公司章程制定，应明晰管理层次，将股东会的决策层次、董事会的管理层次与经理的执行层次予以区分，避免兼任与混同，防止决策与执行混同引发"内部人控制"法律风险，保持各岗位的独立性；直接影响股东利益、公司战略与经营方针、非日常运营类的重要事项，由股东会决策；公司管理制度、管理结构设置等日常运营管理事项，由董事会决策；公司运营行为、具体交易、人员管理、制度设计等，由经营层执行。对于小规模的有限责任公司来说，明晰管理层次意味着管理成本的加大，对此可通过细致的分工、制衡与协商机制加以解决。

公司章程制定，应重视程序性规定，如对于特殊事项的特殊表决程序。特殊事项主要指关联交易、为股东或关联方提供担保等涉及关联关系的事项。基于关联关系可能导致的不公平交易或对其他股东利益、公司利益造成损害，股东可在章程设计时，要求对此类特殊事项履行特殊表决程序，由非关联方股东按照席位或持股比例行使表决权，对会议通知期限、方式、内容等予以明晰。

【示例3】甲公司为有限责任公司，其章程规定召开股东会会议，应当于会议召开十五日前通知全体股东，股东会会议由股东按照出资比例行使表决权。甲公司原股东为朱某、韩某、魏某，现登记股东为朱某、王某、魏某，其中韩某与朱某系夫妻关系。工商档案中，甲公司第四届第2次股东会决议显示：同意原股东韩某退出股东会，并将其持有的股份12万元转让给朱某，全体股东手写签名。韩某以股东会决议上非其本人签字为由，主张该股东会决议不成立。甲公司认可未实际召开股东会，且股东会决议非韩某本人签字，但主张决议签署得到韩某的同意和授权，应合法有效。因甲公司未实际召开股东会，且韩某在事后不予认可，该股东会决议不成立。

未按照法律或者公司章程规定的议事方式和表决程序作出的公司决议不成立。公司决议作为公司的意思表示，其本质是以会议的形式根据多数决定规则作出。因此，只有公司决议的程序公正、内容合法才能发生法律效力。

公司决议无效、可撤销、不成立三类情形，具体法律规定见《公司法》第二十二条及《公司法司法解释（四）》第一至五条的规定。无效的适用情形为公司股东会或者股东大会、董事会的决议内容违反法律、行政法规。可撤销的适用情形为股东会或者股东大会、董事会的会议召集程序、表决方式违反法律、行政法规或者公司章程，或者决议内容违反公司章程。公司决议不成立的适用情形为：①公司未召开会议，但依据《公司法》第三十七条第二款或者公司章程规定可以不召开股东会而直接作出决定，并由全体股东在决定文件上签名、盖章的除外；②会议未对决议事项进行表决的；③出席会议的人数或者股东所持表决权不符合《公司法》或者公司章程规定的；④会议的表决结果未得到《公司法》或者公司章程规定的通过比例的；⑤导致决议不成立的其他情形。

三、刻章

企业应自成立之日起就建立规范的印章管理和使用制度，加强对印章刻制、保管、使用、销毁等环节的管控，尤其是使用监管，做到"专人管理、领导审批、登记备案"，保证企业的合规运营，避免印章不当使用给企业带来巨大风险。

刻制相关印章一般是在企业已经办理好营业执照正副本后才可以进行，具体流程一般为由刻章的单位向公安机关提交刻章申请—公安机关审核合格后发给印章审批回执—刻章单位持印章审批回执去具有资质的刻章企业刻制印章—

持刻好的公章到公安机关备案。

刻制公章必须经公安机关核定并由持有许可证的正规刻章企业进行刻制。企业提出刻章申请时需要提交营业执照副本原件、办理刻章事项的经办人身份证以及企业法定代表人的身份证复印件。

须经过公安机关审核批准，才能刻制的公章主要有企业公章、企业财务专用章、企业发票专用章、企业合同专用章和企业法人章五种，销售出库章和现金收款、付款章等一般不需要报公安机关审核。

公章：用于办理对外相关事宜或发布企业内部行政文件，企业公章的法律效力在于代表企业的合同主体资格和表明企业身份。

财务专用章：主要用于企业财务往来结算和银行事务办理。

合同专用章：专用于签订销售合同。

发票专用章：申领和使用发票。

法人章：用于企业有关决议，以及办理银行事务。

【示例】2014年，楼某向法院起诉称，孟某在担任润德公司总经理及承包经营期间，自2011年开始向其借款3200万元，并由润德公司提供担保。借款到期后，孟某仅归还了部分借款，楼某向法院起诉要求孟某归还借款3000万元，并由润德公司对上述债务承担连带责任。经查，上述担保合同加盖了润德公司的印章，孟某因犯诈骗罪、合同诈骗罪、信用卡诈骗罪正接受刑事处罚。润德公司以公司印章被孟某盗用，不是润德公司真实意思表示为由，不同意为本案借款承担连带责任。

裁判要旨：公司长期未发现公司公章被盗，视为其对公章管理不规范，对此造成的经济损失应当给予赔偿。

四、税务登记操作流程

企业注册登记后必须进行税务登记。开业税务登记是税务登记的一种，指税务机关根据税法规定，对批准新开业的纳税人生产经营活动进行的登记管理。开业税务登记适用于一切新开业从事生产经营的纳税人。《中华人民共和国税收征收管理法》规定，凡经工商行政管理部门批准开业的纳税人，应自领取营业执照之日起30日内，向当地税务机关办理税务登记。开业税务登记的主要内容有：纳税人名称、地址、所有制形式、隶属关系、经营方式、经营范围及其他有关事项。根据实际经营需要，税务登记需要完成以下事项。

（一）填写税务登记表并完成实名认证工作

从事生产、经营的纳税人应当在规定的时间内，向税务机关提交申请办理税务登记的书面报告，如实填写税务登记表，当前涉税事项可在线上操作。

税务登记表的主要内容有：单位名称；法定代表人或者业主姓名及其居民身份证、护照或者其他合法证件的号码；住所、经营地点；经济性质；企业形式、核算方式；生产经营范围、经营方式；注册资金（资本）、投资总额、开户银行及账号；生产经营期限、从业人数、营业执照号码；财务负责人、办税人员；其他有关事项。此外，企业在外地设立的分支机构或者从事生产、经营的场所，应登记总机构名称、地址、法定代表人、主要业务范围，财务负责人。这便于税务机关对总机构与分支机构之间的经济往来进行税务管理。

除填写税务登记表外，实务中，税务机关还要求纳税人填写税种登记表，符合增值税一般纳税人条件的纳税人，还应填写增值税一般纳税人申请认定表。纳税人填报税务登记表的同时，应当根据不同情况相应向税务机关提供下列有关证件、资料：营业执照、有关合同、章程、协议书、银行账号证明、居民身份证、护照或者其他合法证件，以及税务机关要求提供的其他有关证件、资料。

企业在办理开业税务登记时，要按照国税机关的要求提供如下证件、资料。

（1）书面申请；

（2）营业执照副本或其他核准执业证件的原件及复印件；

（3）有关机关、部门批准设立的文件的原件及复印件；

（4）有关合同、章程或协议书的原件及复印件；

（5）法定代表人和董事会成员名单；

（6）法定代表人（负责人）居民身份、护照或者其他证明身份的合法证件原件及复印件；

（7）组织机构统一代码证书的原件及复印件；

（8）证明；

（9）住所或经营场所证明；

（10）享受税收优惠政策的，须提供相应证明资料；

（11）主管国税机关需要的其他资料、证件。

个体工商户办理开业税务登记时，按照国税机关的要求提供如下证件、资料。

（1）书面申请；

（2）营业执照副本或其他核准执业证件的原件及复印件；

（3）居民身份证、护照或者其他证明身份的合法证件的原件及复印件；

（4）住所或经营场所证明；

（5）主管国税机关需要的其他资料、证件。

（二）实名认证与税务信息确认

企业可以登录电子税务局进行税务信息确认，选择"企业业务办理"，点击"新办企业纳税人套餐"。

根据企业的核算水平和经营规模可以将之分为一般纳税人和小规模纳税人，分别采取不同的登记管理办法。小规模纳税人采用简易计税方法；企业年应税销售额超过财政部、国家税务总局规定标准的，或者虽未超过国家规定的小规模纳税人标准，但是会计核算健全，能够提供准确税务资料的可以办理一般纳税人登记手续。

综合保税区增值税一般纳税人资格实行备案管理，由所在地市级人民政府牵头建立综合保税区行政管理机构、税务、海关等部门系统推进试点工作。

知识链接

税务登记操作常见涉税风险

《中华人民共和国税收征收管理法》第六十条规定：纳税人未按照规定的期限申报办理税务登记、变更或者注销登记的，由税务机关责令限期改正，可以处二千元以下的罚款；情节严重的，处二千元以上一万元以下的罚款。因此，企业应在营业执照申领完成30天内办理税务登记，超期不仅会被处罚，而且不进行税务登记企业无法正常开具发票。

企业不按时进行税务登记，无法正常报税。企业不按照税务机关的规定时限进行纳税申报，情节较轻的，除补缴税款外，税务机关将对企业处以每月200元以上的罚款，超期较长的，加收滞纳金；情节严重的，税务机关根据情节严重程度，处以更高金额的罚款。长期不报税企业，税务机关注销其税务登记证并纳入经营异常名录直至纳入黑名单。同时，企业所有高管的身份证信息将被相关机关收录进入黑名单，影响其贷款、再次投资创业、出境等。

（三）银行开户

企业的存款账户分为基本存款账户、一般存款账户、临时存款账户和专用存款账户。企业在银行开户是企业资金收付合规的必要保证，为了收款便利，企业可以只开立基本存款账户。开立基本存款账户后，企业可以根据业务需要开立一般存款账户和专用存款账户。如果有电商平台支付业务，企业需要进行对公账户的关联和开立，避免个人账户收款和对私账户收款。企业经营如需要取现，可以购买现金支票，小额取现可以办理单位结算卡，电子支付可以开通

POS机，具有微信和支付宝收款功能。

基本存款账户是存款人办理日常转账结算和现金收付的账户。存款人的工资、奖金等现金支取，只能通过本账户办理。存款人只能在银行开立一个基本存款账户。

一般存款账户是存款人在基本存款账户以外的银行因借款开立的账户。存款人可以通过本账户办理转账结算和现金缴存，但不能办理现金支取。

存款人可以自主选择银行，任何单位和个人不得干预存款人在银行开立或使用账户。选定开户银行（选择距离经营地较近、交通便利、服务态度较好的银行），开立企业基本存款账户需要完成下列工作：

（1）开户银行工作人员上门对企业经营地址进行实地核查；

（2）对法人本人与法人身份证原件进行核对；

（3）核实营业执照相关证照信息；

（4）完成企业章程备案；

（5）核查公章、人名章、财务章及印鉴卡；

（6）直接办理U盾（工作日办理对公开户）、单位结算卡；

（7）开户完成后可到电子税务局签订三方协议，实现税款、社保、公积金等账扣。

知识链接

开立银行账户的风险点

企业开立银行存款基本账户和一般账户时，银行会电话回访或实地排查，核实企业名称、经营地址、主营业务、企业法人等信息是否真实。常见的问题有：企业经营地址为托管地址（园区引进招商，允许没有办公地点的创业者先使用虚拟的托管地址注册，长期使用会被重点监管）；注册地址、经营场所虚构。银行会认真核实对公账户开户的每项信息，对虚构注册地址或经营场所的单位，不给予开立相关账户。重点排查以下情形：企业开立多个账户，或者一个经营地址多个许可证照，注册资本低且均未实缴，尤其是同一自然人为多家企业的法定代表人；企业集中在同一时间段、同一地区多家银行开立多个对公账户；企业法人、负责人或代理人为异地或偏远农村户口，无居住证，未缴纳社会保险、公积金、个人所得税等；企业法人年龄明显偏大或偏小。企业在银行开户完成后应及时上报税务机关，根据《中华人民共和国税收征收管理法》第六十条：纳税人未按照规定将其全部银行账号向税务机关报告的，由税务机关责令限期改正，可以处二千元以下的罚款；情节严重的，处二千元以上一万元以下的罚款。

(四) 社会保险开户

企业应根据各地方相关要求在规定期限内办理社会保险登记，如北京市行政区域内的用人单位，应自营业执照批准30日内办理社会保险登记，办理社会保险登记的依据为《中华人民共和国社会保险法》（中华人民共和国主席令第35号），不同区域办理流程存在差异。以北京为例，可以全程网上办理，无须提供纸质材料，线上办理社会保险登记（企业版）相关工作，须提交社会保险单位信息登记表一式2份、成立证照（原件及复印件1份）方可完成。

知识链接

社保入税的相关风险点

从2019年1月1日起，基本养老保险、基本医疗保险、失业保险、生育保险、工伤保险等社会保险均交由税务部门统一征收。违反社会保险相关法律、法规和规章的企事业单位及有关人员将被联合惩戒，企业应重点关注以下几个方面的问题。

一是用人单位未按规定参加且拒不整改的；二是用人单位未如实申报缴费基数且拒不整改，未如实申报社保增减员；三是应缴纳社会保险却拒不缴纳的；四是隐匿、转移、侵占、挪用社会保险费款、基金或违规投资运营的；五是以欺诈、伪造证明材料或者其他手段参加、申报社会保险和骗取社会保险基金支出或社会保险待遇的；六是非法获取、出售或变相交易社会保险个人权益数据的；七是拒绝协助社保行政部门、经办机构对事故和问题调查核实的，拒绝接受或协助税务部门对社保实施监督检查，不如实提供各项与社保相关的资料；八是违反其他法律、法规规定的。

因社保入税而被关联的常见事项：一是企业发放工资走私户；二是企业经营地址无法获得，联系地址异常，社保被协查；三是因个人所得税App上线，被实名举报虚发工资；四是劳务派遣取得发票不规范，被税务机关重点关注。

(五) 公积金账户开立

住房公积金相关规定主要有1999年4月3日发布的《住房公积金管理条例》（国务院令第262号），后根据《国务院关于修改〈住房公积金管理条例〉的决定》（国务院令第350号）、《国务院关于修改部分行政法规的决定》（国务院令第710号）修订。

企业需特别关注《住房公积金管理条例》以下相关条款：

第十三条　单位应当向住房公积金管理中心办理住房公积金缴存登记，并为本单位职工办理住房公积金账户设立手续。

第十四条　新设立的单位应当自设立之日起 30 日内向住房公积金管理中心办理住房公积金缴存登记，并自登记之日起 20 日内，为本单位职工办理住房公积金账户设立手续。

第十五条　单位录用职工的，应当自录用之日起 30 日内向住房公积金管理中心办理缴存登记，并办理职工住房公积金账户的设立或者转移手续。

第二十条　单位应当按时、足额缴存住房公积金，不得逾期缴存或者少缴。

对缴存住房公积金确有困难的单位，经本单位职工代表大会或者工会讨论通过，并经住房公积金管理中心审核，报住房公积金管理委员会批准后，可以降低缴存比例或者缓缴；待单位经济效益好转后，再提高缴存比例或者补缴缓缴。

第二十一条　住房公积金自存入职工住房公积金账户之日起按照国家规定的利率计息。

企业还应考虑各地方政府的相关要求，如《北京市实施〈住房公积金管理条例〉若干规定》的相关条款：

第九条　单位应当依法为职工办理住房公积金账户的设立、转移、封存、注销等相关手续。

第十条　缴存住房公积金确有困难的单位，可以按照规定申请降低缴存比例或者缓缴，每次申请期限不超过 1 年。

第十一条　单位合并、分立时，应当为职工补缴未缴和少缴的住房公积金。无力补缴的，应当在办理有关手续前，明确住房公积金缴存责任主体。

单位撤销、解散或者破产时，应当按照国家和本市有关规定，清偿欠缴的职工住房公积金。

企业还应了解针对特殊情况的规定，如《关于落实〈住房城乡建设部财政部　人民银行关于改进住房公积金缴存机制　进一步降低企业成本的通知〉的通知》（京房公积金发〔2018〕1 号）：出现生产经营困难的企业，经职工代表大会或工会讨论通过，没有职工代表大会或工会的，经全体职工 2/3 以上同意，可在 1%~4% 范围内申请降低比例缴存住房公积金或申请缓缴。

公积金账户设立相关流程：

单位经办人柜台办理单位住房公积金账户开立、缴存住房公积金、补缴住房公积金、跨年清册核定、缴存单位信息变更及缴存人个人信息变更时，一般使用单位公章，也可用单位人事章、财务章。

办理公积金一般需要单位经办人居民身份证、单位柜台办理住房公积金登记开户申请表，申请材料应完整、真实、清晰，要求签字的须签字，要求盖章的须盖章。

根据《住房公积金管理条例》的规定，单位应当于每月发放职工工资之日起5日内将单位缴存的和为职工代缴的住房公积金汇缴住房公积金专户，由受委托银行计入职工住房公积金账户，具体缴纳比例与缴纳基数如下。

（1）缴纳比例。根据《建设部　财政部　中国人民银行关于住房公积金管理若干具体问题的指导意见》（建金管〔2005〕5号）的规定，设区城市（主要指地级市）单位和职工缴存比例最低不低于5%，原则上不高于12%（合计缴存比例为10%~24%），具体标准由各地根据实际情况确定。

（2）根据《住房公积金管理条例》的规定，缴存住房公积金确有困难的单位，经本单位职工代表大会或者工会讨论通过，并经住房公积金管理中心审核，报住房公积金管理委员会批准后，可以降低缴存比例或者缓缴；待单位经济效益好转后，再提高缴存比例或者补缴缓缴。

（3）缴纳基数。根据《住房公积金管理条例》的规定，职工住房公积金的月缴存基数为职工本人上一年度月平均工资。单位为职工缴存的住房公积金的月缴存额为职工本人上一年度月平均工资乘以单位住房公积金缴存比例。新参加工作的职工从参加工作的第二个月开始缴存住房公积金，月缴存基数为职工本人当月工资。单位新调入的职工从调入单位发放工资之日起缴存住房公积金，月缴存基数为职工本人当月工资。缴存住房公积金的月工资基数，原则上不应超过职工工作地所在设区城市统计部门公布的上一年度职工月平均工资的2倍或3倍。具体标准由各地根据实际情况确定。职工个人缴存的住房公积金，由所在单位每月从其工资中代扣代缴。

根据《中华人民共和国税收征收管理法》的规定，所有企业应在规定时间内完成税务登记工作，结合《国家税务总局北京市税务局、国家税务总局天津市税务局、国家税务总局河北省税务局关于发布〈京津冀税务行政处罚裁量基准〉的公告》，税务登记事项主要包括以下内容。

（1）纳税人未按照规定的期限申报办理税务登记、变更或者注销登记，参照《中华人民共和国税收征收管理法》第六十条第一款第一项，纳税人有下列行为之一的，由税务机关责令限期改正，可以处二千元以下的罚款；情节严重的，处二千元以上一万元以下的罚款：

（一）未按照规定的期限申报办理税务登记、变更或者注销登记的；

（二）未按照规定设置、保管账簿或者保管记账凭证和有关资料的；

（三）未按照规定将财务、会计制度或者财务、会计处理办法和会计核算软件报送税务机关备查的；

（四）未按照规定将其全部银行账号向税务机关报告的；

（五）未按照规定安装、使用税控装置，或者损毁或者擅自改动税控装置的。

（2）纳税人不办理税务登记，参照《税务登记管理办法》（国家税务总局令第7号公布，国家税务总局令第36号、第44号、第48号修改）第四十条，纳税人不办理税务登记的，税务机关应当自发现之日起3日内责令其限期改正；逾期不改正的，依照《中华人民共和国税收征收管理法》第六十条第一款的规定处罚。

（3）纳税人未按照规定办理税务登记证件验证或者换证手续，参照《中华人民共和国税收征收管理法实施细则》第九十条，纳税人未按照规定办理税务登记证件验证或者换证手续的，由税务机关责令限期改正，可以处二千元以下的罚款；情节严重的，处二千元以上一万元以下的罚款。

（4）纳税人未按照规定将其全部银行账号向税务机关报告，参照《中华人民共和国税收征收管理法》第六十条第一款第四项，由税务机关责令限期改正，可以处二千元以下的罚款；情节严重的，处二千元以上一万元以下的罚款。

（5）纳税人未按规定使用税务登记证件，或者转借、涂改、损毁、买卖、伪造税务登记证件，参照《中华人民共和国税收征收管理法》第六十条第三款，纳税人未按照规定使用税务登记证件，或者转借、涂改、损毁、买卖、伪造税务登记证件的，处二千元以上一万元以下的罚款；情节严重的，处一万元以上五万元以下的罚款。

（6）纳税人通过提供虚假的证明资料等手段，骗取税务登记证，参照《税务登记管理办法》第四十一条，纳税人通过提供虚假的证明资料等手段，骗取税务登记证的，处二千元以下的罚款；情节严重的，处二千元以上一万元以下的罚款。纳税人涉嫌其他违法行为的，按有关法律、行政法规的规定处理。

（7）扣缴义务人未按照规定办理扣缴税款登记，参照《税务登记管理办法》第四十二条，扣缴义务人未按照规定办理扣缴税款登记的，税务机关应当自发现之日起3日内责令其限期改正，并可处以一千元以下的罚款。

（8）银行和其他金融机构未依照规定在从事生产、经营的纳税人的账户中登录税务登记证件号码，或者未按规定在税务登记证件中登录从事生产、经营的纳税人的账户账号，参照《中华人民共和国税收征收管理法实施细则》第九十二条，银行和其他金融机构未依照税收征管法的规定在从事生产、经营的纳税人的账户中登录税务登记证件号码，或者未按规定在税务登记证件中登录从事生产、经营的纳税人的账户账号的，由税务机关责令其限期改正，处二千元以上二万元以下的罚款；情节严重的，处二万元以上五万元以下的罚款。

（9）境内机构或个人发包工程作业或劳务项目，未按规定向主管税务机关报告有关事项，依据《非居民承包工程作业和提供劳务税收管理暂行办法》（国家税务总局令第19号）第三十三条，境内机构或个人发包工程作业或劳务项目，未按本办法第五条、第七条、第八条、第九条规定向主管税务机关报告有关事项的，由税务机关责令限期改正，可以处二千元以下的罚款；情节严重的，处二千元以上一万元以下的罚款。

第二节　企业常见组织形式

从财税合规的角度看，企业应充分考虑税务风险应对和税务价值创造，企业税务风险管理的主要目标是围绕税收筹划、经营决策和日常经营活动，纳税申报符合法律法规，涉税事项的处理符合相关会计准则以及相关法律法规的规定，降低企业因违反税法可能遭受法律制裁、财务损失或声誉损害的风险。

对于企业来讲，需要将涉税管理环节前置，从业务流程真实性着手，从证据链条层面做好信息管理系统基础建设和技术保障，贯穿于企业经营活动的全过程，重点关注偷漏税的风险和多缴税款的风险。从前置审批的角度，企业需要梳理不同组织形式对涉税事项的影响。

不同企业组织形式适用的所得税税种不同，公司制企业需要缴纳企业所得税，在分配股利或红利时，需要代扣代缴个人所得税。合伙企业和个人独资企业按照生产经营所得缴纳个人所得税。从理论上说，公司制企业总体税负高于合伙企业和个人独资企业。

一、企业类型的选择

关于企业的种类，《公司法》《中华人民共和国合伙企业法》《中华人民共和国个人独资企业法》等法律法规分别予以了界定。

企业组织形式主要有个人独资企业、合伙企业和公司制企业3种。相关法律对3种企业划分标准作了基本界定，即企业的资本构成、企业的责任形式和企业的法律地位。从立法实践来看，我国基本上按所有制形式安排企业立法，划分企业类型。随着社会主义市场经济体制的建立，企业改革进一步深化，我国把独资企业、合伙企业和公司作为企业的法定基本分类，具体如表2-1所示。

表 2-1　企业的组织形式

因素	个人独资企业	合伙企业	公司制企业	
			有限责任公司	股份有限公司
设立时出资人	一个自然人	由2个或2个以上的自然人（有时也包括法人或其他组织）	1人或50人以下	2人以上200人以下
组建成本	低	低	高	
法人资格	无	无	有	
债务承担责任	无限责任	无限连带责任	有限责任	
外部筹资	难	难	较容易（融资渠道多）	
所有权转让操作	难	难	容易	
所得税纳税情况	个人所得税	个人所得税	企业所得税和个人所得税	
代理问题	无	无	有	
存续期限	有限	有限	无限存续	

（一）个人独资企业

个人独资企业是自然人投资，企业全部资产为投资者个人所有，全部债务由投资者个人承担的经营实体。个人独资企业是非法人企业，不具有法人资格。也就是说，个人出资经营、企业资产归个人所有和控制、由个人承担经营风险和享有全部经营收益，投资人以其个人财产对企业债务承担无限责任。

个人独资企业创立较容易、经营管理灵活自由、只需要缴纳个人所得税，部分地区企业可以享受核定征收的税收优惠政策。但个人独资企业这种企业组织形式有一定的局限性：投资人须对企业债务承担无限责任，难以从外部获得大量融资，所有权转让较困难。

（二）合伙企业

合伙企业为2个或2个以上的自然人、法人或其他组织合伙经营的企业，是合伙人依自愿、平等、公平、诚实信用原则订立合伙企业协议，共同出资、合伙经营、共享收益、共担风险的营利性组织。合伙企业分为普通合伙企业和有限合伙企业。其中，普通合伙企业又含特殊的普通合伙企业。

普通合伙企业由2个以上的普通合伙人（没有上限规定）组成，普通合伙企业的合伙人对合伙企业债务承担无限连带责任。

特殊的普通合伙企业的1个合伙人或数个合伙人在执业活动中故意或因重

大过失导致合伙企业债务的，应当承担无限责任或者无限连带责任，其他合伙人则仅以其所占财产份额为限承担责任。

有限合伙企业由 2 个以上 50 个以下的普通合伙人和有限合伙人组成，其中至少有 1 名普通合伙人和 1 名有限合伙人。当有限合伙企业只剩下普通合伙人时，应当转为普通合伙企业；如果只剩下有限合伙人，有限合伙企业应当解散。普通合伙人对合伙企业债务承担无限连带责任，有限合伙人以其认缴的出资额为限对合伙企业债务承担责任。

合伙企业具有以下特点：

（1）同个人独资企业相比，合伙企业可以从众多的合伙人处筹集资本，合伙人共同偿还债务，减少了融资风险，既提高企业的筹资能力，也可让投资者优势互补，如技术、知识产权、土地和资本的合作，提升了企业综合竞争力。

（2）同一般公司相比，合伙企业至少有一个合伙人承担无限责任，从而使债权人的利益得到更大保护，提升了企业信誉；从理论上来说，合伙企业盈利更多，因为合伙企业只须缴纳个人所得税而不须缴纳企业所得税。

（三）公司制企业

《公司法》规定：有限责任公司的股东以其认缴的出资额为限对公司承担责任；股份有限公司的股东以其认购的股份为限对公司承担责任。换句话说，股东除了对公司负有出资义务，并不对公司的债务承担责任。公司由 2 个或 2 个以上的出资者共同出资，并以股份形式构成企业。我国的股份制企业主要有股份有限公司和有限责任公司（包括国有独资公司）两种组织形式。某些国有、集体、私营等经济组织虽以股份制形式经营，但未按《公司法》有关既定改制规范，未以股份有限责任公司或有限责任公司登记注册的，仍按所有制经济性质划分其经济类型。有限责任制度使股东可以将投资的风险与其他财产相隔离，有利于股东控制投资风险，促进了投资者的投资意愿，推动了股票交易市场的发展。同时，有限责任制度增加了公司债权人的风险，表现为股东可能从事高风险业务，以获取更多的收益。因为股东的收益上不封顶，但承担的风险却有限，一旦公司破产，资不抵债的风险在有限责任制度下只能由债权人承担。

1. 有限责任公司

有限责任公司是股东以其认缴的出资为限对公司承担责任，公司以其全部资产对公司债务承担责任的企业法人。对于创业企业来说，有限责任公司是比较适合的企业类型，大部分投融资方案、VIE 架构等都是基于有限责任公司设计的。有限责任公司具有下列特点：

（1）人数 1~50 人，也就是说最多 50 个股东，不能发行股票（不考虑代持）。

（2）股东以出资额为限对公司承担责任。

（3）公司财产与个人财产相分离，公司可独立承担民事责任，且以其全部财产对公司债务承担责任。如果公司财产与个人财产划分不清，会导致个人对公司债务承担无限连带责任，从而使其承担的有限责任转变为无限责任。

（4）国有独资企业是有限责任公司的特殊形式，即由国家单独出资、由国务院或者当地人民政府授权本级人民政府国有资产监督管理机构履行出资人职责的有限责任公司。

有限责任公司优势：同股份有限公司相比，规模较小、资金需求量小；股东人数较少，易于管理；股东承担有限责任，风险小；设立程序简单，不必公开财务状况和经营状况，保密性较好。

有限责任公司缺点：同股份有限公司相比，不能公开发行股票，筹集资金范围和规模一般较小，难以适应大规模生产经营的需要。因此，有限责任公司这种形式较适合中小企业。

2. 股份有限公司

由 2 人以上 200 人以下的发起人组成，股东以其所持股份为限对公司承担责任，公司以全部财产对其债务承担责任的企业法人。股份有限公司具有下列特点。

（1）股份有限公司通过向社会公众发行股票来筹集资本，投资者只要认购股票和支付股款，就可成为股份公司的股东，这使得股份有限公司的股东具有广泛性。

（2）股份有限公司的资本被划分为金额相等的股份，股份是构成公司资本的最小单位。资本股份化便于股东股权的确定和行使。

（3）股份有限公司的股东仅以其认购的股份为限对公司债务承担责任。

公司制企业组织形式的优势在于容易转让所有权，债务责任有限，可无限存续、筹资方式更多、筹资更容易。但相对于个人独资企业和合伙企业而言，组建公司费用高、存在代理问题、需要承担个人所得税和企业所得税双重税收负担。

（4）股份有限公司的股份虽不可退，但可以自由转让，具有充分的流通性，可保证法人资产的完整性、稳定性。这是公司经营稳定性和连续性的需要，股东可以通过股票转让来转移权利和义务。股份有限公司实行财务公开原则，须定期公布其财务状况和经营状况，定期将各项报告报表公之于众，以便加强社会公众对公司的了解和监督，保护股东和债权人的利益。股份有限公司须有科学的管理体制，通过股东大会、董事会、监事会及各项管理制度实现权、责、利明确分工，建立互动制衡的高效运转机制，从而保证公司所有者、经营者等利益相关各方的利益。

(5) 设立股份有限公司必须具备一定的条件：从法定人数来看，股份公司的发起人应在 2 人以上 200 人以下，其中过半数的发起人必须在中国境内有住所。从注册资本来看，发起人认缴和社会公开募集法定资本最低限额为人民币 500 万元。从股份发行、筹办事项来看，向社会公开募集须向证券管理部门递交募股申请并报送有关文件。从经营环境来看，公司须拥有固定的生产经营场所和必要的生产经营条件。

（四）分公司与子公司

分公司，是指公司管辖的，在其住所以外设立的以公司名义从事活动的分支机构。子公司，是指公司一定数额的股份被另一公司控制或依照协议被另一公司实际控制、支配的公司。与分公司对应的是总公司，与子公司对应的是母公司，二者都可对外经营，拥有经营场所。

分公司是总公司的分支机构，不具有独立的法人资格，对外与总公司视为同一法人实体，不能独立对外承担民事责任，所产生的民事责任由总公司承担。通常分公司的业务经营、资金调度、人事由总公司统一安排。

子公司一定数额的股份被特定公司持有并控制，拥有其股份和控制权的主体为母公司。子公司有独立的法人地位，对外可以独立承担民事责任，母公司对子公司的债务不承担责任。子公司可自主命名，不受母公司名称限制。

（五）非上市公司和上市公司

公司按股东特征及股票流通转让方式分为非上市公司和上市公司。非上市公司股票由发起设立该公司的股东持有或者向非公开特定募集对象进行募集，不能在证券市场上自由流通。上市公司股票公开发行，可以在证券市场交易。

二、税收角度企业规模分类

不同部门对注册资金和企业规模的划分有一定的差异，从涉税角度来看，企业规模大小影响企业的税收负担。企业创立期需充分考虑各项税收政策要求，提前做好涉税规划。

依据《关于印发中小企业划型标准规定的通知》（工信部联企业〔2011〕300 号），中小企业划分为中型、小型、微型三种类型，具体标准根据企业从业人员数量、营业收入、资产总额等指标，结合行业特点制定，包括农、林、牧、渔业，工业（包括采矿业、制造业、电力、热力、燃气及水生产和供应业），建筑业，批发业，零售业，交通运输业（不含铁路运输业），仓储业，邮政业，住宿业，餐饮业，信息传输业（包括电信、互联网和相关服务），软件和信息技术服务业，房地产开发经营，物业管理，租赁和商务服务业，其他行业（包括科学研究和技术服务业，水利、环境和公共设施管理业，居民服务、修理和其他服务业，社会工作，文化、体育和娱乐业等）。该规定未对电子商务行业、"互联网+"等新型平台经济的规模做更新，建议企业参照相关行政许可事项的规定要求综合考虑。

《中国人民银行、中国银行业监督管理委员会、中国证券监督管理委员会、中国保险监督管理委员会、国家统计局关于印发〈金融业企业划型标准规定〉的通知》（银发〔2015〕309号）将相关企业划分为中型、小型、微型企业三种类型，如表2-2所示。

表2-2 企业的规模类型

行业	类别	类型	资产总额
货币金融服务	货币银行服务	银行业存款类金融机构	中型	5000亿元（含）至40000亿元
			小型	50亿元（含）至5000亿元
			微型	50亿元以下
	非货币银行服务	银行业非存款类金融机构	中型	200亿元（含）至1000亿元
			小型	50亿元（含）至200亿元
			微型	50亿元以下
		贷款公司、小额贷款公司及典当行	中型	200亿元（含）至1000亿元
			小型	50亿元（含）至200亿元
			微型	50亿元以下
资本市场服务		证券业金融机构	中型	100亿元（含）至1000亿元
			小型	10亿元（含）至100亿元
			微型	10亿元以下
保险业		保险业金融机构	中型	400亿元（含）至5000亿元
			小型	20亿元（含）至400亿元
			微型	20亿元以下
其他金融业	金融信托与管理服务	信托公司	中型	400亿元（含）至1000亿元
			小型	20亿元（含）至400亿元
			微型	20亿元以下
	控股公司服务	金融控股公司	中型	5000亿元（含）至40000亿元
			小型	50亿元（含）至5000亿元
			微型	50亿元以下
	其他未包括的金融业	除贷款公司、小额贷款公司、典当行以外的其他金融机构	中型	200亿元（含）至1000亿元
			小型	50亿元（含）至200亿元
			微型	50亿元以下

在税法等相关规定中，小型微利企业、小微企业、小型微型企业、科技型中小企业等的划分标准则根据税收优惠政策的落地实施而确定。

（一）小型微利企业

小型微利企业指从事国家非限制和禁止行业，年度应纳税所得额不超过300万元、从业人数不超过300人、资产总额不超过5000万元的企业。从业人数，包括与企业建立劳动关系的职工人数和企业接受的劳务派遣用工人数。

《财政部 税务总局关于实施小微企业普惠性税收减免政策的通知》（财税〔2019〕13号）规定：对月销售额10万元以下（含本数）的增值税小规模纳税人，免征增值税；对小型微利企业年应纳税所得额不超过100万元的部分，减按25%计入应纳税所得额，按20%的税率缴纳企业所得税；对年应纳税所得额超过100万元但不超过300万元的部分，减按50%计入应纳税所得额，按20%的税率缴纳企业所得税。

《财政部 税务总局关于实施小微企业和个体工商户所得税优惠政策的公告》（财政部 税务总局公告2021年第12号）规定：在2021年1月1日至2022年12月31日，对小微企业和个体工商户所得税优惠政策作出更多税收优惠安排。

对小型微利企业年应纳税所得额不超过100万元的部分，在《财政部 税务总局关于实施小微企业普惠性税收减免政策的通知》第二条规定的优惠政策基础上，再减半征收企业所得税；对个体工商户年应纳税所得额不超过100万元的部分，在现行优惠政策基础上，减半征收个人所得税。

小型微利企业的优势体现在增值税、企业所得税优惠上，以增值税来讲，如果能享受到增值税的减免优惠则不需要缴纳增值税（开具增值税专用发票不能享受优惠），企业所得税税率可以从正常税率25%降低至2.5%，对于企业来说，充分享受税收优惠政策是保障企业涉税安全、节约成本、创造更多利润的有效方法，不同规模企业所得税征纳税率如表2-3所示。

表2-3 不同规模企业所得税征纳税率

应纳税所得额	实际所得税率	执行终止日期	政策来源
小于等于100万元	2.5%	2022.12.31	财政部 税务总局公告2021年第12号
大于100万元小于等于300万元	5%	2022.12.31	财政部 税务总局公告2021年第12号
300万元以上	25%		财税〔2019〕13号

（二）小微企业

2022年，党中央、国务院根据经济发展形势，出台了新的组合式税费支持政策，进一步加大对小微企业和个体工商户的扶持力度，为广大小微企业和个体工商户发展壮大再添助力。

2022年5月21日，国家税务总局印发《小微企业、个体工商户税费优惠政策指引》，对针对小微企业和个体工商户的税费优惠政策进行了梳理，按照享受主体、优惠内容、享受条件、政策依据，从减负担、促融资、助创业三个方面，梳理形成了涵盖39项针对小微企业和个体工商户的税费优惠政策指引。

小微企业是小型企业、微型企业、家庭作坊式企业、个体工商户的统称，但小微企业在税收上的概念和其他部门略有不同，标准主要包括三个：一是资产总额，工业企业不超过3000万元，其他企业不超过1000万元；二是从业人数，工业企业不超过100人，其他企业不超过80人；三是税收指标，年度应纳税所得额不超过30万元。

《关于明确增值税小规模纳税人免征增值税政策的公告》（财政部 税务总局公告2021年第11号）规定，自2021年4月1日起至2022年12月31日止，对月销售额15万元以下（含本数）的增值税小规模纳税人，免征增值税。

小微企业政策适用时需要注意：一是符合增值税小规模纳税人条件，或符合《增值税暂行条例实施细则》第二十九条规定，非企业性单位、不经常发生应税行为的企业可选择按照小规模纳税人纳税；二是关于小微企业免征增值税优惠的销售额的确定，企业需要根据自身情况判断是否符合条件。

【示例1】甲企业为小规模纳税人，2022年4月销售货物收入7万元，提供服务收入5万元，销售不动产收入100万元，销售额为112(7+5+100)万元，剔除销售不动产后的销售额为12(7+5)万元。因此，该纳税人销售货物和提供服务的销售额12万元可以享受小规模纳税人免税政策；销售不动产收入100万元应照章纳税。

【示例2】2022年4月，某建筑业小规模纳税人（按月纳税）取得建筑服务收入200万元，同时向其他建筑企业支付分包款190万元，则该小规模纳税人当月扣除分包款后的销售额为10万元，未超过15万元免税标准。因此，该企业当月可享受小规模纳税人免税政策。

（三）小型、微型企业

小型、微型企业可以享受的优惠政策主要有：对金融机构与小型、微型企业签订的借款合同免征印花税。免征管理类、登记类和证照类等有关行政事业性收费。

财政部 税务总局公告2021年第11号规定适用的行业包括：农、林、牧、渔业，工业（包括采矿业、制造业、电力、热力、燃气及水生产和供应业），建筑业，批发业，零售业，交通运输业（不含铁路运输业），仓储业，邮政业，住宿业，餐饮业，信息传输业（包括电信、互联网和相关服务），软件和信息技术服务业，房地产开发经营，物业管理，租赁和商务服务业，其他未列明行业（包括科学研究和技术服务业，水利、环境和公共设施管理业，居民服务、修理和其他服务业，社会工作，文化、体育和娱乐业等）。

党中央、国务院根据经济发展形势出台了新的组合式税费支持政策后，税务总局围绕创新创业的主要环节和关键领域进一步梳理归并成120项税费优惠政策措施，覆盖了企业整个生命周期。为此，2022年5月21日，国家税务总局发布《"大众创业 万众创新"税费优惠政策指引》，明确企业初创期，除享受普惠式税收优惠政策外，符合条件的增值税小规模纳税人、小型微利企业、个体工商户，特殊群体创业或者吸纳特殊群体就业（高校毕业生、失业人员、退役士兵、军转干部、随军家属、残疾人、回国服务的在外留学人员、长期来华定居专家等）还能享受特殊的税费优惠。同时，国家还对扶持企业成长的科技企业孵化器、大学科技园等创业就业平台，创投企业、金融机构、个人等给予税收优惠，充分发挥集聚效应，给予金融支持。具体包括：小微企业税费优惠、重点群体创业就业税费优惠、创业就业平台税收优惠、创业投资税收优惠和金融支持税收优惠政策。

《财政部关于取消、调整部分政府性基金有关政策的通知》（财税〔2017〕18号）规定：自2017年4月1日起，扩大残疾人就业保障金免征范围。将残疾人就业保障金免征范围，由自工商注册登记之日起3年内，在职职工总数20人（含）以下小微企业，调整为在职职工总数30人（含）以下的企业，免征残疾人就业保障金。

（四）科技型中小企业

《科技部 财政部 国家税务总局关于印发〈科技型中小企业评价的办法〉的通知》（国科发政〔2017〕115号）规定，科技型中小企业须同时满足以下条件。

（1）在中国境内（不包括港、澳、台地区）注册的居民企业。

（2）职工总数不超过500人、年销售收入不超过2亿元、资产总额不超过2亿元。

（3）企业提供的产品和服务不属于国家规定的禁止、限制和淘汰类。

（4）企业在上一年及当年内未发生重大安全、重大质量事故和严重环境违法、科研严重失信行为，且企业未列入经营异常名录和严重违法失信企业名单。

《财政部 税务总局 科技部关于进一步提高科技型中小企业研发费用税前

加计扣除比例的公告》（财政部　税务总局　科技部公告 2022 年第 16 号）规定：

科技型中小企业研究发生费用可以加计扣除，科技型中小企业开展研发活动过程中实际发生的研发费用，未形成无形资产计入当期损益的，在按规定据实扣除的基础上，自 2022 年 1 月 1 日起，再按照实际发生额的 100% 在税前加计扣除；形成无形资产的，自 2022 年 1 月 1 日起，按照无形资产成本的 200% 在税前摊销，科技型中小企业相关费用加计扣除意味着对企业所得税的优惠力度更大。

科技型中小企业享受研发费用税前加计扣除政策的其他政策口径和管理要求，按照《财政部　国家税务总局　科技部关于完善研究开发费用税前加计扣除政策的通知》（财税〔2015〕119 号）、《财政部　税务总局　科技部关于企业委托境外研究开发费用税前加计扣除有关政策问题的通知》（财税〔2018〕64 号）等文件相关规定执行。

企业可根据自身的经营规模大小，从纳税和合规管控出发，思考设立企业的人员构成、组织结构、注册资本以保证能充分享受国家的优惠政策。

从纳税人身份角度，税务机关将企业分为一般纳税人与小规模纳税人。

一般纳税人和小规模纳税人，二者的税负不同，税款的计算方式也不同。对于一般纳税人，以销项税额减去进项税额确定应纳税额，适应税率为 13%、9%、6% 和零税率；小规模纳税人以销项税额确定应纳税额，取得的进项税额不能进行增值税抵扣。作为增值税一般纳税人，可以为采购方开具用以进项税额抵扣的增值税专用发票，小规模纳税人在无税收优惠的情况下税率通常为 3%，小规模纳税人可以自行开具增值税专用发票，也可以由税务机关代开增值税专用发票，但是不能进行进项税额抵扣。

《财政部　税务总局关于对增值税小规模纳税人免征增值税的公告》（财政部　税务总局公告 2022 年第 15 号）规定，2022 年 4 月 1 日至 2022 年 12 月 31 日，增值税小规模纳税人适用 3% 征收率的应税销售收入，免征增值税；适用 3% 预征率的预缴增值税项目，暂停预缴增值税。

小规模纳税人和增值税一般纳税人只要符合相关政策优惠条件，都可以享受相应的税收优惠，如"六税两费""企业所得税"等优惠政策。

第三节　股权结构搭建

股权结构决定了企业的类型，代表了股东的决策权和剩余索取权，是股利如何分配的重要依据，影响企业发展方向和管理方式。如何搭建企业的股权结构可以从以下两个方面考虑：一是股权的集中度，即谁对公司拥有绝对控制权、相对控制权或其他权利；二是股东构成，国有、法人股东还是社会公众。股权结构对企业治理的影响主要体现在股东大会、董事会、监事会、经理层代理等方面，合理的股权治理结构是公司有效运行的"防火墙"。具体而言，企业要做好以下几个方面。

一、持股比例的确定

很多企业认为，拥有更高的持股比例是控制企业最简单有效的办法。但财富和权利往往不能兼得，创业者要吸引外部资源如人力、信息、资金为企业创造价值，而这通常要求创业者以财富和企业控制权作为交换条件。以有限责任公司为例，持股股东可以分为四种类型：①股东对权利和财富都是强诉求；②股东对财富弱诉求而对权利强诉求；③股东对财富强诉求但对权利弱诉求；④股东对财富和权利弱诉求。

有限公司具有"人合"和"资合"两种属性，股东人数不超过50人时，股东之间的信任度较高，关系紧密，股权结构设计只需要关注几个比例，使股东持股比例和决策权相匹配。当股东持股比例为67%时，意味着对股东会所有决策均有通过权，因此67%的股权比例被称为完美控制权；当股东持股比例为51%时，意味着其对于7类事项之外的事拥有决策权，因此51%的股权比例被称为绝对控制权；当股东持股比例为34%时，意味着其对于7类事项拥有一票否决权，因此34%的股权比例被称为股东"捣蛋权"；外国投资者持股比例为25%，可享受外商投资企业待遇，因此25%的股权比例被称为外资待遇权；当股东持股比例为20%时，股东享有一定的权益，可产生重大影响力；当股东持股比例为10%时，股东享有申请法院解散公司和召开临时股东会的权利，称为申请解散权。

企业申请上市，须公开发行股票达到25%，从理论上说实际控制人要在企业上市后拥有67%的表决权，上市前需拥有接近90%的表决权。通常，上市企业的投资者大多数为财务投资人，并不会出席股东大会行使表决权。因此，股东要控制上市企业并不需要拥有67%以上的持股比例。投资者持有上市企业50%以上股权为控股股东，实际支配上市企业股份表决权超过30%的即认为拥有上市企业控制权。对于上市企业，持股比例5%的股东即为重要股东，在发生股东减持等情况时需要单独披露或备案；上市企业拟实施股权激励计划，在1年内购买、出售重大资产，或者担保金额超过公司资产总额30%的，应当由股东大会做出决议，并经出席会议的股东所持表决权的2/3以上通过。单独或者合并持有上市企业已发行股份1%以上的股东可以提出独立董事候选人，并经股东大会选举决定。根据《关于发布〈上海证券交易所上市公司股东及董事、监事、高级管理人员减持股份实施细则〉的通知》（上证发〔2017〕24号）的规定，大股东减持或者特定股东减持，采取大宗交易方式的，在任意连续90日内，减持股份的总数不得超过企业股份总数的2%。《上海证券交易所科创板股票上市规则》规定，科创板上市公司上市时未盈利的，在公司实现盈利前，控股股东、实际控制人自公司股票上市之日起3个完整会计年度内，不得减持首发前股份；自公司股票上市之日起第4个会计年度和第5个会计年度内，每年减持的首发前股份不得超过公司股份总数的2%，并应当符合《上海证券交易所上市公司股东及董事、监事、高级管理人员减持股份实施细则》关于减持股份的相关规定，2%股权可称为股权限制权。

二、易出问题的股权结构

（一）平均分配股权

企业设置均衡的股权比例，大股东之间的股权比例接近，无其他小股东或者其他小股东的股权比例极低，易导致各方争夺企业的控制权而对企业产生不利的影响。例如，2个股东分别持股50%，3个股东分别持股33.33%，4个股东分别持股25%，5个股东分别持股20%等典型平均持股情形；也有部分大股东所持股权完全相同，小股东持部分股权的情况。例如，3个股东中2个股东分别持股35%，1个股东持股30%。

【示例1】按照《公司法》规定，股东会决议需要过半数的表决权股东同意才有效。企业股东持有股权比例完全相同，如有限责任公司只有2个股东，双方各占50%股份。当2个股东发生争议，双方互不同意对方的提议，就会导致公司无法形成正确决议，经营决策不能正常进行。

【示例2】某有限责任公司，股东3人，甲、乙2个股东各占35%的股份，丙占30%的股份。按照《公司法》规定，股东会决议需要超过半数的表决权股东同意才有效。一旦甲、乙意见不同，丙支持甲、乙任何一方的意见就能够形成有效决议，因而甲、乙都有意拉拢丙，最终的结果是丙实质控制了公司的发展方向，进而扩大了自己的权益。

【示例3】企业多数股东持有低额股权，股东所持股权相对平均。这种情况下企业缺乏大股东，而小股东对企业的利益索取权有限，参与管理的兴趣不高甚至不愿参与，导致企业的实际经营管理通过职业经理人或管理层完成，存在代理问题。随着企业的发展，代理问题会日益严重，代理人员可能会钻空子，谋取私利侵害股东权利。同时，小股东在股东会中因个人情况不同易产生分歧，决策难度大，不利于企业发展。

（二）特殊股权结构

夫妻股权结构：创业者在创业之初常以夫妻名义入股，注册登记设立企业；也有企业为了满足《公司法》"公司股东必须为两人以上"的强制性要求，将公司设立为夫妻两人所有，实质由一人出资经营。夫妻股权结构使夫妻双方财产混为一体，一旦公司人格独立性丧失，那就意味着其会失去"有限责任"的保护，导致无限连带责任的形成。"夫妻公司"引发的法人资格纠纷，主要体现在公司债权人要求偿还债务和夫妻离婚诉讼两种情况。

AB股权结构：A股通常以人民币交易，B股以外币交易，AB股股权结构的设计是为了保护创始人权益，防止多轮融资后股权被稀释使创始人丧失对公司的控制权。作为上市企业的防御手段，AB股结构被众多企业采用，AB股权结构的实质是同股不同权。

（三）投资人以隐名股东方式出资

隐名股东指投资人为了规避法律或出于其他原因，借用他人名义设立企业或者以他人名义出资，且在公司章程、股东名册和工商登记中记载为他人的出资人。与此相对应，显名股东指记载于工商登记资料而没有实际出资的股东。相关法律规定，出资人与他人约定以他人名义出资的，其约定不得对抗企业。但有限责任公司半数以上的其他股东明知实际出资人的出资，且公司已经认可其以股东身份行使权利的，如无违反法律强制性规定的情节，人民法院可以认定实际出资人对公司享有股权。

如果企业以隐名股东设立企业，会给企业带来合同风险（代持协议的起草是否完善是关键）和法律风险。具体如下。

第一，由于公司股东以工商登记为准，如果不记载实际股东的姓名，实际股东的法律地位不被认可，对股东行使权利形成障碍。

第二，代持股人恶意损害实际股东的权利，如擅自出让股权或者滥用表决权，给隐名股东带来损失。

第三，隐名股东行使股东权利需要通过代持人进行，如果代持协议约定不明或者代持股人不守信，则股东的权利没有保障。

第四，由于代持股人原因导致诉讼而被法院冻结保全或执行名下的代持股份。

第五，代持股人意外死亡的，则其名下的股权作为财产有可能涉及继承纠纷等相关法律风险。

常见的与隐名股东有关的纠纷大致可分为两类：一类是企业内部的纠纷，

主要有企业利润分配纠纷、隐名股东行使股东权利纠纷、对内承担责任纠纷、出资纠纷等；另一类是企业外部纠纷，主要有企业的股东主体问题、隐名股东或显名股东向外转让股权纠纷等。处理两类涉及隐名股东问题的纠纷时，我们应坚持公司法处理问题"双重标准，内外有别"这一基本原则，从企业内外部关系两个角度入手。内部关系引发的纠纷应遵循契约自由、意思自治的原则；处理外部法律关系时，则应遵循公示主义原则和外观主义原则，维护交易秩序和安全，保护善意第三人利益。

  隐名股东往往依赖于代持协议，因缺乏工商登记而存有权益被代持股东侵害的法律风险。因此，明晰隐名股东面临的风险，提出防范措施，对于维护隐名股东权益尤为重要。虽然部分法律解释原则性地肯定了有限责任公司股权代持协议的法律效力，但前提条件是代持协议没有法定的合同无效情形。特殊情况下，代持协议的效力仍可能存在其他无效事由而被否定。也就是说，代持协议不能存在违反法律、行政法规强制性规定的内容，不能以合法形式掩盖非法目的，不能恶意串通损害目标企业或第三人利益，更不能损害社会公共利益；否则隐名股东将面临股权代持协议无效的法律风险。

  在实际操作层面，股权代持协议无效的常见情形主要有：①公务人员违反《中华人民共和国公务员法》等有关规定，以股权代持的形式经商；②外商为规避外资准入政策，通过签订股权代持协议，以隐名股东身份投资法律和政策禁止或限制外商进入的行业；③其他规避法律禁止性规定的情形。例如，双方签订代持协议的目的是规避保险、证券等特定行业的准入禁止性规定，法院一般认为其损害了金融安全、行业管理秩序和社会公共利益，认定该股权代持协议无效。

  为了规避相关风险，避免代持协议无效的情形发生，实际出资人可考虑将资金出借给原拟委托的代持人，由该受托人使用资金设立企业。同时，约定受托人以企业营业收入偿还实际出资人的借贷资金本息，并将企业股权质押给实际出资人；实际出资人和代持人签署债务清偿协议，约定代持的企业股权未来所产生的全部收益扣除实际出资人承诺支付给代持人的相应报酬后，全部支付给实际出资人，以清偿代持人对实际出资人的债务。为保障债务履行，可同时要求代持人将其持有的股权质押给实际出资人，并履行必要的股权质押登记手续。

知识链接

隐名股东无法显名的风险

  由于隐名股东的姓名未记载于工商登记材料，隐名股东的股东地位不被法律认可，有企业其他过半数股东对其股东资格不予确认的可能。因此，隐名股东需要求企业其他过半数股东在股权代持协议上签字确认，避免日后其他股东以行使优先购买权为由，阻碍隐名股东显名。

防范显名股东滥用股东权利

隐名股东可通过对董事会席位、企业高管职位及企业财务人员作出安排，防止显名股东滥用以下股东权利：显名股东不按约定转交投资收益、分红；违反隐名股东真实意思，擅自行使表决权等股东权利；擅自处置股权（转让、质押）等行为导致其在股利取得、股份表决权的行使、资产分配等方面背离隐名股东的本意或实施损害隐名股东的行为。为防范风险，代持协议中可以做如下约定。

第一，表决权行使的相关约定。约定代持人在行使隐名股东表决权、选任企业管理人员权、请求分配股息红利权、新股认购权、分配剩余财产权等权利时，应当遵照隐名股东的书面指示来确定。例如："显名股东在以股东身份参与公司经营管理过程中需要行使表决权时，至少应提前3日取得隐名股东书面授权，未经授权不得行使表决权。"同时，可以在签署协议时，要求显名股东签署委托隐名股东行使表决权的授权书。

第二，股权财产权的相关约定。显名股东承诺将其未来所收到的因代持股份所产生的全部投资收益（包括现金股息、红利或任何其他收益分配）均转交隐名股东。

第三，在代持协议中约定严格的违约责任。严格的违约责任（如高额违约金）会对显名股东起到威慑作用，增加其违反约定、侵害隐名股东利益的成本，进而降低其实施侵害隐名股东利益行为的可能性。

另外，须保留好证据。当隐名股东与显名股东就代持股权事宜发生争议，请求人民法院支持时，隐名股东需要提供充足的证据证明其实际出资人的身份。隐名股东须保留以下重点证据：①双方签署生效的代持协议。②隐名股东缴付认缴出资的支付凭证。③企业收到隐名股东缴付出资的收款凭证。④验资报告。⑤公证书。实践中，隐名股东与显名股东对代持协议进行过公正，隐名股东应保管好公证书。⑥企业内部有关认可隐名股东资格的文件，如股东会决议等。

防范显名股东擅自转让股权

现实中，显名股东有可能会恶意转让、质押处分其代持股权，隐名股东很难控制显名股东。一旦发生这种情况，隐名股东将会面临丧失对企业享有的所有权风险，仅能依据股权代持协议向显名股东主张赔偿。当交易相对人为善意

（不知道法律关系的情况下，合法转让），则法院一般会依据《中华人民共和国民法典》第三百一十一条之规定认可相对人的股权受让行为，导致隐名股东丧失企业股权。隐名股东只能通过事后的损害赔偿来维护自身的合法权益。也就是说，显名股东将代持股权转让给第三人，只要满足善意取得的条件，则隐名股东无法向第三人主张返还股权，隐名股东可以侵权或者违约为由向显名股东主张权利。若第三人不是善意取得，则隐名股东可以主张处分无效。

为防范风险，代持协议应明确未经隐名股东书面同意，显名股东不得将所持有的股权转让给第三人，并设定违约责任条款。在办理股权代持的同时，隐名股东可要求显名股东即股权代持人以代持股权办理股权质押担保，将代持的股权向实际出资人办理质押担保。完成质押登记后，股份质押在隐名股东名下，显名股东就股权无法私自进行质押、担保或转让处分等。因显名股东自身债务或其他原因，致使代持股权被法院或其他机关查封、冻结、扣押的，隐名股东可以质押权人的身份，获得优先受偿权。这样可以避免显名股东擅自处分股权，亦可保证隐名股东在特殊情形下的优先受偿权，还可以避免继承纠纷中的股权被认定为显名股东的个人财产。

预防代持股权被分割、继承的风险

因显名股东代持股权期间死亡或离婚，导致股权作为遗产或夫妻共同财产被继承或分割，隐名股东可以依据股权代持协议向继承人或分割人主张予以返还，但隐名股东会面临企业股东、继承人、分割人不认可代持协议、转移企业股东收益和显名股东债权债务诉讼风险。事前应将代持股权与显名股东的财产隔离，避免因显名股东死亡、离婚、股权被执行等，隐名股东陷入财产追索境况。同时，应将代持股权质押给隐名股东，要求显名股东的家属签字确认知晓该代持行为；由显名股东的家属签字确认相关代持协议文件，明确家属对于该股权代持是知情的，知晓该代持股权为隐名股东的财产，而非显名股东的财产，避免第三人基于法院的生效判决请求法院强制执行。

（四）一人有限责任公司的股东要求

一人有限责任公司是只有一个自然人股东或者法人股东的有限责任公司，一个自然人只能投资一家一人有限责任公司，该一人有限责任公司也不能投资设立新的一人有限责任公司。

（五）自然人股东和法人股东的区别

自然人股东作为具体的人，享有并行使股东权利、承担股东义务，法人股东是一个组织，作为抽象的依法拟制的实体，其权利义务的行使承担需通过具体的人来完成，方式为派出股东代表，授权委托其代为完成，后果由组织承担。

三、设置科学的股权结构

在实际操作中，分股并不意味着分配话语权。以阿里巴巴为例，阿里巴巴上市后马云通过7.8%的股权控制了阿里巴巴，做到分"股"而不分"权"。企业可以通过有限合伙企业、金字塔结构、一致行动人、委托投票权、公司章程、优先股、AB股等控制权设计工具实现对股权结构的有效控制。

（一）有限合伙企业的运用

与公司相比，有限合伙企业设计机制具有很强的灵活性，不管是利益分配机制、权利分配方式还是合伙人，皆可在合伙协议中自由约定。依据合伙人对外承担的责任类型，有限合伙企业的合伙人分成普通合伙人和有限合伙人。普通合伙人可以为创始人、大股东，承担合伙企业的无限连带责任，享有合伙企业决议的全部表决权，但不分配财产权，即只要"权"，不要"钱"；有限合伙人为企业高管、员工，不享有合伙企业的表决权，未来可以享受合伙企业对外投资的财产收益权，即只要"钱"，不要"权"。因此，有限合伙企业可以实现"钱权分离"。

有限合伙企业作为持股平台，在纳税上具有节税效应，根据《中华人民共和国合伙企业法》的规定，合伙企业不需缴纳企业所得税，经营收益直接穿透合伙企业流入合伙人账户，合伙人只需要缴纳个人所得税，个人所得税适用税率为20%。很多创始人将合伙企业设立在税收优惠区域还可享受当地财政返还政策，自然合伙人在纳税后当地政府会给予地方留存60%~80%的财政返还优惠，直接减轻了企业和股东的税收负担，合伙企业成为企业合理避税的有效工具。

（二）金字塔架构

金字塔股权结构又被称为"多层控股公司架构"，实际控制人不直接控股而是通过间接持股形成金字塔式控制链实现对企业的控制，通常企业的控制人控制第一层企业，第一层企业再控制下级企业，逐级控制，每层控股比例都大于50%。金字塔架构的控股方式为自然人→控股企业→拟上市企业，金字塔股权结构具有如下优点。

一是股权杠杆的优势。金字塔链条越长，同样的财富可控制越大的资产规模，实现以小博大。二是具有税收筹划作用。采用企业控股，分配股息红利免征企业所得税，采用自然人控股，则需要缴纳个人所得税。除分红外，被投资企业转增资本，控股企业可以享受免税待遇。三是便于债务融资。控股企业可在上市企业银行借款、发行债券等过程中提供相应的担保，提高企业的信用等级，降低融资成本。四是控股企业单独上市。如果控股企业实力到达一定程度，可以单独上市。

（三）一致行动人

企业可通过正式、非正式的协议或默契，取得目标企业股份以获得或巩固目标企业控制权。所谓的一致行动指投资者通过协议、其他安排与其他投资者共同扩大支配上市企业股份表决权的行为或者事实，是在企业股东会外建立的小团体。企业可通过一致行动人协议以较小的持股比例成为企业的实际控制人。

（四）委托投票权

委托投票权指股东在股东大会召开之前已就某些问题进行投票或将投票权转让给出席股东大会的其他人代为行使。

（五）公司章程控制

《公司法》赋予了有限公司股东对公司治理更多的自治性，股东间以公司章程对彼此权利义务进行约定的空间更大，可以充分利用章程的灵活性，通过章程实现企业自治。具体体现在以下几个方面。

（1）根据《公司法》第三十四条相关规定，章程可以约定"分红比例与出资比例不一致"，约定"不按出资比例优先认缴出资"。

（2）章程可以约定"股东持股比例可与出资比例不一致"，在公司注册资本符合法定要求的情况下，各股东的实际出资数额和持有股权比例应属于公司股东意思自治的范畴；有限责任公司的全体股东内部也可以约定不按实际出资比例持有股权，只要约定是当事人的意思表示就受法律保护。

（3）根据《公司法》第四十二条相关规定，章程可以约定"表决权与出资比例不一致"。

（4）根据《公司法》第七十一条相关规定，章程可以约定"剥夺股权转让时其他股东的同意权"，也可以约定"限制股权转让时其他股东的优先认购权"。

（5）《公司法》第七十五条规定，自然人股东死亡后，其合法继承人可以继承股东资格；但是公司章程另有规定的除外。所以，公司章程可以约定"排除股东资格的继承权"。

（6）根据《公司法》的相关规定，章程还可以约定"书面形式行使股东会职权""召开股东会定期会议的期限、议事方式和表决方式、表决程序，董事长、副董事长的产生办法和董事会的议事方式和表决程序，执行董事的职权"等相关内容。

除此之外，优先股股息率固定、股息分派优先、剩余资产分配优先，但一般无表决权。基于其优先认股权，优先股在股权结构设计上也有一定的应用。AB 股股权结构在上市企业中被广泛应用，其优势在于 B 类股通常由管理层持有，流通性差，对创始人和管理层的控制权有保护作用。

四、股权结构设计注意事项

股权设置是企业确定股东股权的有效方法，股权设置一方面确定股东在企业中享有的权利和承担的义务及责任；另一方面可以依据投资者承担风险的意愿能力为引入新的投资者做准备。新成立的企业在设置股权架构时，要注意以下几个方面。

（1）首先要保证创始人对企业的控制权。

（2）不采用按出资比例分配股权，股东的股权占比要与股东的贡献成正比。股东的贡献不仅要看其出资额，还应考虑股东的技能水平高低、是否全职、资源能否变现等。

（3）不宜过早用股权形式激励员工。企业创立前期的股权分红很少或没有，股权价值不高，企业应将股权用于激励不可替代的员工。

（4）对兼职或不在企业上班的资源型或技术型股东，给予提成或者项目分红，尽量不分配股权，如确有需要至多不超过 5%。

（5）只出资金的财务投资人，所占股权不应超过 30%；否则增资扩股融资时，主要创始人会失去企业控制权。

（6）预留部分股权用于人才引进或激励，便于企业后期管控，比例在 15%~30%。

创业企业的股权设计相对专业，每位股东应审慎考虑，必要时可以聘请专业人士或外部咨询，从战略上做好股权架构策划；根据实际情况将股权架构方案落实到股东协议或公司章程中，为企业的长远发展做好准备。在公司股权结构设计和分配上可以充分运用股权分配协议、公司章程、表决权委托协议、代持协议等规避企业股权架构搭建中的常见风险；同时，在执行股权方案时应考虑股权分配、员工入股、股权激励、转让等相关问题。

【示例】三个自然人合伙成立企业如何分配股权？

首先，创办人作为企业的关键人员或召集人，应多分配股权，以达到正向激励，为企业创造更多的经济效益；其次，根据每个人的能力分配股权，企业的资产、原材料、人脉资源直接决定企业的生存和发展，按能力分配股权相对科学合理；最后，按资分配股权，避免平均分配。

第四节 不同组织形式企业涉税分析

一、不同组织形式企业适用税种、税目不同

公司制企业需要缴纳企业所得税和个人所得税，合伙制企业和个人独资企业按照生产经营所得缴纳个人所得税，按照五级超额累进税率缴纳。从理论上说，公司制企业总体税负高于合伙制企业和个人独资企业。

【示例】李某投资设立一家企业，年应纳税所得额120万元。李某可做以下三种选择。

第一种：将企业注册为个人独资企业，按照生产经营所得缴纳税款，所得税负担为 $1200000 \times 35\% - 65550 = 354450$（元），税后利润为 $1200000 - 354450 = 845550$（元）。

第二种：将企业注册为有限责任公司，则需要先计算缴纳企业所得税，后期分配利润按照股息、红利缴纳个人所得税，所得税负担为：$1200000 \times 25\% + 1200000 \times (1 - 25\%) \times 20\% = 480000$（元），税后利润为 $1200000 - 480000 = 720000$（元）。

通过比较可知，同样的情况有限责任公司比个人独资企业多缴纳所得税 $845550 - 720000 = 125550$（元）。

第三种：李某与张某共同成立合伙制企业，各占50%的股权，年应纳税所得额为120万元。每个合伙人按照其所获得的收益缴纳个人所得税，每个合伙人都有按照较低税率计算个人所得税的机会。合伙企业总体税负低于个人独资企业，合伙企业适用较低的税率20%，所得税负担为 $[(1200000 \div 2) \times 35\% - 65550] \times 2 = 288900$（元），相比个人独资企业，少缴纳税款为 $354450 - 288900 = 65550$（元）。

二、不同组织形式企业的税基、税率结构和税收优惠存在差异

不同组织形式企业的税基差异体现在，企业所得税和个人所得税在应纳税所得额扣除时受扣除项目的影响。例如，企业所得税符合条件的机器设备扣除相关成本费用时，采用加速扣除或一次性扣除，个人所得税综合所得扣除费用为每年60000元。税率结构的差异在于一般企业所得税税率为25%，无税收政策优惠情况下税收负担不会变化，个人所得税累进税率会因应纳税所得额的增

大使得企业税收负担加重。税收优惠差异体现在企业所得税对符合条件的行业和企业给予多项税收优惠，如农林牧渔、环境保护、高新技术企业、创业投资和安置特殊人员等，个人所得税虽然无此类优惠条款但部分区域可以享受核定征收和返税优惠。

【示例】甲、乙、丙三人欲共同投资一家企业，预计每年会计利润为600万元。企业确定组织形式时，可以从多个层面考虑。

首先，考虑适用的税种。合伙企业和个人独资企业只需要缴纳个人所得税，每个投资人按各自取得的收益分别计算缴纳，平均应缴纳的个人所得税为[（6000000÷3）×35%-65550]×3=1903350（元）。如果设立为公司制企业，则需要缴纳企业所得税和个人所得税：6000000×25%+6000000×（1-25%）×20%=2400000（元）。

其次，需考虑税基的确定。如果企业成立后预购置技术含量很高的200万元的设备，可以按照公司制企业缴纳所得税，享受加速折旧税收抵税；合伙制企业和个人独资企业不能享受税收优惠政策。

最后，需考虑税收优惠政策。如果企业申报高新技术企业，享受所得税15%的优惠政策，应纳所得税则为6000000×15%+6000000×（1-15%）×20%=1920000（元）。虽然需要缴纳企业所得税和个人所得税，但仍然可以少缴纳所得税480000元。如果企业属于特殊行业，可享受"三免三减半"税收优惠，在前三年直接减免，每年只需要缴纳个人所得税6000000×20%=1200000（元）；后三年可以减半缴纳6000000×25%÷2+6000000×（1-25%÷2）×20%=1800000（元），比合伙制企业和个人独资企业少缴纳所得税。农林牧渔企业或者涉及节能节水、环保、安全生产设备，可享受企业所得税的免税、减税或投资抵税政策，实际缴纳的所得税低于合伙制企业和个人独资企业。

三、分公司与子公司的税收差异

企业在设立分支机构时应考虑税收政策，子公司可以独立的法人身份享受地方性税收优惠待遇。分公司作为总公司派出的机构不具备独立的法人地位，不能享受当地的税收优惠政策。分公司的收入及成本费用通常纳入总公司账目汇总申报，如果亏损可亏损抵税。

四、集团型企业组织形式的涉税规划

集团型企业一般以集团章程为共同行为准则，是由母公司、子公司、参股公司或其他机构共同组成的具有一定规模的法定组织或联合体。集团型企业做涉税规划时，需要根据集团内部不同企业实际经营情况及新设立企业未来安排

做统一设计,以便实现整体税负最低,税后利润最大化。

【示例】上海新能源技术开发公司是一企业集团公司,为扩大生产经营范围,准备在江西省某县设立一家A型原料开采企业,在选择新企业组织形式时,做了以下几个方面的考虑。

根据对市场情况的分析,基于江西省某县A型原料赋存状况的预测,前期投入比较大,企业达到规模效应需要4~5年,前期会出现亏损,但亏损额会逐步下降。初步估计第一年亏损额400万元,第二年亏损额320万元,第三年亏损额260万元,第四年亏损额100万元,第五年开始盈利,盈利额为600万元,此后盈利额逐步增加。

上海新能源技术开发公司属于国家重点扶持的高新技术公司,适用的企业所得税税率为15%,该公司除在上海设有总部外,在安徽还有一X子公司,适用的企业所得税税率为25%。经预测,未来四年内,上海公司总部的应税所得第一年、第二年均为800万元,第三年、第四年应纳税所得额为1100万元,X子公司年应税所得分别为480万元、380万元、320万元、120万元。

经分析,对新设企业有三种组织形式方案可供选择。

方案一,将新设企业建成具有独立法人资格的N子公司。因子公司具有独立法人资格,属于企业所得税的纳税人,按其应纳税所得额独立计算缴纳企业所得税。

在这种情况下,上海新能源技术开发公司包括三个独立纳税主体:上海新能源技术开发公司总部、X子公司和N子公司。因A型原料开采企业——N子公司是独立的法人实体,不能与上海新能源技术公司或X子公司合并纳税,所以其所形成的亏损不能抵销该公司总部的利润,只能以此后的利润进行弥补,若亏损超过五个自然年度仍未完全弥补的,则不能再弥补。

前四年,上海新能源技术开发公司纳税总额(方案一)如表2-4所示。

表2-4 方案一该集团公司的纳税总额

单位:万元

年份	上海公司	安徽公司	江西公司	合计
第一年	120(800×15%)	120(480×25%)	0	240
第二年	120(800×15%)	95(380×25%)	0	215
第三年	165(1100×15%)	80(320×25%)	0	245
第四年	165(1100×15%)	30(120×25%)	0	195
总计	570	325	0	895

四年中,该集团公司共缴企业所得税895万元。

方案二，新设企业为上海新能源技术开发公司的分公司。分公司不具备独立法人资格。按税法规定，分支机构利润与其总部实现的利润合并纳税。此时，上海新能源技术开发集团公司有两个独立的纳税主体：上海新能源技术开发公司总部和X子公司。

在这种组织形式下，N公司作为非独立核算的分公司，其亏损在计算企业所得税时可冲抵上海新能源技术开发公司的利润，降低上海新能源技术开发公司第一年至第四年的应纳税所得额。

前四年，上海新能源技术开发集团公司纳税总额（方案二）如表2-5所示。

表2-5 方案二该集团公司的纳税总额　　　　　　　　　　　单位：万元

年份	上海公司	安徽公司	合计
第一年	60[（800-400）×15%]	120（480×25%）	180
第二年	72[（800-320）×15%]	95（380×25%）	167
第三年	126[（1100-260）×15%]	80（320×25%）	206
第四年	150[（1100-100）×15%]	30（120×25%）	180
总计	408	325	733

四年中，该集团共缴纳企业所得税733万元。

方案三，新设企业为安徽X公司的分公司。在这种情况下，新设企业和X子公司合并纳税。此时，上海新能源技术开发公司有两个独立的纳税主体：上海新能源技术开发公司总部和X子公司。在这种组织形式下，因新设企业为X子公司的分公司，与X子公司合并纳税，其前四年的亏损可冲抵X子公司当年利润，降低X子公司第一年至第四年的应纳税所得额，不仅使X子公司的应纳所得税得以延缓，而且使其整体税负下降。

前四年，上海新能源技术开发公司纳税总额（方案三）如表2-6所示。

表2-6 方案三该集团公司的纳税总额　　　　　　　　　　　单位：万元

年份	上海公司	安徽公司	合计
第一年	120（800×15%）	20[（480-400）×25%]	140
第二年	120（800×15%）	15[（380-320）×25%]	135
第三年	165（1100×15%）	15[（320-260）×25%]	180
第四年	165（1100×15%）	5[（120-100）×25%]	170
总计	570	55	625

四年中，该集团公司共缴纳企业所得税625万元。

五、不同组织形式企业的涉税风险

（一）个人独资企业的常见风险点

以下情形的个人独资企业都存在涉税风险。

针对核定征收或返税优惠政策成立的个人独资企业，为了提高核心实体企业的成本，低税负开票或开票纳税后在当地享受返税，返税政策到期，立刻注销；设立个人独资企业的目的在于解决实体企业中员工的高额工资绩效、股东的大额分红问题，属于明显的转换收入、偷逃税款；个人独资企业不具有合理的商业目的，不融入企业的日常经营，虽然与被服务单位签订了合同，但是没有服务结果，导致业务链条的证据链不闭合，容易被判定为虚开发票；如果个人独资企业对外定价不公允，价格明显偏高或者偏低，往往是为转移利润。总之，成立的个人独资企业，若纯粹用来虚开发票，套取资金，没有实际业务内容和痕迹，合同流、资金流等证据链经不起实质性测验。个人独资企业虚挂地址或者根本没有实际经营地址和办公场所，没有人员或者人员数量不足以支撑较大的业务量，同样经不起实质性推敲。

（二）合伙企业的常见风险点

设立合伙企业时要注意有限合伙企业和普通合伙企业的差别，有限合伙人对相关事项承担有限责任；合伙企业合伙人是自然人的，缴纳个人所得税；合伙人是法人和其他组织的，缴纳企业所得税。自 2022 年 1 月 1 日起，持有股权、股票、合伙企业财产份额等权益性投资的个人独资企业、合伙企业，一律适用查账征收方式计征个人所得税，企业有可能不再享受核定征收的税收优惠政策。

第五节　企业设立期合规体系搭建重点

一、搭建合规管理组织架构

合规是指企业的各项经济活动应与规则及相关准则相一致。从企业角度来看，就是遵从法律法规及相关规章制度的要求，遵守各项监管要求、行业准则、业内各项规章制度；对员工来讲，就是遵守各项行为守则，保持良好的职业操守。

完善的合规管理架构是企业合规工作的重要保障，只有建立完善的合规管理组织结构并与企业组织结构充分结合，才能使企业风险管控、财务、税务、法务、审计等职能充分发挥，同时强化执行人员风险意识，将合规管理的各项工作落到实处。企业必须形成合规管控的闭环思路，从落实、执行、考核、监督多个维度对人员和事务进行考评，以实现绩效反馈和流程改进、优化。

企业的组织结构设计要遵循一定的原则。通常企业的最高权力机构是股东大会；董事会是企业管理中枢，企业经理人员具体负责经营管理；企业的监督机构是监事会，防止委任者滥用职权、违反法律法规和企业章程、损害企业的利益，监事会代表股东监督企业业务执行情况。因此，企业在设置组织机构时既要考虑部门职能与业务的充分结合，明确内部责权利，也要考虑权利体系与职权设计、集权与分权是否和职能相匹配，是否满足合规管理的需要。企业的合规要求和内部控制并不冲突，即在不违反法律法规和相关规定的基础上，做到资产完整、人员独立、财务独立、机构独立和业务独立。

二、从合法性、合规性角度做好合规体系建设

企业合规合法对外来说主要分为两个方面：一方面是企业的合法合规；另一方面是员工的合法合规，企业要对员工的违规行为严格监管。所以，合规体系建设是以企业的合规为前提。企业决策或者运营的合规管理有很多具体方法，我们可以将法务、业务、财务、税务充分嵌入企业的常规业务活动中，并对重点业务（如大额采购、对外投资等事项）进行事前的预审批，从而实现实时监控。企业合规体系建设主要通过事前的审批授权及内部审批流程的完善、事中的跟踪和事后的反馈来实现合规性风险把控。

（一）从税收征管角度，合规建设要有专业人员负责

企业税务合规势在必行，从网络发票到电子发票，从"以票治税"到"以数治税"，以智慧税务系统的实时数据流向跟踪，逐步降低征管弹性，搭建"信用+风险"税收治理服务平台。

企业税务管理的目标是建立完善的税务风控体系，系统全面地防范涉税风险，防范税收违法行为，依法履行纳税义务，避免因税收违法而受到相关处罚和信用损失，影响企业的税务信用评级。同时，降低企业的涉税成本和税务管理成本，防范多交税款。

企业在设立之初就需要完成税务报到，同时应进行规范的账簿管理、发票管理和税务档案管理，以确保后期纳税申报和其他涉税事项符合税法的规定；同时企业要在业务发生之前考虑涉税情况、涉税成本和业务合规证据链条运作模式。税务机关在进行企业纳税评估时，主要以企业财务报表数据、电子账套数据、纳税申报数据、发票数据、审计报告、鉴证报告和第三方数据作为依据，

第三方数据主要来自人民银行、工商、海关、人力资源和社会保障局、民政局和房管所等部门。税务部门通过全流程、各环节、各税种、各行业的风险识别指标体系，通过风险数据库的涉税信息分析和甄别，精准执法，根据各纳税人的情况进行风险排序。发票风险管理和申报信息比对是常见的风险筛查抓手。

（二）财务合规管控

财务合规管控首先应建立财务管理制度和税务合规管理制度。财务管理制度包括岗位及工作职责、企业会计制度、资金管理办法、财务付款和报销流程、资产管理办法（存货、固定资产）、财务保密制度实施细则、会计档案管理办法等，应充分考虑企业运营管理的便利性和内部控制的相关要求，根据企业的实际需要按照会计准则的相关要求逐步补充规范以实现会计核算的基础规范。税务合规管理制度应从涉税风险出发，依托企业业务流程制定。财务合规管控不能仅考虑财务相关事项，还应该有管理会计的思维，做好事前、事中和事后的统筹安排。这有赖于完善的流程建设，企业的流程建设可以外化为一系列表单。

财务入账的依据不充分，会导致核算难以规范，报销没有原始凭证，缺少监督和复核环节，不但容易产生舞弊行为还会导致不合规票据入账。有的企业财务权限低，基本上是事后核算，出了问题没有办法解决，导致财务核算不规范、纳税调增、合规性差；更有的企业通过虚开发票来解决缺成本票问题，最终导致核算数据失真没有参考价值，甚至违规违法。所以，企业从设立之初就应重视财务合规，中小企业常见的不合规问题如下。

（1）实际控制人与出资人不一致，入账依据不充分，随意调整实收资本金，与工商公示不一致。以实物出资的未评估，实物移交的验收证明、作价依据、权属证明和实物存放地点缺失。

（2）支付环节供应商、采购方无发票，导致成本无法确认，往来挂账异常。

（3）其他应付款、其他应收款分类核算不完整，存在高管或其直系亲属挂账且金额较大的情况，企业丧失独立性，导致股东承担无限连带责任。

（4）销售环节开票随意，发票与出库单、账实不一致，形成虚开发票事实。

（5）费用发票抬头与入账公司不匹配，存在虚增成本费用情况。

（6）存在大量无依据调账凭证，随意计提成本，导致会计报表中部分期初数、期末数无法确认，产生涉税风险。

（7）对外长期投资管理混乱，应合并报表不合并，企业管理混乱不具备合并报表条件，无法实现并表等。

除了上述问题，企业还存在收款不规范、账外收款、电商收款不报备等问题，最终出现"两套账"情况。后期需要管理人员花费大量精力防范税收风险，阻碍了企业的长远发展。财务人员需要注意《金融机构大额交易和可疑交易报告管理办法》《非居民金融账户涉税信息尽职调查管理办法》，税务部门对企业纳税信用评级更加重视，已建立跨部门信用信息共享机制。

财税合规管控一定是事前切入决策环节，充分考虑财税问题、核算问题、成本问题和综合税负问题，而不是事后按照相关票据进行简单记账。这取决于企业对财务的重视，财税合规一定是业务和财务的充分结合。

（三）让法务成为经营决策的事前指引

依法办事、循章而为是一个企业的生存和发展之道，当下的法律体系日益完善和健全，"业财税法"四融合思路可使企业在当下经济体系中少走弯路，长远发展。法务人员可以在企业合规管理中检查企业的经营活动是否符合法律、规则和准则及企业的风险管理政策；可以参与企业重大经营活动的谈判、业务决策审批、处理涉税案件等相关事务；可以完善各项规章制度建设管理工作，草拟各项管理制度和业务操作手册，负责牵头做好法人授权管理等相关工作。做好各项事前的管控工作是企业合规的首要任务，企业可以根据需要设立合规管理部门或法务部，也可以配备法务人员、聘请法律顾问，也可以选择部分事项的事前咨询。

在日常管控过程中，企业可以印章使用和合同审批作为抓手来实现事前合规的基本把控，降低企业运营风险。中小企业相关人员可以参照企业实际情况和组织结构完善印章管理制度和合同审批流程。

（四）重视财务核算，做好建账的基础工作

从事生产经营的企业应该依法建账，做好财务核算的基础工作，揭示各个单位、各个环节及各项经营活动中的问题，为管理者全面了解企业的经营情况做好风险防范，规范涉税事项，做好税务管理。很多企业不重视财务核算和事前切入工作，产生涉税事项后只能事后补救。企业在选择税收优惠政策时也需要一定的数据支撑，尤其是查账征收方式要求财务管理规范，准确核算，能提供完整的纳税申报资料。同时，企业在发生具体业务时，应统筹各涉税环节和事项，分别做好核算，尤其是发生混合销售、兼营行为时，更应该重视业务链条和交易模式的匹配性。特别是企业刚开始经营规模小、营利能力差，往往不重视财务管理工作，不聘请专职会计，常常形成"两套账"，不按照税务机关的要求规范地进行纳税申报，阻碍了企业的长远发展。

> 知识链接

"两套账"的后果和影响

（1）账外经营，隐匿收入，构成偷税。纳税人偷税的，由税务机关追缴其不缴或者少缴的税款、滞纳金，并处不缴或者少缴税款的百分之五十以上五倍以下的罚款；构成犯罪的，依法追究刑事责任。

纳税人伪造、变造、隐匿、擅自销毁账簿、记账凭证，或者在账簿上多列支出或者不列、少列收入，或者经税务机关通知申报而拒不申报或者进行虚假的纳税申报，不缴或者少缴应纳税款的，视为偷税。

（2）私设会计账簿的，税务机关对单位处三千元以上五万元以下的罚款；构成犯罪的，依法追究刑事责任。

（3）涉嫌伪造、变造会计凭证、会计账簿，编制虚假财务会计报告。

伪造、变造会计凭证、会计账簿，编制虚假财务会计报告，税务机关对单位处五千元以上十万元以下的罚款；构成犯罪的，依法追究刑事责任。

（4）构成逃税罪。纳税人采取欺骗、隐瞒手段进行虚假纳税申报或者不申报，逃避缴纳税款数额较大且占应纳税额百分之十以上的，处三年以下有期徒刑或者拘役，并处罚金；数额巨大且占应纳税额百分之三十以上的，处三年以上七年以下有期徒刑，并处罚金。

（5）会计人员可能面临的风险。私设会计账簿的，对直接负责的主管人员和其他直接责任人员，税务机关可以处2000～20000元的罚款；伪造、变造会计凭证、会计账簿，编制虚假财务会计报告的，对直接负责的主管人员和其他直接责任人员，可以处3000～50000元的罚款。同时，影响会计人员个人职业规划，相关人员五年内不能从事会计工作，一旦涉及刑事处罚，将被终身禁业。

第三章
企业运营期的财税合规操作

第一节 组织体系搭建

财政部会计司《企业内部控制应用指引第 1 号——组织架构》指出，组织架构是指企业按照国家有关法律法规、股东（大）会决议、企业章程，结合本企业实际，明确董事会、监事会、经理层和企业内部各层级机构设置、职责权限、人员编制、工作程序和相关要求的制度安排。其中，核心是完善企业治理结构、健全企业内部控制管理体制和运行机制。

企业需要完善的组织结构，如果企业的组织结构存在问题或者缺失，会影响企业的生产、经营、管理等相关活动。建立和完善组织结构，搭建完善的管理制度是企业合规管理的核心，也是企业保持成功的关键因素。有利的组织结构具有防范风险和降低舞弊的作用，是提高企业运行效率实现分工制衡的有效手段，也是保证企业内部各层级、企业外部利益相关者完成各项目标的有效保障，组织结构的体系搭建对企业合规管控有着至关重要的作用。

一、对外组织结构搭建

组织结构的设计主要针对《中华人民共和国公司法》的相关要求或企业上市准备的需要，充分利用各项资源确定组织的职能模块，选用匹配的组织机构，满足企业业务流程检验、监管部门要求，符合内外部环境变化需要。

对外企业治理层级，一般设置股东会、董事会、监事会和经理层，企业必须根据法律法规的相关要求，按照决策、执行、监督机构责权利明确、相互独立、相互制衡的原则，明确好职责权限、任职条件、议事规则和工作程序。在企业实务操作中，不少刑事案件都涉及一些"三重一大"（重大决策、重大事项、重大人事任免和大额资金支付）问题，企业由于未按照规定的权限和程序进行集体决策审批和联合签署，个人擅自决策或改变集体决策意见，导致企业违法违规。企业为此付出高额代价,为不合规买单,高管人员也获刑。如果企业是具有公众性上市公司,除考虑上述因素外,还应注意独立董事制度、董事会专业委员会、董事会秘书的特殊性要求。涉及国有独资企业的,需要注意国有资产监督管理机构代行股东大会职权、董事会成员应包含职工代表、监事会成员不得少于5人、职工代表比例不低于1/3,外部董事由国有资产监督管理机构提名,由企业以外的人员担任等特殊要求。

(一)股东会和董事会的职权

以有限责任公司为例,股东会和董事会的职权区分如表3-1所示。

表3-1 股东会和董事会的职权区分

股东会职权	董事会职权
A. 决定公司的经营方针和投资计划	A. 决定公司的经营计划和投资方案(经理组织实施)
B. 选举和更换非由职工代表担任的董事、监事,决定有关董事、监事的报酬事项	B. 决定聘任或解聘公司经理及其报酬事项,并根据经理提名决定聘任或解聘公司副经理、财务负责人及其报酬事项
C. 审议批准董事会的报告	C. 召集股东会会议,并向股东会报告工作
D. 审议批准监事会或监事的报告	D. 执行股东会的决议
E. 审议批准公司的年度财务预算方案、决算方案	E. 制订公司的年度财务预算方案、决算方案
F. 审议批准公司的利润分配方案和弥补亏损方案	F. 制订公司的利润分配方案和弥补亏损方案
G. 对公司增减注册资本作出决议	G. 制订公司增减注册资本以及发行公司债券的方案
H. 对发行公司债券作出决议	
I. 对公司合并、分立、变更形式、解散和清算等事项作出决议	H. 制订公司合并、分立、变更形式、解散的方案
J. 修改公司章程	I. 制定公司的基本管理制度(经理拟订)
	J. 决定公司内部管理机构的设置(经理拟订)
K. 公司章程规定的其他职权	K. 公司章程规定的其他职权

注意:股东会是权力机关,重要事项须经其审议批准或作出决议通过;董事会是执行机关

(二)有限公司经理职权

有限责任公司可以设经理,由董事会决定聘任或解聘,其主要职权包括以下几个方面。

(1)主持公司的生产经营管理工作,组织实施董事会决议。

(2)组织实施公司年度经营计划和投资方案。

(3)拟订公司内部管理机构设置方案。

（4）拟订公司的具体规章。

（5）拟订公司的基本管理制度。

（6）提请聘任或解聘公司副经理、财务负责人。

（7）决定聘任或解聘除董事会决定聘任或解聘以外的管理人员。

（8）公司章程对经理职权另有规定的，从其规定。

（9）董事会授予的其他职权。

（三）有限责任公司监事

股东人数较少或规模较小的企业，可以不设监事会，只设 1~2 名监事；设监事会的，其成员不少于 3 人，监事会成员中必须包括股东代表和适当比例的公司职工代表，职工代表比例不得低于 1/3，具体比例由章程规定。职工代表通过职代会、职工大会民主选举产生，企业的董事或高管不得兼任监事。

监事或监事会职权主要包括以下几个方面。

（1）检查公司财务。

（2）对董事、高级管理人员执行公司职务的行为进行监督，对违反法律、行政法规、公司章程或股东会决议的董事，提出罢免的建议。

（3）当董事、高级管理人员的行为损害公司的利益时，要求董事、高级管理人员予以纠正。

（4）提议召开临时股东会会议，在董事会不履行规定的召集和主持股东会会议职责时召集和主持股东会会议。

（5）向股东会会议提出提案。

（6）监事可以列席董事会会议，并对董事会决议事项提出质询或建议。

（7）监事会、不设监事会的公司监事发现公司经营情况异常，可以进行调查，必要时可聘请会计师事务所等协助其工作，费用由公司承担。

（8）监事会、不设监事会的公司的监事行使职权所必需的费用，由公司承担。

（9）依法对董事、高级管理人员提起诉讼。

二、内部组织结构

内部组织结构设计主要基于涉及的职能机构、岗位职责的划分、权限体系的匹配来实现。财务管理模式是依托组织结构而存在的，企业选择何种财务管理模式关键因素在于组织结构形式的设计。目前，企业的常见组织结构形式主要有直线制组织结构、直线职能制组织结构、事业部制组织结构、矩阵制组织结构、网络型组织结构、学习型组织结构、事业群制组织结构和平台型组织结构等。从财务角度而言，企业的组织结构是整体管理框架内的、为实现总体财务管理目标而设计的，明确各级财务管理主体财务管理职责权限的标准形式或标准式样。

企业财务管理体制是明确企业各财务层级财务权限、责任和利益的制度，其核心是如何配置财务管理权限，企业财务管理体制决定着企业财务管理的运行机制和实施模式。

财务管理体制的类型主要有集权型财务管理体制、分权型财务管理体制、集权与分权相结合的财务管理体制。

（一）集权型财务管理体制

财务决策权限集中统一，下级单位没有决策权限。

集权型财务管理体制的优点如下。

（1）决策由总部制定，企业内部可充分展现其一体化管理的优势。
（2）有利于降低资金成本和风险损失。
（3）有利于企业内部优化配置资源。
（4）有利于内部采取避税措施。
（5）决策的统一化、制度化可得到有力的保障等。

集权型财务管理体制的缺点如下。

（1）各所属单位缺乏主动性、积极性。
（2）决策程序相对复杂，易失去适应市场的弹性、丧失市场机会。
（3）使各所属单位丧失活力等。

（二）分权型财务管理体制

权限下放，只对一些决策结果进行备案，财务决策权分散于各个单位。

分权型财务管理体制的优点如下。

（1）有利于针对本单位存在的问题及时作出有效决策。
（2）有利于因地制宜地搞好各项业务。
（3）有利于分散经营风险。
（4）有利于促进所属单位管理人员及财务人员成长等。

分权型财务管理体制的缺点如下。

（1）可能导致各所属单位缺乏全局观念和整体意识。
（2）可能导致费用失控。
（3）可能导致资金管理分散、资本成本上升等。

（三）集权与分权相结合财务管理体制

集权与分权相结合财务管理体制是常用的组织结构财务体制，通常采用集权管理的主要有制度制定权、筹资权、融资权、投资权、用资权、担保权、固定资产购置权、财务机构设置权、收益分配权，采用分权管理的一般有经营自主权、人员管理权、业务定价权、费用开支审批权。

（四）财务管理体制的选择

财务管理体制应该与企业的制度、组织体制相适应，明确各单位的决策权、执行权与监督权三权分立，确定财务综合管理与分层管理的基本原则。

（五）企业组织与财务管理体制的关系

基于企业的组织结构而选择采用财务管理体制模式，采用集权还是分权组织结构要考虑以下几个方面因素。

（1）企业规模大小和生命周期。通常规模小或新设立的企业，组织结构和财务管理体制会选择集权的形式，以便于快速决策、统筹管理。

（2）企业战略决策。企业的定位决定了组织结构的设置，如果企业要纵向一体化，就要求各所属单位保持密切的业务联系，选择相对集权的财务管理体制和组织结构，便于沟通和资源协调。

（3）市场环境。如果企业所处的市场环境复杂多变，需要较强的灵活性以适应市场的变化，建议采用分权模式，反之采用集权模式。

（六）典型的组织结构类型

通常企业通过对职能机构的设置、岗位职责的划分和权限体系的分配来实现组织结构的搭建，典型的组织结构类型如下。

1. 直线结构

直线结构适用于规模小、生产技术简单企业，需要管理者具备生产经营所需要的全部知识和经验。这就要求管理者是"全能式"，特别是企业的最高管理者。

2. 职能结构

职能结构是按职能实现专业分工取代直线结构的全能式管理，下级既要服从上级主管人员的指挥，也要听从上级各职能部门的指挥。

3. 直线职能制结构

直线职能制结构形式基于保证直线统一指挥，充分发挥专业职能机构的作用。从企业组织的管理形态来看，直线职能是 U 型组织最为理想的管理架构，因此被广泛采用。

三、组织结构的设计

内部组织结构的设计是组织结构设计的重要环节，体现在职能机构、岗位职责、权限系统的分配三个方面。

（一）职能机构

企业应当基于科学、精练和相互制衡的原则，结合企业的内外部环节、战略运营规划，充分考虑企业的经营环境、文化和管理需要，避免职能交叉，做好分工协作。常见的职能机构有销售、市场、采购、生产、财务、人力、行政、法务、后勤等部门。

（二）岗位职责

企业应当对内部各职能机构的职责进行分工，确定岗位名称、职责和工作要求，以便员工了解各自的权限、授权机制和工作范围。

企业如拥有子公司，应当科学地建立投资管控制度，通过合法有效的途径履行出资人职责，维护出资人权利，实现对业务、资产、财务、人员和机构的整体管控。

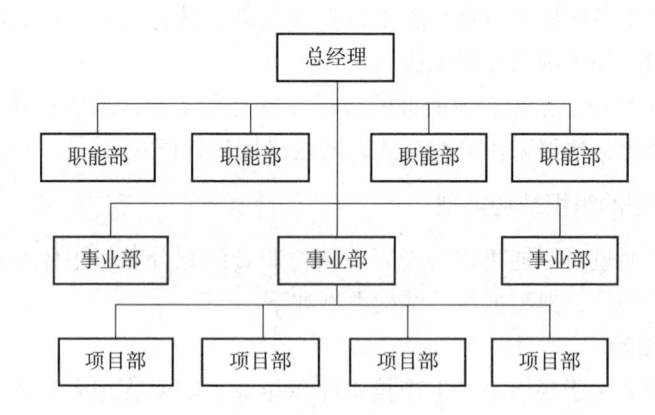

图 3-1 事业部型组织结构

企业可以根据自己的特点灵活调整各层级组织构成，如生产销售型企业可以采用图 3-1 所示的组织结构。组织结构决定了企业的运作流程，运作流程决定了企业的涉税环节和核算规范。

（三）权限系统的分配

为建立相互制衡机制，明确分工、互相监督，企业可以根据实际情况，对授权批准、业务经办、会计核算、资产保管等关键环节，按照不相容职务分离原则设置各个岗位。防止个别部门或个人包办，至少要做到钱物分开，钱账分开，经办与批准分开，财会部门和财产保管部门分开。具体如图 3-2 所示。

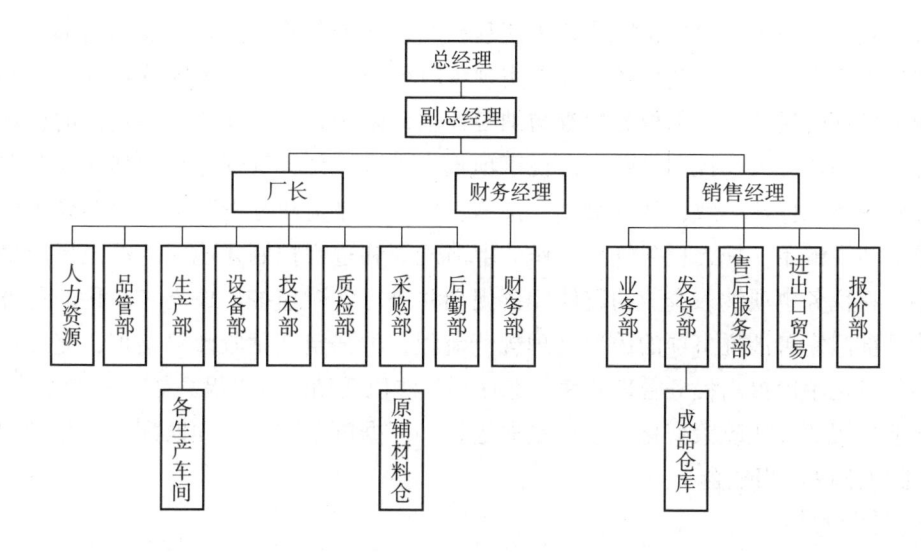

图 3-2　公司组织架构图/结构

【示例】 企业领导通过 QQ 给魏女士发来广州一家公司的账户信息，让魏女士向其实时转账。因企业对银行实时转账设置有金额限制，魏女士分 20 笔向该公司转账 98.2 万元。之后，魏女士又收到企业领导发来的 QQ 消息，让她往另一个公司账户转账 29 万元。

类似付款审批流程不健全，出纳人员未见到相关的部门业务单据和事项资料，未填写付款审批流程，仅凭借 QQ 等网络交流工具接收的消息，不进行电话核实就安排转账，是很多小企业普遍存在的问题，企业组织结构不完善，责权利分工不明确，仅出纳一人就可以将款项转出，网银付款流程不完善，无复核操作。为此，应该调整为制单员和复核员由不同岗位人员负责，以防止款项误转给企业造成损失。

企业应严格按相关票据合规、票据审核通过、业务流程真实相关、财务审核无误后再进行付款。资金收付必须有依据，不能凭空收付款，所有收付款项必须伴随特定业务行为而发生，有真实的相关业务发生是资金收付的前提。

基于证据链条的合规性管控需要，不同部门的责任人对资金授权范围内的事项进行审核，以保证业务的真实性、金额的准确性。经办人员需要提交相关证明材料，保证资金支付业务的合法性。财务人员收到相关业务部门业务单据后，除要复核业务的真实性、合法性、合理性、相关性和金额的准确性外，还应查看审批流程是否完善，审批环节是否完整，确定无误后方能进入付款环节。

（四）企业税务管理的组织结构体系

企业的运营管理是以流程控制为核心，涉税事项贯穿于企业运营的所有环节，企业税务风险管理也应依托于流程控制，让税务管控融入企业的内部控制和风险管理体系，防范税务风险，实现税收效应。企业税务风险管理源自内部税务管理的挑战，外部税务检查与纳税评估风险预警。企业应注重整体的合规性管理和税务风险控制，建立涉税事项报告制度，税务管理体系的建立应与财务管理体系保持一致，从"规划、预测、执行、控制和分析"方面完善各个环节的涉税链条，加强税务管理工作的事前规划和过程控制才能实现涉税风险最小，将税务事项纳入企业的整体经营规划并进行实时监控。成立专业化的税务管理部门完善涉税事项的内部处理规范流程，加强定期税收政策培训，充分运用信息化手段提高税务管理效率。选择部分涉税活动外包以提高效率和专业化，在业务层面关注政策变化、涉税数据逻辑、证据链条的完整和匹配，充分做到"业财法税"相融合。

【示例】

国家税务总局广州市增城区税务局第二税务所税务约谈通知书

广州×××公司：

税务机关在对你（单位）2019年1月1日至2021年12月31日的纳税申报情况进行纳税评估时发现下列涉税疑点问题：

2019—2021年，取得进项金额合计46793293.84元。其中：加工费16297247.51元，电费186710.01元，运费56999.18元，报关费9142.58元，棉纱等主要原材料进项金额共23868713.21元，重量1529.67吨。2019—2021年，自营出口服装等纺织制品金额51328966元，净重589.66吨，向广东省内（不含深圳）企业供货出口金额3560330.51元，重量41.56吨。根据重量推算的棉纱等原材料投入产出率为0.4116，投入产出率异常。你公司存在投入产出不匹配、抵扣与生产无关进项税额等涉嫌虚抵骗税风险，需要你（单位）进行陈述说明、补充提供举证资料。

为此，根据《中华人民共和国税收征收管理法》第五十四条第（四）项的规定，需请你（单位）委派财务会计人员等于2022年××月××日到税务机关接受税务约谈。

全电发票意味着"以数治税"进入一个新的里程，全电发票的上线要求企业从传统的"四流一致"逐步转换为货物类"八流一致"、服务类"五流一致"。企业应从关注发票流、合同流、资金流，完善到供产销全流程，采购、出库、装卸、物流配送也嵌入涉税合规的链条。一旦当地税务系统和银行端口认为企业存在资金流不匹配的行为，将给企业带来重大涉税风险。

第二节　财务核算软件的选择

运用云计算、大数据、移动互联网、人工智能、区块链、元宇宙等新技术，实现财务新应用，实现财务与企业管理的融入和结合，打造实时、快捷、智能财务，精准税务和风险预警机制，是现代财务管理和新商业模式下，实现财务社会化，税务、金融、上下游协调和风险管控的有效路径，也是传统财务会计向管理会计转型的有效方法。

企业选择财务软件应充分考虑企业信息化系统的整体水平，包括办公审批软件、业务终端系统、生产软件和财务软件。很多中小企业选择业务和财务分离软件，如库存管理软件和财务记账软件相互独立，用线下审批流程来完成资金支付管控；也有很多企业选择 ERP 实现业务软件和财务软件的结合。具体如何选择财务软件：企业既要考虑综合实力，也要结合企业实际管理需要以及计划投入成本。

通常所说的会计核算软件，也称为记账软件，主要针对账务处理，以会计凭证为原始数据，按会计科目、统计指标体系对记账凭证所载的经济内容，进行记录、分类、计算、加工、汇总，形成总分类账、明细分类账、日记账及其他辅助账簿、凭证和报表。财务软件通常包括企业管理软件，财务软件侧重于企业业务数据的运用，实现对企业财务账目、企业资金账户、企业收支状况等方面的管理。财务软件是业务与财务融合软件，除了专业财务人员使用，其他部门的人员也会操作相关事项。

企业税务信息化建设和运行，主要基于金税四期上线、智慧税务系统的搭建，全国统一的电子税务局的逐步建成，全行业、全环节、全要素发票电子化。税务征管迈入数字化、智慧化时代，财务核算和企业的经营合规管控从账务处理、纳税申报逐步向税务数字化建设目标转化，企业的核算首要满足的是财税合规要求下的税务合规管控要求。因此，信息化软件的选择和应用建设应以数字化建设为目标，实现统一数据标准，建立业、财、税系统联动协同统一。各业务部门可以自动获取税源信息，财务部门可以事前嵌入决策运营过程，实现标准化涉税数据，为企业的风险管控打好基础；财务软件的变化突出体现在税务管理体系信息化，实现自动发票管理上下游发票协同、进销存录入自动化、日常费用报销电子化，提高财务报销的效率和质量。税务信息化一体软件除可以实现上述功能外，还可以完善纳税合规管理事项，建立统一、规范的纳税申报计算底稿，嵌入申报数据校验逻辑，实现纳税申报的自动化，保证按期申报和数据管控，通过设定的税务风险预警模型，实时监控税务风险、规避涉税风险，自动生成集团税务数据统计报表，实现税务状态分析、监控全周期动态税负、支撑税务决策事项。

一、ERP（企业资源计划管理）

基于信息化技术的发展和企业自身管理需要，ERP 系统已经广泛运用于企业，企业已具有高度集成的信息处理能力、数据共享能力。在企业的生产和经营活动中，ERP 信息化系统具有以下优势。

一是财务管理工作与生产、供应、销售等业务环节高度集成。例如，智慧餐饮体系的运用，能实现将其转化为微型超市，实现精准的定位和发货、补货、电子支付，财务行为可以直接嵌入业务活动，根据业务模式实现电子记账、结算、报表出具等。

二是可为企业决策提供实时数据支持。企业管理可以通过 ERP 系统实现"扁平化"管理，相关部门可以实现数据的共享，促进企业资源整合、科学管理，实现管理精细化赋能。例如，企业的进销存数据可以同步到采购部、销售部、库管、质量等相关部门，确保重点销售、加急订单可以实现多部门数据的同步，实时掌握企业库存的情况，包括批号管理、效期管控，完善了企业从采购计划、采购订单到到货验收、入库全流程，便于责任到人、数据统筹。

三是针对不同的 ERP 系统数据处理的精确性和流程性差异，很多信息化技术处理的相关数据具有精准不可篡改的特点。财务信息的收集、分析和控制可以直接面向业务流程，使得财务管理真正实现事前预测、事中管控和事后精准核算，增强了核算助力企业管理。同时业务人员也可以及时获取财务部门的反馈信息，提高项目管控效率，形成业务财务融合、相互监督、相互制约的工作机制。

国内的 ERP 软件主要有用友、金蝶，国外主要有 SAP、Oracle、JDE 等软件，都可以实现和外部数据的对接。

二、常用的财务软件

（一）SAP 软件

SAP 是全球企业管理软件与解决方案的技术先驱，同时也是市场领跑者。SAP 是一款 ERP 管理软件，持续不断向全球各行业提供全面的企业级管理软件解决方案。SAP 新一代商业智能应用受到企业用户的广泛青睐，SAP 在中国用户激增。SAP 集成性好，财务、物资、项目、设备、人力资源等功能都具备，与国内软件的最大区别是其事前控制功能，稳定性也比较好。缺点是成本较高，上线和端口单独收费,每年收取运维费用。企业运用 SAP,所有人员和流程可嵌入系统,每个部门和操作人员都需要上线,每个模块的建设基于企业的运营流程,建议企业在基本流程完善后再选择该系统。

(二) 金蝶软件

金蝶国际软件集团有限公司于香港联交所主板上市,是中国软件产业领导厂商、亚太地区企业管理软件及中间件软件龙头企业、全球领先的在线管理及电子商务服务商。金蝶通过管理软件与云服务,已为世界范围内 680 万家企业、政府部门提供服务,金蝶财务软件包括业务软件、财务软件、办公软件和成本核算、生产软件、人力资源模块等。金蝶面向客户推出培训、管理咨询、实施、运营维护、需求反馈、IT 系统六大产品服务体系,客户能根据自身的企业规模、业务管理模式、ERP 应用现状等选择不同的服务组合,形成其个性化服务方案。金蝶独特的"快速配置,快速实施,快速应用,快速见效"的全球化产品与服务定位,帮助企业实现财税合规管控。

金蝶 KIS 标准版是专门针对成长型企业精细财务核算及管理工作的信息化解决方案,通过对企业总账、工资、固定资产、出纳管理、往来管理等业务的管理,有效规范企业内部财务核算,确保固定资产的安全和保值增值,加速资金周转、提高资金利用效率。

(三) 速达软件

速达公司相继推出了速达 3000 系列、速达 5000 系列以及备受市场好评的 Online 系列等 20 多种产品。凭借简洁实用、功能强大、易学易用等突出的产品性能特点,速达拥有遍及全国 1200 余家合作伙伴,构建了规模庞大、实力雄厚的软件销售服务体系。速达软件面向中小企业,产品涵盖进销存软件、财务软件、ERP 软件、CRM 系统、项目管理软件、OA 系统、仓库管理软件等。其中,速达 V3 管理平台系列《速达 V3 管理平台 STD》是高端 V-ERP 系列的基础版本,以"进销存、财务一体化管理应用"为主体,采用了全新的 OPEN 式数据结构,全面支持 Builder-Ⅲ二次研发工具和全新 SaaS 应用结构。该产品融入完善的资金流、物流控制机制和业务数据分析功能,大大优化资源配置,对速达 3000 系列产品的数据具有很好的兼容性。速达产品系列主要有速达服装系列、速达 OA 系列、速达医药管理软件、速达进销存软件、速达财务标准版、速达财务经典版、速达出纳经典版、速达进、销、存、财务一体化系列、速达进销存、客户关系、财务一体化系列、速达星光系列。企业可根据自身的行业特点选择适合的模块和应用系统。

（四）用友软件

用友软件股份有限公司连续多年被评定为国家"规划布局内重点软件企业"，2010年获得工信部系统集成一级资质企业认证，2011年获"年度中国经济十大领军企业"，上交所"年度董事会奖"，"用友ERP管理软件"系"中国名牌产品"。用友软件长期致力提供具有自主知识产权的企业管理/ERP软件、服务与解决方案，是中国最大的管理软件、ERP软件、财务软件供应商，是中国最大的独立软件供应商。在中国ERP软件市场，用友的市场份额最大、产品线最丰富、成功应用最多、行业覆盖最广、服务网络最大、交付能力最强。用友软件已形成NC、U8、"通"三条产品和业务线，分别面向大、中、小型企业。

用友ERP-U8财务会计作为企业经营管理平台的一个基础应用，包括总账、应收款管理、应付款管理、固定资产、UFO报表、网上银行、票据通、现金流量、网上报销、报账中心、公司对账、财务分析、现金流量表、所得税申报等模块。

（五）柠檬云财税软件

柠檬云财税软件针对小企业，是免费的，特殊模块可以单独定制。目前，柠檬云已推出财务软件、进销存、工资条、会计头条、柠檬云课堂等互联网财税产品，具有快速建账，支持计算机、App小程序同步记账、随时随地快速记账功能，自动生成一键导出财务报表，轻松处理申报、财务分析，可以实现发票、资金流水一键生成凭证、同步银行流水。关联进销存数据、计提折旧、一键报税、群发工资等自主定制，实现采购销售全流程跟踪、智能分析注意事项、自定义报表模块，根据业务实际需要进行数据报表个性化定制。

（六）其他财务软件

4Fang（四方）、浪潮、易飞、管家婆等财务软件也可为企业提供适合其实际需要的软件。传统软件更新迭代较慢、价格昂贵，中小企业的使用成本相对较高，可以择优选择。

三、企业选择财务软件应考虑的因素

（一）行业软件发展

目前，在国产化率不断提高的前提下，企业完全可以基于应用角度选择国内产品，国内软件业经过几十年的发展，以金蝶、用友等为首的几款产品，已经占领了很大国内市场份额，产品的稳定性也得到了很大提升。

（二）产品研发及客户实施应用

经过近几年的迭代及发展，应用软件逐步从烦琐的客户私有化部署模式过渡到 SaaS 应用，客户只需用很少的投入，就能快速进行软件标准模块实施及使用（目前国外软件如 JDE/SAP 还未推出此类服务）。同时，由于国内软件开发商对客户需求及产品开发每年都会投入大量的人力物力，软件产品快速升级迭代，大大提高了客户对软件产品的满意度。

（三）软件产品的商业模式及设计

国外软件（如 JDE/SAP）相对国内软件发展较早，在国际市场上占有比较大的份额。但由于其应用的合规性更加偏向于国际行业标准规则，国内规则适配度低，同时客户需求开发定制满意度相对较低。

（四）企业发展及企业信息化规划

企业都有自己的未来发展方向及规划，可以根据未来发展方向及人员规模进行软件选择。每款软件都会有针对企业某个阶段的特定产品，如企业处于起步阶段且人员较少，可以从低端产品用起，后期做好产品升级即可。

从企业信息化规划角度及进程考虑企业现阶段是否具备统一标准化规划目标及方向，如按照现有应用现状结合信息化远景，进行人、事、业、财一体化推进（由于系统接口特殊性，务必为后续系统集成做好财务系统应用接口匹配度，做好应用寻源沟通），如目前信息化还没有明确发展方向及目标，可从小节点规划入手，根据业务需求进行财务信息化建设。

（五）软件成本及未来支出

选择国外大型软件，软硬件及项目实施都需要大量支出，后续产品运维支出较高，解决客户问题及需求的时间相对较长；而国产化软硬件、运维支出相对要低，甚至可以提供免费应用，每年只需支出很少的服务费用。

综上所述，为选择一套更适合自身的财务软件，企业需要综合多方面进行考虑，一方面从软件口碑及客户感受度着手，试用国产化软件，看其是否能够满足企业业务需求等；另一方面对无法进行试用的国际化软件，通过同行业客户应用沟通及实地项目观摩，选择适合自身的财务软件。

四、"以数治税"下的税务合规信息化系统建设

税收治理从"以票控税"向"以数治税"过渡，税收征管现代化提升智能化、集成化、精细化、协同化，这一系列变化将引导企业的合规管理向数字化发展。"智慧税务"系统的上线和更新，体现了数字治理的重要性。目前，税

收征管系统应用主要体现在核心征管、纳税服务、管理决策和行政办公四大应用系统，对于企业而言，纳税人应基于"数据要素"实现合规快速管理、实现事前的涉税规划，搭建全面的涉税平台或运用相关合规管控软件，成为企业当下合规管控和财税合规的最优选择。

（一）"新产业+智能"推动企业信息化系统应用和业财税融合

智能财税科技型企业可通过开发业、财、税、票、资、档协同生态化，实现业财税一体化的云端服务平台财税管控软件，满足企业日常运营管理的全流程需要，实现全税种、全流程自动申报，实现税务共享服务，突出供应链财税协同，实现单据及凭证处理。

（二）企业税务数字化分层建设

企业税务数字化分层建设，应分为三个阶段：第一阶段为基础阶段，保障税务合规基本工作；第二阶段为风险管控提升阶段，以税务风险识别和管控防范为核心工作；第三阶段为税务规划阶段，以节约税收成本、提高税务管理工作价值为根本点。

基础阶段保障税务合规基本工作，税务管理的核心在于满足基本的税务合规申报，税务数字化管控只停留在进销项发票管理、常规纳税申报，基本实现自动收票、自动开票、一键申报、智能算税和涉税报表统计功能。本阶段，很多中小企业尚未建立财税合规信息化平台的建设思路，仅停留于传统记账、报税阶段，财务核算和业务往往脱离，涉税事项和环节只能事后反馈，不能真正参与到运营和决策过程中。

风险管控提升阶段，要做好税务风险防范。企业建立完善税务风险管理体系，实现企业对税务风险的自测自查、风险评估。涉税税务指标，通常可按照业务类型、税种等多维度税务风险预警指标，强化税务风险管控，梳理量化企业税务风险点，实时监控，并采取相应的风险应对措施。税务申报系统支持自动生成税务风险分析报告，实现对企业税务风险的闭环管理，有效降低税务风险。目前，我国税务信息化向"云化、智能化"方向发展，系统突出表现为大架构、大系统，税收管理系统功能突出表现在几大应用系统，主要有：核心征管系统、决策支持系统、大数据平台系统、完善增值税发票管理新系统、完善优化智慧电子税务局建设、集成整合信息系统等。企业可以通过税务政策、共享、风控、筹划、决策、管理、档案等实现数字化，进而适配企业经营数字化的发展节奏，最终达成降本增效、合规经营的效果。可以从以下几个方面做好相关应用。

（1）销项发票实现纸电票一体化自动开具、价税分离、多维度数据监控及风险预警。

（2）进项发票集中管控企业进项发票池，完成从采购到签收、查验、入账、抵扣的全过程电子信息化管理。

（3）上下游供应链协同，满足供应商及时对账、自动开票及发票跟踪全流程协同管理。

（4）针对全税种计缴申报、风险预警、报表统计、档案管理等进行全流程管理。

（5）费用报销管控，多种发票归集，支持自动验真查重，实现移动端报销全流程管理。

（6）实现发票查验、智能申报、涉税报表分析等相关操作。

税务规划阶段可以称为税务管理价值创造阶段，税务管理建设的核心价值体现在管理赋能，提升员工的个人价值，助力企业实现精细化管理，将分散的数据互融互通。通过分层级授权限制访问机制既保证数据传输的安全，又能减少跨部门沟通成本、减少重复岗位、便于专业化分工、实现标准化作业。税务规划阶段可以实现的主要功能如下。

（1）销项、进项发票全闭环统一管理，便于纳税统筹安排，节约税收成本。

（2）集团型企业可以实现开票系统动态分配、实时监控，降低涉税风险；增值税发票验伪、电子发票重复报销管理，有效防止虚开发票行为。

（3）全国发票统一管理，及时查询各地状态，抵扣有效期与销项税自动比对预警，监测异常发票事项；实时汇总全国数据，进销项自动比对，及时进行涉税风险提示，保证纳税合规数据合理；自动生成台账报表，提供纳税分析，进行纳税预算及风险预警。

（4）提升税务筹划与管理能力，支持全税种管理。集团企业可以统一标准，组织架构管理、权限管理、发票基础信息统一维护，多级规范涉税业务的处理与审批流程。

（5）事前做好税收管理工作，做好政策落实、税务事项嵌入业务环节，提前进行税费测算、选择最优方案，节约成本、降本增效，在财务费用系统搭建预算完整闭环体系，实现预算管理、报销报账全程电子化，线上及时跟踪和监控，多维度报销报账及预算的分析报表/看板，应用 OCR 技术实现发票识别、验真防重，支持财务智能审单，实现报销报账的无纸化、自动化、智能化，做好各项费用的实时监控工作，避免超额支出。

五、企业信息化系统建设中的常见问题

企业要做信息化建设，应该购置全面的设施设备并做好整体规划。相关工作需要具备信息化技术、知识和经验，如果对信息化建设认识不清晰，会直接降低企业的经济效率，甚至影响生产和运营，降低工人的工作效率。企业在信息化建设中常见的问题有：①企业资金匮乏，硬件设施不齐全，导致信息化建设无法实施；②缺乏专业的技术人员，团队力量薄弱能力不足，影响到平台的正常搭建，或搭建的信息化平台与实际应用难以结合，建设直接失败，无法达到预期效果，劳民伤财；③企业管理不规范，信息化建设缺少规划，企业管理层单纯地认为管理不规范是系统的原因，实际上只有良好的内部管控机制和流程才能保证信息化建设的高效实施；④数据不完善，业务数据和财务数据分离，无法实现有机集成，阻碍了企业的决策，信息化的实施无法满足企业的管理和发展需求；⑤涉密数据保护意识薄弱，信息安全性被忽略，导致重要信息泄露，给企业带来巨大损失。

【示例】汇总的数据与各部门上报的具体数值不一致，如财务部与人力资源部的工资数据不一致，仓储部门与销售部门的库存数据不一致。数据不一致一方面是因为系统数据不同步，存在时间差；另一方面是操作人员操作数据错误或者不及时。数据不一致会影响企业的日常销售和其他经营决策，造成的间接损失难以量化和估计。

第三节 合同涉税合规管理

经济业务合同是企业从事经济活动的基础和前提，合同会锁定业务过程和交付流程，直接决定税收成本。合同一旦履行将产生纳税义务，企业财税合规管控的核心是要把涉税事项全程贯穿于交易过程，保证合规落地。经济标的较小的合同可以参照合同的履约标准和情况执行，事前做好合同涉税条款的规划，有效降低税负，降低运营风险。

【示例】基于演员限薪令等原因，1.6亿元的片酬被分为两个部分，一部分是4800万元的合同片酬，另一部分是1.12亿元的合同对某演员母亲新设立的代持公司高溢价的参股。有三点值得关注。

(1) 通过他人代持避免关联方交易。

(2) 由于原投资团队实行认缴制，公司注册资本8000万元，但是股东实际出资额可能很低，而通过他人大额增资但只占极少数股份的手段，使大量资金进入留存收益，再卖出所持股份，将留存收益按照持股比例获取交易对价，大

额套现离场。

（3）由于超额增资只影响资本公积科目不影响企业实收资本科目，同时持股10%的小股东不进行股权变更，增资行为在企业的工商登记信息里没有记录。

通过业务合同的变换和组织结构的调整，某演员将1.12亿本该纳入综合所得计算的劳务收入变成了股权转让所得，个税率由45%变成了20%，甚至更低，产生了巨大的税务风险。

国家税务总局：依法严肃查处某演员偷逃税案件

某地税务局依法受理了关于某演员涉嫌偷逃税问题的举报。国家税务总局高度重视，指导天津、浙江、江苏、北京等地税务机关密切配合，针对某演员利用"阴阳合同"涉嫌偷逃税问题，以及2018年规范影视行业税收秩序以后某演员参加的演艺项目和相关企业及人员涉税问题，以事实为依据，以法律为准绳，依法依规开展全面深入检查。

日前，上海市税务局第一稽查局已查明某演员2019年至2020年未依法申报个人收入1.91亿元，偷税4526.96万元，其他少缴税款2652.07万元，并依法作出对某演员追缴税款、加收滞纳金并处罚款共计2.99亿元的处理处罚决定。

国家税务总局坚决支持某地税务局对某演员偷逃税案件依法严肃进行处理，要求各级税务机关对各种偷逃税行为，坚持依法严查严处，坚决维护国家税法权威，促进社会公平正义。

近年来，税务部门持续加强对高收入人群、高风险行业的税收监管，会同相关部门深入开展影视行业税收秩序综合治理。针对当前影视行业个别从业人员偷逃税的新手法，税务部门将与广电、电影等行业主管部门密切协作，加强对影视企业和从业人员的法治宣传教育，保障影视企业和从业人员合法权益，完善跨部门常态化联动监管机制，持续提升精准监管能力，加大"双随机、一公开"抽查力度，严厉查处和曝光各类恶意偷逃税行为，进一步规范影视行业税收秩序，弘扬社会主义核心价值观，促进影视行业长期健康规范发展。

一、合同管理的常见风险分析

（一）合同管理的流程与操作步骤

合同管理的相关流程，应包括合同从订立到归档的全部环节，梳理各业务环节的工作流程、查找风险点、控制设计和制度完善建设，合同管理的常见业务控制风险在于因违反国家法律法规和未经审核或超越授权审批等行为而带来的风险。合同业务通常涵盖合同业务结构和企业日常管理环节，主要包括合同业务、合同订立、合同履行和合同归档。合同订立包括合同的形式、内容与合同种类，合同履行包括合同出现恶意不履行、因故不履行以及履行不当的情况，合同归档主要是为避免遗失、便于查询实现规范管理。

合同管理的目标是通过对合同协议的签署、履行、变更或解除等进行规范和控制，确保合同协议的有效执行、合同协议违约风险的及时发现和有效处理。

合同管理的核心是弄清楚背景和目的，了解业务即交易的实质，达成交易搞清楚业务情况。审核合同、合同调查和谈判的目的不是为了审核而审核，而是实现交易目的，防范交易风险，避免违规、违法行为的发生。合同管理主要包括以下几个方面。

（1）合同当事人是符合法律规定的条件设立、履行、变更、终止合同关系的主体。合同签订人不一定就是合同主体，企业在签订合同时首先应弄清楚合同主体是谁，若主体不明确存在欺诈、无效等情况，企业将面临风险。虽然《民法典》规定合同主体可以是自然人、法人或其他组织，但当事人在订立合同时首先应当具备民事权利能力和民事行为能力。

（2）合同条款是当事人达成的意向表示，必须有具体的内容，一般包括名称、住所、标的、数量、质量、价款或报酬、履行期限、地点和方式、违约责任、解决争议的方法等，企业在签订合同时可以对相关条款进行调整。

（3）在合同签订过程中往往会因隐瞒事实或提供虚假情况、违背诚信、恶意竞争等情况形成各种合同陷阱，企业在订立合同时应优先选择自己出具合同并谨慎签订格式合同，注意规避代理人签订合同滥用职权的风险。

（4）合同当事人审查。审查合同首先审查合同当事人，除了审查当事人具有的相应资格，还应重点审查以下几个方面。

一是涉税主体类型。合同参与人是个人还是企业、是小规模纳税人还是一般纳税人、是居民还是非居民、是关联方还是非关联方等，不同主体所适用的税率、税种不同，直接影响企业的税收负担。

二是关注企业银行信息和纳税信息资料是否完整，审查当事人的姓名或者名称、纳税识别号、注册地址及营业地址、电话、开户银行以及银行账号等相关内容。

三是合同当事人信用情况，企业可以通过"信用中国"查看当事人是否有失信违法行为，通过税务部门的纳税信用评级来确定当事人的信用情况，也可以通过"政府采购官网"查询当事人的资质情况。当事人的信用等级可能会影响后期合同能否顺利履行，或当事人能否顺利取得发票。税务机关对纳税信用等级为D级的当事人的普通发票领用实行交（验）旧供新、严格限量供应，列入重点监控对象，加强出口退税审核，严格审核报送资料。同时税务机关还可能会将纳税信用评价结果通报相关部门，建议在经营、投融资、取得政府供应土地、进出口、出入境、注册新公司、工程招投标、政府采购、安全许可、生产许可等方面予以限制或禁止。

（二）合同标的

合同标的是合同双方权利义务指向的对象。合同标的条款必须清楚写明标的名称，不同标的物适用的税率也不一样，企业在合同签订前应审查不同标的物的交易税率，尽量选择较低税率的标的物。对于涉及多个标的物且税率不同的，可以根据不同标的分别签订合同。我国法律、法规对此有明确规定，允许企业在混合销售时根据商品或服务内容的不同分别签订合同，适用不同税率和税种。

合同标的物的变更可能会涉及发票记载内容（商品品种、价款等）的变化，对此在合同变更时必须对发票问题做出约定，商品销售方或者服务的提供方必须根据变更后的合同开具发票，对已经开具的增值税发票根据不同的情况决定作废、重开、补开或者红字开具增值税专用发票等。发票调整的情形与方法主要有：一是合同标的物的变更导致金额增加，此时可以就增加的部分另外开具增值税专用发票；二是合同标的物的变更导致金额减少，此时可以由开票方就减少的金额部分开具红字增值税专用发票。

（三）合同价格与发票

合同价格关系企业税款缴纳数额，对企业的收入和费用确认产生直接影响。合同签订前企业应确定合同价格是否含税，价外费用应在合同中明确，如手续费、补贴、基金、集资费、奖励费、违约金、滞纳金、延期付款利息、赔偿金、储备费等。价外费用金额会涉及增值税纳税义务以及供应商开具发票的义务，合同价格必须明确是否含税。

合同应确定发票的类型（增值税专用发票、增值税普通发票）和税率。增值税专用发票可以抵扣税款，增值税普通发票不能抵扣税款。财务人员在进行合同审查时，一定要明确商品出卖方或者服务提供方的发票提供义务，明确是增值税专用发票还是增值税普通发票，以及发票的税率，这直接关系到企业增值税税负。

发票的开票时间和交接时间。一是合同应明确商品销售方或者服务提供方未能提供合法、合规发票的法律责任。二是严格按照税法的规定开具发票并履行纳税申报及缴款义务，对方如提供不符合规定发票给当事人造成损失应承担相应的责任。三是约定商品销售方或者服务提供方出具假发票或虚开发票或者发票不符合相关规定的需承担损害赔偿责任并明确损失的计算方式、损失的范围。四是合同要明确发票的交付时间和方式，规定商品销售方开具增值税专用发票后必须通过特快专递、挂号信或者其他方式安全、及时地送达接收人，否则因发票不能及时认证而导致当事人损失的要承担损害赔偿责任。五是约定后续调整事项。如发生退货而增值税发票却已经开出的情况，则必须以开具红字增值税发票方式进行冲减。

（四）结算方式

双方当事人应在合同中约定收付款的方式，是预付、现结还是后付款。如赊销应明确赊销时间和天数，分期付款或收款应确定每次的付款时间、收付款比例或金额，按进度付款的合同则要核实进度完成和确定方法，以及付款时间和要求。

（五）违约条款

根据我国相关法律规定，违约金是价外费用，必须缴纳增值税。销售方或采购方根据违约情况需要向对方开具增值税专用发票或普通发票，否则就可能存在漏税的风险。

二、合同管理环节

（一）合同签署、登记

合同登记是指当事人双方确定相互合同关系的一个非纸质凭据。作为所有权转移要件、合同生效要件，合同登记不可缺少。合同签署可以是书面形式（传真、电子邮件等）、口头形式（两个以上无利害关系证明人）、其他形式（如行为意思表示），合同签署是合同生效的前提。

（二）合同履行、结算

合同履行，是指合同的全部履行，只有当事人双方按照合同的约定或者法律的规定，全面、正确地履行各自承担的义务，才能使合同债权得以实现，使合同法律关系归于消灭。在合同履行期限内，债务人应当根据合同的具体内容和合同履行的基本原则实施履行行为。债务人在履行合同的过程中，应当遵守合同履行的基本规则，内容包括履行主体、履行标的、履行期限、履行地点、履行方式和支付相关费用。合同结算是指合同履行完毕后对合同相关款项进行支付。

（三）合同验收、工程验收

《民法典》对承揽、建设工程等合同的验收均做出了明确规定，规定了定作人、发包人应当及时进行验收。合同验收是成果接收方的一项权利，也是一项义务。如果成果接收方在合同约定的期限内或合理的期限内没有进行验收，视为其怠于行使权利。双方当事人在合同中对于验收方式有约定的，从其约定。逾期未进行验收视为验收合格，验收合格后对方应当付款。工程验收是指在工程竣工后，根据相关行业标准，对工程建设质量和成果进行评定的过程，由施工班组自检验收环节、项目部竣工自验收环节、公司抽检验收环节三部分组成，工程验收通常是合同验收的组成部分。

（四）合同补充、变更、解除与终止

合同补充和变更的区别主要体现在内容上：合同补充是对未约定的事项或者约定不明的事项进行补充明确。合同变更主要对约定好了的事项进行更改，如更改履行方式、履行地点、数量等。

合同解除，是指合同当事人一方或者双方依照法律规定或者当事人的约定，依法解除合同效力的行为。合同一旦签订，受国家法律保护。合同解除分为合意解除和法定解除。《民法典》第五百六十六条规定：合同解除后，尚未履行的，终止履行；已经履行的，根据履行情况和合同性质，当事人可以要求恢复原状或者采取其他补救措施，并有权请求赔偿损失。

合同终止，是指因发生法律规定或当事人约定的情况，使合同当事人之间的权利义务关系消灭，合同的法律效力终止。

三、合同审查的重点

（一）合同签订环节审查要点

（1）对方主体资格——主体资格、相关业务资质、资信能力、履约能力调查。

（2）对方履约能力——与该单位履约能力是否相符。

（3）本方履约主体资格和履约能力的审查——是否具备相关经营资质、经济实力等。

（4）合同的形式——最好是书面形式。

（5）合同的起草权——应尽量争取合同起草权，并使用企业拟定的合同示范文本。

（6）签订合同前的批准和授权——须经有关部门批准才能签订的合同，经批准后签订。

（7）合同签订的注意事项——避免对方在合同签署过程中擅自增减合同的内容，对方先盖章，盖骑缝章，非法定代表人亲自签署合同，其他授权代表签署合同必须提供加盖企业公章和法定代表人签名的授权书。重大合同不仅需对方法定代表人签署，还需对方提供董事会批准及授权的决议等。

（二）合同内容审查要点

当事人的名称、住所——合同抬头、落款、公章与对方营业执照载明的当事人名称、住所应保持一致，个人协议要核实相关当事人身份证信息。

合同标的——确保唯一性、准确性（审查品名、规格、型号、产地、等级等，服务内容及要求，必要的合同附件支持）。

数量——采用国家标准计量单位约定标的物数量或约定数量的确定方式（送货单、分合同）。

质量——依据国家标准、行业标准、企业标准，约定所采用标准的代号或指标描述的产品主要指标要求，凭样品交付的应约定样品的产生方式及样品封存方式、地点等。

价款或报酬——应明确合同价款，采用折扣形式的应约定合同的实际价款；应予以明确价款的支付方式，如支票、汇款、信用证、现金等；审查价款或报酬的支付期限是否明确可行。

履行期限、地点和方式——合同履行期限具有确定性或已确定具体期限的应约定履行期限的方式。合同履行地点应力争作出对本方有利的约定，如买卖合同一般约定交货地点为本方仓库或本方的住所地。合同履行地的具体地名应明确至市辖区或县一级。

承诺与保证条款——经合理调查仍然未能了解的标的物或目标企业的情况，可以通过承诺与保证条款要求对方兜底，以减小交易风险。

合同的担保——对方要求提供担保或本方要求对方提供担保的，应根据《民法典》的要求及时办理抵押登记、质押登记等相关手续。提供保证的，应明确约定保证的范围和保证期间。

违约责任——合同应尽量明确违约责任，以使违约补救方法可执行可操作，应结合各方的权利义务分别约定违约责任；约定赔偿损失的，对于赔偿范围应尽可能全面；对于非知识产权类合同，如要求对方赔偿本方追偿损失所发生的律师费、差旅费等，应有明确约定。约定违约金的，不可过高，否则易在诉讼或仲裁过程中被司法机关行使自由裁量权。

合同的解释——合同应具有排他性解释，对可能引起歧义的文字和某些非法定专用词语应在合同中进行解释或定义。

保密条款——涉及保密信息的，合同应约定保密承诺与违反保密承诺的违约责任。

通知条款——为保障合同履行过程中通知送达的效力，合同应明确当事人的联系地址、邮编、电话等信息以及有效的送达方式。

各方的权利义务——合同的内容重心应明确无冲突无争议。

解决争议的方式——解决合同争议的方式可选择仲裁或诉讼，选择仲裁的应明确约定仲裁机构的名称，否则可能因约定不明导致仲裁约定无效。

合同的成立时间、生效要件及签订时间、地点——合同应明确约定成立时间、生效要件及签订时间、地点。

合同的附件——合同应明确约定附件是其组成部分，并与合同条款具有同等效力。当附件内容与合同条款不一致时，以哪个约定为准，也应予以明确。

其他事项——符合相关法律法规和相关规定对企业有利的条款。

（三）合同履行环节审查重点

主动履约——企业应按合同约定全面履行自己的义务，并督促对方及时履行其义务。

签收证明——合同履行中的书面签证、来往信函、文书、通知等文件应及时整理，妥善保管原件。向对方单位交付标的物、款项、资料或发票时，应向对方索取签收证明资料；向对方单位发出通知时，应采取书面形式并由专人送达或快递邮寄，由对方在通知（或回执）上盖章或对方授权代表在通知（或回执）上签名，交由本方妥善保存。

违约——对于对方合同履行过程中的违约情况，本方应及时查明原因，通过取证按照合同约定及时、合理、准确地向对方提出违约补救或索赔报告；当本方接到对方的违约或索赔报告后应认真研究并及时处理、解释或提出反索赔。

履约能力——在履行合同过程中，本方经办人员若发现并有确切证据证明对方有下列情况之一的，应立即中止履行，并及时书面上报部门负责人以上领导。

（1）经营状况严重恶化。

（2）转移财产、抽逃资金、逃避债务。

（3）丧失商业信誉。

（4）有丧失或者可能丧失履行债务能力的其他情形。

（5）重大事项——在对方发生合并、分立、改制、股权转让或其他重大事项以及对方的合同经办人员发生变动时，应及时对账并确认双方债权债务。

（6）资金支付——履行合同约定的向我方付款义务的实际付款方不是合同签约方，必须要求实际付款方向我方出具代付款说明，要求合同签约方向我方出具委托付款说明。

（7）人员变动——本方经办人员与本方终止劳动关系或因其他原因发生变

更的，本方应在情况发生后尽快以书面形式告知对方单位，以免本方对该人员之后的行为承担责任。

四、合同管理的常见误区

（一）将合同管理视为文书管理

合同管理中心工作是按公司内部签约授权等级对商谈中的合同进行审查、会签和盖章，对已签合同进行备份、分类归档和保管。决不能将合同管理理解为合理纸质文书的管理。

企业的法律风险存在于经营业务交易的全过程，包括合同商谈（包括新客户开发）、合同签订和合同履行（包括交付货物或提供服务，支付货款）等各阶段都会存在相应的法律风险。忽略合同交办审核的细节，包括当事人背景资料、前期谈判的焦点、合同履行的技术细节等问题，就不能真正有效防范企业的法律风险和实现企业合同管理的目标。

（二）将合同管理视为专属法律部门的工作

认为合同管理是专属于公司法律部门的工作，其他部门只是配合法律部门的工作，甚至没有法律部门或没有专人负责合同管理工作，这是对合同管理的常见误解。

法律部门并不了解合同的相关背景资料，无法掌握合同缔约过程的细节，无法对合同的合法性、合理性和可行性进行有效审核，进而无法对潜在的法律风险进行有效识别。

在合同履行阶段，法律部门并不会主动参与，法律部门只是合同履行的协调者和监督者。

企业各部门应共同参与合同管理，而非将其作为法律部门的专属工作。

（三）忽视合同履行环节

忽视合同履行环节，成为企业合同管理的一大误区，具体表现在：

对合同的签订环节不重视，没有建立合同审批办法和流程；不重视合同在履行（包括合同的变更、转让和解除等）环节的法律风险控制；没有建立合同履行法律风险控制机制，缺乏必要的证据意识；既不知道对方违约时可能面临的法律风险，更不知道应如何妥善应对。

（四）无预警机制

合同管理仅为了解决纠纷的制式设计，关注点在完善法律纠纷的诉讼解决机制，忽略建立事前预警机制；不关注事前法律风险的识别和评估，不关注证据预警、时效预警、质量预警和偿债预警。

五、如何审核合同

（一）涉税事项——价、税、票

价：合同约定的价款，合同要明确写明价款，并注明是否含税。

税：合同须明确指明所涉税款、税率、税费承担方。

票：合同须明确说明索要的发票种类，是专用发票还是普通发票，并注明开具时间及内容。

合同控税是企业降低税负的有效方法。企业财务人员在进行税务管理时，必须树立合同控税意识，掌握各类合同的签订技巧，合理节税。

企业应基于合同价格是否含税的控税策略，结合企业的纳税人身份选择合适的采购方，综合评定选择对企业最有利的方案，在购销合同中明确约定有关价格是否含税以及有关税费的实际承担者。对销售方有代扣代缴税款义务的，有关税费的实际承担人仍是购买方，合同中有关税收的约定与税法相冲突时，应以税法规定为准。

【示例】甲企业从开发商手中购买了一间临街商铺，价值300万元，开发商承诺承担契税及手续费，合同约定：铺面的契税、印花税及买卖手续费均由开发商承担。甲企业按照合同约定付清了所有房款。但甲企业办理房产证时，税务机关要求其补缴契税12万元、印花税0.9万元、滞纳金9000多元，甲企业以合同约定由开发商包税为由拒绝缴纳税款。最终甲企业被税务机关强行划缴了税款和滞纳金，并罚款。

税法规定的税负人和税负人的实际承担会产生差异，我国境内转让土地、房屋权属，承接单位和个人为契税的纳税人。在本例中，甲企业为契税和印花税的纳税人，即缴纳这些税款的法律主体，甲企业与开发商所签订的包税条款并不能转移甲企业的法律责任。

（二）结算条款：付款人、付款时间和结算方式

付款人——一般情况下，采购方即为付款方，但如涉及第三方垫付，合同应予以明确。

付款期限——注意审核是否有授信额度、现结、月结、预付方式影响资金流的情况。

结算方式——注意审核货币币别、支付方式等内容（汇率波动影响、信用工具对收款到账的影响）。

(三) 合规情况：合同权限、预算、审批授权要素及预算情况

合同权限——注意审核规范合同的签订、履约和付款流程，合同签订和管理的相关流程。

预算规定——注意审核是否符合企业付款和预算申报的相关环节，如评价业务前景、业务利润、风险控制措施、合法合规性等。

(四) 特殊事项：保证金、押金、违约金、前置费用等情况

企业财务人员要测算特殊事项可能给企业造成的资金占用和风险；涉及押金或保证金条款的合同，企业财务人员应审核押金或保证金收据的开具方式；关联交易类合同，企业财务人员应审核是否涉及关联交易，关联交易的额度是否符合企业规定；属于关联交易的，企业财务人员应审核合同金额是否在年度剩余关联交易额度以内；捐赠、赞助类合同，企业财务人员应重点审核交易的涉税事项，是否按照企业所得税扣除要求，非广告性赞助支出、非公益性捐赠不得在企业所得税前进行扣除；相关领导对前置费用是否知晓并同意等，是否符合企业的内部决策流程。

(五) 降低合同风险的方法

合同业务——对于业务结构和管理环节，相关部门要提前介入，各个业务单元要充分讨论、财务和法务人员要对合同合规性、合理性进行初步审核，做到"业财税法"四个方面的融合。

合同订立——相关部门和人员确定合同的形式、内容与合同种类，争取合同起草权，建立合同签订审批机制和流程，完善各项相关规章制度。

合同履行——防止恶意不履行、因故不履行、履行不当。

合同管理——相关部门和人员应建立规范化、制度化体制，本着效率产出原则进行合同管理。合同管理制度应包括合同承办人制度、审核会签制度、审查制度、监督检查制度和重大合同备案制度，具体有合同归口管理、合同资信调查、审查、审批、会签、登记、备案、授权文书的签发和管理、合同标准模板、合同专用章管理、合同履行和纠纷处理、合同统计和检查、管理培训和奖惩激励制度等。

第四节 发票涉税风险分析

发票管理包括发票领用、开具、抵扣、入账等相关环节，发票事项涉及增值税、企业所得税、个人所得税等多个税种，企业的纳税情况和发票关系密切。

在税收治理从"以票管税"逐步向"以数治税"转移情形下,发票全链条全流程管控逐步实施,部分地区已推行"全电发票",发票事项涉税风险面临着新变化。

一、发票领用管理

纳税人办理税务登记后可向税务机关申领发票,纳税人在首次申领发票时,需要完成发票票种核定、增值税发票限额审批、税控设备申领。

纳税人在申领发票前必须完成纳税人的办税人、法定代表人实名信息采集和验证工作,根据企业的生产经营情况核定其领用的发票种类,应用税收大数据分析识别结果核定企业的发票月领用数量和最高开票限额。纳税人须填写发票领用税种核定表,提交相关证件和资料方可办理。企业一般可申请10万元或1万元限额的发票,初次申领一般为25份,可以申请增值税专用发票、增值税普通发票或者增值税电子发票。税务部门在发票领用管理方面的职能在于最高开票限额和发票领购数量两个方面,以满足纳税人发票管理需要为出发点,做好发票使用风险提示及发票发放管理。财务部门通常会重点关注无固定经营场所纳税人、地址异常纳税人、法人或财务负责人曾任非正常户的法人或财务负责人的纳税人以及其他税收风险较高的纳税人。

二、发票开具管理

增值税发票主要有增值税专用发票、增值税普通发票和机动车销售统一发票。企业在开具发票时应根据《中华人民共和国发票管理办法》《增值税发票开具指南》以及各项发票管理规定开具发票。企业在发生经济业务时,可以自行开具增值税专用发票、增值税普通发票、电子发票或通过税务机关代开发票。

(一)发票开具的一般情况

企业发生增值税纳税义务时开具发票。《中华人民共和国发票管理办法》规定:"开具发票应当按照规定的时限、顺序、逐栏、全部联次一次性如实开具,并加盖单位财务印章或者发票专用章。""任何单位和个人不得转借、转让、代开发票。"

《国家税务总局关于修订〈增值税专用发票使用规定〉的通知》(国税发〔2006〕156号)要求,专用发票应按下列要求开具:

(一)项目齐全,与实际交易相符;

(二)字迹清楚,不得压线、错格;

(三)发票联和抵扣联加盖财务专用章或者发票专用章;

（四）按照增值税纳税义务的发生时间开具。

对不符合上列要求的专用发票，购买方有权拒收。

《中华人民共和国发票管理办法》第三十六条规定，违反发票管理法规的行为包括：

（一）未按照规定印制发票或者生产发票防伪专用品的；

（二）未按照规定领购发票的；

（三）未按照规定开具发票的；

（四）未按照规定取得发票的；

（五）未按照规定保管发票的；

（六）未按照规定接受税务机关检查的。

对有前款所列行为之一的单位和个人，由税务机关责令限期改正，没收非法所得，可以并处 1 万元以下的罚款。有前款所列两种或者两种以上行为的，可以分别处罚。

（二）仅能开具增值税普通发票情况

对于销售方来说，开具专用发票、普通发票没有区别。对于购买方来说，专用发票可以抵扣增值税，普通发票则不可以抵扣增值税，但可以全额确认成本费用。

以下 4 种情况仅能开具增值税普通发票。

（1）向消费者个人销售货物、提供劳务或发生应税行为的。

（2）销售货物、提供劳务或发生应税行为适用增值税免税规定的（鲜活肉蛋产品免征增值税），法律、法规及国家税务总局另有规定的除外。

（3）部分适用增值税简易征收政策规定的：一般纳税人的单采血浆站销售非临床用人体血液选择简易计税的。纳税人销售旧货，按简易法按 3%减按 2%缴纳增值税的。纳税人销售自己使用过的固定资产，适用按简易法按 3%减按 2%缴纳增值税的。

值得注意的是，销售自己使用过的固定资产，可按 3%减按 2%缴纳增值税，也可放弃减税，按 3%缴纳增值税，并开具专门发票。

（4）法律法规规定的其他情形。

（三）一般纳税人不得使用增值税专用发票的情形

以下情形纳税人不得使用增值税专用发票。

（1）会计核算不健全，不能向税务机关准确提供增值税相关资料的。

（2）应办理一般纳税人资格登记未办理的。

（3）违反《中华人民共和国税收管理法》相关规定，拒不接受税务机关处理的。

对于虚开增值税专用发票、私自印制增值税专用发票、向税务机关以外的单位和个人买取增值税专用发票、借用他人增值税专用发票、未按照相关规定开具增值税专用发票、未按规定申请办理税控变更、未按规定接受税务机关检查的等情况，如已领取增值税专用发票，主管税务机关应暂扣其结存的增值税专用发票和税控设备。

（四）虚开发票

虚开发票指不如实开具发票的一种舞弊行为。纳税单位和个人为了达到偷税的目的或者购货单位为了某种需要在商品交易过程中开具发票时，在商品名称、商品数量、商品单价以及金额上弄虚作假，甚至利用关系，虚构交易事项虚开发票。

虚开发票主要有虚开增值税专用发票和虚开普通发票两种类型。虚开增值税专用发票通过为他人虚开、为自己虚开、让他人为自己虚开、介绍他人虚开的方式达到骗取出口退税、抵扣税款等目的。虚开普通发票则通过为他人虚开、为自己虚开、让他人为自己虚开、介绍他人虚开方式达到虚列企业成本费用目的，减少利润总额，少缴企业所得税。

（1）在实际经营中企业虚开增值税发票常见的情形如下。

企业未发生实际交易，虚构交易、虚增数量金额避税。对于一般纳税人而言，企业应缴纳的增值税额=销项税额-进项税额，企业只有通过减少销项税额或增加进项税额实现少缴税。企业更容易通过虚增企业进项来达到减少纳税的目的。

（2）让他人代开，这类情况多存在于向农户收购农产品的交易中。由于自然人没有开具增值税专用发票的资格，企业无法获取增值税专用发票进行抵扣，故让他人代开。此外建筑行业为虚列成本也有让他人代开增值税发票的情况。

（3）为彰显企业实力或以上市、获取融资为目的，让他人虚开发票。

（五）虚开增值税专用发票的后果

企业虚开增值税专用发票，逃避税款风险大。《中华人民共和国税收征收管理法》规定，对纳税人偷税的，由税务机关追缴其不缴或者少缴的税款、滞纳金，并处不缴或者少缴的税款百分之五十以上五倍以下的罚款；构成犯罪的，依法追究刑事责任。

在货物交易中，购货方从销售方取得第三方开具的增值税专用发票，或者从销货地以外的地区取得增值税专用发票，向税务机关申报抵扣税款或者申请出口退税的，应当按偷税、骗取出口退税处理，依照《中华人民共和国税收征收管理法》及有关法规追缴税款，处以偷税、骗税数额五倍以下的罚款。

通过虚开增值税专用发票的方式骗取国家出口退税款的，由税务机关追缴其骗取的退税款，并处骗取税款一倍以上五倍以下的罚款；构成犯罪的，依法追究刑事责任。对骗取国家出口退税款的，税务机关可以在规定期间内停止为其办理出口退税。

企业存在虚开发票行为的，依据《中华人民共和国发票管理办法》由税务机关没收违法所得；虚开金额在1万元以下的，可以并处5万元以下的罚款；虚开金额超过1万元的，并处5万元以上50万元以下的罚款；构成犯罪的，依法追究刑事责任。

依据《中华人民共和国刑法》第二百零五条规定，虚开增值税专用发票用于骗取出口退税、抵扣税款的，处3年以下有期徒刑或者拘役，并处2万元以上20万元以下的罚金；虚开的数额较大或有其他严重情节的，处3年以上10年以下的有期徒刑，并处5万元以上50万元以下的罚金；虚开的数额巨大或有其他特别严重情节的，处10年以上有期徒刑或无期徒刑，并处5万元以上50万元以下的罚金或没收财产。《中华人民共和国刑法》第二百零八条规定，非法购买增值税专用发票或者购买伪造的增值税专用发票的，处5年以下有期徒刑或者拘役，并处或者单处2万元以上20万元以下罚金。

依据《重大税收违法失信案件信息公布办法（试行）》（税务总局公告2018年第54号），开具发票有下列情形之一的，属于重大税收违法失信案件。

（1）虚开增值税专用发票或者虚开用于骗取出口退税、抵扣税款的其他发票的。

（2）虚开普通发票100份或者金额40万元以上的。

（3）具有虚开发票等行为，经税务机关检查确认走逃（失联）的。

（4）其他违法情节严重、有较大社会影响的。

对重大税收违法失信案件，税务机关依规向社会公布案件信息，并将信息通报相关部门，共同对当事人实施严格监管和联合惩戒。联合惩戒措施包括：强化税务管理、阻止出境、限制担任相关职务、金融机构融资授信参考、禁止部分高消费行为、向社会公示、限制取得政府供应土地、强化检验检疫监督管理、依法禁止参加政府采购活动、禁止适用海关认证企业管理及限制证券期货市场部分经营行为。

《纳税信用管理办法》规定：存在逃避缴纳税款、逃避追缴欠税、骗取出口退税、虚开增值税专用发票等行为，经判决构成涉税犯罪的；存在前项所列行为，未构成犯罪，但偷税（逃避缴纳税款）金额10万元以上且占各税种应纳税总额10%以上，或者存在逃避追缴欠税、骗取出口退税、虚开增值税专用发票等税收违法行为，已缴纳税款、滞纳金、罚款的，纳税信用级别直接判为 D 级，适用相应的 D 级纳税人管理措施。

三、发票抵扣和入账管理

（一）增值税专用发票的开具时限

增值税专用发票应当在发生纳税义务并办妥收款手续后开具，不得提前或滞后。增值税专用发票的具体开具时限根据结算方式的不同可分为以下几种情况。

（1）采用预收货款、托收承付、委托银行收款结算方式，为货物发出的当天。

（2）采用交款提货结算方式的，为收到货款的当天。

（3）采用赊销、分期付款结算方式的，为合同约定的收款日期的当天。

（4）将货物交付他人代销的，为收到受托人送交的代销清单的当天。

（5）设有两个以上机构并实行统一核算的纳税人，将货物从一个机构移送到其他机构用于销售，按规定应当征收增值税的，为货物移送的当天。

（6）将货物作为投资提供给其他单位或个体经营者的，为货物移送的当天。

（7）将货物分配给股东的，为货物移送的当天。

（二）增值税进项税额抵扣情况审查

相关部门人员须对以下企业进项税额抵扣情况进行审查。

（1）用于取得的进项税额的增值税专用发票是否真实合法。

（2）用于抵扣进项税额的运输业发票是否真实合法。

（3）是否存在未按规定开具农产品收购统一发票申报抵扣进项税额。

（4）用于抵扣进项税额的废旧物资发票是否真实合法。

（5）用于抵扣税额的海关进口增值税专用缴款书是否真实合法。

（6）发生退货或取得销售折让是否按规定做进项税额转出。

（7）用于非增值税应税项目、免征增值税项目、集体福利和个人消费、非正常损失的货物（劳务），非正常损失的在产品、产成品是否按规定做进项税额转出。

（8）是否存在将返利计入其他应付款、应收款项等往来账或冲减营业费用不做进项税额转出的情况。

【示例】企业取得的财政票据类通行费发票不得抵扣增值税进项税额。企业取得的通行费票据能否抵扣其增值税进项税额，要看发票章是财政监制章还是税务监制章，企业税务监制发票可以抵扣。

《交通运输部　财政部　国家税务总局关于收费公路通行费电子票据开具汇

总等有关事项的公告》（交通运输部公告2020年第24号）规定：（一）ETC后付费客户索取通行费电子票据的，通过经营性公路的部分，在服务平台取得由经营管理者开具的征税发票（可用于增值税进项税额抵扣）；通过政府还贷公路的部分，在服务平台取得由经营管理者开具的通行费财政电子票据。（二）ETC预付费客户可以自行选择在充值后索取不征税发票或待实际发生通行交易后索取通行费电子票据。客户在充值后索取不征税发票的，在服务平台取得由ETC客户服务机构全额开具的不征税发票；实际发生通行交易后，ETC客户服务机构和收费公路经营管理者均不再向其开具通行费电子票据。客户在充值后未索取不征税发票，在实际发生通行交易后索取电子票据的，参照本条第（一）项ETC后付费客户执行。

高速公路通行费可抵扣进项税额＝高速公路通行费发票上注明的金额÷（1+3%）×3%

一级公路、二级公路、桥、闸通行费可抵扣进项税额＝一级公路、二级公路、桥、闸通行费发票上注明的金额÷（1+5%）×5%

四、发票的鉴别

在管理发票的过程中，企业应注意发票的合法性、真实性、开具的内容，避免取得虚开、代开、借开的发票，保证列支的合法性。如此，既可以取得抵税效益，又可以防范财务风险和税务风险。

（一）发票的形式审查

1. 普通发票真伪鉴别方法

发票监制章是识别发票真伪的重要法定标志。全国统一启用的新版发票"发票监制章"形状为椭圆形，上环刻制"全国统一发票监制章"字样，下环刻制"某某税务局监制"字样，中间刻制国税、地税机关所在地的省、市全称或简称；字体为正楷，印色为大红色，紫外线灯下呈橘黄色荧光反应，套印在发票联的票头正中央。企业可用发票防伪鉴别仪器识别防伪油墨是不是统一的防伪油墨。

2. 增值税专用发票真伪鉴别方法

要鉴别增值税专用发票的真伪，首先应了解其防伪措施，采取特定的审查方法来鉴别其真伪。财务人员可对照光线审查增值税专用发票的发票联和抵扣联，看其是否为国家税务总局统一规定带有水印图案的防伪专用纸印制，采用紫外线灯鉴别荧光防伪标志"SW"。

3. 对照审查发票法

企业财务人员可采用对照审查发票法将用票单位的发票实际使用情况与

"发票领购簿"及发票领用存情况核对，预防私印发票、丢失发票、转借发票、虚开发票、代开发票、使用作废发票和超额经营填开发票。

4. 票面逻辑推理法

企业财务人员可根据发票各个栏目所列的内容之间、发票与用票单位有关经济业务之间的关系进行分析审核，从中发现问题。发票所列各项内容之间，有其内在的逻辑关系和规律，如果违背了这些规律，则说明发票存在问题。如增值税专用发票中购销双方的名称与税务登记号具有对应关系，根据销售货物或劳务的名称可以确定适用的税率，根据计量单价、数量、单位、金额、税率和税额之间的逻辑关系可以推断金额和税额的错误等。发票与企业的购销业务有着直接联系，而购销业务与企业存货数量及货币资金（包括债权、债务）的增减变化也有着一定的对应关系，利用这一逻辑关系也可以审查发票使用有无问题。发票的金额与存货、费用增加额、货币资金减少额、流动负债增加额呈同步变化，发票的金额与存货减少额、货币资金或应收债权增加额呈同步变化。如果企业取得和填开的发票与购销业务之间的关系违背了上述规律，与数量、金额上的逻辑关系不符，就有可能存在问题，需要进一步审查核实。

【示例】维修单背后的"秘密"——假发票

某市地税稽查局对某公司某年度纳税申报情况进行检查时发现，在现金日记账中，11月27日贷方发生额记录一笔业务，支出维修费154820.3元，摘要栏内只有"支出"两个字，单从现金日记明细账中看不出具体的业务内容。税务检查人员觉得这笔账含混不清，便查阅了11月的现金支出凭证，从凭证上也看不出有什么可疑的地方。原始凭证上只有一张单位公章非常模糊的维修发票，开出日期为11月3日，发票号为NO3725991，内容为维修材料费及人工费。从表面上看，这笔业务除违反现金管理办法外似乎无其他涉税问题。

于是，稽查人员来到市国税局查询号码为NO3725991的发票是被哪家单位申购的，发现这张发票流向市中区某汽车修理厂。该发票的存根联和记账联只有24元，汽修厂的法定代表人、会计、经办人员均证明只收到该公司一个配件款24元，绝对没有收入不入账的情况，只是由于不懂税法，给了对方一份空白发票。

稽查人员依照法定程序对该公司的法定代表人、财务科长、出纳进行了询问，经过耐心细致的教育，他们说出了该笔款项流入"小金库"的事实。经查，该公司"小金库"金额达876107.61元，"小金库"的资金来源主要是收取的部分房屋租金收入和虚列成本费用的各项支出，其中就包含这笔计入管理费用的汽车维修费支出，资金支出大多为发放奖金、吃喝招待和一些无法报销的费用。

5. 其他方法

除以上方法之外，企业财务人员还可拨打税务机关提供的电话（如12366）按提示查询，或登录国税网站进行查询。

（二）发票的实质审查

1. 注意发票的内容

企业财务人员要注意发票的内容是否准确、完整。例如，企业经理到外地开会，其从酒店拿回来的发票，既可能是会议费，也可能是餐费，当然还可能是住宿费。这时企业财务人员就要详细检查发票的内容是否与真实业务一致，有无虚假业务。不同的费用项目账务处理结果是不一样的。如果是会议费，只要提供参加会议的人员名单、会议主题、会议时间等，就可以实现税前全部列支；如果以餐饮费用入账为业务招待费就会涉及限额扣除的问题；如果是差旅费，又会不同。

【示例】领导签字露了偷税"马脚"

某印刷厂随着书籍印刷订单增加，产品运输量大增。该印刷厂原有的几辆货车日夜兼程也满足不了运输需要。因此，该印刷厂雇用三辆货车，专门用于运输。但令该印刷厂总经理头痛的是，三辆货车车主都不能提供运输发票，印刷厂没法抵扣增值税进项税款。

该印刷厂的财务人员建议三辆货车司机加油时，以印刷厂的名义向加油站索取增值税专用发票，如此印刷厂就可以凭借专用发票抵扣增值税进项税款了。几个月下来，288000元不含税金额的增值税专用发票经印刷厂总经理签字入账，总共抵扣了进项税款37440元（288000元×13%）。

国税局对印刷厂进行税务检查时，该厂进项税额中油料抵扣过多的现象引起了稽查人员的怀疑。在检查发票时，发票上的签字记录引起了稽查人员的注意。印刷厂总经理为了区别雇用车运输和自备车运输，特别在雇车运输货物的所有油料专用发票上签上"雇用车运输到某地，同意报销"。这一举动暴露了这些专用发票都是由雇用车车主提供。按照规定，运输户只能提供运输发票，不能提供增值税专用发票。

该印刷厂因此受到了"补缴税款，并处以所偷税款1倍的罚款"的处理。

2. 避免取得虚开、代开发票和失控发票

所谓虚开发票，是指商品的销售金额与实际交易数额不符。

所谓代开发票，是指销售方与发票开出方不一致。例如，A卖商品给B，却由C给B开具发票。

失控发票包括以下几种情况。

（1）一般纳税人企业丢失被盗金税卡中未开具的发票。

（2）企业购买了增值税专用发票，但企业已经"失踪"，税务机关联系、查找又无下落，该企业未申报纳税。

（3）已经开具的增值税专用发票销货方未按时抄报税。

"失控发票"本身是真的增值税专用发票，若认证通过当然不存在问题。但由于现在税务机关实施金税工程，在开具发票月份的次月起一个月后才能发现问题，时间差使得企业难以及时发现"失控发票"。

【示例】从第三方取得发票，有真实交易也算偷税

2022年4月7日，A省滨海县国家税务总局稽查局收到B省大河县国家税务总局的协查函，委托协查大河县某贸易有限公司虚开增值税专用发票的案件，受托方纳税人是滨海县某煤矿，恶意取得虚开的增值税专用发票，金额价税合计574959.42元。

经查，A省滨海县某煤矿于2020年2月24日，从B省大河县某贸易有限公司取得增值税专用发票6份，货物名称是矿用工字钢和电器配件，总购货金额491418.30元，税率17%，税额83541.12元，价税合计574959.42元。此批货物分别于2021年12月和2022年3月全部验收入库，且进项税额83541.12元已于2022年3月通过认证并抵扣应纳税款，但实际发货人不是大河县某贸易有限公司，而是中间商黄某。

滨海县（国税局稽查局）在进行调查后，认定该煤矿的行为属于偷税。2022年4月15日，滨海县国税局稽查局对该煤矿下达税务行政处理决定书、税务行政处罚事项告知书、税务行政处罚决定书，要求该煤矿补缴所偷增值税83541.12元、滞纳金16456.60元、罚款83541.12元。

五、业务实质性审查要点

（一）实物资产

要重点审查企业购买原材料、机器设备、办公用品、低值易耗品、礼品等，是否有入库单、入库单签章，审批手续是否齐全，是否有采购合同，是否有质量验收合格证明，发票日期和发票金额是否与采购合同对应，是否由第三方开票，是否舍近求远采购，成本费用率是否明显超过行业合理水平。

（二）租金发票

对于租金发票，要重点审查是否有行政办公部门审核确认手续，是否有房屋租赁合同、发票日期金额是否与租赁合同吻合。

（三）业务招待费

对于业务招待费，要重点审查经办人是否为本企业人员，部门经理至企业总经理是否审核签批，大额发票是否有消费清单（大额发票是税务稽查重点，如果没有清单，可能会被认为虚假消费）。

（四）差旅费

差旅费报销必须是本企业员工或劳务派遣人员发生的差旅费，差旅费报销单要重点审查内容是否填写齐全，所附的车票是否为相关人员出差地的车票，餐饮、住宿、交通费发票是否为出差地的发票、人员和人员名单是否与派出人员相吻合。

（五）会议费

要有会议通知、会议议题、参会人员名单、签到表等资料，不得有与会议无关费用（如旅游费）列支。

（六）工资薪金

要有考勤记录、招聘合同、扣缴工资薪金的个人所得税，工资数额与劳动合同、考勤纪律相吻合。

（七）运费

运费支出要有运费报销单，须审查起运地、运达地是否与运费报销单相吻合，是否为起运地和运达地以外的车辆运输，运输价格波动是否较大。

（八）油费

须审查相关人员报销的加油费是否为本企业车辆，本企业账面上是否有车辆，加油费总额是否超出车辆理论最大油耗。

（九）水电费

水电费支出要审查发票上的字码是否与水表、电表的字码相符，是否与本企业的产能相吻合。预防企业产量很小水电费却很高的情况发生。

六、发票入账的合规性审查

企业财务人员要注意发票入账的合规性审查，下列发票为不合规发票。

（1）没有纳税人识别号的增值税普通发票。自2017年7月1日起，购买方为企业的，应向销售方提供纳税人识别号或统一社会信用代码。不符合规定的发票，不得作为税收凭证。

（2）与实际业务不相符的发票，如没有购进的虚开发票。

（3）备注栏项目填写不全的费用发票。

（4）发票章不规范的发票。如章戳错误（财务章或公章）、模糊，或未加盖发票专用章等。

（5）适用税率错误的发票。

（6）生产企业代办的出口退税货物发票，但没有备注。

（7）印有旧版发票监制章的出租车发票。

（8）没有编码简称（税收分类编码）的发票。

（9）品名笼统、没有名称内容具体明细的发票。

（10）开具汇总办公用品、食品等发票，必须附上税控系统开出的销售货物或者提供应税劳务清单，从防伪税控系统开具的 A4 纸自行打印的发票不能报销。

（11）成品油发票没有"成品油"三个字，"单位"栏、"数量"栏填写错误或不通过开票新系统开具的成品油发票。

（12）培训会议清单，必须由酒店系统或销售系统开具，并加盖发票专用章，其他途径开具的清单，一律无效。

七、全电发票的推行及对企业财税合规的挑战

为全面推进税收征管数字化升级和智能化改造，降低征纳成本，稳步实施发票电子化改革，国家税务总局于 2021 年 12 月 1 日起，在内蒙古自治区、上海市和广东省进行全面数字化电子发票试点工作，全电发票的推行意味着税收治理从"以票治税"向"以数治税"迈出了新的步伐。

全面数字化电子发票与纸质发票具有同等法律效力，不以纸质形式存在，不以介质支撑，无须申请领用、发票验旧及申请增版增量。纸质发票信息的全面数字化，将多个票种归并为电子发票单一票种，全电发票施行全国统一赋码，自动流转交付。全电发票无须申请领用专用税控设备和进行票种核定，信息系统自动赋予开具额度，并根据纳税人行为动态调整发票额度，实现开业即可开票。全电发票是以去介质、去版式、标签化、要素化、授信制、赋码制为基本特征，覆盖全领域、全环节、全要素的全新发票。

全电发票样式与现有发票样式的区别在于：全电发票票样将原有发票代码+发票号码变为 20 位发票号码，取消了校验码、收款人、复核人、销售方（章），取消了发票密码区。不同特定业务全电发票所展示的票面内容不同，例如稀土电子发票、建筑服务电子发票、旅客运输服务电子发票、货运运输服务电子发票等。相较于传统纸质发票和电子发票，全电发票无须使用税控专业设备，无须办理发票票种核定，无须领用全电发票，系统自动赋予开票额度，大幅降低纳税人用票成本，提升开票便利度。

全电发票与使用税控设备开具的电子发票的区别在于支付手段不同，全电发票开具后，发票数据文件自动发送至开票方和受票方的税务电子账户，便利交付入账，减少人工收发。纸电发票开具后，需要通过发票版式文件进行交付（以电子邮件等方式交付给受票方）。全电发票对各类发票数据进行自动归集，纸电发票需要受票方将电子发票文件下载，手动进行发票的归集、整理、入账。

全电发票对企业的影响主要体现在以下几个方面：①发票开具方式更加便利，企业通过计算机、网页端、客户端、移动端手机 App 随时、随地开具全电发票，远程缴付更加高效；②发票服务事项操作更加便捷，发票开具、交付、查验、勾选等系列操作可以在同一个平台操作完成，领用也更加便捷；③发票数据应用更及时广泛，数据通过"一户式""一人式"归集，为实现"自动报税"打好数据基础；④降低了税收征纳成本，无须准备税控专用设备、无须领用发票，实现"开业即开票"；⑤签章手段更加先进，可以避免发票的重复使用。

全电发票对企业的财税工作的影响主要表现在以下方面：①税务机关通过发票数据对企业业务情况全程记录，通过各部门的数据共享平台，抓取企业涉税业务数据，精准税务管控，实现涉税业务和非税业务的统一连接；②税务稽查更精准，大数据分析技术等新型工具充分运用于企业税票的全生命周期实时监控，企业异常涉税事项和风险预警更及时；③全电发票的最终目标是使企业实现自动算税、自动报税，通过技术打通电子发票与企业管理软件，直接从发票中抓取数据形成记账凭证，会计核算中原始凭证的整理、汇总及记账凭证的填制、汇总等工作可以由系统完成，企业会计工作的重心从强调会计记录向服务于企业内部决策转移。

第五节　用工关系财税合规管理

2021 年，人力资源和社会保障部发布的《关于维护新就业形态劳动者劳动保障权益的指导意见》（人社部发〔2021〕56 号）规定："符合确立劳动关系情形的，企业应当依法与劳动者订立劳动合同。不完全符合确立劳动关系情形但企业对劳动者进行劳动管理（以下简称不完全符合确立劳动关系情形）的，指导企业与劳动者订立书面协议，合理确定企业与劳动者的权利义务。个人依托平台自主开展经营活动、从事自由职业等，按照民事法律调整双方的权利义务。"这标志着我国劳动法律框架向"劳动三分法"转型，即认可"劳动关系—不完全符合确立劳动关系情形—民事关系"的新业态用工的制度结构，企业用工管理有了规范性的政策依据，填补了"劳动法—民法"之间的制度空白。随着商业环境的变化，用工关系不再是单纯的雇佣关系，而是分为劳动关系、劳务关系和平台用工三种情况。

在个人所得税征管方面，个人所得税征管系统起到了至关重要的作用，自然人税收征管系统是企业税收治理现代化建设的重要系统之一，企业不管采用什么样的用工方式，要保证纳税合规必须关注个人所得税纳税申报事项。

一、劳动关系、劳务关系与平台用工三种业态区分

（一）劳动关系认定与特征

《关于确立劳动关系有关事项的通知》（劳社部发〔2005〕12号）第一条规定，用人单位招用劳动者未订立书面劳动合同，但同时具备下列情形的，劳动关系成立。

（1）用人单位和劳动者符合法律、法规规定的主体资格；

（2）用人单位依法制定的各项劳动规章制度适用于劳动者，劳动者受用人单位的劳动管理，从事用人单位安排的有报酬的劳动；

（3）劳动者提供的劳动是用人单位业务的组成部分。

《关于确立劳动关系有关事项的通知》在第二条给出了判断是否构成劳动关系的以下几个参考标准：

（1）工资支付凭证或记录（职工工资发放花名册）、缴纳各项社会保险费的记录；

（2）用人单位向劳动者发放的"工作证""服务证"等能够证明身份的证件；

（3）劳动者填写的用人单位招工招聘"登记表""报名表"等招用记录；

（4）考勤记录；

（5）其他劳动者的证言等。

我国新型用工形式下确认劳动关系的方式：用人单位和劳动者符合法律、法规规定的主体资格，用人单位按照法律规定的各项规章制度使用劳动者；标准劳动关系下，劳动者对用人单位具有较强的依附性和从属性，故可将标准劳动关系概括为具有"强从属性"；劳动者与用人单位签订劳动合同，双方当事人由于在劳动关系确立后具有隶属关系，劳动者必须服从用人单位的组织、支配，劳动者在提供劳动过程中的风险责任须由用人单位承担。企业与劳动者签订的劳动合同需为书面合同，不是书面合同，视为无效合同。企业常见的用工风险：企业劳动者签订劳动合同，应关注合同的内容和签订时间。例如，《中华人民共和国劳动合同法》第八十二条规定：用人单位自用工之日起超过一个月

不满一年未与劳动者订立书面劳动合同的，应当向劳动者每月支付二倍的工资。

企业按规定缴纳"五险一金"。形成劳动关系未签订书面劳动合同，企业应当为劳动者缴纳五险一金。劳动合同适用的法律为《中华人民共和国劳动法》《中华人民共和国劳动合同法》等。

劳动纠纷解决。劳动合同纠纷需经过劳动仲裁前置程序，未经劳动争议仲裁前置程序的，人民法院不予受理。企业解除劳动合同时，需按劳动法的有关规定提前通知，要根据法定的程序和要求，给予劳动者相应的经济补偿金和赔偿金。

（二）劳务关系的认定与特征

企业除考虑劳务关系本身的特点，还要注意劳务派遣、人力资源外包与劳务分包在法律关系上的区别。

劳务关系是由两个或两个以上的平等主体，通过劳务合同建立的一种民事权利义务关系。劳务合同可以是书面形式，也可以是口头形式或其他形式，劳务关系由《民法典》进行规范和调整。

劳务关系中的劳动者虽然接受用人单位的监督管理，但是用人单位的各项规章制度对劳动者不具有约束力，劳动者不需要遵守用人单位的考勤、奖惩、晋级等管理制度，不具有隶属关系。在签订劳务合同的情况下，企业无须为劳动者缴纳社保；劳务合同是民事合同，纠纷发生后可直接向人民法院起诉。经过双方协商，劳务合同可随时解除，不用提前通知，也无须支付补偿金和赔偿金。

1. 劳务关系

用人单位将某项工程发包给某个人或某几个人，或者将某项临时性或一次性工作交给某个人或某几个人，双方订立劳务合同，形成劳务关系。从事劳务的人员，一般是自由职业者，身兼数职，通过中介机构存放档案，缴纳保险。

用人单位向劳务输出公司提出所需人员的条件，由劳务输出公司向用人单位派遣劳务人员，双方订立合同，形成较为复杂的劳务关系。具体来说，用人单位与劳务输出公司是一种劳务关系，劳动者与劳务输出公司是一种劳动关系，与其所服务的用人单位也是一种劳务关系。这种劳务关系情形，有人称之"租赁劳动力"。

用人单位的待岗、下岗、内退、停薪留职人员，在外从事临时性有酬工作而与其他用人单位建立劳务关系。由于与原单位劳动关系依然存在，所以这些人员与新的用人单位只能签订劳务合同，建立劳务关系。

2. 劳务派遣

劳务派遣，是指劳务派遣公司为满足用工单位对于各类灵活用工的需求，将员工派遣至用工单位，接受用工单位管理并为其工作。也就是说"人是劳务派遣公司的，劳务派遣包的劳务，用工单位管理人员"，典型特点是雇佣方不是管人方，用工方是管人方。劳务派遣公司与员工之间是雇佣关系，用工单位与员工之间是用工关系，劳务派遣公司与用工单位之间是合同关系。

3. 人力资源外包

人力资源外包所用人员与人力资源公司是代理关系，人力资源外包人员与实际用工单位既存在雇佣关系又存在实际用工关系。特点是人是用工单位的，人不属于人力资源外包，外包的仅仅是"人员管理"。

4. 劳务外包

劳务外包中的甲方（劳务需求方）不直接管理乙方（劳务提供方）的员工，工作组织形式和工作时间由乙方安排确定，按照事先确定的工作量结算报酬，合作公司包的是项目成果。特点是：①劳务外包中的甲方与乙方是合同关系；②乙方与乙方的员工是雇佣关系；③甲方不直接管理乙方的员工。

（三）税收分类视角下的劳务派遣、人力资源外包与劳务外包

1. 劳务派遣

劳务派遣属于"现代服务—商务辅助服务—人力资源服务—劳务派遣"税目。选择差额纳税的纳税人，向用工单位收取用于支付给劳务派遣员工工资、福利和为其办理社会保险及住房公积金的费用，不得开具增值税专用发票，可以开具普通发票。

（1）一般纳税人

一般计税：以取得的全部价款和价外费用为销售额；按照6%的税率计算缴纳增值税。

选择简易计税：以取得的全部价款和价外费用，扣除代用工单位支付给劳务派遣员工的工资、福利和为其办理社会保险及住房公积金后的余额为销售额。按照5%的征收率计算缴纳增值税。

（2）小规模纳税人

全额：以取得的全部价款和价外费用为销售额，按照3%的征收率计算缴纳增值税；

选择差额：以取得的全部价款和价外费用，扣除代用工单位支付给劳务派遣员工的工资、福利和为其办理社会保险及住房公积金后的余额为销售额，按照5%的征收率计算缴纳增值税。

【示例】甲是一家劳务派遣服务公司，本月劳务派遣服务收入100万元，受客户单位委托代为向客户单位员工发放工资和各项费用80万元。

如果甲为一般纳税人，选择一般计税方法全额纳税：

应纳税额=100÷1.06×6%=5.66（万元）

选择简易计税方法纳税：

应纳税额=（100-80）÷1.05%×5%=0.95（万元）

如果甲为小规模纳税人，简易计税全额纳税：

应纳税额=100÷1.03×3%=2.91（万元）

选择简易计税差额纳税：

应纳税额=（100-80）÷1.05%×5%=0.95（万元）

一般计税下企业可以全额开具6%的增值税专用发票，小规模纳税人可以选择全额开具3%增值税专用发票。差额计税下：扣除部分可以开具增值税普通发票，差额部分开具增值税专用发票既可以选择差额开票功能，也可以分别开票差额纳税。

2. 人力资源外包

人力资源外包属于"现代服务—商务辅助服务—经纪代理服务"税目，向委托方收取并代为发放的工资和代理缴纳的社会保险、住房公积金，不得开具增值税专用发票，但可以开具普通发票。

《财政部 国家税务总局关于进一步明确全面推开营改增试点有关劳务派遣服务、收费公路通行费抵扣等政策的通知》规定，纳税人提供人力资源外包服务，按照经纪代理服务缴纳增值税。人力资源外包的销售额不包括受客户单位委托代为向客户单位员工发放的工资和代理缴纳的社会保险、住房公积金。向委托方收取并代为发放的工资和代理缴纳的社会保险、住房公积金，不得开具增值税专用发票，可以开具普通发票。

一般纳税人：选择一般计税的，以扣除后的余额为销售额，按照6%的税率计算缴纳增值税；选择简易计税的，以扣除后的余额为销售额，按照5%的征收率计算缴纳增值税。

小规模纳税人：以扣除后的余额为销售额，按照3%的征收率计算缴纳增值税。

【示例】甲是一家人力资源外包服务公司，本月人力资源外包服务收入100万元，受客户单位委托代为向客户单位员工发放的工资和各项费用80万元。

若甲为一般纳税人，选择一般计税方法应纳税额=（100-80）÷1.06×6%=1.13（万元），选择简易计税方法应纳税额=（100-80）÷1.05%×5%=0.95（万元）。

若甲为小规模纳税人，应纳税额=（100-80）÷1.03×3%=0.58（万元）。

人力资源外包服务的销售额是差额部分交税，差额部分纳税可以开具增值税专用发票，扣除部分不纳税可以开具增值税普通发票，不会出现全额可以开具增值税专用发票的情况。

3. 劳务外包

税目由纳税人所提供的服务性质来决定，如提供建筑劳务外包的税目是建筑服务，提供保洁劳务外包的税目是其他生活服务，提供运输劳务外包的税目是运输服务，提供餐饮服务外包的税目是餐饮服务。劳务外包以取得的全部价款和价外费用为销售额，不能差额扣除，符合相关规定的可以全额开票。

劳务外包的税率由纳税人所提供的服务性质来决定，提供建筑、运输劳务外包的税率为9%；提供保洁、餐饮服务劳务外包的税率是6%；小规模纳税人征收税率均为3%。

（四）灵活用工和平台经济

1. 灵活用工

灵活用工方式区别于固定全职用工方式，是企业基于用人需求的波峰波谷，灵活地按需雇用人才不与人才建立正式的全职劳动关系的全新用工模式，企业人力资源部门可以按照需求随时使用，随时停止。灵活用工方式更为灵活，不需要付出额外费用，也不需要经过复杂的入职、离职流程，既节省了用工成本，人才的价值也可以得到充分发挥。灵活用工包括非全日制用工、短期用工、平台用工等所有非全日制用工的雇工模式。

从涉税角度来讲，灵活用工平台进行税务筹划的本质为用工企业与个人之间构建服务关系，从而适用个人所得税法中的"经营所得"项目要求，通过核定征收方式实现降低个人所得税，规避社会保险，实现减税降费目的。员工可以少交个人所得税，同时企业不用承担社会保险费用，避免社会保险入税问题所带来的风险。

企业采取全日制劳动用工关系，除了支出劳动报酬，还会产生社会保险以及劳动法规定的其他潜在支出。此外，企业承担的增值税税负过重，缺乏可抵扣的进项税额，缺乏有效的企业所得税税前扣除凭证，无法进行税前扣除，导致多缴企业所得税。对于取得劳动报酬的个人而言，需要承担社会保险个人承担部分及个人所得税。

灵活用工的风险主要存在于以下方面：

（1）企业与个人之间是否存在真实的服务关系。

（2）如企业和个人不存在真实的服务关系，则企业涉嫌虚开发票行为，容易形成税收违法行为，严重的甚至会构成犯罪。

当企业与个人之间真实存在服务关系，个人提供了应税服务，由个人直接申请税务机关代开发票（或个人注册个体工商户自行开票）给企业，平台收取手续费的"纯中介模式"符合相关法律规定。

当企业与个人之间不存在真实的服务关系，双方之间属于劳动关系、劳务关系或者根本不存在用工关系，此时由个人直接申请税务机关代开发票（或个人注册个体工商户自行开票）给企业的行为构成虚开发票。受票企业构成"让他人为自己虚开发票"情形的虚开行为，视作构成税收违法行为，重则涉嫌虚开发票罪，最高刑期为 7 年。

（3）企业因未取得合法的税前扣除凭证，无法办理企业所得税税前扣除手续，可能"人财两失"；平台则构成"介绍他人虚开发票"情形，将被一并处罚。

2. 灵活用工的常见方式

（1）平台采取"插入式交易模式"

因平台自身不具备提供应税服务的能力，平台与企业之间不存在真实的采购服务交易，平台以自身名义开具增值税专用发票给企业的行为将涉嫌虚开发票行为。

对于平台而言，"为他人虚开发票"轻则构成虚开发票的税收违法行为，重则涉嫌构成虚开增值税专用发票罪，最高刑期为无期徒刑。

对于受票企业而言，如非善意受票，则属于"让他人为自己虚开发票"，轻则构成虚开发票税收违法行为，重则涉嫌构成虚开增值税专用发票罪，最高刑期为无期徒刑；如企业善意受票，企业也会无法抵扣增值税及企业所得税。

为了提升竞争优势，部分平台采取了"插入式交易模式"给予客户更大的税务筹划优惠，争抢税源；还有的平台甚至沦为了不法分子的提现工具，从事"洗钱"等犯罪。一旦税收政策收紧，企业风险将加大。

（2）平台采取"提现平台模式"

该模式与"插入式交易模式"相似，无论是平台还是受票企业都将面临虚开发票的风险，轻则构成虚开发票税收违法行为，重则涉嫌构成虚开发票罪或虚开增值税专用发票罪，最高刑期为无期徒刑。对于最终取得现款的企业或个人而言，还会涉嫌挪用资金、职务侵占、"洗钱"等犯罪行为。

囿于税务征管体制的不健全、区域发展不平衡、市场竞争秩序缺失等因素，灵活用工平台容易沦为纳税人的逃税、经济落后地区争夺税源、不法分子"洗钱"套现的工具，对企业产生不利影响。

在市场激烈竞争背景下，平台的服务费过低，平台的盈利点只能靠地方财政返还，而地方财政返还的比例取决于平台带来的税收规模，扩大税收规模成为平台生存的根本。平台因此会放松合规性要求，对不具备真实服务关系的业务"睁只眼闭只眼"，帮助其虚开发票。

（3）纯中介服务

由平台撮合企业采购个人服务，代企业向个人发放报酬，为个人代办税务临时登记并代个人缴纳税款。平台只是中间媒介，不参与双方的交易，收取手续费。

企业将取得两份发票，一份以个人名义开具（代开方式）的供企业入账，另一份以平台名义按现代服务项下的具体税目开具的供企业入账，企业取得上述发票后根据实际采购的服务确定具体扣除项目。

个人开具发票的方式分为两种：一种是个人办理临时税务登记后直接以自然人的名义由税务机关代开发票；一种是个人注册成为个体工商户，以个体工商户名义自行开具发票。平台作为代征人，代个人向税务机关办理申请代开发票手续，代个人向税务机关缴纳税款。

纯中介模式下，如个人与企业之间确实存在真实的服务关系，则不构成虚开发票行为，开票行为合法；如平台与个人确实存在管理、经济业务往来、地缘等关系，则委托代征行为合法。这种情况下，整个模式合法合规，也符合国家制定"灵活用工"政策的立法意图。

纯中介模式是国家鼓励的"灵活用工"操作模式，该模式解决了企业用工成本高、取得发票难、个人申报纳税的问题。但这种模式下企业务必注意不能假借采购服务之名将现有员工的劳动关系虚构为服务关系，否则构成虚开发票行为，企业只能在真实存在采购服务的情况下使用该模式。

根据《委托代征管理办法》（国家税务总局公告 2013 年第 24 号）第五条的规定，平台与个人之间需具有管理、经济业务往来、地缘等关系，否则税务机关有权提前终止委托代征协议。当然，这对企业没有任何影响，其取得的发票不构成虚开发票。

3. 平台的组织形式多为有限责任公司

灵活用工的结算主要有工资、劳务报酬或社保的结算，灵活用工下并无经营所得的结算；平台经济也存在雇佣与劳务结算，并非都按照经营所得结算，无法改变高收入群体的收入性质。

一方面，很多特许资质只能以公司型主体申请，相比"股份有限公司"而言，"有限责任公司"设立及运营成本更低；另一方面，有限责任公司具有"风险隔离""破产保护""退出方便"的特点，成为运营业务的首选。

从平台的名称及经营范围来看，绝大部分平台均为"网络"公司，经营范围为"网络技术服务"等类似项目。在互联网时代，线上服务能够突破地域限制，无限扩大业务范围。因此，平台公司离不开网络服务范围。

4. 平台经济

随着互联网经济的发展，数字经济的广泛运用，在"社保入税"的相关政策要求下，《关于促进平台经济规范健康发展的指导意见》出台后，灵活用工与平台经济在人力资源行业内持续升温。灵活用工对标的是直接雇佣与全日制标准用工，用工模式存在两个逻辑，一是企业通过劳务派遣方式间接用人，二是通过劳务派遣实行非全日制用工，实质是派遣与外包的商业模式选择。平台经济是基于商业模式与组织形式创新打造的平台用工模式，基于平台连接主体的不同，可以将平台经济的商业模式划分为 C2C 模式、B2C 模式、B2B 模式以及 O2O 模式。[①]

(1) C2C 模式

C2C 模式下，平台连接的多边主体是个人，典型的有直播平台、淘宝网、滴滴出行等。以滴滴出行为例，其中的快车多由个人主体提供，属于 C2C 模式，该模式简化的双边交易如图 3-3 所示。

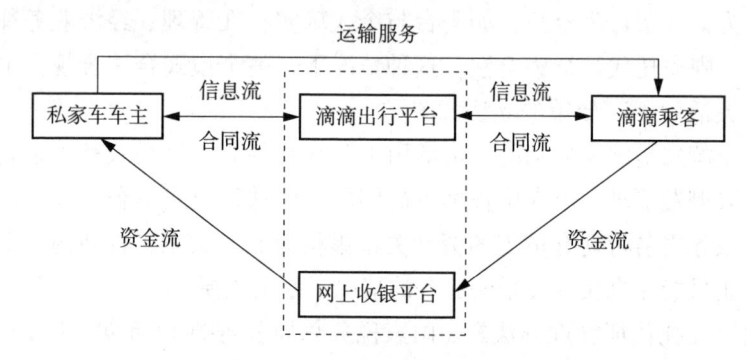

图 3-3　C2C 模式的业务流程

(2) B2C 模式

B2C 模式下，平台连接的供给方与需求方分别为企业和个人。如滴滴出行中的专车和出租车、天猫、京东等都属于 B2C 运营模式，近年来新兴的共享医疗、人力资源外包平台等也属于 B2C 模式。B2C 模式下的业务流程如图 3-4 所示。

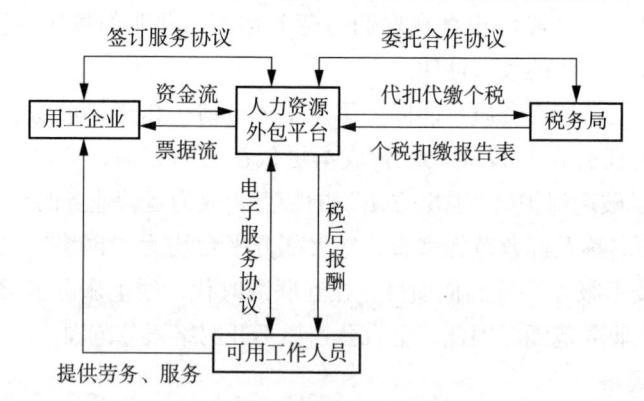

图 3-4　B2C 模式的业务流程

---

① 蔡昌，马燕妮，刘万敏．平台经济的税收治理难点与治理方略［J］．财会月刊，2020（21）：120-124．

（3）B2B 模式

B2B 模式下，平台连接的供给方、需求方都是企业，阿里巴巴、环球贸易网、天猫和淘宝的部分业务都涉及此种模式。在跨境税收中 B2B 模式的问题较为突出，以阿里巴巴的跨境交易为例，其业务流程如图 3-5 所示。

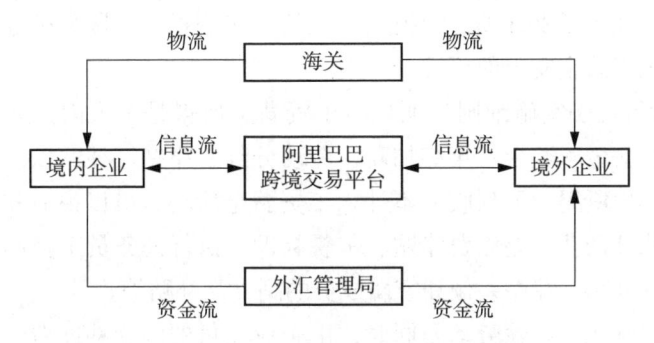

图 3-5 B2B 模式的进口货物交易流程

（4）O2O 模式

O2O 模式实际为 B2C 模式的一个分支，本书所指 B2C 模式侧重线上主体之间的交易，而 O2O 模式更强调线上与线下主体间的交易。美团、饿了么以及大部分订购平台等均属于 O2O 模式交易平台，以美团业务模式为例，其简化的业务流程如图 3-6 所示。

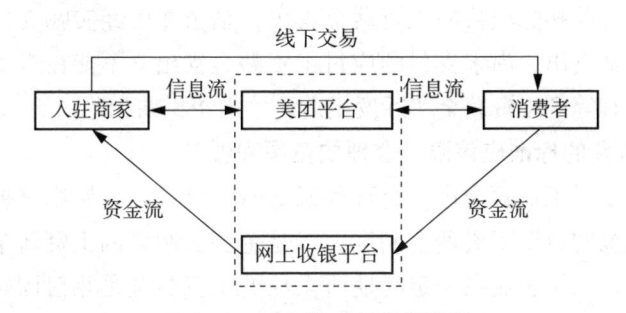

图 3-6 O2O 模式的业务流程

二、企业用工涉税处理

（一）工资支出的涉税处理

工资是企业支付给雇员的劳动报酬，税法所称工资薪金是指企业每一纳税年度支付给在本企业任职或者受雇的员工的所有现金形式或者非现金形式的劳动报酬，包括基本工资、奖金、津贴、补贴、年终加薪、加班工资，以及与员工任职或者受雇有关的其他支出。根据《中华人民共和国企业所得税法》相关规定，企业发生合理的工资薪金支出准予扣除。

下列支出不作为工资薪金支出：雇员向纳税人投资而分配的股息性所得；根据国家或省级政府的规定为雇员支付的社会保障性缴款；从已提取职工福利基金中支付的各项福利支出（包括职工生活困难补助、探亲路费等），各项劳动保护支出；独生子女补助；纳税人负担的住房公积金；国家税务总局认定的其他不属于工资薪金支出的项目。

《个人所得税法实施细则》明确，工资薪金所得是个人因任职或者受雇而取得的工资、薪金、奖金、年终加薪、劳动分红、津贴、补贴以及与任职或者受雇有关的其他所得。下列收入不计入工资薪金所得，可以税后扣除：独生子女补贴、托儿补助费、差旅费津贴、午餐补助，执行公务员工资制度未纳入基本工资总额的补贴、津贴差额和家属成员的副食品补贴等。

劳动合同制职工解除劳动合同时，由企业支付的医疗补助费、生活补助费不计入工资总额。根据财政部、国家税务总局《关于个人与用人单位解除劳动关系取得的一次性补偿收入征免个人所得税问题的通知》（财税〔2001〕157号）的规定，个人因与用人单位解除劳动关系而取得的一次性补偿收入（包括用人单位发放的经济补偿金、生活补助费和其他补助费用）应计入工资薪金所得，计算征收个人所得税。企业工资薪金税前扣除的基本原则如下。

1. 必须是实际发生的工资薪金支出

作为企业税前扣除项目的工资薪金支出，是企业已经实际支付给其职工的那部分工资薪金支出，尚未支付的应付工资薪金支出，不能在未支付的纳税年度内扣除，只有等到工资薪金实际发生后，才准予税前扣除。

2. 工资薪金的标准应该限于合理的范围和幅度

税务机关在对工资薪金进行合理性确认时，可按以下原则掌握：一是企业制订了较为规范的员工工资薪金制度；二是企业所制订的工资薪金制度符合行业及地区水平；三是企业在一定时期所发放的工资薪金是相对固定的，工资薪金的调整是有序进行的；四是企业对实际发放的工资薪金，已依法履行了代扣代缴个人所得税义务；五是有关工资薪金的安排，不以减少或逃避税款为目的。

税务机关应重点防止企业的股东以工资名义分配利润，防止企业的经营者不适当地为自己开支高工资。

3. 工资薪金的发放对象

企业工资薪金的发放对象必须是在本企业任职或者受雇的员工，强调相关性。

4. 工资薪金的表现形式

工资薪金的表现形式多种多样，但主要分为现金和非现金形式，当企业税前扣除其发放的非现金形式的工资薪金时,应将其换算成等额现金。

5. 工资薪金的种类

工资薪金包括基本工资、奖金、津贴、补贴、年终加薪、加班工资,以及与任职或者受雇有关的其他支出等,具体如下。

计时工资,指按计时工资标准(包括地区生活补贴)和工作时间支付给职工的劳动报酬。

计件工资,指对职工已做工作按计件单价支付的劳动报酬。

奖金,指支付给职工的超额劳动报酬和增收节支的劳动报酬,如超产奖、质量奖、安全奖、年终奖、劳动分红等,包括发给劳动模范、先进个人的各种奖金和实物奖励等。

津贴和补贴,指为了补偿职工特殊或额外的劳动消耗和因其他特殊原因支付给职工的津贴,以及为了保证职工工资水平不受物价影响支付的物价补贴。

特殊情况下支付的工资,包括:①根据国家法律、法规和政策规定,因病、工伤、产假、计划生育、婚丧假、探亲假、事假、定期休假、停工学习、执行国家和社会义务等原因,企业按计时工资标准或计件工资标准的一定比例支付给职工的工资;②附加工资、保留工资。

(二)工资薪金税前扣除的注意事项

实际工资薪金总额是计算税法规定的职工福利费、职工教育经费、工会经费以及其他相关指标税前扣除限额的基本依据。企业应当通过"应付职工薪酬——工资"科目对工资、薪金总额进行单独核算。

不合理的工资薪金即使实际发放也不得扣除,如国有性质的企业超过政府有关部门给予的限定数额部分的工资薪金,不得扣除。

超出扣除标准的部分工资薪金不得包括在所得税税前扣除的"工资、薪金总额"之中,因此也不能将其作为计算职工福利费、职工教育经费、工会经费等税前扣除限额的依据。

(三)劳务报酬涉税处理

《税务总局关于发布〈个人所得税扣缴申报管理办法(试行)〉的公告》(国家税务总局公告2018年第61号)第八条规定:扣缴义务人向居民个人支付劳务报酬所得、稿酬所得、特许权使用费所得时,应当按照以下方法按次或者按月预扣预缴税款:

劳务报酬所得、稿酬所得、特许权使用费所得以收入减除费用后的余额为收入额;其中,稿酬所得的收入额减按百分之七十计算。

减除费用:预扣预缴税款时,劳务报酬所得、稿酬所得、特许权使用费所得每次收入不超过四千元的，减除费用按八百元计算；每次收入四千元以上的，减除费用按收入的百分之二十计算。

应纳税所得额：劳务报酬所得、稿酬所得、特许权使用费所得，以每次收入额为预扣预缴应纳税所得额，计算应预扣预缴税额。劳务报酬所得适用个人所得税预扣率表二（见附件）①，稿酬所得、特许权使用费所得适用百分之二十的比例预扣率。

居民个人办理年度综合所得汇算清缴时，应当依法计算劳务报酬所得、稿酬所得、特许权使用费所得的收入额，并入年度综合所得计算应纳税款，税款多退少补。

【示例1】支付给自然人的劳务报酬不超过800元的，是否不用申报扣缴个人所得税？

企业作为劳务报酬的支付方，应履行代扣缴义务。劳务报酬所得每次收入未超过800元的，计算预扣预缴时，按规定"劳务报酬所得每次收入不超过四千元的，减除费用按八百元计算"，应预扣预缴个人所得税税额为0，但不代表不需要申报。

【示例2】支付给个人的劳务报酬，税前扣除是否必须取得发票才能入账？

个人提供劳务报酬，属于增值税的应税范围，所以企业列支劳务报酬，只有取得劳务报酬的发票，才可以税前扣除。如果是不超过500元的小额支出，未达到增值税起征点，不需要缴纳增值税，根据国家税务总局2018年第28号公告的规定，企业可以用收款凭证税前扣除。

【示例3】自然人去税务局代开发票，开票时是否税务机关会代征个人所得税？

因为支付单位是个人所得税法定扣缴义务人，所以自然人取得劳务报酬所得申请代开发票时，在代开发票环节税务机关不征收个人所得税。代开发票单位（包括税务机关和接受税务机关委托代开发票的单位）会在发票备注栏内统一注明"个人所得税由支付人依法扣缴"。

（四）职工福利费的涉税处理

企业职工福利费用是一个日常支出项目，《中华人民共和国企业所得税法实施条例》（以下简称《企业所得税法实施条例》）第四十条规定，企业发生的职工福利费支出，不超过工资薪金总额14%的部分，准予扣除。

1. 职工福利费

国家税务总局《关于企业工资薪金及职工福利费扣除问题的通知》（国税

---

① 本书未附，可参见原文件。

函〔2009〕003号）对职工福利费核算问题提出了要求：企业发生的职工福利费，应该单独设置账册，进行准确核算。没有单独设置账册准确核算的，税务机关应责令企业在规定的期限内进行改正。逾期仍未改正的，税务机关可对企业发生的职工福利费进行合理的核定。

为了进一步规范企业的职工福利费支出，国家税务总局《关于企业工资薪金及职工福利费扣除问题的通知》明确企业职工福利费包括以下内容：

（1）尚未实行分离办社会职能的企业，其内设福利部门所发生的设备、设施和人员费用，包括职工食堂、职工浴室、理发室、医务所、托儿所、疗养院等集体福利部门的设备、设施及维修保养费用和福利部门工作人员的工资薪金、社会保险费、住房公积金、劳务费等。

（2）为职工卫生保健、生活、住房、交通等所发放的各项补贴和非货币性福利，包括企业向职工发放的因公外地就医费用、未实行医疗统筹企业职工医疗费用、职工供养直系亲属医疗补贴、供暖费补贴、职工防暑降温费、职工困难补贴、救济费、职工食堂经费补贴、职工交通补贴等。

（3）按照其他规定发生的其他职工福利费，包括丧葬补助费、抚恤费、安家费、探亲假路费等。

下列费用不属于职工福利费的开支范围：一是退休职工的费用；二是被辞退职工的补偿金；三是职工劳动保护费；四是职工在病假、生育假、探亲假期间领取到的补助；五是职工的学习费；六是职工的伙食补助费（包括职工在企业的午餐补助和出差期间的伙食补助）等。可见国税函〔2009〕3号文件所规定的职工福利费包括的范围，与我们通常所说"企业职工福利"相比大大缩小，如企业发给员工的"年货"、"过节费"、节假日物资及组织员工旅游支出等都不在此列。

2. 职工福利费用的核算及管理

企业所得税法实施后，职工福利费不再提取，企业通过"应付职工薪酬——职工福利费"科目归集核算发生的职工福利费支出。

根据企业所得税法规定的合理性原则，按《企业所得税法实施条例》对合理性的解释："合理的支出，是指符合生产经营活动常规，应当计入当期损益或者有关资产成本的必要和正常的支出。"职工福利费属于企业必要和正常的支出，在实际工作中企业要具体事项具体对待。只要是能够代表职工利益的决定就可以作为合法凭据，如合理的福利费列支范围的人员工资、补贴不需要发票，但对购买属于职工福利费列支范围的实物资产和发生对外的相关费用应取得合法发票。

(五）职工教育经费的涉税处理

《财政部　国家税务总局关于企业职工教育经费税前扣除政策的通知》（财税〔2018〕51 号）明确，企业发生的职工教育经费支出，不超过工资薪金总额 8%的部分，准予在计算企业所得税应纳税所得额时扣除；超过部分，准予在以后纳税年度结转扣除。

1. 职工教育经费列支的范围

对于职工教育经费能够列支的范围，财政部、全国总工会、国家发展改革委、国家税务总局等 11 个部委联合印发《关于企业职工教育经费提取与使用管理的意见》（财建〔2006〕317 号），进一步明确企业的职工教育培训经费的列支范围：

（1）上岗和转岗培训；

（2）各类岗位适应性培训；

（3）岗位培训、职业技术等级培训、高技能人才培训；

（4）专业技术人员继续教育；

（5）特种作业人员培训；

（6）企业组织的职工外送培训的经费支出；

（7）职工参加的职业技能鉴定、职业资格认证等经费支出；

（8）购置教学设备与设施；

（9）职工岗位自学成才奖励费用；

（10）职工教育培训管理费用；

（11）有关职工教育的其他开支。

以下两种情况不允许从职工教育经费中列支：①企业职工参加社会学历教育以及个人为取得学位而参加的在职教育，所需费用应由个人承担，不能挤占企业的职工教育培训经费。②对于企业高层管理人员的境外培训和考察，其一次性单项支出较高的费用应从其他管理费用中支出，避免挤占日常的职工教育培训经费开支。同时，为保障企业职工的学习权利和提高他们的基本技能，职工教育培训经费的 60%以上应用于企业一线职工的教育培训。

2. 职工教育经费列支应注意的问题

企业发生的职工教育经费支出，根据《财政部　国家税务总局关于企业技术创新有关企业所得税优惠政策的通知》（财税〔2006〕88 号）及财政部等部委关于印发《关于企业职工教育经费提取与使用管理的意见》的规定，应当理解为"当年提取并实际使用的职工教育经费"。同时，企业的职工教育培训经费提取、列支与使用必须严格遵守国家有关财务会计和税收制度的规定。《中华人民共和国就业促进法》也明确规定，企业未按照国家规定提取职工教育经费，或者挪用职工教育经费的，不仅不能享受税收扣除的政策，还将由劳动行政部门责令改正，并依法给予处罚。因此，在提取、使用职工教育经费时应注意如下问题：①避免将政策中规定的一些不应在职工教育经费中列支的项目在职工教育经费中列支，不但挤占了企业正常职工教育的经费开支，而且还为企业带来了一定的涉税风险。②对于可以由其他项目列支的培训经费，应在项目预算中充分考虑，做好费用的正确归集，合理加大所得税前的列支金额，增强企业发展后劲。

（六）职工工会经费涉税处理

1. 工会经费的税前列支

《国家税务总局关于税务机关代收工会经费企业所得税税前扣除凭据问题的公告》（国家税务总局公告 2011 年第 30 号）规定：自 2010 年 1 月 1 日起，在委托税务机关代收工会经费的地区，企业拨缴的工会经费，也可凭合法、有效的工会经费代收凭据依法在税前扣除。

2. 工会经费支出范围

在工会费用支付方面需要特别注意，不得将工会经费用于服务职工群众和开展工会活动以外的开支。具体规定如下。

（1）不准用工会经费购买购物卡、代金券等，搞请客送礼等活动。

（2）不准违反工会经费使用规定，滥发津贴、补贴、奖金。

（3）不准用工会经费支付高消费性的娱乐健身活动。

（4）不准单位行政利用工会账户，违规设立"小金库"。

（5）不准将工会账户并入单位行政账户，使工会经费开支失去控制。

（6）不准截留、挪用工会经费。

（7）不准用工会经费参与非法集资活动，或为非法集资活动提供经济担保。

（8）不准用工会经费报销与工会活动无关的费用。

3. 工会经费的会计核算

企业应当在职工为其提供服务的会计期间，将应付的职工薪酬确认为负债，除因解除与职工的劳动关系给予的补偿外，应当根据职工提供服务的受益对象，分别按照下列情况处理：①应由生产产品、提供劳务负担的职工薪酬，计入产品成本或劳务成本。②应由在建工程、无形资产负担的职工薪酬，计入建造固定资产或无形资产成本。上述之外的其他职工薪酬，计入当期损益。

4. 未建工会组织的企业工会经费的管理

依据《中华人民共和国工会法》等法律法规，工会经费只能由工会组织管理和使用，国家对于建立工会组织的企业，以法的形式来保障工会经费的来源。无论是采用何种方式拨缴工会经费，都可以依据《企业所得税法实施细则》第四十一条的规定，即"企业拨缴的工会经费，不超过工资、薪金总额2%的部分，准予扣除"。没有取得工会经费拨缴款专用收据，企业不得在企业所得税前扣除。自筹建工作开始的下个月起，由有关单位按每月全部职工工资总额的2%向上级工会全额拨缴工会经费（筹备金）。上级工会收到工会经费（筹备金）后向有关单位开具工会经费拨缴款专用收据，有关单位凭专用收据在税前列支。

（七）平台经营涉税处理

平台经济是一种基于数字技术，由数据驱动、平台支撑、互联网协同的经济活动单元所构成的新经济系统，是基于数字平台的各种经济关系的总称。根据工业和信息化部发布的《2020年互联网和相关服务业运行情况》，2020年我国规模以上互联网和相关服务企业完成业务收入12838亿元，同比增长12.5%。其中，互联网平台服务企业实现业务收入4289亿元，同比增长14.8%，占互联网业务收入的33.4%。在平台经济快速发展的过程中，新的商业模式给平台经济参与各方带来不少税务问题与困惑。

互联网平台是一种虚拟交易场所，平台本身不生产产品，但可以促成双方或多方之间的供求交易。参与平台上开展经济活动的各方主要包括平台提供者、经营者、灵活就业人员。

1. 经营模式

平台类企业主要有两种经营模式，一种是收取交易双方（主要是对服务和商品提供方）成交金额的一定比例作为平台的服务费，为经营者提供信息技术服务、广告宣传和推广服务。另一种是自营模式，平台方与其他经营者一样，从生产厂家采购商品对外销售。

在第一种经营模式中，平台提供者主要有信息技术服务收入、广告宣传收入和推广服务收入，均属于《财政部 国家税务总局关于全面推开营业税改征增值税试点的通知》（财税〔2016〕36号）所规定的信息技术收入和文化创意收入，一般纳税人的增值税税率为6%或9%；小规模纳税人的增值税征收率为3%，2021年12月31日后，小规模纳税人减按1%征收。

在第二种经营模式中，平台提供者主要赚取的是商品进销差价，属于《中华人民共和国增值税暂行条例》所规定的销售货物收入，一般纳税人的增值税税率为13%；小规模纳税人的增值税征收率为3%，目前减按1%征收。另外，如果涉及特殊商品，可以享受免征增值税的税收优惠。

2. 平台经营涉税处理

经营者主要包括已经在市场监督管理部门进行登记的公司制企业和个体经营者。经营者属于企业和其他取得收入的组织（除个人独资企业、合伙企业之外），要正常缴纳企业所得税。经营者属于个人独资企业或者合伙企业，其取得的收入属于个人所得税的"经营所得"应税项目，"经营所得"以每一纳税年度的收入总额减除成本费用以及损失后的余额为应纳税所得额，按照5%~35%的税率缴纳个人所得税。

在计算增值税方面，对于商品销售业务，平台经营者主要赚取商品进销差价，属于《中华人民共和国增值税暂行条例》所规定的销售货物收入，一般纳税人的增值税税率为13%，小规模纳税人的增值税征收率为3%，目前减按1%征收或享受免税优惠。销售服务业务，平台经营者属于一般纳税人的增值税税率为6%或9%；属于小规模纳税人的增值税征收率为3%，目前减按1%征收或享受免税政策。同时，2021年4月1日至2022年12月31日，月销售额15万元以下（含本数）的增值税小规模纳税人，可以享受免征增值税，仅限于开具增值税普通发票，开具增值税专用发票不能享受增值税减免优惠。

灵活就业人员是未进行过税务登记的自然人，他们在平台上提供各种劳动服务并获取劳动报酬收入。灵活就业人员从平台获取的收入一般包括劳务报酬所得和经营所得两大类。灵活就业人员在平台上从事设计、咨询、讲学、录音、录像、演出、表演、广告等劳务取得的收入，属于"劳务报酬所得"应税项目，由支付劳务报酬的单位或个人预扣预缴个人所得税，年度汇算清缴时并入综合所得，按照3%~45%的税率计算个人所得税。灵活就业人员注册成立个体工商户或者虽未注册但在平台从事生产、经营性质活动的，其取得的收入属于"经营所得"应税项目。"经营所得"以每一纳税年度的收入总额减除成本费用以及损失后的余额为应纳税所得额，按照5%~35%的税率计算个人所得税。对于未办理税务登记的灵活就业人员提供各种劳动服务并获取劳动报酬的收入，也应该按照财税〔2016〕36号文件规定，以小规模纳税人3%的增值税征收率征税，目前减按1%征收或享受税收免税政策。

3. 平台使用内部凭证列支成本费用规定

《企业所得税税前扣除凭证管理办法》（以下简称《办法》）明确规定了内部凭证作为税前扣除凭证的一般要求和具体情形。《办法》第八条规定，税前扣除凭证按照来源分为内部凭证和外部凭证，内部凭证是指企业自制用于成本、费用、损失和其他支出核算的会计原始凭证。企业在境内发生的支出项目属于增值税应税项目的，对方为依法无须办理税务登记的单位或者从事小额零星经营业务的个人，其支出以税务机关代开的发票或者收款凭证及内部凭证作为税前扣除凭证；企业在境内发生的支出项目不属于增值税应税项目的，对方为个人的，以内部凭证作为税前扣除凭证。这为平台企业在一定条件下使用内部凭证作为税前扣除凭证提供了依据。

【示例】国家税务总局湛江市税务局稽查局于 2020 年 4 月 30 日至 2021 年 11 月 1 日对湛江骅晟人力资源服务有限公司进行税务稽查。经查实，该人力资源服务公司在 2020 年 1 月至 2 月，为他人开具与实际经营业务情况不符的增值税普通发票共计 19 份，金额合计 1890104.75 元，税额合计 1045.25 元，价税合计 1891150.00 元。该人力资源服务公司的巫某某和冯某某等人为其他公司开具与实际经营业务不匹配的虚开发票，并利用巫某某的个人账户进行资金回流，以及为少量未发生的业务开具业务发票。

在本案中，税务机关清楚地描述了该公司的违法事实，在稽查过程中，骅晟人力资源服务有限公司的法定负责人巫某某声称是以现金方式支付派遣员工工资，但是对用于发放工资的现金来源，不能给出合理解释。在 2020 年 1—2 月因疫情防控隔离期间，异地现金发放三个月共计千逾人次工资，这显然不符合事实。税务机关检查该公司的账簿凭证、合同及相关经营资料会计资料中，也没有发现支付派遣员工工资的记录和痕迹；该公司的法定负责人巫某某和会计冯某某的个人账户还出现了严重的资金回流现象，涉及的账户交易记录整体有频繁的资金快速进出，过渡性质明显。

随着金税四期的上线，因经营地址不符和大量临时用工，极易出现经营实质和发票内容不一致的虚开或虚列人头申报工资的情况，企业应高度注意类似情况，普遍存在以下税务风险。

(1)"派遣"代替"外包"开具发票不合规

本案基于实际发生业务，该人力资源服务有限公司将人力资源外包业务作为劳务派遣开具发票，用工企业利用人力资源公司完成"移花接木"的把戏，增加企业人工成本，减少纳税成本。税务机关会对合同内容、资金流向和发票内容进行核对，很容易被判定为虚开发票。

(2)私人账户回流资金

上述案例中用工方和该人力资源公司利用私人账户回流资金，进行虚假发票开具交易，甚至直接虚构业务，虚开增值税发票用以增加劳务成本，这种私人账户参与的资金回流很容易被税务机关发现。

> **知识链接**

个人所得税的申报、开票、纳税改革情况

第 1 阶段（2018 年 10 月）：业务操作层面实现了自然人基础信息采集，包括登记、优惠、申报、征收、证明开具等，16 项业务功能包括实名认证、实名注册、自然人信息采集、自然人信息变更等；完成战略部署，67 个功能先行上云，部署在国家税务总局，其他业务部署在省局。

第 2 阶段（2019 年 1 月）：达成自然人申报、征收、开票、核算等 254 项业务操作功能，31 个项目个税扣缴业务，共 419 个功能实现上线运行，税收分析功能与核心征管业务实现衔接。

第 3 阶段（2020 年 1 月）：涉及税收数据智能应用、风险和信用管理的 21 项业务上线运行，全面、深度支撑新税制实施，并拓展到其他相关业务方面，主要包括报表分析、信用管理、风险管理和其他宏观分析等关键业务。

第六节　采购合规管理

一、采购业务和采购内部控制

采购业务是指企业购买各项物资并支付款项的一系列活动，其中采购物资主要包括企业的原材料、库存商品、工程物资、固定资产、周转材料等。近年来，新的采购供应链模式反映出企业经营的重点从低价采购逐步转向注重质量和供应商的关系，信息化系统的运用大大改进了材料的采购和供应，但环境问题和运输流程依然会使采购面临新的挑战。当今，以互联网平台作为电子采购的主要载体的企业，采购人员需要有更强的专业性，企业采购业务的管控应从打造完整的内部控制体系出发实现持续改进。

采购风险是指企业在采购过程中所发生的各种不确定性，即采购的结果和预期偏离的程度，主要是因为采购前期，采购计划安排的合理性受市场变化趋势的影响；采购中，供应商的选择不恰当，采购的方式不合理，采购过程无授权和审批，故而形成舞弊或遭受欺诈；采购后，质量验收不规范、付款审核不严谨，造成企业物资直接损失、资金财产直接损失，付款操作不及时，导致企业信用损失等。

因此，采购业务内部控制的意义主要在于建立采购管控的理念，对接到人员绩效考核形成管理闭环，发挥以下作用。

1. 有助于降低采购物料的直接成本和运输成本

企业采购目标是保证对企业所需要物料或服务的正常供应，满足生产及销售的需求，不断改进采购和生产经营流程，在提高产品的质量和客户满意度的同时降低采购成本，优化采购流程。企业采购成本既要考虑直接采购成本和间接采购成本，还要考虑机会成本，如节约的利息费用。管理和控制采购过程中的相关文件和资料信息是采购业务流程管控的必要环节，如合同、作业指导书、供应商评估表等。企业在采购时要事先做好供应商优选、询价等相关工作，从而降低采购的直接成本和相关成本，保障企业生产经营活动和销售产品活动的正常进行。

2. 采购业务关系到企业的长远发展

企业的利润取决于"资金流"和"业务流"，企业要提高运营效率获取更高的利润，采购环节关系其实现程度。生产企业如果发生材料断货必然会导致成本的上升，产品的交付时间和质量则会影响企业的信用和品牌形象，采购环节管控不好就会影响企业的生存和发展。

二、采购业务内部控制设计及运营流程

企业应结合自身的实际经营情况和业务流程，梳理采购业务相关流程，完善采购操作规范，并借助信息化平台，使采购流程和企业的运营环节充分结合，便于统筹采购计划、请购责任、审批环节、控制购买、监督验收、审核付款、采购及供应商评估等，从而完善各环节的职责、审批规范、操作流程、制度规范，继而实现企业的持续改进。

采购活动的基本流程主要包括以下环节：

提交采购计划—形成采购订单—选择供应商—签订采购合同—订货跟踪—催货（付款）—验收入库—反馈退货（对账）。

采购业务管控的关键节点在采购计划管理、供应商的选择、采购执行管理和采购付款管理几个核心环节。

三、采购业务活动中的主要风险及控制

（一）采购计划的制定

企业要保证其生产经营活动高效运营，采购计划的制定至关重要。采购业务必须从采购计划开始，采购计划决定采购的物料名称、商品规格、采购时间、采购数量和采购金额以及企业的采购方式（普通还是紧急订单）。不同的采购

方式直接关系到采购总成本、采购质量和库存情况，以及采购付款的机会成本和存货断供所丧失的机会成本。采购计划的执行要结合多个因素，不同企业的采购方式有所差异，不同的单品采购频率、数量和供应商的供货方式、销售情况以及采购价格都有关系，可从以下几个方面把握。

一是根据企业的销售情况和生产工期，结合供应商到货周期制定采购计划。生产企业每种物料都有一定的常规用量，采购人员可利用 ERP 系统统计出该物料的使用频率、月最大用量、月最小用量、月均量，通过进销存统计表和生产工单生成采购计划。

二是根据仓库情况、生产周期、销售预测计划以及历史数据，分析完善采购订单。要强化采购计划的管理，清楚采购计划的数据形成过程，落实到各个部门，做到存货"不积压、不断货"；做好资金的预测计划，明确物料到货的时间和质量要求，确保物资计划的准确性。

三是做好供应商优选和规范询价操作，帮助企业节约成本。供应商的供货方式和价格、产品的质量和合作双方关系的紧密度关系到采购的时间周期和付款方式。相同质量的产品价格越低对企业越有利，但还应考虑后续服务、开票方式、结算周期等付款条件对企业采购过程的影响。

四是实行岗位分离制度，采购计划、审批和授权应由不同岗位操作。首先应提高采购人员业务水平，科学提交采购计划；其次，审核人员应熟悉产品分类情况、库存结构、生产周期、销售状况等，有授权再执行，避免过多采购导致库存堆积或高价压货；最后，做到责任到人，相互监督。

（二）选择供应商

采购业务的核心是对物资科学分类，基于销售占比和存货价值及周转情况，结合采购环节和供货方式，按重要程度划分为 ABC 不同等级。同时，强化对商品质量、价格、服务等方面事前审核和监控。要严格贯彻供应商审批制度，对供应商的生产条件、经营状况，质量和售后服务体系，企业运营指标和商业信誉等进行调查，综合评估供应商的实力，选择质量可靠、价格合理和信誉良好的供应商，降低企业采购风险，具体如下。

一是选择供应商应全面了解供应商的基本情况，先对供应商的相关资质进行审核，依据供应商供货情况、影响大小、采购金额的大小、采购次数、供应商的供货渠道和方式，建立供应商档案。

二是应建立供应商考评流程和制度，考评制度的建立应由质量管理部、采购部、仓库管理部及财务部等相关部门联合进行。

三是建立供应商档案并进行编号，档案内容应包括供应商详细地址和联系方式、结算方式、交付条件、银行账号、合同编号等相关信息，定期或不定期地维护档案信息、更新相关资料，由专人管理。同时，应交由财务部和档案管理部留存，信息化平台操作应为相关部门的人员开通查询权限，定期打印相关资料留档备查，做好数据备份。

四是应建立供应商处罚措施，对出现质量问题、人为欺诈行为、舞弊行为的，应酌情处理，严重者终止与其业务往来，必要时以法律措施维权。

（三）采购人员职责不相容、职务相分离

企业应明确采购人员的岗位职责及相关部门的岗位职责，明确各部门岗位人员的职责、权限，确保采购相关人员职责不相容、职务相分离，做到相互制约和监督、绩效考评相统一，并对关键性岗位执行定期换岗制度。

一是采购计划提交部门、采购申请部门、采购业务操作部门岗位相分离。销售和采购岗位分离，可以避免采购舞弊行为的发生，如采购人员收受回扣大批量采购某一非畅销单品，既占用企业的资金形成库存压力，又给盘点和销售带来难度；销售人员直接面向供应商采购，则会发生采购时通过供应商直接发货侵蚀企业的利益。

二是采购人员不能同时担任质量验收人或会计记录人。采购人员如果担任验收人，采购产品易发生问题，或者单品价值高时，存货丢失给企业直接造成损失，影响后续生产和销售，更会给企业的信用造成恶劣影响。验收人员必须由质量管理人员或者仓库管理人员担任以明确责任，预防采购人员"一言堂"。采购人员应根据验收情况和仓库收货情况，填写采购入库单，并将相关单据交给财务人员入账；如果由采购人员直接记录台账，则可能导致货物未入库、货款已支付，资金和物料双重损失。因此，采购人员不可担任验收和记账等相关工作。

三是询价员与供应商审核人员相互分离。采购成本的高低直接影响企业的利润，询价人员和供应商审核人员若为同一人，其可能会根据市场的价格，预留"个人的返利"部分，进行舞弊行为。询价和供应商审核人员岗位分离会降低舞弊风险。

四是采购合同的订立岗位与审核岗位应分离，以便于发现采购合同中存在的问题，降低运营风险。

五是付款审批人、付款执行人应分离，且不能同时办理供应商寻源和询价业务。

六是采购申请人与审批人、执行人应分离，避免产生舞弊行为。

（四）加强采购物资质量控制，降低质量风险

企业应按照采购物资分类对物资实施质量管控、组织采购，进行样品的测

试和选样，并对接好后续的服务问题。入库前，应根据企业的生产工艺和流程以及国家的质量标准进行质量检测，必要时出具相关的检测报告，并做好质量记录；入库时，应确保入库物资合格方可入库，并做好入库台账记录；出库时，应检查物资的质量情况，如进入生产流程应进行相应的使用前测试，通过质量监控控制企业的运营风险。

（五）推行科学采购模式

申请采购应根据采购计划和实际需要，并考虑库存周转情况和采购周期。采购开始阶段应根据企业和供应商的关系、企业的生产需要和经营需要，提交采购需求，如采购物品品名、采购数量、采购时间等内容；同时，也可以向采购提供建议，如供应商的选择、订货时间、付款方式、预计付款时间等。此外，采购还应考虑成本，如使用集中采购还是单独采购、批量采购还是特殊订单采购、普通订单还是加急订单。对于长期性采购物资或者高频次采购单品，应选择提供长期优惠报价的供应商。具体方式如下。

一是执行 JIT（准时制），有利于降低企业安全库存、降低企业资金占用率，但必须使供应和企业的需求同步，以避免断货产生缺货损失，影响企业信用。

二是标准化采购，确定不同类别的物料数目，尽可能实现产品和物料采购的标准化，以达到降低采购成本和制造成本的目的，但要注意避免存货堆积，大量占用资金。

三是中小企业应尽量集中采购或者适当扩大采购量，增强议价能力，节省采购成本。但要避免同一组织不同单位向同一供应商以不同价格采购的情况发生。

采购人员依据采购单采购时还应注意以下几个方面：物资使用部门根据物资需求填写申购单或采购计划单，明确物资采购的相关内容，包括名称、规格、型号、质量标准、数量、价格、使用日期等，交由采购部审核形成采购订单，采购部经理签字确认；针对最低采购数量超出请购数量的，采购人员应在议价后注明情况，并上报主管人员确认，对于非畅销特殊单品采购也应及时上报主管。采购部门收到使用部门提交的申请单据，审核确定是否购买（注意审核在途物资和库存情况）。如必须购买，需要提交采购审批单经由采购经理签字，由负责监管的副总经理或总经理批示。采购人员根据审批的采购单优选供应商，进行采购并确认预计交付时间。

采购申请单应一式多联，通常第一联由销售部门或生产部门提交；第二联供采购部门使用；第三联由财务部门留存；第四联交仓库管理部门或验收员留存等。

（六）采购业务评估

采购计划应纳入企业的预算管理之中，作为企业的硬性指标执行。采购业务关系到企业的生存与发展，企业应在采购业务发生后进行评估，并建立采购评估制度，纳入采购人员的绩效评价体系。采购评估应根据合同履约情况、企业的采购方式、采购价格、采购质量、采购成本等进行评估并综合分析，及时发现采购过程中的薄弱环节，并针对具体情况优化采购流程，完善采购计划的执行和供应商的管理、储备，提升企业采购效率。

（七）企业采购业务关键点

针对采购预算、请购、审批、招标和供应商评选及验收等关键环节，企业应设立相关制度规范操作流程，具体有：采购预算业务流程、存货采购请购流程、采购审批业务流程、采购招标业务流程、供应商评选操作流程、验收操作流程、采购付款操作流程等。

（八）采购付款业务

采购付款是指企业采购环节按照合同履约情况向供应商支付采购款项的过程，具体可分为预付账款采购、现款采购、月结或货到付款采购。

1. 预付账款采购

预付账款采购是指企业根据合同的约定提前支付货款的采购行为。预付账款采购应由采购员提供采购申请单、采购合同、付款申请单（注明付款事由、付款金额、收款单位账号信息）办理付款申请流程后（需经相关领导审批签字）提交财务部办理预付货款支付，后期需要跟进发票和采购进度。同时，企业财务人员应盯紧发票和账单情况，避免损失。

2. 现款采购

现款采购通常是由采购人员向企业借款，待业务发生后再经报销流程，完成业务处理。企业在日常管理中需要注意采购人员借款的审批环节，借款单据通常需要相关领导签字同意再由采购人员向财务部借款。采购完成后，采购人员持购货发票到仓库办理相关手续，由质检部门、仓储管理部门验收入库后，填写采购申请单，入库单通常包含供货单位名称、货物名称、数量、金额、用途等内容，并由采购员、保管员签字。采购人员填写报销单，应附相关单据如采购申请单、入库单、购货发票、合同等，财务部审核相关票据的合法性、合理性和合规性，审核完成后交由总经理签字。现款采购所有流程无误方可进行报销，财务人员须做好个人借款台账的核销工作，避免重复支付款项或员工借款再进行报销，给企业造成不必要的损失。

3. 月结或货到付款采购

采购人员应先粘贴好相关票据，主要包括采购申请单、采购入库单、购货发票、对账单等，经采购经理审核，完成审批流程方可进行款项支付。

企业应当遵循合同规定，选择合理的付款方式，并建立付款操作规范流程（如网银制单—审核）。企业在加强付款单金额和采购审核的同时，还需要注意出纳人员付款操作不当所带来的资金流失。

4. 采购付款业务的主要风险和防范措施

（1）采购付款环节的主要风险

采购付款环节的主要风险有付款审核流程执行不严格、付款方式不恰当或付款操作不规范，导致企业资金损失或者信用损失。

企业应加强采购付款的管理，明确付款人及审核人的相关责任和权利，严格审核采购合同、相关单据和凭证、审批环节程序的完整性等，确认审核无误后按照合同规定，选择付款方式，妥善办理各项付款手续。

为此，企业应重点关注以下方面：

一是企业在付款过程中，要严格审核相关单据及发票的真实性、合法性和合理性，并对经济业务的事项做出相关的有效判断；根据相关单据和实际情况判断采购款项是否应该支付，支付的具体金额是多少；审核发票的填制内容是否和出入库单据及发票、合同完全一致，发票的真实性和合规性、审批环节签字是否齐全，如发现异常情况，应拒绝向供应商付款，避免资金损失。

二是根据企业的生产经营实际需要，在符合法律法规的前提下，合理选择付款方式，尽量采取非现金形式支付，尤其应避免从个人账户直接办理支付，以保证符合相关法律法规。

三是制定预付账款和定金的授权审批制度，对于大额预付款项，及时追踪审核，跟进物资到库情况和发票开具情况，及时分析预付款的占比情况，预付期限和占用款项的合理性，发现有疑问的预付款项应及时反馈给负责人员，以保证企业的资产安全；企业应建立预付款监控流程，明确相关岗位的职责以明确责任，降低企业资金流失的风险。

四是加强应付款项管理，加大应付票据等往来款项的审核力度，定期与供应商核对账目，发现不符时及时查明原因，及时跟进并作出协调处理，同时，注意付款人员不能兼任采购相关职位。

五是建立供应商的退换货管理制度，供应商的合同中明确退货事宜，及时收回退货款；符合索赔条件的应当指定专人负责，在索赔期内及时办理索赔。

（2）采购付款业务应付账款管理操作流程改善

此外，企业应改善采购及付款业务应付账款操作流程，具体可参照表3-2、

表 3-3。

表 3-2 应付账款管理流程

流程名称	应付账款管理流程		版本号	A/O
流程编号	BGD-CWW-008	主管部门 财务部	流程层级	三级流程
流程目的	规范应付账款的支付和管理规定，对应付账款进行有效管理			
适用范围	适用于从应付账款对账到支付整个流程			

节点	供应链部	财务部	总经办	工作重点	控制文件
1		对账		按实际验收入库核对，单价按报价表	报价表 / 对账单
2		提交付款申请		单价齐全、规范	付款申请单 / 入库单
3		审核		审核与ERP系统中入库数据、账期是否相符	付款申请单
4			审批		财务规则制度
5		支付货款		审批手续是否齐全	资金管理制度
6		账务处理		科目选择	财务核算手册

编制		审核		批准	

表3-3 流程说明

编号	节点描述	重要输入	重要输出	责任部门	责任岗位	考核指标
1	采购人员核对供应商的账单	入库单、对账单	对账单	供应链部	采购主管	正确性
2	采购人员提交付款申请	对账单、入库单	付款申请单	供应链部	采购主管	正确性
3	财务部审核供应商付款申请	付款申请单	通过/不通过	财务部	总账会计、经理	出错率
4	总经办审批采购付款申请			总经办	总经理	
5	出纳支付货款	付款申请单	银行流水单	财务部	出纳	出错率
6	总账会计进行账务处理，核销应付账款	付款申请单、银行流水单	凭证、应付账款明细账	财务部	总账会计	正确性

(3) 资金支付业务流程与风险控制

资金支付要做到不相容责任部门职责分工和权限划分清晰，资金支付环节的业务风险主要集中在以下几个方面：

一是资金使用必须符合国家法律法规规定，否则企业可能会遭受相关处罚，给企业带来信用损失。

二是资金支付必须经过审批和授权操作，未经审批直接支付或超越权限审批直接支付，可能会产生重大差错，给企业带来直接经济损失，纵容舞弊行为发生。

三是资金记录不准确、不完整不仅造成企业账实不符资源流失，还会导致财务报表信息失真，容易引起法律诉讼，给企业带来信用损失。

在资金支付环节内部控制要做好以下几点：

一是企业财务部应结合企业自身的经营特点，在符合法律法规要求下，制定资金支付管理制度。

二是财务部负责人员根据自身的审批权限审批相应额度，审批额度超出权限的应由上级领导审批。

三是支付申请单审批通过后，资金专员或者出纳人员应审核申请单以保证支付款项符合企业的具体规定。

建设企业的内部控制制度，规范付款行为，企业要做到以下几点：

一是建立资金支付管理制度。

二是建立各项采购付款制度和财务管理制度。

三是建立采购人员的绩效考核制度，涉及财务部、采购部、总经理等相关人员。

采购成本在成本结构中占比过高，影响企业的生存和发展。为此，在保证采购质量的情况下，节约采购成本对企业来说非常重要，采购环节的内部控制可以降低采购与付款环节的风险，帮助企业持续改进。

企业在进行内部控制建设时：一要了解企业的业务运营流程和采购付款环节的具体情况；二要梳理采购与付款环节内部控制流程和环节，必要时可以运用优秀企业的案例作为参考，学习相关内部控制建设技巧；三要提出企业采购与付款环节内部控制的优化方案，提升管理层顶层意识，搭建科学合理的内部控制评价体系，加快企业文化建设，必要时可以聘请外部机构进行监管。

（九）示例：甲企业的采购内控管理分析

甲企业位于浙江省，成立于2016年12月，总资产2000万元，于2017年1月26日正式投产，是集研发、生产、供应、销售为一体的定制化办公用品有限责任公司。公司的四个生产车间（亚克力、不锈钢、铝合金、马口铁）主要生产及检测设备都达到了行业一流水平，以定制化产品为主。甲企业主要产品通过线上和线下销售，分别销往国内和东欧地区，目前在国内具有一定的市场优势。

1. 甲企业采购与付款环节所涉及的部门及其职责（见表3-4）

表3-4 采购与付款环节及相关部门职责

涉及部门	采购环节的职责
采购部	a. 根据生产情况和库存情况编制采购计划； b. 采购合同和采购订单的拟定； c. 执行采购计划； d. 跟进管理采购合同或采购订单的具体执行情况； e. 建立和完善供应商档案； f. 组织协助相关部门完成供应商开发和评估工作； g. 负责完成采购付款的相关环节和后续发票跟进等相关工作
仓库管理部	a. 对采购物资进行验收和库存管理； b. 在每月25日之前传递下月维修所需的备件数量、型号； c. 在一周内对采购物资出具检验报告
技术开发部	a. 制定采购物资的质量技术标准，提供采购所需物料的相关资料； b. 提供材料消耗定额
生产车间	a. 根据生产工单和销售情况提交产品生产计划或销售产品的物料清单； b. 提供生产材料消耗情况统计表； c. 反馈物料质量情况，协助财务部统计物料领耗情况
财务部	a. 负责对采购物资价格的审核； b. 按照采购合同规定向供应商付款

2. 甲企业采购与付款环节相关人员岗位职责（见表 3-5）

表 3-5　采购与付款环节相关人员的岗位职责

审批岗位	工作内容
总经理	a. 审核请购单； b. 审核采购询价单； c. 审核确定供应商； d. 签订采购合同； e. 审核采购付款申请单
采购经理	a. 开发新的供应商并确定合格的供应商； b. 复核请购单； c. 复核采购询价单； d. 复核采购合同
采购员	a. 整理供应商信息资料和储备新供应商资料供参考； b. 汇总、整理采购申请； c. 向上级提交采购申请单； d. 根据经审批的采购单申请采购； e. 提交采购计划和采购订单，负责供应商对账和付款等相关工作
财务经理	a. 对请购单进行审核； b. 审核采购付款申请单； c. 保证采购相关费用入账无误
出纳员	按审批额度支付资金
仓库管理员	a. 审核物料出入库单； b. 原材料等低于安全库存时审核申购单或采购计划； c. 审核验收物资，保证物资账实相符

3. 供应商管理情况

甲企业现有 45 家采购供应商，采购部门建立了供应商档案，列明了供应商的相关情况，包括企业名称、所供应产品、电话及联系人等相关信息及采购合作情况，并且制定了新品采购流程，对于新供应商进行特殊审批。一般采购人员负责潜在供应商的询价和比价，并上报采购经理，对于新品超过一万元的采购上报总经理审批。

4. 采购与付款环节的内部控制

目前，甲企业制定了《存货采购申请制度》《采购付款制度》《预算管理制度》等内部控制采购与付款相关制度。但各项制度并不完善，如《供应商的管理制度》和《采购质量管理制度》《进销存管理制度》及实施细则尚不完善，采购付款相关表单和付款申请单等内容和流程尚不清晰。

5. 甲企业采购与付款环节流程

甲企业采购与付款业务的关键流程如下：

（1）提出需求和采购计划；

（2）请购与审批；

（3）选择供应商；

（4）确定采购价格；

（5）订立框架协议或合同；

（6）管理供应过程；

（7）验收入库；

（8）付款。

显然，甲企业采购与付款相关内部控制制度还不够完善，没有明确的绩效考核标准考察内部控制制度的执行效果，容易发生内部舞弊行为，外部运营流程不规范也易给企业造成直接损失。

（十）采购环节的税收规划

采购环节的税收管理主要体现于以下几个方面：采购前，采购合同订立时应考虑税收影响因素；采购中，提高税收遵从度，保证业务真实性和票据合规性；采购后，有关资料凭证留档备查。从税收角度看，供应商可以分为自然人、小规模纳税人和一般纳税人；从企业自身看，可以分为小规模纳税人和一般纳税人。一般纳税人可以进行进项税额抵扣，因此企业在采购时首先要考虑是否符合增值税抵扣的条件，选用什么样的供应商节税。

采购环节涉及资金运动和发票行为，资金运动即付款方式可分两种情况：一种是向供应商支付一定的预付款项，物料验收入库后补足剩下的货款；另一种是物料通过质检入库后再补缴全部应付账款，后者有利于采购方资金节流和质量把控。

从实际经营和财务资金占用角度考虑，采购应从"采购成本低、存货不积压、不断货、有账期、有发票"等方面出发，降低企业在存货方面的资金占用，使存货周转率、应付账款周转率等运营效益指标得到有效改善，规避企业税收风险，降低企业整体税负，提高企业营利能力。

【示例】甲公司为一般纳税人，本月需采购某商品销售，含税价格为20000元。甲公司可以选择三种不同类型的纳税人作为供货方，从A、B、C进货含税价格分别为18000元、17000元和16500元。甲企业所在地城建税税率为7%，教育费附加征收率为3%，地方教育附加征收率为2%，企业所得税税率为25%，试比较三种方案的税后收益，并做出选择。

三家供货方情况如下：

A为增值税一般纳税人，税率为13%。

B 为开具增值税专用发票的小规模纳税人，不享受税收减免优惠情况下税率为3%。

C 为开具普通发票的小规模纳税人，税率为3%。

方案一

一般纳税人 A 为供应商，则甲公司产生的税费如下：

应纳增值税=20000÷(1+13%)×13%-18000÷(1+13%)×13%=230.08（元）

应缴纳城建税、教育费附加税和地方教育附加=230.08×12%=27.61（元）

应缴纳企业所得税=[20000÷(1+13%)-18000÷(1+13%)-27.61]×25%=435.58（元）

税后净利润=[20000÷(1+13%)-18000÷(1+13%)-27.61]×(1-25%)=1306.73（元）

方案二

选择可以开具增值税专用发票的小规模纳税人 B 作为供应商，则甲公司产生的税费如下：

应纳增值税=20000÷(1+13%)×13%-17000÷(1+3%)×3%=1805.73（元）

应缴纳城建税、教育费附加税和地方教育附加=1805.73×12%=216.69（元）

应缴纳企业所得税=[20000÷(1+13%)-17000÷(1+3%)-216.69]×25%=244.39（元）

税后净利润=[20000÷(1+13%)-17000÷(1+3%)-216.69]×(1-25%)=733.18（元）

方案三

以开具普通发票的小规模纳税人 C 为供应商，则甲公司产生的税费如下：

应纳增值税=20000÷(1+13%)×13%=2300.88（元）

应缴纳城建税、教育费附加税和地方教育附加=2300.88×12%=276.11（元）

应缴纳企业所得税=[20000÷(1+13%)-16500-276.11]×25%=230.76（元）

税后净利润=[20000÷(1+13%)-16500-276.11]×(1-25%)=992.04（元）

提示：当甲企业为小规模纳税人，在选择供应商时情况会发生变化，应重新考虑。

第七节　企业成长阶段合规体系建设

企业合规，即设置企业及分支组织员工的经营管理行为符合适用的法律法规、监管规定、行为准则和企业章程、规章制度以及国际条约、规则等的相关要求。企业在成长期要做好防范合规风险，完善制度制定、风险识别、合规审查、责任追究、绩效评价、合规培训等有组织、有计划的管理活动，合规管控应涵盖企业全生命周期，全体部门、全部员工要保证在决策、执行和监督、反馈的全方位合规。企业合规首先应有合规管理组织体系和合规管理制度体系，如此才能保证合规管理运行机制和保障机制。

一、合规管理的重点部门

（一）合规管理的落脚点在于业务部门

业务部门是合规管理责任部门，负责本领域业务的日常合规管理工作，关系企业的合规管控成效。因而，企业合规管理的立足点是业务部门。如果企业的管理制度和法务体系、财税体系相对完善，但是业务部门不按照相关流程去处理业务事项，不按照业务管理制度和流程完成工作，搭建合规管理体系也毫无意义。现实中企业的业务部门往往对于合规风险识别和隐患排查、合规预警较排斥，常常恶意逃避企业组织合规审查，不能直面法务部门所做的风险提示，对违规问题恶意隐瞒、敷衍了事。如果业务部门的合规问题不能得到解决，就无法保证财务和税务的合规性，使企业丧失财税合规管控的主动权。

（二）风险把控和合规建设

法律服务部门应整体统筹企业合规事项，从组织、协调、监督到事前的合规制度建设、合规方案计划、合同起草、合规把控、风险识别及预警以及各项制度建设，是企业所有部门合规管控的起点。企业在制度建设时，应遵循相关法律法规，结合企业实际，如果制度制定的出发点违背相关法律法规必然给企业带来重大损失；如果制度制定的环节与业务部门流程不一致，必然会导致业务部门难以实施，这意味着合规管控完全脱离企业的运营管理，存在重大违法违规风险。

（三）合规的反馈和结果在于纪检部门和审计等部门

纪检部门、企业内部审计或外部审计人员要履行违规审计和监督违规整改，纪检部门要加强工作协同和衔接，确保合规体系有效运行。

二、合规管控和流程再造的重点

企业合规管控应充分考虑大中小微不同企业的特点，既要针对大中型企业开展专项合规管控，也要针对小微企业开展简式合规管控。不同行业和不同规模的企业在搭建合规建设体系过程中要充分考虑企业的经营特点和业务模式，基于企业的组织结构。合规管控既是企业流程再造的过程，也是企业为精细化管理赋能，是实现财税合规规避风险的有效手段。为此，要做好以下工作。

一是设立合规部门，修订员工手册，制定评估业务合规管理制度，充分利用线上审批 OA 系统、钉钉等电子审批平台，组织开展企业全部门业务操作和技术规范培训，做好合规管理制度培训。

二是量身定制符合企业自身合规管理需求的合规管控体系，在治理模式、业务规模、员工数量、资金能力、风险防范等方面，要充分结合小微企业的特点，坚持成本和效益原则，基于企业合规计划制定、实施、验收评估等基本环节需求，简化程序、降低合规成本、实施与大中型企业不同的监管标准等简式合规管理。

三是对发生合规问题的企业和个人应落实责任，关注细节，保障合规体系可行；确有重大过错的涉案企业责任人依法予以惩处，针对企业内部治理结构、规章制度等问题开展合规整改，帮助企业弥补制度建设和监督管理方面的漏洞，从源头防止类似的问题再次发生。

三、企业合规建设重点关注的方面

2022 年 10 月，最高人民检察院发布第三批涉案企业合规典型案例，主要有非法获取计算机信息系统数据案、泄露内幕信息案、内幕交易案、提供虚假证明文件案、非法采矿案、串通投标案等，集中于数据合规、行业治理、信息保密合规、证券犯罪等方面，再次提醒了我们进行企业合规管控的重要性。

（一）业务活动

企业的经济业务活动关系到企业的生存发展，在经济业务活动发生时企业应重点关注授权审批，关注内部控制制度建设和执行情况，建立健全企业信用体系、关注企业信誉，注意反商业贿赂、反垄断、反不正当竞争，规范资产交易、招投标等相关活动。

（二）安全环保

安全环保也是关乎企业生存的根本性问题，国家多层面设置了禁业规定，很多地方要求企业设立完善消防安全和安全生产等相关制度。因此，企业必须严格执行国家安全生产、环境保护法律法规，完善企业生产规范和安全环保制度，加强监督检查，以便及时发现问题并加以整改。

（三）产品质量

产品质量直接关系到企业的信用和成本，关系到企业能否长久经营，尤其是食品药品行业的企业在成立时就必须建立完善的质量管理体系，提供优质产品和服务。产品质量标准需满足标准性和程序性两个方面要求，标准包括国家标准和行业标准等，程序包括强制性认证、企业产品召回等程序。

（四）劳动关系

劳动关系是企业管理的重心之一，企业应按照《中华人民共和国劳动法》《中华人民共和国社会保险法》等相关法律建立完善的人力资源体系，以保证用工关系符合法律法规。良好的用工关系可以降低企业的涉诉成本并提高企业的运营效率，企业的核心竞争力归根到底是人才的竞争。

（五）财务合规

企业财务合规的基本规范是核算基本规范，包括企业会计从业人员的资格审查、会计从业人员的管理、会计监督、会计凭证及账簿的管理等相关方面，财务合规需要保证业财融合、基础业务流程与管理决策流程相融合或决策支持前置、业务财务融合。

财务流程再造是对财务流程的分析、优化与重新设计，实现业财融合。业财融合是把数据与流程充分结合，财务人员需要把法律合规问题、财务核算的原则和税务管控嵌入业务活动中。对于财务人员而言，不再局限于凭证、报表、单据的传统核算，而应将眼界扩展至行业、客户、供应商，跳出财务的固式思维着眼于企业的战略规划、行业政策与趋势、商业模式、竞争者、企业内部的管控需要来做事前规划。

以顾客为导向或以业务流程为导向，以先进的信息技术和网络技术为流程再造基础，财务共享建设或财务信息化建设是企业财务流程再造的核心。

财务共享建设和财务信息化建设的核心是业务处理流程、岗位操作规范和管理制度三个方面的完善，具体包括总账管理、应付账款管理、应收账款管理、资产管理、成本管理、现金管理、费用报销管理等。如：应付账款的管理核心在于发票采集信息认证、数据及业务处理匹配、支付三个方面。对于支付可以通过 ERP 系统的应付账款模块导出网银接口标准的支付数据，通过网银或者银企互联完成支付操作，提高工作效率和准确度并实现信息共享；核心订单及合同管理、开票及收入确认、收款及票据管理、对账反馈和内部控制等可以将财务的管理充分嵌入销售环节和对账环节等相关流程，既能使职责权利明确、完善复核流程，又能使各部门之间相互牵制减少舞弊，部分信息化平台还具有防止数据篡改功能，保证了业务的真实性和合规性，财务数据和业务部门的数据同步共享，给企业运营带来很大的效益。费用报销流程是财务信息化建设的重点，体现企业财务管理水平高低，尤其对于资金集中管理的企业来说，基于应付和费用报销流程，可以优化下级单位的资金效率。

财务流程分析应关注以下几个方面：①考虑业务全流程，销售环节要完善收款、信用管理，帮助企业创收，保证企业的良性运作；生产环节可以做好企业的成本控制，考虑资源分配的不均衡性和对企业收入、成本、税费的影响，保证财务核算的可行性是做好财务核算的根本。②考虑流程的层级和交叉，企业的所有流程在执行过程中都要借助信息化软件，实现业务流程管理标准化—流程信息化—信息表单化，有效的表单管控可实现审批流程的完善和业务环节的合规控制。

（六）税务合规

依法纳税是企业应尽的重要义务。企业在完善合规管理制度时，应健全完善财务内部控制体系，严格执行财务操作和审批流程，严守财经纪律，强化依法纳税意识，严格遵守税收法律政策。财务税收风险管理应关注税务战略管理风险、税务运营风险控制和税务日常管理三个层级。税务战略管理风险是企业投融资和收益分配的战略决策方面的风险；税务运营风险控制指的是企业在供产销和竞争性战略策划过程中所面临的涉税风险控制；税务日常管理风险是企业在会计核算、纳税申报和涉税事项中所面临的涉税风险，既有"多交税"的风险，也有"少交税"的风险。

四、企业合规涉案处罚规定

（一）串通投标罪

《刑法》第二百二十三条规定，投标人相互串通投标报价，损害招标人或者其他投标人利益，情节严重的，处三年以下有期徒刑或者拘役，并处或者单处罚金。

最高人民检察院、公安部《关于公安机关管辖的刑事案件立案追诉标准的规定（二）》（2022修订）（以下简称《立案追诉标准规定（二）》）第六十八条规定：〔串通投标案（刑法第二百二十三条）〕投标人相互串通投标报价，或者投标人与招标人串通投标，涉嫌下列情形之一的，应予立案追诉：

（1）损害招标人、投标人或者国家、集体、公民的合法利益，造成直接经济损失数额在五十万元以上的；

（2）违法所得数额在二十万元以上的；

（3）中标项目金额在四百万元以上的；

（4）采取威胁、欺骗或者贿赂等非法手段的；

（5）虽未达到上述数额标准，但二年内因串通投标受过二次以上行政处罚，又串通投标的；

（6）其他情节严重的情形。

（二）非法经营罪

《刑法》第二百二十五条规定：违反国家规定，有下列非法经营行为之一，扰乱市场秩序，情节严重的，处五年以下有期徒刑或者拘役，并处或单处违法所得一倍以上五倍以下罚金；情节特别严重的，处五年以上有期徒刑，并处违法所得一倍以上五倍以下罚金或者没收财产：

（1）未经许可经营法律、行政法规规定的专营、专卖物品或者其他限制买卖的物品的；

（2）买卖进出口许可证、进出口原产地证明以及其他法律、行政法规规定的经营许可证或者批准文件的；

（3）未经国家有关主管部门批准非法经营证券、期货、保险业务的，或者非法从事资金支付结算业务的；

（4）其他严重扰乱市场秩序的非法经营行为。

（三）非法吸收公众存款罪

《刑法》第一百七十六条规定，非法吸收公众存款或者变相吸收公众存款，扰乱金融秩序的，处三年以下有期徒刑或者拘役，并处或者单处罚金；数额巨大或者有其他严重情节的，处三年以上十年以下有期徒刑，并处罚金。数额特别巨大或者有其他特别严重情节的，处十年以上有期徒刑，并处罚金。

（四）集资诈骗罪

《刑法》第一百九十二条规定，以非法占有为目的，使用诈骗方法非法集资，数额较大的，处三年以上七年以下有期徒刑，并处罚金；数额巨大或者有其他严重情节的，处七年以上有期徒刑或者无期徒刑，并处罚金或者没收财产。

（五）诈骗罪

《刑法》第二百六十六条规定，诈骗公私财物，数额较大的，处三年以下有期徒刑、拘役或者管制，并处或者单处罚金；数额巨大或者有其他严重情节的，处三年以上十年以下有期徒刑，并处罚金；数额特别巨大或者有其他特别严重情节的，处十年以上有期徒刑或者无期徒刑，并处罚金或者没收财产。本法另有规定的，依照规定。

（六）职务侵占罪

《刑法》第二百七十一条第一款规定，公司、企业或者其他单位的工作人员，利用职务上的便利，将本单位财物非法占为己有，数额较大的，处三年以下有期徒刑或者拘役，并处罚金；数额巨大的，处三年以上十年以下有期徒刑，并处罚金；数额特别巨大的，处十年以上有期徒刑或者无期徒刑，并处罚金。

（七）挪用资金罪

《刑法》第二百七十二条规定，公司、企业或者其他单位的工作人员，利用职务上的便利，挪用本单位资金归个人使用或者借贷给他人，数额较大、超过三个月未还的，或者虽未超过三个月，但数额较大、进行营利活动的，或者进行非法活动的，处三年以下有期徒刑或者拘役；挪用本单位资金数额巨大的，处三年以上七年以下有期徒刑；数额特别巨大的，处七年以上有期徒刑。

（八）行贿罪

《刑法》第三百八十九条规定，为谋取不正当利益，给予国家工作人员以财物的，是行贿罪。

（九）虚开增值税专用发票

《刑法》第二百零五条规定：虚开增值税专用发票或者虚开用于骗取出口退税、抵扣税款的其他发票的，处三年以下有期徒刑或者拘役，并处二万元以上二十万元以下罚金；虚开的税款数额较大或者有其他严重情节的，处三年以上十年以下有期徒刑，并处五万元以上五十万元以下罚金；虚开的税款数额巨大或者有其他特别严重情节的，处十年以上有期徒刑或者无期徒刑，并处五万元以上五十万元以下罚金或者没收财产。

单位犯本条规定之罪的，对单位判处罚金，并对其直接负责的主管人员和其他直接责任人员，处三年以下有期徒刑或者拘役；虚开的税款数额较大或者有其他严重情节的，处三年以上十年以下有期徒刑；虚开的税款数额巨大或者有其他特别严重情节的，处十年以上有期徒刑或者无期徒刑。

虚开增值税专用发票或者虚开用于骗取出口退税、抵扣税款的其他发票，是指有为他人虚开、为自己虚开、让他人为自己虚开、介绍他人虚开行为之一的。

（十）逃税罪

《刑法》第二百零一条规定：纳税人采取欺骗、隐瞒手段进行虚假纳税申报或者不申报，逃避缴纳税款数额较大并且占应纳税额百分之十以上的，处三年以下有期徒刑或者拘役，并处罚金；数额巨大并且占应纳税额百分之三十以上的，处三年以上七年以下有期徒刑，并处罚金。

扣缴义务人采取前款所列手段，不缴或者少缴已扣、已收税款，数额较大的，依照前款的规定处罚。对多次实施前两款行为，未经处理的，按照累计数额计算。

五、企业前期常见的财税合规问题

（一）未建账

企业成立之初，财务核算比较薄弱，不能满足企业的管理需要，是比较常见的问题，极容易导致"两套账"发生。

《中华人民共和国税收征收管理法实施细则》第二十二条规定，从事生产、经营的纳税人应当自领取营业执照或者发生纳税义务之日起 15 日内，按照国家有关规定设置账簿。

《中华人民共和国税收征收管理法实施细则》第二十四条规定，从事生产、经营的纳税人应当自领取税务登记证件之日起 15 日内，将其财务、会计制度或者财务、会计处理办法报送主管税务机关备案。

《中华人民共和国税收征收管理法》第六十条规定，未按照规定设置、保管账簿或者保管记账凭证和有关资料的，未按照规定将财务、会计制度或者财务、会计处理办法和会计核算软件报送税务机关备查的，由税务机关责令限期改正，可以处二千元以下的罚款；情节严重的，处二千元以上一万元以下的罚款。

（二）纳税申报

企业只有符合"无税不申报"的条件才可以不进行纳税申报；否则会产生罚款和滞纳金。不按期申报，税务机关责令限期改正，可以处 2000 元以下罚款；情节严重的，可以处 2000 元以上 10000 元以下罚款。对于不进行纳税申报不缴、少缴应纳税款行为，一般由税务机关追缴其不缴少缴的税款、滞纳金，并处不缴或少缴税款百分之五十以上五倍以下罚款。

"无税不申报"的适用范围为：无发票票种核定的小规模纳税人，必须符合当期全部收入为零且发票票种未核定的情况，企业已经申请发票票种核定、领购发票的纳税人不适用；属于增值税小规模纳税人，包括国家机关、企事业单位、社会团体等，但不包括个体工商户、个人独资企业和合伙企业。"无税不申报"适用税（费）种范围：增值税和消费税及其附加税费、印花税、土地增值税、资源税、环境保护税、车船税、车辆购置税、烟叶税、耕地占用税、契税、文化事业建设费等 15 个税（费）种。企业涉及企业所得税、个人所得税、房产税和土地使用税，必须进行纳税申报。

《中华人民共和国税收征收管理法》第二十五条第一款明确规定，纳税人必须依照法律行政法规或者税务机关依照法律行政法规规定确定的申报期限、申报内容如实办理纳税申报，报送纳税申报表、财务会计报表以及税务机关根据实际需要要求纳税人报送的其他纳税资料。

《中华人民共和国税收征收管理法》明确规定，依法应当办理税务登记而未按规定办理税务登记造成不缴、少缴应纳税款的，应当按偷税论处。

(三) 涉及个人所得税、社会保险等风险

不签合同不用缴纳社会保险是违法行为，劳务派遣用工企业承担社保费用，员工承诺弃缴社会保险以其他方式补偿的不受法律保护，退休返聘人员视各地核定单位缴费基数政策，符合条件可以不缴纳。自2019年1月1日起，基本养老保险费、基本医疗保险费、失业保险费、工伤保险费、生育保险费等各项社会保险费交由税务部门统一征收。税务机关在对工资薪金进行合理性确认时，遵循以下几个原则：

（1）企业制订较为规范的员工工资薪金制度；

（2）企业所制订的工资薪金制度符合行业及地区水平；

（3）企业在一定时期所发放的工资薪金是相对固定的，工资薪金的调整是有序进行的；

（4）企业对实际发放的工资薪金，已依法履行了代扣代缴个人所得税义务；

（5）有关工资薪金的安排，不以减少或逃避税款为目的。

《中华人民共和国社会保险法》第五十八条规定，用人单位应当自用工之日起三十日内为其职工向社会保险经办机构申请办理社会保险登记。

《中华人民共和国劳动合同法》规定，试用期应包括在劳动合同期中。也就是说，在试用期间企业必须为员工缴纳社会保险费。

《中华人民共和国社会保险法》第十条规定，无雇工的个体工商户、未在用人单位参加基本养老保险的非全日制从业人员以及其他灵活就业人员可以参加基本养老保险，由个人缴纳基本养老保险费。

《中华人民共和国社会保险法》第二十三条规定，无雇工的个体工商户、未在用人单位参加职工基本医疗保险的非全日制从业人员以及其他灵活就业人员可以参加职工基本医疗保险，由个人按照国家规定缴纳基本医疗保险费。

第四章
企业退出期的财税合规操作

第一节 企业退出的常见方式

企业有吊销、撤销和注销等不同的解散方式，这些是企业常见的退出市场的方式。

吊销是指企业违反工商行政管理法规，被市场监管机构以强制手段剥夺经营资格，是行政机关对企业实施的最严厉的行政处罚程序。撤销是对企业已经完成的登记行为的否定，是行政机关的纠错行为，撤销将使企业丧失法律效力。撤销的前提是自始不符合登记条件，但通过非法情形进行登记，通常是登记人员滥用职权、违反法定程序或申请人提供虚假资料、隐瞒重要事实等情况导致。注销是企业合法退出市场的唯一方式，是一种行政许可行为，只有符合注销条件的企业才能申请。

个体工商户可以走简易注销操作流程，完成清税事项办理工商注销登记，也可以根据《促进个体工商户发展条例》第十三条规定，自愿变更经营者或者转型为企业。变更经营者的，可以直接前往主体登记机关申请办理变更登记。涉及有关行政许可的，行政许可部门应简化手续，依法为个体工商户提供便利。

一、吊销的常见情况

吊销是市场监管机构根据国家工商行政法规对违法的企业法人作出的一种行政处罚。常见的企业被吊销营业执照的情形如下。

（1）登记时隐瞒真实情况、弄虚作假或者未经核准登记注册擅自开业的；

（2）伪造、涂改、出租、出借、转让或者出卖《企业法人营业执照》及《企业法人营业执照》副本的；

（3）擅自改变主要登记事项或者超出核准登记的经营范围从事经营活动的；

（4）不按照规定办理注销登记的；

（5）企业成立后无正当理由超过 6 个月未开业的，或者开业后自行停业连续 6 个月以上的，可以由企业登记机关吊销营业执照；

（6）逃避工商年检超过既定年限的。

二、企业营业执照被吊销的后果

企业营业执照被吊销的后果主要有：

（1）根据《公司法》相关规定 3 年内不能担任其他新企业法定代表人；

（2）影响个人信用和征信系统，无法正常办理贷款；

（3）失信人员被限制高消费，不能购买机票、高铁票，无法办理移民；

（4）按拖延日期缴纳罚款及滞纳金等。

吊销营业执照后，不能从事正常的经营活动，但依然作为诉讼主体和债务承担主体。被吊销执照的企业应办理解散、清算和注销手续。

根据《市场监督管理严重违法失信企业名单管理办法》，提交虚假材料或者采用其他欺诈手段隐瞒重要事实，取得公司变更或者注销登记，被撤销登记的，将被列入严重失信企业名单，企业的法定代表人、负责人 3 年内不得担任其他企业的法定代表人、负责人，通过国家企业信用信息公示系统进行公示，并与其他部门共同实施联合惩戒措施。

三、企业依法注销退出市场基本程序

注销是依申请而作出的一种行政许可行为，只有符合注销条件的企业才能申请，通常包括被依法宣告破产、章程规定的营业期限届满或者其他解散事由出现，因合并、分立解散，被依法责令关闭等情况。

企业终止经营活动退出市场，需要经历决议解散、清算分配和注销登记三个主要过程。以公司为例，按照《公司法》规定，公司在退出市场正式终止前，须依法宣告解散、成立清算组进行清算，清理公司财产、清缴税款、清理债权债务，支付职工工资、社会保险费用等，待公司清算结束后，应制作清算报告并办理注销公司登记，公告公司终止。

已注销企业如果没有及时清理税务，同样面临被要求补税的情况。

【示例】某合伙企业投资项目结束后，在没有缴纳相关税款情况下将全部收益分配给了自然人合伙人。在注销公司登记后，该企业被审计署发布交办任务到国家税务总局，要求查实企业情况并层层上报。

除了已经注销的企业，该企业所在地的税务机关也收到协查通知，要求该企业提交经营数据核查。

出现此种问题，是由于企业内部管理失控，给合伙人分配收益时没有扣掉相应税款，从而面临向投资人追要税款的情况，企业名誉受损害。

（一）解散

解散是企业因出现法定解散事由时，停止经营活动，并进入清算程序直至终止法人资格的法律行为。

1. 自愿解散

自愿解散是指基于企业或股东的意愿而导致的企业解散。以公司为例，解散包括公司章程规定的营业期限届满或者公司章程规定的其他解散事由出现；股东会或者股东大会决议解散；因公司合并或者分立需要解散等。其中，有限责任公司股东会对公司解散作出决议，必须经代表 2/3 以上的表决权的股东通过；股份公司股东大会对公司解散作出决议，必须经出席会议的股东所持表决权的 2/3 以上通过。国有独资公司的解散，必须由国有资产监督管理机构决定；其中，重要的国有独资公司解散，应当由国有资产监督管理机构审核后，报本级人民政府批准。

2. 强制解散

强制解散是指非依企业或股东自己的意愿，而是基于政府有关机关的决定命令或法院的裁决而发生的解散，通常分为行政决定解散与司法判决解散。行政决定解散，企业因其行为违反了法律法规而损害了社会公共利益或公共秩序从而被行政主管机关依职权责令解散的情形，包括依法被吊销营业执照、责令关闭或者被撤销。司法判决解散，因企业经营管理发生严重困难，继续存续会使股东利益受到重大损失，通过其他途径不能解决的，持有企业全部股东表决权百分之十以上的股东向人民法院提起解散企业诉讼，请求人民法院解散。

（二）清算

企业作出解散决议后，应当进行清算。企业清算的重要内容是清理企业资产，清结各项债务，终结现存的各种法律关系。清算的目的在于保护企业债权人的利益、企业股东的利益以及社会公共利益。除因合并、分立而解散外，企业解散时都应当进行清算。对企业进行清算是必要程序，是依法退出市场的有效手段；通过对企业清算，使相关权利义务得以消灭和转移，企业才能最终终止。

企业的清算是指在企业面临终止的情况下，负有清算义务主体按照法律规定的方式、程序对企业的资产、负债、股东权益等企业的状况作全面的清理和处置，使企业与其他社会主体之间产生的权利和义务归于消灭，从而为企业的终止提供合理依据的行为。企业清算的目的在于使企业与其他社会主体之间产生的权利和义务归于消灭，从而为企业的终止提供合理依据。企业的终止涉及众多利益主体的切身利益，因此企业要终止，必须对相关权利义务予以处置和解决。

1. 成立清算组

企业在解散事由出现之日起15日内成立清算组，负责清理企业的财产和债权债务。有限责任公司的清算组由公司股东组成（公司股东为法人的，可指派相关人员参与清算），股份有限公司的清算组由董事或者股东大会确定的人员组成。逾期不成立清算组进行清算的，债权人可以申请人民法院指定有关人员组成清算组进行清算。

2. 发布清算组信息和债权人公告

清算组自成立之日起10日内，由申请人通过国家企业信用信息公示系统公告清算组信息。同时，清算组应当自成立之日起10日内通知债权人，并于60日内依法通过报纸发布债权人公告，也可通过国家企业信用信息公示系统免费向社会发布债权人公告，公告期为45日。

3. 开展清算活动

清算组负责清理企业财产，分别编制资产负债表和财产清单；处理与清算有关企业未了结的业务；缴纳行政机关、司法机关的罚款和罚金；向海关和税务机关清缴所欠税款以及清算过程中产生的税款并办理相关手续，包括滞纳金、罚款、缴纳减免税货物提前解除海关监管需补缴税款以及提交相关需补办许可证件，办理企业所得税注销清算、办理土地增值税清算、结清出口退（免）税款、缴销发票和税控设备等；存在涉税违法行为的纳税人应当接受处罚缴纳罚款；清理债权、债务；处理企业清偿债务后的剩余财产等。

4. 分配企业财产

清算组在清理企业财产、编制资产负债表和财产清单后，应当制定清算方案，并报股东会、股东大会或者人民法院确认。企业财产在分别支付清算费用、职工的工资、社会保险费用和法定补偿金，缴纳所欠税款，清偿公司债务后的剩余财产，有限责任公司按照股东的出资比例分配，股份有限公司按照股东持有的股份比例分配。清算期间，企业存续，但不得开展与清算无关的经营活动。企业财产在未依照前款规定清偿前，不得分配给股东。

5. 制作清算报告

清算组在清算结束后，应制作清算报告，报股东会、股东大会或者人民法院确认，并报送企业登记机关，申请注销企业登记，公告企业终止。

四、企业破产清算

根据《中华人民共和国企业破产法》，债务人不能清偿到期债务，并且资产不足以清偿全部债务或者明显缺乏清偿能力的,可以向人民法院提出重整、和解或者破产清算申请。债务人不能清偿到期债务,债权人可以向人民法院提出对债务人进行重整或者破产清算的申请。企业法人已解散但未清算或者未清算完毕,资产不足以清偿债务的,依法负有清算责任的人应当向人民法院申请破产清算。人民法院裁定受理破产申请的,应当同时指定管理人。

破产清算期间,企业会有继续履行合同、生产经营或者处置财产等行为,这些行为常涉及发票开具需求,也可能产生增值税、印花税、土地增值税等税收。对此,《国家税务总局关于税收征管若干事项的公告》(国家税务总局公告2019年第48号)规定:在人民法院裁定受理破产申请之日至企业注销之日期间,企业应当接受税务机关的税务管理,履行税法规定的相关义务。破产程序中如发生应税情形,应按规定申报纳税。从人民法院指定管理人之日起,管理人可以按照《中华人民共和国企业破产法》第二十五条规定,以企业名义办理纳税申报等涉税事宜。企业因继续履行合同、生产经营或处置财产需要开具发票的,管理人可以以企业名义按规定申领开具发票或者代开发票。

第二节 企业注销的基本流程

普通注销流程适用于各类企业。企业在完成清算后,需要分别注销税务登记、企业登记、社会保险登记,涉及海关报关等相关业务的企业,还需要办理海关报关单位备案注销等事宜。

一、申请注销税务登记

纳税人办理注销税务登记之前,应当向税务机关提交相关证明文件和资料,结清应纳税款、退(免)税款、滞纳金和罚款,缴销发票、税务登记证件和其他税务证件,经税务机关核准后,办理注销税务登记手续。

【示例】:K公司因发展出现问题,决定停止经营。企业安排会计人员办理注销手续,准备注销相关资料,于电子税务局申请及上交资料。该公司的税管员发现财报中有原材料、库存商品830余万元,要求补齐资料。

事后,税务稽查人员要求查看库存及账簿,查阅了前五年的仓库出入库账,发现以下问题:830万元进项转出,13%的增值税以及附加税、滞纳金共220万元,罚款160万元,合计380万元,都没有处理。

《中华人民共和国税收征收管理法实施细则》第十五条规定,纳税人发生解散、破产、撤销以及其他情形,依法终止纳税义务的,应当在向工商行政管理机关或者其他机关办理注销登记前,持有关证件向原税务登记机关申报办理注销税务登记；按照规定不需要在工商行政管理机关或者其他机关办理注册登记的，应当自有关机关批准或者宣告终止之日起 15 日内，持有关证件向原税务登记机关申报办理注销税务登记。《中华人民共和国税收征收管理法实施细则》第十六条规定，纳税人在办理注销税务登记前，应当向税务机关结清应纳税款、滞纳金、罚款、缴销发票、税务登记证件和其他税务证件。

《公司法》第一百八十六条规定，公司财产在分别支付清算费用、职工的工资、社会保险费用和法定补偿金，缴纳所欠税款，清偿公司债务后剩余财产，有限责任公司按照股东的出资比例分配，股份有限公司按照股东持有的股份比例分配。

《中华人民共和国企业破产法》第一百一十三条规定，破产财产在优先清偿破产费用和共益债权后，依照下列顺序清偿。

（1）破产人所欠职工的工资和医疗、伤残补助、抚恤费用，所欠的应当划入职工个人账户的基本养老保险、基本医疗保险费用，以及法律、行政法规规定应当支付给职工的补偿金；

（2）破产人欠缴的除前项规定以外的社会保险费用和破产人所欠税款；

（3）普通破产债权。

破产财产不足以清偿同一顺序的清偿要求的，按照比例分配。

破产企业的董事、监事和高级管理人员的工资按照该企业职工的平均工资计算。律师在办理破产清算案件时重点之一是识别企业应付税款性质，属于破产企业债务或破产清算费用，分别适用于不同的清偿顺序。按照《公司法》《中华人民共和国企业破产法》等有关规定，税收被列入第二清偿顺序。

纳税人向税务部门申请办理注销时，税务部门进行税务注销预检，检查纳税人是否存在未办结事项。具体如下。

未办理过涉税事宜的纳税人，主动到税务部门办理清税的，税务部门可根据纳税人提供的营业执照即时出具清税文书。

符合容缺即时办理条件的纳税人，在办理税务注销时，资料齐全的，税务部门即时出具清税文书；若资料不齐，可在作出承诺后，税务部门即时出具清税文书。纳税人应按承诺的时限补齐资料并办结相关事项。容缺办理具体条件如下。

（1）办理过涉税事宜但未领用发票（含代开发票）、无欠税（滞纳金）及罚款的纳税人，主动到税务部门办理清税的；

（2）未处于税务检查状态、无欠税（滞纳金）及罚款、已缴销增值税专用发票及税控设备，且符合下列情形之一的纳税人：

· 纳税信用级别为 A 级和 B 级的纳税人；

·控股母公司纳税信用级别为 A 级的 M 级纳税人；

·省级人民政府引进人才或经省级以上行业协会等机构认定的行业领军人才等创办的企业；

·未纳入纳税信用级别评价的定期定额个体工商户；

·未达到增值税纳税起征点的纳税人。

不符合承诺制容缺即时办理条件的（或虽符合承诺制容缺即时办理条件但纳税人不愿意承诺的），税务部门向纳税人出具《税务事项通知书》（告知未结事项），纳税人先行办理完毕各项未结事项后，方可申请办理税务注销。

经人民法院裁定宣告破产的企业，管理人持人民法院终结破产程序裁定书申请税务注销的，税务部门即时出具清税文书。①

纳税人办理税务注销前，无须向税务机关提出终止"委托扣款协议书"申请。税务机关办结税务注销后，委托扣款协议自动终止。

另外，注销税务登记时应办理发票缴销手续。根据《国务院关于修改〈中华人民共和国发票管理办法〉的决定》（中华人民共和国国务院令第 587 号）第二十八条规定，开具发票的单位和个人应当在办理变更或者注销税务登记的同时，办理发票和发票领购簿的变更、缴销手续。根据《网络发票管理办法》（国家税务总局令第 30 号）第十条规定，开具发票的单位和个人应当在办理变更或者注销税务登记的同时，办理网络发票管理系统的用户变更、注销手续并缴销空白发票。

二、申请注销操作流程

清算组向登记机关提交注销登记申请书、股东会决议、清算报告和清税证明等相关材料申请注销登记。登记机关和税务机关已共享企业清税信息的，企业无须提交纸质清税证明文书；领取了纸质营业执照正副本的，缴回营业执照正副本。

国有独资公司申请注销登记，还应当提交国有资产监督管理机构的决定。其中，国务院确定的重要的国有独资公司，还应当提交本级人民政府的批准文件。有分支机构的企业申请注销登记，应当提交分支机构的注销登记证明。

---

① 参见《国家税务总局关于深化"放管服"改革 更大力度推进优化税务注销办理程序工作的通知》。

（一）企业注销登记材料

企业注销登记须提交的材料如表 4-1 所示。

表 4-1　公司注销登记提交材料

序号	材料名称	材料来源	必要性	其他要求
1	企业注销登记申请书	申请人自备	必要	具体填写要求详见申请书注释；按照承诺制办理的，一并提交承诺书
2	公司依照《公司法》作出解散的决定或决议	申请人自备	容缺后补	
	或人民法院的破产裁定、解散裁判文书	中介机构或法定机构产生	必要	
	或行政机关责令关闭、撤销企业的文件	政府部门核发	必要	
3	股东会、股东大会、一人有限责任公司的股东或者人民法院、公司批准机关备案、确认的清算报告	申请人自备	必要	有限责任公司由代表三分之二以上表决权的股东签署确认；一人有限责任公司由股东签署确认；股份有限公司由股东大会会议主持人及出席会议的董事签字确认。公司破产程序终结后办理注销登记的，不提交此项材料，提交人民法院关于破产程序终结的裁定书
4	国有资产监督管理机构的决定	政府部门核发	必要	国务院确定的重要的国有独资公司，还应当提交本级人民政府的批准文件复印件
5	清税证明	政府部门核发	必要	经登记机关在线核查已办结清税手续的，无须提交纸质清税文书
6	报纸公告样张	申请人自备	必要	仅通过报纸发布债权人公告的，需要提交依法刊登公告的报纸样张。清算组自成立之日起 10 日内，应登录国家企业信用信息公示系统向社会免费公示清算组信息，并于 60 日内通过国家企业信用信息公示系统发布债权人公告（也可在报纸上发布公告），公告期为 45 个自然日
7	人民法院指定企业破产管理人的决定书	中介机构或法定机构产生	必要	人民法院指定其为清算人、破产管理人的证明；清算人、破产管理人申请注销登记的需提交
8	批准文件（许可证件）	政府部门核发	必要	法律、行政法规和国务院决定规定注销公司必须报经批准的，提交有关批准文件的复印件
9	营业执照	政府部门核发	容缺后补	已领取纸质版营业执照的缴回营业执照正、副本

序号	材料名称	材料来源	必要性	其他要求
10	合并协议	申请人自备	必要	因合并、分立而解散的企业，不进行清算的，办理企业注销登记时无须提交此规范第3项材料，提交合并协议或分立决议、决定。合并协议、分立决议或决定中载明解散企业需办理清算的，在办理注销登记时需提交清算报告
	或分立决议（决定）	申请人自备	必要	因合并、分立而解散的企业，不进行清算的，办理企业注销登记时无须提交此规范第3项材料，提交合并协议或分立决议、决定。合并协议、分立决议或决定中载明解散企业需办理清算的，在办理注销登记时需提交清算报告

（二）申请注销社会保险登记

企业应当自办理企业注销登记之日起30日内，向原社会保险登记机构提交注销社会保险登记申请和其他有关注销文件，办理注销社会保险登记手续。在办理注销社会保险登记前，应当清缴社会保险费欠费。

（三）申请办理海关报关单位备案注销

涉及海关报关相关业务的企业，可通过国际贸易"单一窗口"（http：//www.singlewindow.cn）、"互联网+海关"（http：//online.customs.gov.cn）等方式向海关提交报关单位注销申请，也可通过市场监管部门与海关联网的注销"一网"服务平台提交注销申请。对于已在海关备案，存在欠税（含滞纳金）及罚款等其他未办结涉税事项的纳税人，应当在办结海关报关单位备案注销后，向市场监管部门申请注销企业登记。

（四）简易注销流程

（1）适用对象：未发生债权债务或已将债权债务清偿完结的市场主体（上市股份有限公司除外）。市场主体在申请简易注销登记时，不应存在未结清清偿费用、职工工资、社会保险费用、法定补偿金、应缴纳税款（滞纳金、罚款）等债权债务。

企业有下列情形之一的，不适用简易注销程序：涉及国家规定实施准入特别管理措施的外商投资企业；被列入企业经营异常名录或严重违法失信企业名单的；存在股权（投资权益）被冻结、出质或动产抵押等情形；有正在被立案调查或采取行政强制、司法协助、被予以行政处罚等情形的；企业所属的非法人分支机构未办理注销登记的；曾被终止简易注销程序的；法律、行政法规或者国务院决定规定在注销登记前需经批准的；不适用企业简易注销登记的其他情形。

企业存在"被列入企业经营异常名录""存在股权（投资权益）被冻结、出质或动产抵押等情形""企业所属的非法人分支机构未办注销登记的"等不适用简易注销登记程序的，无须撤销简易注销公示，待异常状态消失后可再次依程序公示申请简易注销登记。

对于承诺书文字、形式填写不规范的，市场监管部门在市场主体补正后予以受理其简易注销申请，无须重新公示。

符合市场监管部门简易注销条件，未办理过涉税事宜，办理过涉税事宜但未领用发票（含代开发票）、无欠税（滞纳金）及罚款且没有其他未办结涉税事项的纳税人，免予到税务部门办理清税证明，可直接向市场监管部门申请简易注销。

（2）办理流程：①符合适用条件的企业登录注销"一网"服务平台或国家企业信用信息公示系统《简易注销公告》专栏，主动向社会公告拟申请简易注销登记及全体投资人承诺等信息，公示期为20日。②公示期内，有关利害关系人及相关政府部门可以通过国家企业信用信息公示系统《简易注销公告》专栏"异议留言"功能，提出异议并简要陈述理由；超过公示期，公示系统不再接受异议。③税务部门通过信息共享获取市场监管部门推送的拟申请简易注销登记信息后，应按照规定的程序和要求，查询税务信息系统核实相关涉税情况，对经查询系统显示为以下情形的纳税人，税务部门不提出异议：一是未办理过涉税事宜的纳税人；二是办理过涉税事宜但未领用发票（含代开发票）、无欠税（滞纳金）及罚款且没有其他未办结涉税事项的纳税人；三是查询时已办结缴销发票、结清应纳税款等清税手续的纳税人。④公示期届满后，在公示期内无异议的，企业应当在公示期满之日起20日内向登记机关办理简易注销登记；期满未办理的，登记机关可根据实际情况予以延长时限，宽展期最长不超过30日。企业在公示后，不得从事与注销无关的生产经营活动。企业（以北京为例）办理简易注销登记所需提交的文件材料如表4-2所示。

表4-2　企业办理简易注销登记需提交材料

序号	材料名称	材料来源	必要性	其他要求
1	企业注销登记申请书	申请人自备	必要	具体填写要求详见申请书注释；按照承诺制办理的，一并提交承诺书
2	营业执照	政府部门核发	容缺后补	已领取纸质版营业执照的缴回营业执照正、副本

续表

序号	材料名称	材料来源	必要性	其他要求
3	简易注销全体投资人承诺书	申请人自备	必要	企业决定解散，符合简易注销条件的，可以通过北京市企业服务 e 窗通平台"企业法人"中的"主体注销"模块向社会公告拟申请简易注销登记及全体投资人承诺信息（强制清算终结和破产程序终结的企业除外），公告将通过国家企业信用信息公示系统向社会公示，公示期为 20 日。不能通过企业信用信息公示系统发布公告的企业可提供公告期 20 日届满后的公告报样
	或简易注销部分投资人承诺书	申请人自备	必要	北京市的企业决定解散，符合简易注销条件的，可以通过北京市企业服务 e 窗通平台"企业法人"中的"主体注销"模块向社会公告拟申请简易注销登记及全体投资人承诺信息（强制清算终结和破产程序终结的企业除外），公告将通过国家企业信用信息公示系统向社会公示，公示期为 20 日。不能通过企业信用信息公示系统发布公告的企业可提供公告期 20 日届满后的公告报样。（简易注销部分投资人承诺书仅限吊销满三年的企业使用）
4	股东名册	申请人自备	必要	非上市股份有限公司申请简易注销登记的需提交
5	北京市市场主体登记告知承诺书	申请人自备	必要	北京市企业以告知承诺制方式办理该事项的还需提交《北京市市场主体登记告知承诺制——出资人（法定代表人）承诺书》及《北京市市场主体告知承诺制登记——提交人承诺书》
6	申请材料总要求 ①提交的登记申请文书与其他申请材料应当使用 A4 型白色纸张，用黑色或蓝色墨水钢笔或签字笔工整填写、签字。②对于现场窗口申请材料总要求提交材料的，未注明提交复印件的，应当提交原件（未注明复印件的即为原件）；提交复印件的，应当注明"与原件一致"并由申请人签署，或者由其指定的代表或共同委托的代理人签字。③通过全程电子化方式申请登记注册的，主体资格证明、身份证明、批准证书、章程、决议等文件可通过全程电子化登记系统提交原件影像（印）件，或通过登记业务系统设置的申请文书格式规范生成相关材料并使用。④提交材料涉及签署，参照申请书中申请人的注释，未注明签署人的，自然人由本人签字，法人和其他组织由法定代表人、负责人或有权签字人签字，并加盖公章。无法亲笔签署的，需提交授权人委托他人签字的授权委托书，授权委托书应为原件，且授权人应亲笔签字，被委托人应配合登记机关进行实名认证。⑤提交材料、公证认证文书为外文的，应对其内容进行准确的中文翻译，同时提交中文翻译件、外文原件两种文书，并注明"翻译准确"字样。翻译单位应在翻译件上加盖翻译单位公章（翻译专用章）或者附营业执照复印件等主体资格证明文件复印件，同时注明翻译人及联系方式。自然人的应在翻译件上签名，注明联系方式，并附翻译人员相应翻译资质复印件或者身份证明件复印件。⑥在办理登记、备案事项时，申请人应当配合登记机关通过实名认证系统，采用人脸识别等方式对相关人员进行实名验证。因特殊原因，当事人无法通过实名认证系统核验身份信息的，可以提交经依法公证的自然人身份证明文件，或者由本人持身份证件到现场办理			

(五) 个体工商户简易注销

营业执照和税务登记证"两证整合"改革实施后设立登记的个体工商户通过简易程序办理注销登记的，无须提交承诺书，也无须公示。个体工商户在提交简易注销登记申请后，市场监管部门应当在 1 个工作日内将个体工商户拟申请简易注销登记的相关信息通过省级统一的信用信息共享交换平台、政务信息平台、部门间的数据接口（统称信息共享交换平台）推送给同级税务等部门，税务等部门于 10 日内反馈是否同意简易注销。对于税务等部门无异议的，市场监管部门应当及时办理简易注销登记，具体可参照《市场监管总局 国家税务总局关于进一步完善简易注销登记便捷中小微企业市场退出的通知》（国市监注发〔2021〕45 号）办理。

(六) 特殊情况办理指引

（1）存在股东失联、不配合等问题。对有限责任公司存在股东失联、不配合等情况难以注销的，经书面及报纸（或国家企业信用信息公示系统）公告通知全体股东，召开股东会形成符合法律及章程规定表决比例的决议、成立清算组后，向企业登记机关申请办理注销登记。

（2）存在企业无法自行组织清算问题。对于公司已出现解散事宜，但负有清算义务的投资人拒不履行清算义务或者因无法取得联系等情形不能成立清算组进行清算的公司，相关股东或债权人可依照《公司法》规定申请人民法院指定有关人员组成清算组进行清算。清算组在清理公司财产、编制资产负债表和财产清单后，发现公司财产不足清偿债务的，应当依法向人民法院申请宣告破产。人民法院裁定强制清算或裁定宣告破产的，企业清算组、破产管理人可持人民法院终结强制清算程序的裁定或终结破产程序的裁定，直接向登记机关申请办理注销登记。

（3）存在营业执照、公章遗失问题。营业执照遗失的企业，可以持在国家企业信用信息公示系统自行公示的执照遗失公告，向企业登记机关申请注销，无须申请补发营业执照。涉及公章遗失的，经全体股东签字盖章或由清算组负责人签字确认，非公司企业法人由其上级主管单位法定代表人签字并加盖上级主管单位公章进行确认，相关注销材料可不盖公章。

（4）存在股东（出资人）已注销问题。股东（出资人）已注销却未清理对外投资，导致被投资企业无法注销的企业，其股东（出资人）有上级主管单位的，由已注销企业的上级主管单位依规定办理相关注销手续；已注销企业有合法的继受主体的，可由继受主体依有关规定申请办理；已注销企业无合法继受主体的，由已注销企业注销时登记在册的股东（出资人）申请办理。

(5) 其他问题。对于尚未更换加载统一社会信用代码营业执照即被吊销的企业，市场监管部门已进行了统一社会信用代码的赋码，企业在相关部门办理注销业务时可使用其统一社会信用代码办理，无须更换加载统一社会信用代码营业执照。

纳税人被登记机关吊销营业执照或者被其他机关予以撤销登记的，应当自营业执照被吊销或者被撤销登记之日起15日内，向原税务登记机关申报办理税务注销。

处于税务非正常状态纳税人在办理税务注销前，需先解除非正常状态，补办纳税申报手续。符合以下情形的，税务机关可打印相应税种和相关附加的批量零申报确认表，经纳税人确认后，进行批量处理：①非正常状态期间增值税、消费税和相关附加需补办的申报均为零申报的；②非正常状态期间企业所得税月（季）度预缴需补办的申报均为零申报，且不存在弥补前期亏损情况的。

（七）注销法律责任提示

（1）公司清算时，清算组未按照规定履行通知和公告义务，导致债权人未及时申报债权而未获清偿，清算组成员对因此造成的损失承担赔偿责任。（依据《最高人民法院关于适用〈中华人民共和国公司法〉若干问题的规定（二）》第十一条）

（2）清算组执行未经确认的清算方案给公司或者债权人造成损失，公司、股东或者债权人主张清算组成员承担赔偿责任的，人民法院应依法予以支持。（依据《最高人民法院关于适用〈中华人民共和国公司法〉若干问题的规定（二）》第十五条）

（3）有限责任公司的股东、股份有限公司的董事和控股股东未在法定期限内成立清算组开始清算，导致公司财产贬值、流失、毁损或者灭失，债权人主张其在造成损失范围内对公司债务承担赔偿责任的，人民法院应依法予以支持。（依据《最高人民法院关于适用〈中华人民共和国公司法〉若干问题的规定（二）》第十八条第一款）

（4）有限责任公司的股东、股份有限公司的董事和控股股东因怠于履行义务，导致公司主要财产、账册、重要文件等灭失，无法进行清算，债权人主张其对公司债务承担连带清偿责任的，人民法院应依法予以支持。（依据《最高人民法院关于适用〈中华人民共和国公司法〉若干问题的规定（二）》第十八条第二款）

（5）有限责任公司的股东、股份有限公司的董事和控股股东，以及公司的实际控制人在公司解散后，恶意处置公司财产给债权人造成损失，或者未经依法清算，以虚假的清算报告骗取公司登记机关办理法人注销登记，债权人主张其对公司债务承担相应赔偿责任的，人民法院应依法予以支持。（依据《最高人民法院关于适用〈中华人民共和国公司法〉若干问题的规定（二）》第十九条）

（6）公司解散应当在依法清算完毕后，申请办理注销登记。公司未经清算即办理注销登记，导致公司无法进行清算，债权人主张有限责任公司的股东、股份有限公司的董事和控股股东，以及公司的实际控制人对公司债务承担清偿责任的，人民法院应依法予以支持。（依据《最高人民法院关于适用〈中华人民共和国公司法〉若干问题的规定（二）》第二十条第一款）

（7）公司未经依法清算即办理注销登记，股东或者第三人在公司登记机关办理注销登记时承诺对公司债务承担责任，债权人主张其对公司债务承担相应民事责任的，人民法院应依法予以支持。（依据《最高人民法院关于适用〈中华人民共和国公司法〉若干问题的规定（二）》第二十条第二款）

（8）公司财产不足以清偿债务时，债权人主张未缴出资股东，以及公司设立时的其他股东或者发起人在未缴出资范围内对公司债务承担连带清偿责任的，人民法院应依法予以支持。（依据《最高人民法院关于适用〈中华人民共和国公司法〉若干问题的规定（二）》第二十二条第二款）

（9）清算组成员从事清算事务时，违反法律、行政法规或者公司章程给公司或者债权人造成损失，公司或者债权人主张其承担赔偿责任的，人民法院应依法予以支持。（依据《最高人民法院关于适用〈中华人民共和国公司法〉若干问题的规定（二）》第二十三条第一款）

（10）企业在注销登记中隐瞒真实情况、弄虚作假的，登记机关可以依法做出撤销注销登记等处理，在恢复企业主体资格的同时将该企业列入严重违法失信企业名单，并通过国家企业信用信息公示系统公示，有关利害关系人可以通过民事诉讼主张其相应权利。（依据《公司登记管理条例》第六十四条，《市场监督管理严重违法失信名单管理办法》第十条第二款）

（11）纳税人未按照规定的期限申报办理税务注销的，由税务机关责令限期改正，可以处二千元以下的罚款；情节严重的，处二千元以上一万元以下的罚款。（依据《中华人民共和国税收征收管理法》第六十条第一款）

（12）纳税人伪造、变造、隐匿、擅自销毁账簿、记账凭证，或者在账簿上多列支出或者不列、少列收入，或者经税务机关通知申报而拒不申报或者进行虚假的纳税申报，不缴或者少缴应纳税款的，是偷税。对纳税人偷税的，由税务机关追缴其不缴或者少缴的税款、滞纳金，并处不缴或者少缴的税款百分

之五十以上五倍以下的罚款；构成犯罪的，依法追究刑事责任。（依据《中华人民共和国税收征收管理法》第六十三条第一款）

实践中，有不少企业误认为，只要在税务机关发现其可能的税务违法行为或作出正式税务处理或处罚决定之前，将企业整体注销，就可以规避其可能存在的税务风险和责任，实际并非如此。

【示例1】个人独资企业M，投资人系个人A。M于2015年8月13日办理工商注销登记。2015年5月11日，T市国家税务局稽查局（以下简称市稽查局）对M涉嫌偷税问题进行立案调查，同年12月29日，作出税务处理决定和税务行政处罚决定，向M追缴增值税并处罚款。

M向T市国家税务局（以下简称市国税局）提出行政复议，市国税局作出维持的复议决定。A不服，遂将市稽查局和市国税局列为共同被告分别就税务处理决定和行政复议、税务处罚决定和行政复议提起行政诉讼。

结果：一、二审法院均认为，个人独资企业注销，个人独资企业的投资人以其个人财产对企业债务承担无限责任。A作为M的投资人，应当对其存续期间的税务问题承担法律责任。然而，市稽查局认定已注销的M为处理、处罚对象，系认定责任主体错误，依法应予撤销；复议决定依法也应予以撤销；市稽查局应于判决生效后重新作出处理、处罚决定。

市国税局不服，申请再审，认为M办理工商注销登记之前未办理税务注销登记，系违法注销；市稽查局立案调查在先，M注销在后，存在骗取注销登记的问题。根据《税务登记管理办法》的规定，税务登记未注销，税务机关仍应行使管理权。

再审法院认为，注销登记后企业法人资格彻底消灭，不能再以企业名义承担任何债权债务，市稽查局对已注销登记的M作出处理、处罚决定，缺乏事实依据和法律依据，原判并无不妥。是否存在骗取工商注销登记的行为不属于本案审查范围，裁定驳回市国税局的再审申请。

最终，市稽查局于2017年10月25日，重新向个人A作出了税务行政处罚决定书和处罚决定书。

【示例2】牟某是原G公司法定代表人、经营期间实际控制人。现对牟某追缴G公司相关税款。

G公司违法事实如下：G公司在经营期间，与某农贸市场摊主签订摊位租赁协议，收缴摊位租赁费。G公司对取得的租赁费按照其他综合管理服务3%申报增值税，适用税率错误，应按照不动产租赁税率5%申报增值税。

G公司2018年取得租赁费1797100元，在申报2018年四季度增值税时，少申报收入 173814.15 元。对 G 公司少申报收入造成少缴税款的行为认定为偷税。

G 公司于 2021 年 10 月 8 日简易注销工商登记，注销时全体股东签署《全体投资人承诺书》承诺"企业申请注销登记前债权债务已清算完结""企业不存在未交清的应缴纳税款，清算工作已全面完结"。但 G 公司在经营期间存在欠缴税款和偷税行为。

G 公司税务登记显示，牟某在该单位的投资比例为 80%，应缴纳 G 公司应补缴税费及滞纳金的 80%，应缴纳增值税 264831.64 元及相应滞纳金、城市维护建设税 13073.46 元及相应滞纳金、教育费附加和地方教育附加 9338.20 元。

以示例 1 中的个人独资企业为例，投资人以其个人财产对企业债务承担无限责任，因此税务机关有权直接向投资人追偿。但法院认为，A 作为 M 的投资人，应当对 M 存续期间的税务问题承担法律责任，企业注销后，税务机关可向 A 作出处罚决定。实践中各界对这一问题的看法不一。

《最高人民法院关于适用〈中华人民共和国公司法〉若干问题的规定（二）》第十九条规定："有限责任公司的股东……未经依法清算，以虚假的清算报告骗取公司登记机关办理法人注销登记，债权人主张对其公司债务承担相应赔偿责任的，人民法院应依法予以支持。"

《最高人民法院关于适用〈中华人民共和国公司法〉若干问题的规定（二）》第二十条第二款规定："公司未经依法清算即办理注销登记，股东或者第三人在公司登记机关办理注销登记时承诺对公司债务承担责任，债权人主张对其公司债务承担相应民事责任的，人民法院应予支持。"

《中华人民共和国税收征收管理法》第五十二条规定：因纳税人、扣缴义务人计算错误等失误，未缴或者少缴税款的，税务机关在三年内可以追征税款、滞纳金；有特殊情况的，追征期可以延长到五年。对偷税、抗税、骗税的，税务机关追征其未缴或者少缴的税款、滞纳金或者所骗取的税款，不受前款规定期限的限制。本条在时间界限上明确对偷、抗、骗三种违法行为无限期追征。

《最高人民检察院关于涉嫌犯罪单位被撤销、注销、吊销营业执照或者宣告破产的应如何进行追诉问题的批复》（高检发释字〔2002〕4 号）规定：涉嫌犯罪的单位被撤销、注销、吊销营业执照或者宣告破产的，应当根据刑法关于单位犯罪的相关规定，对实施犯罪行为的该单位直接负责的主管人员和其他直接责任人员追究刑事责任，对该单位不再追诉。

综合可知：（1）如未经法定解散清算程序直接注销，股东、董事和实际控制人需要承担连带清偿责任。相反地，如果经过法定解散清算程序的，则股东、董事和实际控制人不需要承担连带清偿责任。

（2）若企业被注销，纳税主体归于消灭，税务机关后发现企业税务问题，税务局有权要求股东或实控人承担补税的责任。

（3）税务局行使上述权利时，不能再通过税务稽查和行政处罚的行政程序，而只能通过民事法律诉讼手段，向法院申请追加取得分配财产的股东、出资人为被执行人的程序。也就是说，税务局要求股东或实控人补税时，必须通过法院的诉讼程序，不能独立进行。

（4）在企业注销情况下，企业存续期间所引发的税务问题应当如何处理，是否需要区分主体对象，税务机关是否有权以及对谁进行征管，如何征管，现行法律法规层面尚无明确规定。因此，在税收和司法实践中均存在一定的争议，也可能产生民事法律和行政法律关系中的法律冲突，诸多问题需要一事一议。可以明确的是，企业注销并不意味着投资人可以高枕无忧，企业并不能通过简单的注销方式规避税收风险/责任，在合规前提下进行合理的税收筹划才是其不二选择。

（5）注销不是终结，相关企业负责人、公司财务人员或其他直接责任人员不要心存侥幸通过注销达到少缴纳税款目的，否则得不偿失。一旦企业在经营期间存在偷税等单位犯罪行为，上述人员依然要接受处罚。

（八）企业办理注销登记、简易注销流程及提交资料（见图4-1）

企业注销登记提交资料：

（1）企业注销登记申请书（见表4-3）；

（2）股东会决议；

（3）清算报告；

（4）清税证明。

值得注意的是，已共享企业清税信息的，企业无须提交纸质清税证明文书；领取了纸质版营业执照的，缴回营业执照正、副本。办理简易注销的须提交简易注销全体投资人承诺书（见表4-4）。

办理社保、公积金及银行账户注销应提交资料：根据单位的不同情况需提供相应的材料。值得注意的是，自市场监管部门办理注销登记之日起30日内，向原社会保险登记机构申请办理注销社会保险登记。

办理税务注销应提交的资料：

（1）清税申报表或应注销税务登记申请审批表；

（2）经办人身份证件；

（3）法律、行政法规规定的应当提交的其他文件。

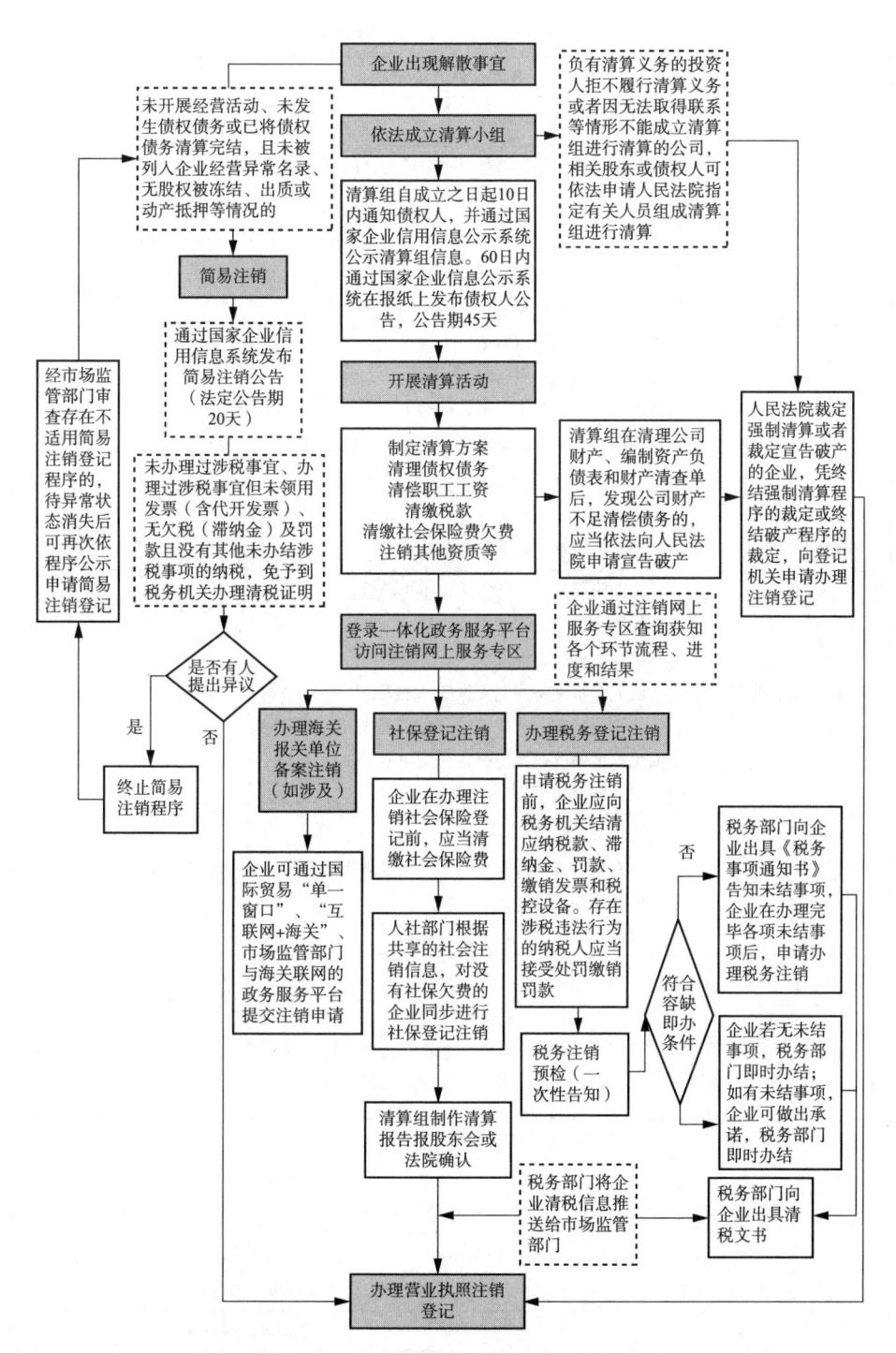

第四章 企业退出期的财税合规操作　197

图 4-1　企业注销登记、简易注销流程

表 4-3　企业注销登记申请书

□基本信息（必填项）				
名　　称	北京×××科技有限公司	统一社会信用代码		91110000××××××××
□普通注销原因（仅普通注销登记填写，根据企业类型勾选）				
□有限责任公司及股份有限公司	□公司章程规定的营业期限届满或其他解散事由出现。 □股东决定、股东会、股东大会、外商投资公司的董事会决议解散。 □因公司合并或者分立需要解散。 □依法被吊销营业执照、责令关闭或者被撤销。 □人民法院依法予以解散。 □被人民法院依法宣告破产。 □法律、行政法规规定的其他情形＿＿＿＿＿＿＿＿。			
□非公司企业法人	□依法被吊销营业执照、责令关闭或者被撤销。 □被人民法院依法宣告破产。 □因合并而终止。 □法律、行政法规规定的其他情形＿＿＿＿＿＿＿＿。			
□合伙企业	□合伙期限届满，合伙人决定不再经营。 □合伙协议约定的解散事由出现。 □全体合伙人决定解散。 □合伙人已不具备法定人数满三十天。 □合伙协议约定的合伙目的已经实现或者无法实现。 □依法被吊销营业执照、责令关闭或者被撤销。 □法律、行政法规规定的其他原因＿＿＿＿＿＿＿＿。			
□个人独资企业	□投资人决定解散。 □投资人死亡或者被宣告死亡，无继承人或者继承人决定放弃继承。 □被依法吊销营业执照。 □法律、行政法规规定的其他情形＿＿＿＿＿＿＿＿。			

注：1. 本申请书适用于公司、非公司企业法人、合伙企业（以上类型包含内资和外资）、个人独资企业办理注销登记。

2. 申请书应当使用A4纸。依本表打印生成的，使用黑色或蓝色墨水钢笔或签字笔签署；手工填写的，使用黑色或蓝色墨水钢笔或签字笔工整填写、签署。

□普通注销（仅普通注销登记填写）		
公告情况（内资非公司企业法人、个人独资企业无须填写）	□通过国家企业信用信息公示系统公告　　公告日期： □通过报纸公告　报纸名称：＿＿＿＿　公告日期：	
分支机构注销登记情况	□已注销完毕	□无分支机构
债权债务清理情况	□已清理完毕	□无债权债务
清税情况	□已清理完毕	□未涉及纳税义务
对外投资清理情况	□已清理完毕	□无对外投资

续表

	□普通注销（仅普通注销登记填写）	
海关手续清缴情况 （外资企业、外商投资合伙企业填写）	□已清理完毕	□未涉及海关事务
批准证书缴销情况 （外资企业填写）	□批准证书已缴销完毕	□不涉及批准证书
批准（决定）机关 （批准的外商投资合伙企业填写）		
批准（决定）文号 （批准的外商投资合伙企业填写）		
经济性质 （非公司企业法人填写）		□全民所有制　□集体所有制　□集体所有制（股份合作） □联营　　　　□其他_____
主管部门（出资人） （非公司企业法人填写）		
	□简易注销（仅简易注销登记填写）
企业类型		□有限责任公司　□非上市股份公司　□非公司企业法人 □个人独资企业　□合伙企业
国家企业信用信息 公示系统公告日期		_____年_____月_____日
适用情形	□未开业	□未发生债权债务　　□债权债务已清算完结
	□无债权债务	□未发生债权债务　　□债权债务已清算完结
		□人民法院裁定强制清算终结　　□人民法院裁定破产程序终结
	□指定代表/委托代理人（必填项）
委托权限		1. 同意☑不同意□核对登记材料中的复印件并签署核对意见； 2. 同意☑不同意□修改企业自备文件的错误； 3. 同意☑不同意□修改有关表格的填写错误； 4. 同意☑不同意□领取营业执照和有关文书。
固定电话		移动电话

指定代表或者委托代理人身份证件复（影）印件正反面粘贴处

□申请人签署（必填项）

续表

□普通注销（仅普通注销登记填写）
本申请人和签字人承诺提交的材料文件和填报的信息真实有效，并承担相应的法律责任。 申请人签字： 企业盖章 年　月　日

注：1. 申请普通注销的已清算的公司、非公司外资企业、合伙企业由清算组负责人（清算人）签字；个人独资企业由投资人或清算人签字。

2. 申请普通注销的已清算的非公司企业法人和因合并或分立未清算的公司、非公司外资企业由法定代表人签字。

3. 申请简易注销的公司、非公司企业法人、非公司外资企业由法定代表人签字，合伙企业由执行事务合伙人（含委派代表）签字，个人独资企业由投资人签字。

4. 人民法院裁定解散的由其指定的清算组负责人（破产管理人负责人）签字。

表4-4　简易注销全体投资人承诺书

现向登记机关申请＿＿＿＿＿＿（市场主体名称）的简易注销登记，并郑重承诺： 本市场主体申请注销登记前□未发生债权债务□已将债权债务清算完结□未发生□已结清清偿费用、职工工资、社会保险费用、法定补偿金、应缴纳税款（滞纳金、罚款）及其他未了结事务，清算工作已全面完成。 本市场主体承诺申请注销登记时不存在以下情形： 法律、行政法规或者国务院决定规定在注销登记前需经批准的； 被吊销营业执照、责令关闭、撤销； 在经营异常名录或者市场监督管理严重违法失信名单中； 存在股权（财产份额）被冻结、出质或者动产抵押，或者对其他市场主体存在投资； 正在被立案调查或者采取行政强制、正在诉讼或仲裁程序中； 受到罚款等行政处罚尚未执行完毕；不适用企业简易注销登记的其他情形。 本市场主体全体投资人对以上承诺的真实性负责，如果违法失信，则由全体投资人承担相应的法律后果和责任，并自愿接受相关行政执法部门的约束和惩戒。 全体投资人签字（盖章）： 　　　　　　　　　　　　　　　　　　　　　　　　　　　年　月　日

注：1. 有限责任公司由全体股东签署，非公司企业法人由全体出资人签署，个人独资企业由投资人签字、合伙企业由全体合伙人签署，农民专业合作社由全体合作社成员签署。

2. 非上市股份有限公司由全体董事签署。

3. 申请人为分公司、营业单位、非法人分支机构、农民专业合作社（联合社）分支机构的，由其隶属主体的法定代表人签字并加盖隶属主体公章。合伙企业分支机构由隶属企业执行事务合伙人（或委派代表）签字并加盖隶属企业公章。个人独资企业分支机构由隶属企业投资人签字并加盖隶属企业公章。

4. 申请人为外国（地区）企业在中国境内从事生产经营活动的，由其外国（地区）企业有权签字人签字。

第三节　企业股东退出的合规处理

股东退出企业的情况有两种，一种是个别股东退股，通过股权转让方式完成退出；一种是全体股东退股，企业解散注销。企业解散注销需要按照法律规定的流程进行清算处理，具体包括：依法成立清算组，清算组接管企业，清理企业资产，核定企业债务；通知或公告债权人申报债务；处理和清算与企业未结算的业务；参与企业的诉讼活动，处理企业财产，清偿债务；编制资产负债表和资产清单；制定清算计划；确认并实施清算计划；提交清算报告；完成注销操作相关流程。

一、股权转让操作流程

股权转让，是公司股东依法将自己的股东权益有偿转让给他人，使他人取得股权的民事法律行为。随着我国市场经济体制的建立，国有企业改革及《公司法》的实施，股权转让成为企业募集资本、产权流动重组、资源优化配置的重要形式，根据《公司法》相关规定，股东有权通过法定方式转让其全部出资或者部分出资。

（一）股权转让相关规定

根据《公司法》相关规定，向股东以外的第三人转让股权的，由转让股权的股东向公司董事会提出申请，由董事会提交股东会讨论表决；股东之间转让股权的，不需经过股东会表决同意，只需要通知公司及其他股东即可，以书面形式取得公司半数以上其他股东的同意。

双方签订股权转让协议，对转让股权的数额、价格、程序、双方的权利和义务做出具体规定，使其作为有效的法律文书来约束和规范双方的行为，并保证能顺利完成税务股权转让流程和工商股权转让流程。在转让股权过程中，如果涉及国有资产，为防止国有资产流失，根据国务院发布的《国有资产评估办法》第三条的规定，如对国有资产拍卖、转让、企业兼并、出售等，都需要进行资产评估。股权转让的价格一般不能低于该股权所含净资产的价值，并提交相关部门进行审批。

收回原股东的出资证明，发给新股东出资证明，对公司股东名册进行变更登记，注销原股东名册，将新股东的姓名或名称，住所地及受让的出资额记载于股东名册，并相应修改公司章程，出资证明书作为公司对股东履行出资义务和享有股权的证明，只是股东对抗公司的证明，并不足以产生对外公示的效力。

(二) 股权转让的注意事项

建议由专业的事务所给出审计报告，确认股权价格之后再进行股权转让相关操作。企业在召开股东大会时，股东之间应探讨股权转让的可行性，即本次行为是否有利于公司未来的长远发展。作为受让方，应查清目标公司的资产情况、具体股权结构、债务情况、是否有偷税漏税等具体情况。必要时作为受让方的公司应当与出让方一同聘请律师、会计、资产评估师等，对应调查目标企业的法律、财务、重要资产等。

《公司法》第七十一条规定：有限责任公司的股东之间可以相互转让其全部或者部分股权。

股东向股东以外的人转让股权，应当经其他股东过半数同意。股东应就其股权转让事项书面通知其他股东征求同意，其他股东自接到书面通知之日起满三十日未答复的，视为同意转让。其他股东半数以上不同意转让的，不同意的股东应当购买该转让的股权；不购买的，视为同意转让。

经股东同意转让的股权，在同等条件下，其他股东有优先购买权。两个以上股东主张行使优先购买权的，协商确定各自的购买比例；协商不成的，按照转让时各自的出资比例行使优先购买权。

公司章程对股权转让另有规定的，从其规定。

国有企业股权转让除应遵守《公司法》关于股权转让的规定，还要遵守《中华人民共和国企业国有资产法》《企业国有资产交易监督管理办法》《企业国有资产监督管理暂行条例》以及相应产权交易机构的交易规则，主要包括初步审批—清产核资—审计评估—内部决策审议—申请挂牌—签订协议—审批备案—产权登记—变更手续等相关流程。

(三) 股份有限公司股权转让的相关规定

1. 非上市或挂牌的股份公司

《公司法》第一百二十九条第二款规定：公司向发起人、法人发行的股票，应当为记名股票，并应当记载该发起人、法人的名称或姓名，不得另立户名或者以代表人姓名记名。

《公司法》第一百三十七条规定：股东持有的股份可以依法转让。

《公司法》第一百三十八条规定：股东转让其股份，应当在依法设立的证券交易场所进行或者按照国务院规定的其他方式进行。

《公司法》第一百三十九条规定：记名股票，由股东以背书方式或者法律、行政法规规定的其他方式转让；转让后由公司将受让人的姓名或者名称及住所记载于股东名册。股东大会召开前二十日内或者公司决定分配股利的基准日前五日内，不得进行前款规定的股东名册的变更登记。但是，法律对上市公司股东名册变更登记另有规定的，从其规定。

《公司法》第一百四十条规定：无记名股票的转让，由股东将该股票交付给受让人后即发生转让的效力。《公司法》第一百四十一条规定：发起人持有的本公司股份，自公司成立之日起一年内不得转让。公司公开发行股份前已发行的股份，自公司股票在证券交易所上市交易之日起一年内不得转让。

公司董事、监事、高级管理人员应当向公司申报所持有的本公司的股份及其变动情况，在任职期间每年转让的股份不得超过其所持有本公司股份总数的百分之二十五；所持本公司股份自公司股票上市交易之日起一年内不得转让。上述人员离职后半年内，不得转让其所持有的本公司股份。公司章程可以对公司董事、监事、高级管理人员转让其所持有的本公司股份作出其他限制性规定。

2. 上市或者挂牌公司

上市公司以及新三板挂牌公司，除应该遵循《公司法》的相关规定外，还要遵守《证券法》《上市公司非流通股股份转让业务办理规则》以及其他相关业务具体规则关于股份转让的限制。

二、股权转让的涉税问题

（一）法人股东转让股权需要依法缴纳企业所得税

1. 收入的确认

《中华人民共和国企业所得税法》（以下简称《企业所得税法》）第六条第三项规定，转让财产收入列入企业收入总额范围。《中华人民共和国企业所得税法实施条例》第十六条规定，企业转让股权取得的收入属于转让财产收入。

2. 股权成本扣除

根据《企业所得税法》第八条规定，企业实际发生的与取得收入有关的、合理的支出，包括成本、费用、税金、损失和其他支出，准予在计算应纳税所得额时扣除。就股权转让来说，股权计税成本及与股权转让相关的印花税等税费可以扣除。

3. 应纳税所得额

股权转让所得=转让股权收入-为取得该股权所发生的成本（通过支付现金方式取得的，以购买价款为成本；通过支付现金以外的方式取得的，以该股权的公允价值和支付的相关税费为成本）。

4. 税率

《企业所得税法》第四条规定，企业所得税的税率为25%。《企业所得税法》第四章第二十八条规定，符合条件的小型微利企业，减按20%的税率征收企业所得税。国家需要重点扶持的高新技术企业，减按15%的税率征收企业所得税。

（二）个人股东涉税情况

个人转让限售股或发生具有转让限售股实质的其他交易，取得现金、实物、有价证券和其他形式的经济利益均应缴纳个人所得税。限售股在解禁前被多次转让，转让方对每一次转让所得均应按规定缴纳个人所得税。按照"财产转让所得"征收个人所得税，适用20%的税率。

如果纳税人能提供完整、真实的限售股原值凭证，应纳税所得额＝限售股转让收入－（限售股原值＋合理税费）；限售股原值，是指限售股买入时的买入价及按照规定缴纳的有关费用。合理税费，是指转让限售股过程中发生的印花税、佣金、过户费等与交易相关的税费。

如果纳税人未能提供完整、真实的限售股原值凭证的，不能准确计算限售股原值的，主管税务机关一律按限售股转让收入的15%核定限售股原值及合理税费。

原始股是指个人所持在新三板公司挂牌前取得的股票，以及在该公司挂牌前和挂牌后由上述股票滋生的送、转股，上市公司股东在北交所转让该部分股票，按照"财产转让所得"，适用20%的比例税率征收个人所得税；新三板公司授予公司员工的股票期权、股权期权、限制性股票和股权奖励，符合规定条件的，经向主管税务机关备案，可实行递延纳税政策，即员工在取得股权激励时可暂不纳税，递延至转让该股权时纳税；股权转让时，按照股权转让收入减除股权取得成本以及合理税费后的差额，适用财产转让所得项目，按照20%的税率计算缴纳个人所得税。

非上市公司自然人股权转让应参照《税务总局关于发布〈股权转让所得个人所得税管理办法（试行）〉的公告》（财税2014年67号公告），该公告主要针对以下行为：

（1）出售股权；

（2）公司回购股权；

（3）发行人首次公开发行新股时，被投资企业股东将其持有的股份以公开发行方式一并向投资者发售；

（4）股权被司法或行政机关强制过户；

（5）以股权对外投资或进行其他非货币性交易；

（6）以股权抵偿债务；

（7）其他股权转移行为。

个人转让股权，以股权转让收入减除股权原值和合理费用后的余额为应纳税所得额，按"财产转让所得"缴纳个人所得税。合理费用是指股权转让时按照规定支付的有关税费。

【示例】合伙企业 A 持有上市公司 B 的股票，在广州解禁时合伙企业合伙人需按 35% 的税率缴纳个人所得税。后 C 地招商引资，承诺企业迁移到当地后可以按 20% 缴纳股票交易个人所得税，还有一定的财政返还，且当地承诺包注销，并兑现了承诺。

现 A 在 C 地被要求按 35% 的税率补缴税款。

合伙企业层卖出公司 B 股权（票），但合伙人是生产经营所得个人所得税的纳税义务人，故需补缴税款。

三、清算注销的涉税重点[①]

（一）资产的处置

企业全部资产均应按可变现价值或交易价格，确认资产转让所得或损失，并照章缴纳增值税、土地增值税、印花税、附加税费等各项税收。其中，对外处置的，按交易价格确认资产转让收入；直接分配给股东的，应按可变现价值或约定的合理的交易价格确认资产转让收入。

1. 处置使用过的固定资产

企业处置下列使用过的固定资产，按照简易办法依照 4% 征收率减按 2% 征收增值税，不得开具增值税专用发票：

（1）一般纳税人销售自己使用过的属于《中华人民共和国增值税暂行条例》第十条规定不得抵扣且未抵扣进项税额的固定资产。

（2）2008 年 12 月 31 日以前未纳入扩大增值税抵扣范围试点的纳税人，销售自己使用过的 2008 年 12 月 31 日以前购进或者自制的固定资产。

（3）2008 年 12 月 31 日以前已纳入扩大增值税抵扣范围试点的纳税人，销售自己使用过的在本地区扩大增值税抵扣范围试点以前购进或者自制的固定资产。

（4）购进或者自制固定资产时为小规模纳税人，认定为一般纳税人后销售该固定资产。

（5）发生按简易办法征收增值税应税行为，销售其按照规定不得抵扣且未

[①] 参考高金平主编的《企业全生命周期税收管理实务》。

抵扣进项税额的固定资产。

（6）营改增纳税人销售自己使用过的、纳入营改增试点之日前取得的固定资产。

"固定资产"是指使用期限超过 12 个月的机器、机械、运输工具以及其他与生产经营有关的设备、工具、器具等有形动产。"使用过"是指根据财务会计制度已经计提折旧的固定资产。

纳税人也可以放弃减税，按照简易办法依照4%征收率缴纳增值税，并开具增值税专用发票。

2. 处置不动产

企业处置不动产的，应当依法缴纳增值税、附加税费、土地增值税、印花税和企业所得税。

（1）增值税

一般纳税人转让其 2016 年 4 月 30 日前取得（不含自建）的不动产，可以选择适用简易计税方法计税，以取得的全部价款和价外费用扣除不动产购置原价或者取得不动产时的作价后的余额为销售额，按照5%的征收率计算应纳税额。纳税人应按照上述计税方法向不动产所在地主管税务机关预缴税款，向机构所在地主管税务机关申报纳税。

一般纳税人转让其 2016 年 4 月 30 日前自建的不动产，可以选择适用简易计税方法计税，以取得的全部价款和价外费用为销售额，按照5%的征收率计算应纳税额。纳税人应按照上述计税方法向不动产所在地主管税务机关预缴税款，向机构所在地主管税务机关申报纳税。

一般纳税人转让其 2016 年 4 月 30 日前取得（不含自建）的不动产，选择适用一般计税方法计税的，以取得的全部价款和价外费用为销售额计算应纳税额。纳税人应以取得的全部价款和价外费用扣除不动产购置原价或者取得不动产时的作价后的余额，按照5%的征收率向不动产所在地主管税务机关预缴税款，向机构所在地主管税务机关申报纳税。

一般纳税人转让其 2016 年 4 月 30 日前自建的不动产，选择适用一般计税方法计税的，以取得的全部价款和价外费用为销售额计算应纳税额。纳税人应以取得的全部价款和价外费用，按照5%的征收率向不动产所在地主管税务机关预缴税款，向机构所在地主管税务机关申报纳税。

一般纳税人转让其 2016 年 5 月 1 日后取得（不含自建）的不动产，适用一般计税方法，以取得的全部价款和价外费用为销售额计算应纳税额。纳税人应以取得的全部价款和价外费用扣除不动产购置原价或者取得不动产时的作价后的余额，按照5%的征收率向不动产所在地主管税务机关预缴税款，向机构所在地主管税务机关申报纳税。

一般纳税人转让其2016年5月1日后自建的不动产，适用一般计税方法，以取得的全部价款和价外费用为销售额计算应纳税额。纳税人应以取得的全部价款和价外费用，按照5%的征收率向不动产所在地主管税务机关预缴税款，向机构所在地主管税务机关申报纳税。

小规模纳税人转让其取得（不含自建）的不动产，以取得的全部价款和价外费用扣除不动产购置原价或者取得不动产时的作价后的余额为销售额，按照5%的征收率计算应纳税额。转让其自建的不动产，以取得的全部价款和价外费用为销售额，按照5%的征收率计算应纳税额。小规模纳税人，应按照本条规定的计税方法向不动产所在地主管税务机关预缴税款，向机构所在地主管税务机关申报纳税。

上述销售额差额扣除的，因为税法并未限制差额扣除部分不得开具专用发票，可以全额开具增值税专用发票，如《江西省国家税务局全面推开营改增政策问题解答七》规定："销售不动产（不含自建）选择简易征收，以取得的全部价款和价外费用减去该不动产购置原价或者取得不动产时的作价后的余额为销售额，应当全额开具增值税发票，不使用差额征税开票功能开票。"

（2）土地增值税

应税收入的确定。企业处置不动产，应当按照转让旧房相关政策缴纳土地增值税。根据《国家税务总局关于营改增后土地增值税若干征管规定的公告》（国家税务总局公告2016年第70号）规定，适用增值税一般计税方法的纳税人，其转让房地产的土地增值税应税收入不含增值税销项税额；适用简易计税方法的纳税人，其转让房地产的土地增值税应税收入不含增值税应纳税额。

扣除项目的确定。处置不动产土地增值税的扣除项目，包括土地成本、房屋及建筑物的评估价格、评估费和转让环节缴纳的相关税费，具体内容如下。

依据《财政部　国家税务总局关于土地增值税一些具体问题规定的通知》（财税字〔1995〕048号）规定，转让旧房的，应按房屋及建筑物的评估价格、取得土地使用权所支付的地价款和按国家统一规定交纳的有关费用以及在转让环节缴纳的税金，作为扣除项目金额计征土地增值税。

对取得土地使用权时未支付地价款或不能提供已支付的地价款凭据的，不允许扣除取得土地使用权所支付的金额。

旧房及建筑物的评估价格，是指在转让已使用的房屋和建筑物时，由政府批准设立的房地产评估机构评定的重置成本价乘以成新度折扣率后的价格。

纳税人转让旧房及建筑物时因计算纳税的需要而对房地产进行评估，其支付的评估费用允许在计算增值额时予以扣除。纳税人隐瞒、虚报房地产成交价格等情形而按房地产评估价格计算征收土地增值税所发生的评估费用，不允许在计算土地增值税时予以扣除。

纳税人处置环节缴纳的印花税，属于与转让房地产有关的税金予以扣除。

纳税人受让不动产环节缴纳的契税，在旧房及建筑物的评估价中已包括了此项因素，在计征土地增值税时，不另作为与转让房地产有关的税金予以扣除。

若纳税人不能取得评估价格，但能提供购房发票的，根据《财政部 国家税务总局关于土地增值税若干问题的通知》（财税〔2006〕21号）规定，可按发票所载金额并从购买年度起至转让年度止每年加计5%计算。计算扣除项目时的每年，按购房发票所载日期起至售房发票开具之日止，每满12个月计1年；超过1年，未满12个月但超过6个月的，可以视为1年。

根据《国家税务总局关于营改增后土地增值税若干征管规定的公告》（国家税务总局公告2016年第70号）规定，提供的购房凭据为营改增前取得的营业税发票的，发票所载金额不扣减营业税；提供的购房凭据为营改增后取得的增值税普通发票的，发票所载金额为价税合计金额；提供的购房发票为营改增后取得的增值税专用发票的，发票所载金额为不含增值税金额加上不允许抵扣的增值税进项税额之和。

对纳税人购房时缴纳的契税，凡能提供契税完税凭证的，准予作为"与转让房地产有关的税金"予以扣除，但不作为加计5%的基数。

对于转让旧房及建筑物，既没有评估价格，又不能提供购房发票的，税务机关可以根据《中华人民共和国税收征收管理法》第三十五条的规定，实行核定征收。

（3）房产税和城镇土地使用税

清算期间，企业应当依法照章缴纳房产税和城镇土地使用税。企业确有困难的，可依法根据所在省、自治区、直辖市人民政府规定，申请享受定期减征或者免征房产税和城镇土地使用税。

（二）债权债务的处理

清算中不能收回的应收款项应作为坏账损失处理，按规定于税前扣除，留存备查相关资产损失资料。企业确实无法偿付的应付款项，根据《企业所得税法实施条例》第二十二条规定，属于企业取得的其他收入，应计入清算所得。

企业清算前已确定不需支付的应付款项，应并入生产经营期间所得征税。企业清算期间确定的不需支付的应付款项，需并入清算所得征税。企业清算期间应支付但由于清算资产不足以偿还的未付款项，无须并入清算所得征税。盈余公积和资本公积属于股东权益，不计入清算所得。

（三）清算所得的计算

根据《企业所得税法实施条例》第十一条和《财政部 国家税务总局关于企业清算业务企业所得税处理若干问题的通知》（财税〔2009〕60号）规定，企业的全部资产可变现价值或交易价格，减除资产的计税基础、清算费用、相关税费，加上债务清偿损益、依法弥补亏损等后的余额，为清算所得。

企业清算时，应当以整个清算期间作为一个纳税年度，依法计算清算所得及其应纳所得税。企业应当自清算结束之日起15日内，向主管税务机关报送企业清算所得税纳税申报表，结清税款。

清算环节，可以按规定享受相关免税收入、所得减免等税收优惠。需要注意的是，由于清算期间取得的收入包含财产转让等非日常经营所得，因此可能导致不满足享受税收优惠条件。例如，西部大开发15%优惠税率需要主营业务收入占企业收入总额70%以上，如果清算环节主营业务收入占比未达标，则不得享受该优惠。

另外，企业需要改变持续经营核算原则，对预提或待摊性质的费用进行处理。例如，应当分期确认所得的项目（符合条件的企业债务重组确认的应纳税所得额占该企业当年应纳税所得额50%以上等业务），剩余未确认所得的金额，必须一次性并入清算所得；对于生产经营期间预提的各项费用（不含递延所得税负债）不再支付的，必须并入清算所得；其他待摊费用（如按3年平均扣除的企业筹办费、房屋装修费等）按照剩余计税基础扣除，非同一控制下的企业合并形成的商誉，在生产经营期间不得摊销扣除，在计算清算所得时一次性扣除。递延所得税资产与应纳税所得额无关，其计税基础为零。

清算前未扣除完毕的业务宣传费，可结转到清算期间，在清算销售（营业）收入的15%比例内限额扣除，超出部分不得扣除。根据《财政部 国家税务总局关于广告费和业务宣传费支出税前扣除有关事项的公告》（财政部 国家税务总局公告2020年第43号）规定，对化妆品制造或销售、医药制造和饮料制造（不含酒类制造）企业，上述比例为30%。

第五章
企业财税合规视角的稽查风险防范

税务稽查是国家应对偷、逃、抗、骗税，保障国家税收债权及时实现的必要手段。在不同阶段，对于税务稽查主要功能的定位有所不同。过去，税款征收主要通过日常征管实现，税务稽查查补收入占全国税收总收入比例有限，税务稽查的主要功能被定位为惩治税收违法行为。近年来，随着金税三期、成品油发票模块等系统上线，税务检查、稽查的手段升级，结合四部委联合打击虚开骗税行动的部署，税务稽查查补税款收入不断创新高，税务稽查查补收入的功能强化。虽然最近两年因实施减税降费，纳税人的实际税负有所降低，在一定程度上遏制了通过非法犯罪手段逃税的问题，但是税收违法犯罪仍不断攀升。对此，企业不能存在侥幸心理，未来国家高压打击税收违法犯罪将实现常态化，尤其是针对重大税收违法案件查处必将更加严格。此外，在减税降费的大背景下，企业还需注意在不符合法定条件情况下，避免通过虚假申报享受税收优惠的违法行为。国家税务总局文件提出，"针对逃避税问题多发的重点领域，适当提高抽查比例，有序开展随机抽查，精准实施税务监管，打击涉税违法行为"。

第一节　税务稽查模式嬗变

从大的方面看，税务系统实行"征、管、查"三分离和"一级稽查"税收监管体制，税务稽查组织内部实行"选案、稽查、审理、执行"四个环节分工协作的组织流程。从技术层面看，自1994年以来，我国税务稽查的模式发生了巨大变化，即由传统稽查模式转向现代稽查模式。具体而言，由账面稽查转向"互联网+稽查"模式，由单打独斗转向多部门一体化联动模式，积极推进"以数治税""无风险不打扰"稽查模式。

一、由账面稽查转向"互联网+稽查"

随着互联网技术的发展，互联网已发展成为社会发展新的基础。大数据时代，通过互联网可以查询到大量经济信息，为"大数据+税务稽查"提供了大量案源信息和市场交易信息。同时，国家税务总局推出"互联网+"税务行动计划，实施金税三期系统和电子发票系统，大力进行电子税务局建设，几乎将所有的涉税业务"网办"，因此形成大量电子涉税信息，为稽查选案提供大量有价值的信息。税务部门从第三方获取涉税信息，建立财税大数据采集平台，开辟了第三方涉税信息传递渠道。政府各部门、金融机构、网络运营商等全面实现信息互通、数据互联、资源共享，运用大数据开展税务稽查已然成为趋势，税务稽查进入了大数据时代。

传统模式的税务稽查取证手段，主要包括审查企业账簿、审阅记账凭证、核对各类合同与纳税申报表等涉税材料，实地查验以及询问相关当事人。"互联网+"融入企业经营活动中后，企业的管理运营开始依靠新兴的电子商务，日常经营涉及的资金、货品、发票流向等信息均采用实时远程处理，企业可以统一处理和管理涉税数据。"互联网+税务稽查"通过互联网平台共享信息、涉税开源数据搜索应用等技术可以主动获取企业涉税信息，采用电子查账、大数据抓取分析等手段，不受场地、环境、人员等因素影响，打破了纸质涉税资料限制，较传统模式下的税务稽查更具有高效性。

二、多部门一体化联动

传统税务稽查模式基本上通过企业账簿和财务报表资料，结合问询和实地调查方式查账，稽查部门往往独立完成检查任务，缺少部门之间的协作配合和信息支持，稽查的效果往往不尽如人意。进入21世纪后，税务稽查开启了"纳税服务—税收分析—纳税评估—税务稽查—综合管理"一体化联动机制，即首先在税务系统内部实现信息资料共享，为选案和稽查提供参考；再逐步打开第三方信息渠道的大门，从内部走向外部，利用第三方信息和互联网大数据，从过去的靠经验稽查转变为现在的靠风险驱动稽查，对企业展开全方位、全天候的稽查分析，聚焦重要涉税风险点和高风险点展开稽查，稽查的针对性和准确性显著提升。同时，税务与公安、海关、中国人民银行多部门联合办案，健全公安派驻税务联络机制，推动税务与公安经侦合署办公，精准有效地打击了"假企业"虚开发票、"假出口"骗取退税、"假申报"骗取税费优惠等行为；对重大涉税违法犯罪案件，依法从严查处曝光并按照有关规定纳入信用记录，实施多部门联合惩戒。

自2021年以来，金税四期逐步升级上线，发票电子化全面推行，个人纳税信息全国联网。税务机关与相关部门进行信息共享核查、大数据实时风险预警比对，逐步形成税务风控预警监管网络，税收监管力度与风险等级相匹配，将有限的稽查力量集中于涉税风险高的纳税人。税务机关通过各地区之间发票信息和数据共享互通，利用强大的大数据及云计算功能轻而易举地获取企业敏感信息，运用行业、业务、法人、地址、数量、比率、发票等相关性比对分析方法，预警风险点并有针对性地进行评估与稽查。

三、"数智化"稽查模式

2021年3月，中共中央办公厅、国务院办公厅印发《关于进一步深化税收征管改革的意见》（以下简称《意见》），这是"十四五"时期税收征管改革的重要制度安排，为"十四五"时期高质量推进新发展阶段税收现代化确立了总体规划，被视为未来税收征管改革的"路线图"。《意见》提出，打造具有高集成功能、高安全性能、高应用效能的智慧税务，实现税收征管业务流程、制度规范、岗责体系等的一体化数智升级，推动税收更好服务于国家现代化治理。到2023年，基本建成以"双随机、一公开"监管和"互联网+监管"为基本手段、以重点监管为补充、以"信用+风险"监管为基础的税务监管新体系，健全守信激励和失信惩戒制度，实现从"以票管税"向"以数治税"分类精准监管转变；基本建成"无风险不打扰、有违法要追究、全过程强智控"的税务执法新体系。到2025年，基本建成功能强大的智慧税务，形成国内一流的智能化行政应用系统，全方位提高税务执法、服务、监管能力；实现税务部门与相关部门常态化、制度化数据共享协调机制，依法保障涉税涉费必要信息的获取；健全涉税涉费信息对外提供机制，打造规模大、类型多、价值高、颗粒度细的税收大数据，高效发挥数据要素驱动作用。高效的"数智化"稽查背后，是税收数智化在经济运行研判和社会管理等领域的深层次应用，税收数智化将成为征管变革的基石，支撑我国税收治理工作全面提质升级。

近年来，税务部门依托税收大数据，深入推进以"信用+风险"为基础的新型监管机制，对高信用低风险的纳税人少打扰、不打扰，对低信用高风险的纳税人严管理、严监督，对不法分子恶意偷逃税行为坚决查处、严厉打击，切实维护国家税收安全，更好服务国家治理。

改革开放以来，我国税收征管体系建设经历了"以账控税""以票管税"和"信息管税"三个阶段。当前，随着我国经济从信息化快步走向数字化，税收征管正从"以票管税"进一步走向"以数治税"，"数智化"税务稽查模式正加快推进。金税四期外部数据交换功能将助力"精准监管"。一是利用大数据对逃、避税问题多发的行业、地区和人群，提高"双随机、一公开"抽查比例。二是强化预防性制度建设，加大依法防控和监督检查力度，对隐瞒收入、虚列成本、转移利润以及利用"税收洼地""阴阳合同"和关联交易等逃、避税行为进行有效监管。三是通过金税四期的精准画像功能，对企业进行精准定位。根据精准画像的结果对合规企业里的虚假企业、异常企业、高危企业进行整顿、治理，从而保证税收优惠政策的准确与合规执行，如"应抵尽抵"、出口退税、留抵退税应退尽退。

【示例】"数智化"稽查模式：国家税务总局常州市税务局第一稽查局税务处理决定书（常税稽一处〔2021〕131号）

常州＊＊建材有限公司：（纳税人识别号：91320411MA1NJCLJ＊＊）

我局（所）于2021年1月12日至2021年3月24日对你（单位）2017年1月1日至2017年12月31日增值税发票使用情况进行了检查，违法事实及处理决定如下：

违法事实： 1. 根据税务登记信息，你单位成立于2017年3月13日，于2017年9月6日被辖管税务局认定为非正常户。查询到你单位法定代表人王某的联系方式，已无法联系，到你单位登记的注册地址常州市××区××镇××村××路××号××幢××室实地调查，未找到你单位。2. 增值税专用发票领购和开具情况。经查询江苏税务数据情报管理平台数据：（1）你单位在2017年3—5月期间共领取增值税专用发票50份，发票代码3200161160，发票号码07136061-07136085、06848440-06848464。其中发票号码06848440-06848464共25份发票状态为"失控"。（2）你单位在2017年4—6月期间共向12户企业开具发票36份，合计金额2783870.96元，合计税额473258.09元，价税合计3257129.05元，其中1份发票作废，发票号码为07136065，金额42956.41元，税额7302.59元。3. 申报异常。（1）你单位于2017年3月成立，最后一次申报是2017年6月8日，此后一直未申报。（2）企业所得税申报到2017年一季度，此后一直未申报。4. 资金往来异常。通过查询你单位开户账号发现，你单位收到下游单位资金的当天即转入吕某、叶某个人账户，再通过这两个人的账户转账到钱××（常州××机械设备有限公司法人秦某丈夫的姐姐）个人银行卡，涉及资金回流企业1户，涉及发票15份，价税合计1504549.50元。抽样调查下游受票企业的资金回流情况：据中国建设银行常州市××支行，账户名：常州××建材有限公司，账号320501625036000001××和中国工商银行常州市××支行，账户名：钱某，账号62122611050018279××。银行流水分析2017年4月7日、4月10日、5月15日、5月16日常州××机械设备有限公司将款项分四笔合计1604549.50元打给你单位对公账户，你单位开具15份增值税专用发票，发票代码

3200161160，发票号码07136061-07136063、07136066、07136067、07136069-07136070、07136079-07136085、06848440，合计金额1285939.75元，合计税额218609.75元，价税合计1504549.50元。同日，你单位通过银行对公账户转出1604590元至吕某、叶某个人账户，同日通过吕某、叶某个人账户转出1460140元至钱××（常州××机械设备有限公司法人秦某丈夫的姐姐）个人银行卡。根据转账差额测算回流资金扣除9%的开票费用。5.进销项不正常。（注：一户式2.0系统）你单位收受沈阳××商贸有限公司确定虚开的14份增值税专用发票，发票代码2100162160，发票号码03817416至03817429合计1329801.38元，税额合计226066.22元，价税合计1555867.60元。经查询金税三期决策支持系统总局平台，你单位上游企业除常州××信息有限公司和江苏××信息技术有限公司外，另有其他3家企业都为非正常户和注销户，分别为上海××商贸有限公司和沈阳××贸易有限公司为注销户，沈阳××商贸有限公司是非正常户，注销户和非正常户发票金额为2634161.20元，税额447807.40元，价税合计3081968.60元，占上游发票金额的99.96%。

处理决定：根据《中华人民共和国发票管理办法》（国务院令第587号）第二十二条规定，认定你单位开具的36份增值税专用发票没有真实业务往来，属于虚开发票行为。发票代码为3200161160，发票号码为07136061-07136085、06848440-06848450，合计发票金额2783870.96元，合计税额473258.09元，价税合计3257129.05元。限你（单位）自收到本决定书之日起15日内按照规定进行相关账务调整。你（单位）若同我局（所）在纳税上有争议，必须先依照本决定的期限缴纳税款及滞纳金或者提供相应的担保，然后可自上述款项缴清或者提供相应担保被税务机关确认之日起六十日内依法向国家税务总局江苏省税务局申请行政复议。

第二节　税务稽查业务流程

根据《税务稽查工作规程》，稽查局查处税收违法案件时，基于选案、检查、审理、执行各环节分工制约原则，内设选案、检查、审理、执行四个专业部门，各司其职，形成相互联系、相互制约、彼此促进的运行机制，以保证税务稽查过程的完整性。税务稽查工作流程如图5-1所示。

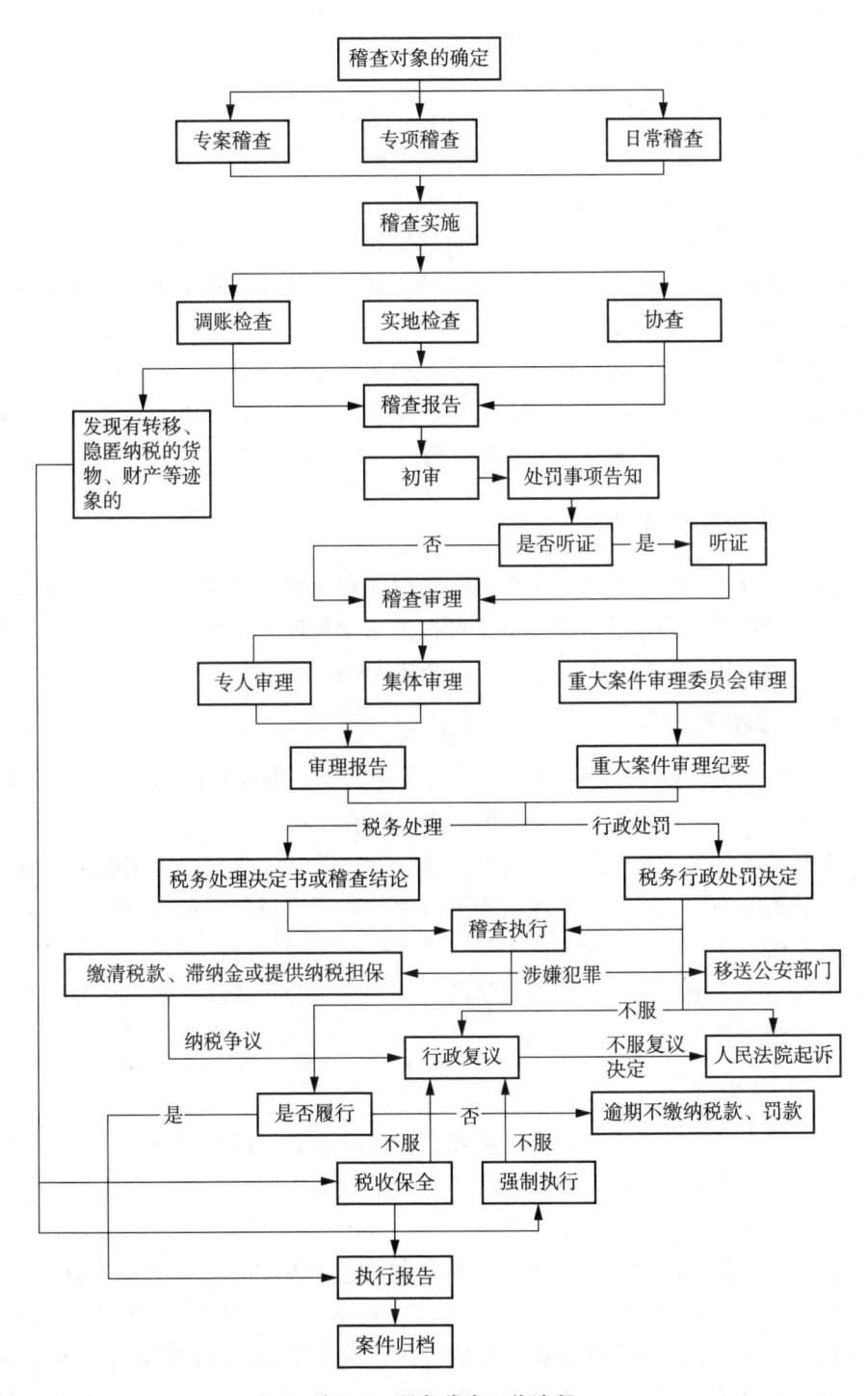

图 5-1　税务稽查工作流程

一、税务稽查选案

税务稽查选案，就是按照一定的方式、方法和要求，对纳税人各项信息数据进行采集、分析、筛选，为税务稽查的实施确定具体检查对象的过程。涉税案件主要来源于检举、上级交办、各级转办、征管移办、协查拓展、检查拓展、情报交换和采集的综合信息。税务稽查选案包括主动选案和被动选案。主动选案通过日常稽查和税收专项检查确定对象；被动选案主要根据上级交办案件和群众检举案件等确定对象。

税收风险评估部门根据已建立的各种税收风险监控模型，筛选出存在风险疑点的纳税人，形成风险应对任务。根据风险的等级，将其中的高等风险应对任务交由税务稽查局负责实施，是税务稽查局的主要案源。

二、税务稽查实施

税务稽查实施是指税务机关依照法定程序和权限，对税务稽查对象进行调查并提出处理意见的过程。税务机关可根据法定程序和实际工作需要，在税务稽查实施时采用调账检查、实地检查、跨辖区检查等方式。

（一）调账检查

调账检查是指税务机关按照法定的程序和手续，将稽查对象的账簿、凭证、报表及有关资料调回税务机关实施税务检查的稽查方式。

调账检查的目的是通过审查稽查对象会计核算和税收核算的正确性和规范性，查找税收违法的线索。在调取稽查对象的账簿资料包括账外与纳税有关的账簿资料时，应按规定办理调账手续，并在规定的时间内完整归还。调取和归还账簿资料时，稽查人员和稽查对象的经办人员应当场清点账簿资料的种类及数量，并当场签名。

（二）实地检查

实地检查是指稽查人员根据选案确定的稽查对象和稽查实施计划，到纳税人、扣缴义务人的生产经营场所和货物存放地对其账簿、报表、凭证及生产经营等情况实施税务检查的稽查方式。

实地检查是获得纳税人账外核算资料等直接证据的主要途径和方法之一。实地检查的内容主要包括：一是检查商品、货物或其他财产是否与账证相符；二是检查账簿、凭证等会计资料档案的设置、保存情况，特别是原始凭证的保存情况；三是检查当事人计算机及其服务器的配置和储存的数据信息情况；四是检查当事人隐藏的账外证据资料，获取涉税违法的直接证据。

（三）跨辖区检查

在税务稽查实施过程中，需要跨管辖区调查取证的，可以采用委托协查和异地调查的方法进行。对需要委托外地税务机关等有关单位协助调查的，由实施税务稽查的稽查局制作委托协查函。对需要实施异地调查取证的，由实施税务稽查的稽查局直接派员前往，在当地主管税务机关等有关单位的协助配合下，开展调查取证工作。当地主管税务机关对其他税务机关进行的异地调查，应给予支持和配合。

稽查实施，一般情况下需要向被查对象下达《税务检查通知书》，告知被查对象稽查时间、需要准备的资料、情况等，但预先通知有碍检查的除外，如受理举报案件不需要提前通知。稽查过程中税务稽查人员依照法定权限和程序调查取证，收集能够证明案件事实的证据材料。在调查取证过程中，对采用电子信息系统进行管理和核算的被查对象，税务稽查人员可以要求其打开该电子信息系统，或者提供与原始电子数据、电子信息系统技术资料一致的复制件，被查对象不得拒绝。检查完毕，稽查部门要根据《税务稽查工作底稿》及有关资料，制作《税务稽查报告》并移交审理部门。

三、税务稽查审理

稽查审理是指审理人员依据法律、行政法规、规章及其他规范性文件，按照规定的职责和程序，对稽查终结的涉税案件资料依法进行审核和作出处理决定的过程。审理人员着重审查的内容包括：被查对象是否准确；稽查执法程序是否合法；稽查手续的完整性；稽查程序的时效性；法律事实是否清楚；证据是否确凿；数据是否准确；适用法律是否准确；证据资料是否齐全；稽查文书是否规范；稽查处理意见是否得当；等等。对检查部门移交的《税务稽查报告》及相关材料进行逐项审核，提出书面审理意见。审理部门区分下列情形分别作出处理：认为有税收违法行为，应当进行税务处理的，拟制《税务处理决定书》；认为有税收违法行为，应当进行税务行政处罚的，拟制《税务行政处罚决定书》；认为税收违法行为轻微，依法可以不予税务行政处罚的，拟制《不予税务行政处罚决定书》；认为没有税收违法行为的，拟制《税务稽查结论》；税收违法行为涉嫌犯罪的，填制《涉嫌犯罪案件移送书》，经所属税务局局长批准后，依法移送公安机关。

四、税务稽查执行

稽查执行是指税务机关依照法定程序和权限，督促稽查对象履行税务处理决定的过程，包括案件执行的受理、税务处理文书的送达、税款和罚款的入库、执行措施的采取等。税务稽查执行，是税务稽查程序的最后一个阶段，是根据审理环节作出的各种决定书、结论等文书送达被执行人，并督促或强制其依法履行的活动。

被查对象未按照《税务处理决定书》确定的期限缴纳或者解缴税款的，稽查局经所属税务局局长批准，可以依法采取税收保全措施和强制执行措施，或者依法申请人民法院强制执行。

被执行人对《税务行政处罚决定书》确定的行政处罚事项，逾期不申请行政复议也不向人民法院起诉，又不履行的，稽查局经所属税务局局长批准，可以依法采取强制执行措施，或者依法申请人民法院强制执行。

采取税收保全措施时，应当向纳税人送达《税收保全措施决定书》，告知其采取税收保全措施的内容、理由及依据，并依法告知其申请行政复议和提起行政诉讼的权利。

采取冻结纳税人在开户银行或者其他金融机构的存款措施时，应当向纳税人开户银行或者其他金融机构送达《冻结存款通知书》，冻结其相当于应纳税款的存款。

采取查封商品、货物或者其他财产措施时，应当填写查封商品、货物或者其他财产清单，由纳税人核对后签章；采取扣押纳税人商品、货物或者其他财产措施时，应当出具扣押商品、货物或者其他财产专用收据，由纳税人核对后签章。

采取查封、扣押有产权证件的动产或者不动产措施时，应当依法向有关单位送达《税务协助执行通知书》，通知其在查封、扣押期间不再办理该动产或者不动产的过户手续。

从被执行人开户银行或者其他金融机构的存款中扣缴税款、滞纳金、罚款时，应当向被执行人开户银行或者其他金融机构送达《扣缴税收款项通知书》，依法扣缴税款、滞纳金、罚款，并及时将有关完税凭证送交被执行人。拍卖、变卖被执行人商品、货物或者其他财产，以拍卖、变卖所得抵缴税款、滞纳金、罚款的，在拍卖、变卖前应当依法进行查封、扣押，并拟制《拍卖/变卖抵税财物决定书》，经所属税务局局长批准后送达被执行人，予以拍卖或者变卖。以拍卖或者变卖所得抵缴税款、滞纳金、罚款和拍卖、变卖费用后，尚有剩余的财产或者无法进行拍卖、变卖的财产的，应当拟制《返还商品、货物或者其他财产通知书》，附返还商品、货物或者其他财产清单，送达被执行人。

被执行人在规定期限内缴清税款、滞纳金、罚款，或者稽查局依法采取强制执行措施追缴税款、滞纳金、罚款后，执行部门制作《税务稽查执行报告》，记明执行过程、结果、采取的执行措施以及使用的税务文书等内容，由执行人员签名并注明日期，连同执行环节的其他税务文书、资料一并移交审理部门整理归档。

值得注意的是，当征纳双方出现涉税争议时，在一定条件下被执行人可以申请税法援助、行政复议、听证或者直接向人民法院申诉，以维护自身合法权益。

第三节 税务稽查重点解析

一、税务稽查重点

销售收入确认环节，应按照税法规定确认收入，而不仅仅按照财务会计规定确认收入，对于视同销售业务应按照税法规定确认并缴纳相关税收。

产品成本核算环节，针对企业不同的成本核算方法，产品成本计算应遵循"直接费用直接计入，间接费用分配计入"的原则。分配方法应科学、合理。方法一经选定，前后各期应保持一致，不得随意变更。

（一）增值税稽查重点

（1）检查纳税人的购销合同是否真实，检查纳税人的生产经营情况是否与签订的合同情况相符并实地检查存货等。主要检查存货类"原材料""产成品"，货币资金"银行存款""现金"，应收账款、预收账款等科目。对于临时增量购买专用发票的还应重点审查其合同履行情况。

（2）检查纳税人的"应付账款""其他应付款""预收账款"以及短期借款、长期借款等科目期末贷方余额是否有大幅度增加情况，对变化的原因进行询问并要求纳税人提供相应的举证资料，说明其资金的合法来源；实地检查存货是否与账面相符。

（3）检查纳税人的销售业务，对原始凭证到记账凭证、销售、应收账款、货币资金、存货等各期进行比较分析，对异常变动情况进一步查明，以核实是否存在漏记、隐瞒或虚记收入的行为。检查企业固定资产抵扣是否合理、有无将外购的存货用于职工福利、个人消费、对外投资、捐赠等情况。

（4）检查"库存商品"科目，并结合"预收账款""应收账款""其他应付款"等科目进行分析，如果"库存商品"科目余额大于"预收账款""应收账款"贷方余额且"应付账款"借方长期挂账，可能存在少计收入问题。实地检查纳税人的存货是否真实，与原始凭证、账载数据是否一致。

（5）向购货方收取的各种价外费用（如手续费、补贴、集资费、返还利润、奖励费、违约金、运输装卸费等）是否按规定纳税。

（6）检查重点纳税人合同是否真实、款项是否真实入账。深入了解企业的行业规律，判断其是否存在未及时确认销售收入的情况。

（7）对"应付账款""预收账款"和"其他应付账款"等科目的期初期末数进行分析。如发现"应付账款""其他应付账款"出现红字、"预收账款"期末大幅度增长等情况，应判断是否少计收入。

（8）检查纳税人"在建工程""固定资产"等科目变化，判断是否存在将外购的不符合抵扣标准的固定资产发生的进项税额申报抵扣，结合"营业外支出""待处理财产损溢"等科目的变化，判断纳税人是否将存货损失转出进项税额；结合增值税申报表附表二分析运费、农产品等变化情况，判读纳税人是否虚假抵扣进项税额。实地检查原材料等存货的收发记录，确定纳税人用于非应税项目的存货是否作进项税转出；检查纳税人是否存在将外购存货用于职工福利、个人消费、无偿赠送等而未转出进项税额问题；检查农产品发票的开具、出售人资料、款项支付情况，判断纳税人是否存在虚开问题。

（9）检查企业的主要经营范围，查看营业执照、税务登记、经营方式纳税人征管范围界定情况，以及是否兼营不同税率的应税货物；查阅仓库货物收发登记簿，了解材料购进、货物入库、发出数量及库存数量，并与申报情况进行比对；审核企业明细分类账簿，重点核实"应收账款""应付账款""预付账款""在建工程"等明细账，并与主营业务收入、应纳税金明细核对，审核有无将收入长期挂往来账、少计销项税额以及多抵进项税等问题；审核进项税额抵扣凭证、检查有无将购进的不符合抵扣标准的固定资产、非应税项目、免税项目进行税额申报抵扣的情况。

（10）检查企业外购原材料的价格是否上涨，企业是否有新增设备或设备出现重大变故以致影响产量等情况。检查企业原材料结转方法是否发生改变，产成品与在产品之间的成本分配是否合理，是否将在建工程成本挤入生产成本等。

（11）检查纳税人的购销业务是否真实，是否存在销售已实现，而收入却长期挂在"预收账款""应收账款"科目。是否存在虚假申报抵扣进项税问题。结合进项税额控制额的指标进行分析，控制额超过预警值，而销售与基期比较没有较大幅度的提高，实地查看其库存，如果已没有库存，说明企业有销售未入账情况；如果有库存，检查有无将购进的不符合抵扣标准的固定资产、非应税项目、免税项目进行虚假申报抵扣的情况。

（12）对"应付账款""预收账款"和"其他应付账款"等科目的期初期

末数进行分析。如发现"应付账款""其他应付账款"出现红字和"预收账款"期末大幅度增长等情况，应判断是否少计收入，对企业销售时间及开具发票的时间进行确认。检查纳税人营业费用、财务费用、管理费用的增长情况并判断其增长是否合理，是否存在外购存货用于职工福利、赠送等问题，检查企业采购的渠道及履约方式，是否存在返利而未冲减进项税额。

（二）企业所得税稽查重点

1. 租金收入

企业提供无形资产、房屋设备等固定资产、包装物的使用权取得的租金收入，检查是否存在承租人应付的租金未按照合同约定的日期及金额全额确认收入。例如：交易合同或协议中规定租赁期限跨年度，且租金提前一次性支付的，检查企业是否未按收入与费用配比原则，在租赁期内分期均匀计入相关年度收入。

2. 利息收入

（1）债权性投资取得利息收入，可能包括存款利息、贷款利息、债券利息、欠款利息等各种形式收入，检查企业是否存在不计、少计收入或者债务人应付的利息未按照合同约定的日期确认收入实现的情况。

（2）检查是否未按税法规定准确划分免征企业所得税的国债利息收入，将国债转让收入混作国债利息收入，少缴企业所得税。

3. 其他收入

未将企业取得的罚款、滞纳金、参加财产和运输保险取得的无赔款优待、无法支付的长期应付款项、收回以前年度已核销的坏账损失、固定资产盘盈收入，教育费附加返还，以及在"资本公积金"中反映的债务重组收益、接受捐赠资产及根据税收规定应在当期确认的其他收入列入收入总额。

4. 股息红利收入

（1）检查纳税人是否对外投资股息和红利挂往来账不计、少计收入。

（2）检查纳税人是否对会计采用成本法或权益法核算长期股权投资的投资收益与按税法规定确认的投资收益的差异未按税法规定进行纳税调整，或者只调减应纳税所得额而未进行相应调增。

（3）检查纳税人是否将应缴企业所得税的股息、红利等权益性投资收益（如取得不足12个月的股票现金红利和送股等分红收入），混作免征企业所得税股息、红利等权益性投资收益，少缴企业所得税。

5. 经营业务收入

检查确认收入的真实性、完整性。如各种主营业务中以低于正常批发价的价格销售货物、提供劳务的关联交易行为，将已实现的收入长期挂往来账或干脆置于账外而未确认收入，采取预收款方式销售货物未按税法规定在发出商品时确认收入、以分期收款方式销售货物未按照合同约定的收款日期确认收入。

6. 视同销售收入

检查纳税人是否发生非货币性资产交换，以及将货物、财产、劳务用于捐赠、偿债、赞助、集资、广告、样品、职工福利或者利润分配、销售等其他改变资产所有权属用途的，未按税法规定视同销售货物、转让财产或者提供劳务确认收入。

7. 非现金资产溢余

检查纳税人是否存在非现金资产溢余（如固定资产盘盈）未按税法规定确认收入，未按税法规定以同类资产的重置完全价值确认收入情况。

8. 政策性搬迁

检查纳税人是否未在搬迁完成年度进行搬迁清算，将搬迁所得计入当年度企业应纳税所得额计算纳税；企业由于搬迁处置存货而取得的收入，未按正常经营活动取得的收入进行所得税处理，而计入企业搬迁收入；企业搬迁期间新购置的资产，未按税法规定计算确定资产的计税成本及折旧或摊销年限，而是将发生的购置资产支出从搬迁收入中扣除。

9. 不征税收入

（1）检查纳税人是否取得无专项用途的各种政府补贴、出口贴息、专项补贴、流转税即征即退、先征后退（返）、其他税款返还、行政罚款返还以及代扣代缴个人所得税手续费等应税收入作为不征税收入申报；非国家投资、贷款的财政性资金通过资本公积核算未作收入申报纳税或未按取得时间申报。

（2）检查纳税人是否有符合税法规定条件的不征税收入（如技改专项补贴等）对应的支出，未进行纳税调整。

（3）检查纳税人是否有符合规定条件的财政性资金作不征税收入处理后，在5年（60个月）内未发生支出且未缴回财政或其他拨付资金的政府部门的部分，未计入取得该资金第六年的应税收入总额。核查不征税收入相关文件等，确定是否符合不征税收入条件；核查往来款项和"资本公积""营业外收入""递延收益""管理费用"等科目，了解政府补助款项取得时间、使用和结余情况。

10. 非货币性资产转让

检查纳税人在生产经营中，特别是在改制和投资等业务过程中，转让特许经营权、专利权、专利技术、固定资产、有价证券、股权以及其他非货币性资产所有权，有无未能正确计算应税收入。例如：有偿取得的股权转让收入扣除其对应的成本后的股权转让所得列资本公积未计入应纳税所得额；以非货币性资产投资未比照公允价值销售确认转让收入；中途收回投入的非货币性资产并转让所形成的收入与原账面价值的差额列资本公积不计入应纳税所得额。

11. 债务重组

（1）检查纳税人以非现金资产抵债的债务重组收入的金额较大的，有无未按税法规定分期确认收入（纳税人在一个纳税年度发生的债务重组所得，占应纳税所得额50%及以上的，可以在不超过5年的期间均匀计入各年度的应纳税所得额）。

（2）检查企业股权收购、资产收购重组，收购方取得股权或资产的计税基础有无未以公允价值为基础确定。

（3）检查企业重组的税务处理有无未区分不同条件分别适用一般性税务处理规定和特殊性税务处理规定。

（4）检查企业股权收购、资产收购重组，被收购方有无未按税法规定以公允价值确认股权、资产转让所得或损失。

12. 以前年度损益调整

检查企业以前年度损益调整事项，有无未按规定进行纳税调整。

13. 成本

（1）检查企业是否将无关费用、损失和不得税前列支的回扣等计入材料成本。

（2）检查企业是否高转材料成本（如将超支差异全部转入生产成本，而将节约差异全部留在账户内）。

（3）检查企业是否材料定价不公允，通过材料采购环节向企业所属独立核算的"三产"企业转移利润。

（4）检查企业是否高转生产成本（如提高生产领用计价，非生产领用材料计入生产成本，少算在产品成本等）。

（5）检查企业是否未及时调整估价入库材料，重复入账，以估价入账代替正式入账。

（6）高耗能企业，当其能源价格及耗用量的波动与生产成本的变化脱离逻辑关系，要检查其是否存在虚列成本的情况。

14. 与生产经营无关支出

检查企业是否将与企业成本和投资或职工生活无关的个人支出、离退休福利、对外担保费用等与生产经营无关的成本费用，以及各类代缴代付款项（代扣代缴个人所得税、委托加工代垫运费等）在税前扣除，未进行纳税调整。

15. 其他不得列支项目

检查企业是否列支《中华人民共和国企业所得税法》第十条规定不得扣除的八类项目（向投资者支付的股息红利等权益性投资收益款项、企业所得税税款、税收滞纳金、罚金罚款和被没收财物的损失，《中华人民共和国企业所得税法》第九条规定以外的捐赠支出、赞助支出、未经核定的准备金支出、与取得收入无关的其他支出），未调增应纳税所得额。

16. 收益性支出与资本性支出

检查企业是否存在发生的成本费用支出未正确区分收益性支出和资本性支出。例如：在建工程等非销售领用产品所应负担的工程成本，挤入"主营业务成本"，而减少主营业务利润；大型设备边建设边生产，建设资金与经营资金的融资划分不清，造成应该资本化与费用化的借款费用划分不准确；将购进应作为固定资产管理的物资记入低值易耗品一次性在所得税前扣除；未按规定计算无形资产税前扣除，把取得的无形资产直接作为损益类支出进行税前扣除；应计入固定资产原值的运输费、保险费、安装调试费等在成本、费用中列支；未对符合条件的固定资产大修理支出进行摊销；等等。

17. 各类预提、准备支出

检查企业是否存在已在企业所得税前扣除项目中支出，没有实际发生的各类预提准备性质支出（如预提费用，资产减值准备金，担保、未决诉讼、重组业务形成的预计负债），未进行纳税调整。

18. 工资薪金支出

检查企业是否存在发生的工资薪金支出不符合税法规定的支付对象、规定范围和确认原则，未调增应纳税所得额。

（1）检查工资支付名单人员是否包含：已领取养老保险金、失业救济金的离退休职工、下岗职工、待岗职工；工资薪金应从提取的职工福利费中列支的医务室、职工浴室、理发室、幼儿园、托儿所人员；已出售的住房或租金收入计入住房周转金的出租房的管理服务人员；与企业解除劳动关系的原企业职工；虽未与企业解除劳动关系，但企业不支付基本工资、生活费的人员，由职工福利费、劳动保险费等列支工资的职工；无劳动人事关系或劳务派遣关系的其他人员。

（2）检查工资管理是否全部符合以下要求：制订了较为规范的员工工资薪金制度；企业所制订的工资薪金制度符合行业及地区标准；企业在一定时期所发放的工资薪金是相对固定的，工资薪金的调整是有序进行的；企业对实际发放的工资薪金，已依法履行了代扣代缴个人所得税义务；有关工资薪金的安排，不以减少或逃避税款为目的。

（3）检查是否存在因遵循权责发生制原则会计上确认了应付职工薪酬但在以后期间发放，而没有实际发放的（包括已提未付上年工资、股权激励计划等待期费用、重组计划辞退福利等）。

（4）将应在职工福利费核算的内容作为工资薪金支出在税前列支（如实行货币化改革，按标准发放的住房和交通补贴，会计上作为纳入工资总额管理的补贴，应作为福利费，不作为工资薪金。企业存在未进行纳税调整的风险）。

（5）属于国有性质的企业，其工资薪金总额是否超过政府有关部门规定的限额，超过部分是否按税法规定进行纳税调整。

（6）检查是否存在作为用工单位，企业已向派遣公司支付派遣费用，仍税前扣除被派遣劳动者工资、社会保险费、住房公积金及以工资为基础计提的职工福利费、职工教育经费、工会经费等。

19. 三项经费支出

检查企业是否存在发生的职工福利费、职工教育经费、工会经费支出不符合税法规定的支付对象、规定范围、确认原则和列支限额等，未调增应纳税所得额。例如：没有工会经费收入专用收据或合法、有效的工会经费代收凭据列支工会经费；将职工福利、职工教育以及工会支出直接记入成本费用科目（如将用于职工食堂等福利设施及相关支出计入管理费用）不作纳税调整；已计提但未实际发生，或者实际发生的职工福利费、工会经费、职工教育经费超过列支限额不作纳税调整；本年未达比例，将上年超限额的职工福利费、工会经费结转核算等。

20. 各类保险、公积金

（1）为职工缴纳的基本养老保险费、基本医疗保险费、失业保险费、工伤保险费、生育保险费等基本社会保险费和住房公积金，应依照国务院有关主管部门或者省级人民政府规定的范围和标准税前扣除，检查企业是否有超出部分（如未获得住房公积金管理部门批准的情况下提取住房公积金比例超过12%）未调增应纳税所得额。

（2）为本企业任职或者受雇的全体员工支付的补充养老保险费、补充医疗保险费，检查企业是否有超过职工工资总额5%的部分未分别调增应纳税所得额。

（3）除依照国家有关规定为特殊工种职工支付的人身安全保险费和国务院财政、税务主管部门规定可以扣除的其他商业保险费外，为投资者或者职工支付的商业保险费，按税法规定不得扣除，检查企业是否有未调增当期应纳税所得额。

21. 利息支出

检查企业是否超限额列支利息，如企业向职工个人或非金融企业借款的利息支出超过按照金融企业同期同类贷款利率计算的数额部分，未调增应纳税所得额；企业实际支付给境内关联方的利息支出，超过按税法规定的债权性投资和权益性投资比例（金融企业为5：1，其他企业为2：1）的部分，如果不能证明相关交易活动符合独立交易原则的或者该企业的实际税负不高于境内关联方的，企业申报扣除未相应调增相关年度应纳税所得额。

22. 租赁费用

检查企业租赁费用税前列支是否错误，如未区分融资租赁和经营租赁，或一次性列支房屋设备租赁费，未进行纳税调整。

23. 业务招待费

检查企业是否存在发生的与生产经营活动有关的业务招待费支出未在企业所得税申报表中正确归集（未归集计入差旅费、办公费、会议费等其他费用的业务招待费），没有按照税前扣除标准（不超过发生额的60%且不超过当年销售营业收入的千分之五）进行申报，超过部分未调增应纳税所得额。

24. 广告费和业务宣传费

（1）检查企业是否存在发生的广告费和业务宣传费不符合税法规定的条件（通过经工商部门批准的专门机构制作，已实际支付费用并取得相应发票，通过一定的媒体传播），未进行纳税调整。

（2）检查企业是否未准确归集发生的广告费和业务宣传费，将广告费和业务宣传费记入其他费用科目或将非广告费和业务宣传费误记入广告费和业务宣传费科目，未相应调整应纳税所得额。

（3）检查企业是否当年发生符合条件的广告费和业务宣传费支出，超过当年销售（营业）收入15%（除国务院财政、税务主管部门另有规定外），超过部分未调增当年应纳税所得额。

25. 手续费及佣金支出

（1）检查计入回扣、业务提成、返利、进场费等其他费用科目是否正确核算。

（2）检查企业是否存在超过税法规定比例（财产保险15%、人身保险10%、其他企业5%）的手续费及佣金支出未按税法规定调增应纳税所得额。

（3）检查企业是否存在按税法规定不得税前扣除的手续费及佣金支出（如没有与具有合法经营资格中介服务企业或个人签订代办协议或合同而发生支出；现金支付给非个人；与取得收入无关），未调增应纳税所得额。

26. 捐赠支出

检查企业是否存在捐赠支出不符合税法规定的公益性捐赠支出，或者超过年度利润总额12%的部分未做纳税调增（其他规定可全额扣除的除外）。

27. 财产损失税前列支

检查企业是否存在在扣除程序、申报方式、确认时间、核算金额等方面对不符合规定的财产损失进行税前列支，未进行纳税调整。如损失未经申报或申报方式错误（应以专项方式申报而作清单申报等）；未在实际发生且会计上已作损失处理的年度申报扣除；未减除残值收入、责任人赔偿和保险赔款。

28. 关联交易支出

（1）检查企业是否存在关联企业间支付的管理费在税前列支，未进行纳税调整。

（2）检查总分公司等企业内营业机构之间支付的租金、特许权使用费、利息进行税前扣除，是否存在对应收入挂往来账。

（3）检查母子公司等关联企业之间的燃料购销、股权转让、设备采购、借款协议、原料运输劳务等业务往来，是否存在不按照独立企业之间的业务往来收取或者支付价款、费用而减少应纳税所得额的，未作纳税调整。

29. 企业重组

检查企业债务重组、股权收购、资产收购、合并、分立等重组交易，且符合税法规定特殊性处理条件的，重组交易各方是否存在未对交易中非股权支付在交易当期确认相应的资产转让所得或损失，并调整相应资产的计税基础。

30. 折旧和摊销

检查企业是否未按税法规定，自行扩大固定资产、无形资产计税价值（如超过 12 个月长期暂估入账）；未按税法规定的范围和方法进行折旧和摊销（如扩大折旧摊销税前扣除范围，扣除未使用机器设备的折旧等与生产经营无关的折旧和摊销；扣除已超过 5 年或未经税务机关查实审批的应提未提折旧；扣除股份改造形成的资产评估增值所计提的折旧；扣除不符合规定的加速折旧和摊销；使用综合比率折旧摊销）等，未进行纳税调整。

31. 生产成本核算的常见问题

（1）检查企业是否将不属于产品成本负担的费用支出列入直接材料费等成本项目，如将自营建造工程领用的材料列入生产成本的"直接材料"项目。税务部门可从工程成本的材料成本水平、动力费水平和工资水平等方面查找疑点。

（2）检查企业是否将不属于本期产品成本负担的材料费用支出一次全部列作本期成本项目，如将几个月产品成本负担的材料、燃料费用一次列入当期的产品成本项目。税务部门可通过查阅生产统计报表，扣除由于产量的变动造成的材料成本的高低变化，并到材料库查询有关材料明细账。

（3）检查企业是否将对外投资的支出计入成本、费用项目，如企业以材料物资向其他企业进行投资时，不计入"长期股权投资"账户，而列入成本、费用项目。税务部门可根据银行存款日记账的摘要记录"大宗存款"等关键词，进一步调阅凭证，调查该笔汇款是不是投资收益。

（4）检查企业是否将应属于成本项目的费用支出列入其他支出，如将车间固定资产修理费列入了"在建工程"项目，虚降成本。税务部门可审阅"在建工程"明细账，若发现工程造价超过工程预算较多，应调查企业修理费的处理方式。

（5）检查企业是否将福利费开支列入成本项目，如将福利部门人员工资等列入"直接人工费成本"项目。

（6）检查企业回收的废料是否没有冲减当月的领料数，如将回收的废料收集起来，不冲减当月的领料数，而作为账外物资处理。

（7）检查企业是否将属于产成品的成本费用计入在产品成本，如月末在产品还需较大工作量加工才能制成产成品，却按产成品成本计算法，使得在产品成本加大，产成品成本减少，少计成本，虚增利润。

（8）检查企业是否将不属于在产品的费用计入在产品成本，如对产成品与在产品分配费用时，错误地采用在产品成本按所耗原材料费用计价法，将应计入在产品成本的燃料和动力费、直接人工费等费用，全部计入产成品成本，从而少计在产品成本，少计利润。

（9）检查企业产成品与在产品费用分配方法选择有无不当，如在产品按定额成本计价法，但企业的各项消耗定额、费用定额不准，或定额长时间没有修改，导致在产品定额成本与在产品实际成本之间的差异增大，且全部由产成品负担，不能如实反映产品的实际成本，影响利润的准确性。

（10）检查企业是否故意低估在产品的完工程度。在产品数量乘以完工程度，即为在产品的约当产量。估计的完工程度越低，计算的在产品约当产量越少。在进行产成品与在产品费用分配时，在产品的成本越低，产成品成本越高，从而达到少计利润、少纳企业所得税的目的。

（11）检查企业是否虚拟在产品数量。某些企业通过虚拟在产品数量，增加在产品成本，表现为在产品账面数量大于在产品实物数量。

（12）检查企业发生的工资、薪金支出是否符合税法规定的工资薪金范围、是否符合合理性原则、是否在申报扣除年度实际发放。

（三）房地产企业常见纳税问题

1. 不按规定入账、隐匿收入，偷漏税

（1）房地产开发项目建设初期，资金需求量大，房地产企业多以"内部认购""单位团购"等方式销售房屋，使用自制收据收取购房款，应税收入"账外循环"或长期挂"应付账款""其他应付账款"等往来账，隐匿、转移收入，逃避或滞后申报纳税。

（2）已签订购房合同，应按照合同的付款日期收取售房款的，因购房者原因未及时收取的，企业往往不按照合同约定的付款日期确认收入，而根据实际收到款项时间确认收入，滞后缴纳税款。

（3）收到客户的违约金等，通过营业外收入或往来账户进行核算，未并入应税营业额一并申报纳税。

（4）随房屋一同出售或单独出售车位、储藏室等不列入商品房销售合同，销售时另外开收据，收入不入账少缴税款。

（5）通过其他手段不如实申报应税收入。例如：通过"其他应收款或其他应付款"科目直接拨付工程款以收抵支；或分别开票，一部分开具预收款发票交财务，另一部分开具收据，房款不入企业财务账等。

2. 以银行按揭方式销售开发产品收取的价款，未按规定申报纳税

（1）房地产开发企业采取银行按揭方式销售开发产品，收到银行按揭贷款后不作销售收入处理，而是将收到的按揭款项以银行贷款的名义记入"短期借款"账户，隐匿收入。

（2）以"虚假按揭"为由将取得的银行按揭购房款转入"短期借款"或"其他应付款"科目，长期挂账不申报纳税。

3. 视同销售行为，未按规定申报纳税

（1）以开发产品抵顶材料款、工程款、广告费、银行贷款本息，未按规定计税。

（2）将开发产品赠送客户、职工奖励及分配给股东或投资者未按规定申报纳税。

4. "拆迁还房"，未按规定申报纳税

房地产开发企业对老城区或旧有居民区进行开发时，对原有住户一般采取"拆迁还房"的销售形式。所谓"拆迁还房"，是指拆迁人以建设的房屋补偿给被拆除房屋的所有人，使原所有人继续保持房屋所有权的一种实物补偿形式。目前普遍采用以建成后新房等面积换取需拆占原房屋面积，在"拆一还一"的基础上增加的面积对原住户依市场价或优惠价出售。开发企业对"拆一还一"等面积的部分未按成本价计税，直接视为拆迁成本，仅按差价部分（超面积部分）计入营业收入，从而少申报纳税。

5. "还本"方式销售商品房未按规定申报纳税

采用"还本"方式销售商品房时，将还本支出冲减当期营业额少交税。

6. 合作建房未按规定申报纳税

（1）以代建名义开发项目，这种形式多以土地所有方的名义报建，所需资金由开发方代垫，实际是开发企业以转让部分房屋所有权为代价，换取部分土地所有权，而土地所有方以转让部分土地所有权为代价换取部分房屋所有权。双方均产生了纳税义务，但未按规定申报纳税。

（2）以出租土地使用权为代价换取房屋所有权，双方均产生了纳税义务，但未按规定申报纳税。

（3）以投资名义转让土地使用权或不动产所有权，收取固定利润或按销售收入一定比例提成，未按规定申报纳税。

（4）甲方以土地使用权、乙方以货币资金合股成立合营企业，合作建房，房屋建成后甲方以按销售收入的一定比例提成的方式参与分配，或提取固定利润，应检查提供土地一方是否按照转让无形资产缴税。

7. "售后返租"业务未按规定申报纳税

房地产开发企业开展"售后返租"业务，以约定的优惠价格销售商铺等房产，按照优惠价款申报纳税。

8. 开发产品未按规定申报

（1）房地产开发的商品房有租有售，在销售不理想的情况下，通常采用租赁方式收取高额租金，特别是公建房，这部分收入有一定的隐蔽性，如承租方不需要正式发票，房地产企业可以不缴或少缴税款。

（2）房地产企业将周转房、开发产品直接出租，委托其兴办的物业管理公司对外租赁，先租后售或转作固定资产进行出租等，取得租金不入账少申报纳税。

（3）房地产开发企业对无产权的停车位，通过与承租人签订长期租赁合同，一次性收取费用，未申报纳税。

9. 利用委托建房税收优惠政策逃避缴纳税款

委托建房时房地产开发企业只对"代建房"行为取得的手续费收入按"服务业——代理服务业"税目缴税。目前，许多开发企业采取虚假立项的手段，即在开发之前先找到买主，以买主为立项单位联合开发或集资建房的名义开发商品房，达到不缴或少缴税款的目的。

10. 隐匿关联方之间的出售、出租业务收入，少申报缴纳税款

利用关联关系，将收取的售房款直接转入关联单位，隐匿收入或转移利润。

11. 房地产开发企业代收费用，未并入营业额申报纳税

房地产开发企业在出售商品房时，代当地政府向购房户收取的煤气集资费、天然气集资费、暖气集资费、办证费、有线电视费等代收款项，通过往来科目

核算，未并入营业额申报缴纳营业税。

12. 委托中介机构代理销售房屋，未按规定申报纳税

房地产开发企业以支付手续费方式委托销售开发产品，将代理方转入的售房款记入往来账户或"短期借款"账户，或以售房收入抵付应付代理费后的金额入账，少纳税款。

13. 销售精装修房屋，未按规定申报纳税

（1）精装房装修部分单独开具收款收据，取得的收入未按规定入账。

（2）房地产开发商销售精装修商品房，人为将售房总价分解为购房款和装修价款，对房屋装修部分开具建筑业发票，低税率少申报缴纳税款。

14. 待售开发产品违规转为企业经营性资产或临时出租

待售开发产品，应检查其是否计提折扣。

15. 特殊扣除项目的处理不符合规定

例如，白蚁防治费、竣工奖等各类付给施工单位的奖金、延期交房违约金、应付施工单位的工程尾款、质量保证金、墙改基金、人防费等核算处理不合规定。

二、近年来税务稽查重点聚焦

税务稽查是税务机关代表国家依法对纳税人的纳税情况进行检查监督的一种形式。税务稽查的依据是具有法律效力的各种税收法律、法规及政策规定，包括日常稽查、专项稽查和专案稽查。在日常工作中，企业可能涉及税务风险有很多，如发票风险、增值税风险、往来账目风险、纳税申报风险等。近年来税务稽查重点主要有以下几个方面。

1. 未开票收入不申报纳税问题

"以票控税"一直是财务人员的固有思路，但这个想法早已过时。税务部门审查收入的方法有很多，如税务稽查人员可依据银行流水、一般需要购买方特性分析以及第三方数据进行分析等。举例来说：餐饮行业的购买方可划分为因公消费和因私消费两种。因公消费开票报销。因私消费一般不需要开具发票，根据餐饮行业购买方特点，餐饮业一定存在大量未开票收入，一般来说不应该低于35%以上。如果餐饮业只有已开票收入申报，则该企业存在问题的可能性很大。

2. 虚开发票问题

虚开发票是不如实开具发票的一种舞弊行为，纳税单位和个人为了达到偷税的目的或者购货单位为了某种需要在开具发票时，在商品名称、商品数量、商品单价以及金额上弄虚作假，甚至虚构交易事项虚开发票。

虚开发票情形多发于两种业务：一个是咨询费，另一个是劳务费，尤其是自然人代开情形。首先，这两种都是服务业务，无法像固定资产那样予以量化；其次，小规模纳税人免税优惠政策，特别是2022年4月1日以后适用3%征收率的小规模纳税人只要不开专票，不管销售额多少，都免增值税，相应的附加税费也免除了，而消费税征税范围比增值税小很多。无论是咨询费还是劳务费个人所得税税目基本都是劳务报酬，劳务报酬预扣预缴收入小于4000元扣除800元，大于4000元扣除20%费用。这样一来企业只要以多位自然人代开劳务费发票，就能免除增值税，个人所得税预缴税额也为零，只需要个人所得税代扣代缴方申报即可。自然人代开发票基本没有成本，所以这种类型的业务需要重点把控。为此，财务人员要注意凭证不仅需要附发票，还要有银行回单、合同等。

3. 社保问题

依据相关法律规定，企业自用工之日起30天内就得为员工办理社会保险并缴纳社会保险费，和员工是否在试用期无关，不允许企业或者在职员工放弃。社保基数是重点，很多企业都以员工最低工资基数缴纳社会保险费，与事实不符。社保已经入税，社保稽查也移交给税务局，是其重点关注的地方。

4. 借款业务涉税问题

企业经常通过"其他应收款——企业主或者股东"核算资金无偿借给企业主或者股东业务。无偿借款不仅涉及增值税，还存在个税风险。企业无偿把借款给个人投资，在纳税年度终了既没有归还，也没有用于经营，则该借款视为企业给投资者的红利，需要按照利息、红利等来缴纳个人所得税。很多企业账面存有几百万元的这类借款，涉税风险很大。

5. 无票支出问题

企业的很多应税业务需要后附发票（除少数特殊业务外）。但在现实经济业务当中，很多企业发生的支出无法获取正规发票，只能后附收据甚至没有收据，按规定无法扣除，但一些企业财务人员直接入账扣除，入账是应该的，但企业所得税汇缴需要调增处理，这一点必须引起重视。

6. 股权转让异常

以下股权转让行为是税务人员稽查的重点：①频繁多次转让过股权的。②平价或者0元股权转让的。③转让日企业盈利净资产较大的。④转让高溢价资产（被投资企业的土地使用权、房屋、房地产企业未销售房产、知识产权、探矿权、采矿权、股权）占企业总资产比例超过20%的。⑤自然人股权转让签订阴阳合同的。⑥自然人股权转让未依法申报个税和印花税的。⑦利用股权转让实现买卖大额房产土地的。⑧利用增资、减资变相实现股权转让的。⑨利用合伙企业核定经营所得达到降低自然人股转个税目的。⑩股权转让之前财务提供虚假亏损报表达到降低自然人股转个税目的。⑪"友情"价转让股权的。⑫以股权抵偿债务属于股权转让行为未依法申报个税的,转让方和受让方在进行股权转让前,签署其他交易合同,如借贷等,冲抵交易、转移资金。⑬自然人股权转让完成后又退回股权属于二次股权未申报个税的。⑭盈余公积等转增股本未依法申报个税的。⑮资本公积等转增股本未依法申报个税的。⑯未分配利润等转增股本未依法申报个税的。⑰自然人股权转让的转让原值确认不正确的。⑱自然人股权转让中受让方未依法履行扣缴个税义务的。⑲自然人股权转让企业承担个税、印花税汇算清缴未纳税调整的。⑳自然人股权赠送未依法履行扣缴个税义务的。㉑自然人股权中与股权转让有关的违约金属于股权转让收入,但是未依法履行扣缴个税义务的。㉒隐名股东与显名股东在股权转让时承担税负主体的风险。㉓自然人股权转让中个税和印花税纳税地点不合法的。㉔自然人股权转让中股权转让完成但是尚未支付转让款未依法申报个税的。㉕对个人非货币资产转让所得未依法申报个税的。㉖个人因撤资从被投资企业取得的款项属于个税应税收入,未依法申报个税的。㉗虚假评估。在涉及转让标的不动产占比较大的情形时,通过虚假资产评估报告,降低转让标的价值,减少所得税。

知识链接

税务稽查七大稽查重点

(1) 虚开发票。税务部门重点审查企业是否存在利用虚开发票或虚列人工费等虚增成本,是否存在使用不符合税法规定的发票及凭证,列支成本费用。国家基于最新税收分类编码和纳税人识别号建立大数据监控机制,企业虚开发票行为一旦被稽查,除了要补缴税款,构成犯罪的,还要承担刑事责任。

(2) 公转私。《关于办理非法从事资金支付结算业务、非法买卖外汇刑事案件适用法律若干问题的解释》明确指出:严惩虚构支付结算,公转私,套取现金、支票套现。

(3) 骗取出口退税。国家税务总局、公安部、海关总署、中国人民银行四部门联合预防和打击违反税收法规,以假报出口等欺骗手段骗取国家出口退税款数额较大的行为。

(4) 增值税零申报。增值税零申报是税务稽查的重点对象。零申报持续时间一旦达到6个月,税务机关就会对企业展开分析调查,确认企业是否存在隐匿收入等问题。

(5) 虚列人员工资。针对人员工资,税务机关会从工资支出凭证、企业职工人数、薪酬标准等方面严查企业工资费用。

（6）税收优惠企业认定。享受税收优惠政策的企业，也是税务机关清查的重点。

（7）税负率异常。税负率异常一直以来都是税务稽查的重点，如果企业平均税负率上下浮动超过20%，税务机关就会对其进行重点调查。

三、金税四期下的税务稽查重点

1. 企业发票问题

国家税务总局非常重视发票的"三查"问题，即"查税必查票""查账必查票""查案必查票"。这就要求企业在开具发票时要格外注意"三流一致"，即资金流、发票流、合同流相统一，有的还包括货物流，也就是要四流一致。这要求企业一定要做好存货管理，统计好进货、销货、存货量，定期盘点库存，做好账实差异分析表，避免库存账实不一致。同时要注意虚构成本与虚开发票，除了缴纳罚款和补缴税款，企业相关当事人触及红线的还要承担刑事责任。

发票电子化、入账凭证电子化、电子会计档案是金税四期建设的基础。与传统电子发票不同，全面数字化的电子发票（简称全电发票），是以可信身份认证体系和新型电子发票服务平台为依托，以标签化、要素化、去版式、授信制、赋码制为特征，以全领域、全环节、全要素电子化为运行模式的新型电子发票。

面对新变化，如何做好发票与票证管理，成为企业税务合规中须思考的重要课题。

譬如，购买发票和对开发票在一些企业经常发生，但是这种行为属于虚开发票，即使经由入账、合同等程序，货物流还是不具备的。对开发票和环开发票，一旦被发现，不仅进项要转出、缴纳税费，还将面临高额罚款。因此，面对金税四期的新形势，企业首先应提高税务合规意识，积极拥抱新技术与新变化，落实企业财税数字化方案，赋能企业成长。

2. 税负率异常

企业税负率过高或过低都有被税务局约谈和稽查的风险。实务中，虽然企业的税负率受到多个因素的影响，但是一般情况下企业在某个时期内的税负率波动不会很大。

在系统升级后，每个行业的增值税、所得税税负水平以及变化记录更加详细，对企业的税负率浮动比例更加敏感，税务机关会针对企业的纳税情况进行评估，调查企业税负率出现波动的原因。

3. 企业社会保险费缴纳问题

随着全国各地相继实施"社保入税"，在各部门的大数据联网的情况下，企业的一举一动都被纳入监管系统。随着金税四期的上线，不论是税务还是工商、社保等非税业务都并入联网系统，数据统一，企业员工试用期不入社保、社保挂靠或代缴社保费用等行为都是行不通的。

4. 虚假开户

随着企业信息联网核查系统及金税四期上线，银行、非银行支付机构等参与机构可以核实企业相关人员手机实名信息、企业纳税状态、企业登记注册信息等重要信息，多维度核查企业的真实性，了解企业的经营状况、识别企业是否有开户资格。

5. 企业的利润不真实

企业报送的资产负债表与利润表钩稽关系有出入；利润表的利润总额与企业所得税申报表的利润总额有出入；企业常年亏损，却屹立不倒；与同行业相比利润偏低等问题也是平台方稽查的重点。

知识链接

"股权转让"税务检查案例解读

案例1：企业频繁变更股东

徐州市铜山某公司在5年内多次变更公司名称、注册资本，更换股东，引起了徐州市铜山区税务局的重点关注。徐州市铜山地税局收集了该公司近几年来的工商登记信息，发现该公司从2010年开始，频繁变更公司名称、股东和注册资本，通过这一系列操作，该公司原有的老股东已经全部彻底退出公司经营，后期新增的两名股东成了公司实际控制人。在该公司最近的一次减资行为中，工商登记信息可查询，但是地税局没有股权变更记录，稽查人员认为很可能是绕开了税务管理。稽查人员经深入了解得知，该公司在了解股东变更时会涉及缴纳个人所得税，于是让会计师事务所做了避税筹划，以新股东注资入股、老股东撤资退股的形式掩盖股权转让行为，达到逃避股权转让所得缴纳个人所得税的目的。

解读：股东变更事实上就是股权转让，但是针对股权代持等特定情形下的股权归位如何处理，在税法上还有待进一步明确。在此情形下，交易双方应该结合税收法律法规以及税法公平原则等，与税务机关充分沟通，争取事前获得"认可"。

案例2："友情价"转让股权

大连市地税局第二稽查局根据纳税评估疑点分析，发现某管理咨询（大连）有限公司（A公司）存在股权转让异常情况，遂进行立案调查。检查人员详细查询了A公司工商登记变更记录，显示该企业由大连某商品投资咨询有限公司（B 公司）变更而来。同时发现 B 公司原股东胡某和徐某分别将原值为 1.5 万元的股权全部转让给 A 公司股东张某和林某，转让价格各 1.5 万元。表面上看，该股权转让行为是平价转让，不存在溢价，自然不存在涉税问题，大连地税征管系统也没有记载相关股权转让个人所得税申报记录。随后检查人员对 B 公司 2010 年至 2015 年经营数据进行了深入分析，发现该公司每年都是盈利状态，却没有进行过股息红利的分配，公司净资产一直在增加，到 2015 年底，B 公司的净资产达到 177.9 万元。这样一家经营状况良好的公司却被 B 公司股东以平价转手，为什么呢？第二稽查局的检查人员带着疑问询问 A 公司的财务负责人。A 公司财务负责人表示，该公司负责人是经熟人介绍购买的 B 公司股权，主要用于经营基金销售，双方商定以原先注册资本 3 万元"友情"价作为最终转让价格。针对上述，检查人员当场向 A 企业财务负责人指出，此次股权转让价格 3 万元与 B 公司在转让时的净资产 177.9 万元之间存在巨大差距，根据相关税收规定，属于低价转让，需要进行纳税调整。

解读：《股权转让所得个人所得税管理办法（试行）》（国家税务总局公告 2014 年第 67 号）已于 2015 年 1 月 1 日开始实施，67 号文件明确了出售股权、回购股权、以股权抵偿债务等 7 种股权转移行为应缴纳个人所得税，对股权转让收入、原值进行了更加具体的界定，严格了征纳程序，大大缓解了征纳双方信息不对称的问题，挤压了"税务筹划"的空间。

案例 3：集团公司股权"优化"

天津市国税局稽查局接到上级机关推送的调查线索，信息显示管理公司 A 企业在与关联企业进行股权转让时交易价格明显偏低，具有逃避缴纳税款嫌疑。由于涉及交易金额较大，接报后，天津市国税局稽查局随即抽调业务骨干成立检查组，对 A 企业立案检查。针对检查人员的问询，A 企业解释称，这些股权转让行为是为了优化企业股权，在内部关联企业之间开展的股权管理结构调整行为，不是以股权获利为目的的股权交易行为，因此采取了平价转让。这么做的另外一个原因是，在工商机关办理股东变更以实现股权转移时，必须提交股权交易合同。若按溢价进行股权交易，会使这种以调整内部股权结构为目的的活动承担无谓税负，降低企业管理效率。A 企业人员表示，根据国税发〔2009〕2 号文件第三十条规定："实际税负相同的境内关联方之间的交易，只要该交易没有直接或间接导致国家总体税收收入的减少，原则上不做转让定价调查、调整。"因此，A 企业人员认为，企业与关联企业的股权调整，属于内部"优化管理"行为，不涉及税收问题。

经查，A 企业以低于资产价值的价格转让多家子公司股权，并且存在将下属两家企业注销未缴企业所得税问题。天津市国税局稽查局依法对 A 企业股权转让收入 8991.4 万元、注销企业清算所得 3486.7 万元计入企业应纳税所得额，作出补缴企业所得税、加收滞纳金共 3670.3 万元的处理决定。

解读：在税法上，针对特定条件下的集团内部资产、股权重组行为，出台了特殊性税务处理办法，企业"股权优化"应该积极争取适用特殊政策；否则，将面临按照税法规定依法纳税申报的法律责任。

案例 4：境内关联股权转让可适用特别纳税调整

江苏省常州市武进地税局检查人员按行业专项检查计划，检查 A 建筑工程公司 2012—2013 年纳税情况时发现，A 公司于 2012 年 12 月 27 日向 B 投资公司转让 J 银行 3000 万股股票，每股转让价格为 1.62 元，总金额 4860 万元。但此次股权转让交易，A 公司并未进行纳税申报。对此，企业财务人员解释称，收购 J 银行股权时，除了支付每股 1 元股本，还接受了银行一部分不良资产，这笔不良资产折算为每股 0.62 元，合计收购总成本为每股 1.62 元。因为是平价转让股权，没有收益，因此没有进行纳税申报。

检查人员认为企业股权转让行为存在疑点：J 银行虽不是上市银行，但其在当地知名度颇高，业务规模和营利能力在常州金融机构中均名列前茅，这样一家银行的股权，A 公司为何要平价转让？

检查人员当即仔细查阅该企业账簿，其中当期一笔额度为 4205.7 万元的借款引起了检查人员的注意，这笔资金的来源方正是股权转让的受让方——B 公司。检查人员认为，按照《国家税务总局关于印发〈特别纳税调整实施办法（试行）〉的通知》（国税发〔2009〕2 号文件）第九条规定，A 公司注册资本 7000 万元，B 公司给其的借款已超过其注册资本的 50%，A、B 两家企业符合关联企业条件，其发生的股权转让行为属关联交易。根据企业所得税法相关规定，应核定 A 公司与 B 公司之间该笔股权交易应纳税所得额。

最后，江苏省常州市武进地税局稽查局根据企业所得税申报表中发现的疑点，追踪调查，查实 A 公司向关联企业转让股权未按规定申报缴纳所得税。该局依法对企业作出补缴企业所得税 1072.5 万元，加收滞纳金 6.1 万元，加收利息 130.9 万元，罚款 15.2 万元的处理决定。

解读：根据《特别纳税调整实施办法（试行）》规定，转让定价管理是指税务机关按照《中华人民共和国企业所得税法》第六章和《中华人民共和国税收征收管理法》第三十六条的有关规定，对企业与其关联方之间的业务往来是否符合独立交易原则进行审核评估和调查调整等工作的总称。因此，从税法角度，并没有将特别纳税调整限定为"跨境"交易，故应以《特别纳税调整实施办法（试行）》为依据，对境内关联公司股权交易进行纳税调整。

案例5：间接股权转让被"穿透"

开曼儿童投资主基金诉杭州市西湖区国税局税务征收案是最高人民法院发布的第一批最高人民法院行政审判十大典型案例之一。该案经过行政复议程序后，从杭州市中级人民法院上诉到了最高人民法院，相关非居民企业最终补税4.42亿元。

杭州市西湖区国税局接到开曼儿童投资主基金，通过美国某国际律师事务所发来的律师函件，询问儿童投资主基金在间接转让杭州G公司股权的过程中，是否需要在中国境内完税，该间接股权转让的标的物是设立在开曼群岛的C公司。儿童投资主基金持有C公司26.32%的股权，而C公司通过设立在香港的H公司，持有杭州G公司95%的股权。了解到该信息后，税务人员做了调查分析，并试图通过互联网查找相关企业的详细信息。经过深入调查，税务人员在香港联合交易所网站发现了股权转让受让方发布的公告。

后续发现，C公司的另一股东——设立在英属维尔京群岛的W公司及其母公司K公司也转让了3次股权，C公司的股权已被股权转让受让方M公司全部控制，整体溢价达7.26亿美元。在调查当时，税务机关主要依据的是《国家税务总局关于加强非居民企业股权转让所得企业所得税管理的通知》（国税函〔2009〕698号，以下简称698号文件）。

税务机关发现，境外转让方通过"境外转让方—C公司—H公司—G公司"的交易模式间接转让了中国境内的G公司，被转让的中间层公司C公司（位于开曼群岛，属避税地）和H公司（位于中国香港，属低税率地区），在避税地或低税率地区注册，不从事实质性经营活动，其所拥有的唯一投资就是G公司。

本次交易中，交易双方认可的评估机构就转让方转让C公司的股权价款估值时，考虑的因素均为G公司未来的收益及成本。也就是说，此项交易的价款主要取决于对G公司的估值。对此，股权受让方的母公司在香港联合交易所公开发布的披露信息中多处指出，收购的实际标的就是G公司的股权。

经过调查及多轮研讨和汇报，杭州市国税局按照规定程序呈报国家税务总局，2013年11月取得税务总局批复，明确同意对H公司等境外投资者间接转让杭州G公司股权的行为征税。西湖区国税局分别向H公司、K公司和W公司下发了《税务事项通知书》，并告知纳税人行政复议和诉讼的权利。

解读：自2012年以来，针对大额间接股权转让的纳税调整案日渐增多，在非居民企业通过转让一家非居民中间控股公司的股权而间接转让其中国居民公司股权的情形下，如果该中间控股公司的存在仅仅为规避纳税义务而缺乏商业实质，698号文件重申了中国税务机关运用一般反避税原则来否定该中间控股公司存在的权利。

四、需重点关注的税收风险点

(一) 75 项普遍性涉税风险 (如表 5-1 所示)

表 5-1 企业普遍性涉税风险点

序号	涉税事项	风险描述	风险提示
1	增值税	小规模纳税人适用3%征收率的应税销售收入享受增值税免征政策,但未按照规定开具免税发票	根据《国家税务总局关于小规模纳税人免征增值税等征收管理事项的公告》(国家税务总局公告2022年第6号)的规定,增值税小规模纳税人适用3%征收率的应税销售收入免征增值税的,应按规定开具免税普通发票
2	增值税留抵退税风险	行业登记与实际经营业务不符,错误地按制造业等13个行业退税,存在骗取留抵退税风险	根据《财政部 税务总局关于进一步加大增值税期末留抵退税政策实施力度的公告》(财政部 税务总局公告2022年第14号)的规定,以虚增进项、虚假申报或其他欺骗手段,骗取留抵退税款的,由税务机关追缴其骗取的退税款,并按照《中华人民共和国税收征收管理法》等有关规定处理
3	增值税留抵退税风险	少计增值税应税收入,虚增留抵税款,存在骗取留抵退税风险	根据《财政部 税务总局关于进一步加大增值税期末留抵退税政策实施力度的公告》(财政部 税务总局公告2022年第14号)的规定,以虚增进项、虚假申报或其他欺骗手段,骗取留抵退税款的,由税务机关追缴其骗取的退税款,并按照《中华人民共和国税收征收管理法》等有关规定处理
4	增值税留抵退税风险	进项税额应转出未转出导致多退税款,存在骗取留抵退税风险	根据《财政部 税务总局关于进一步加大增值税期末留抵退税政策实施力度的公告》(财政部 税务总局公告2022年第14号)的规定,以虚增进项、虚假申报或其他欺骗手段,骗取留抵退税款的,由税务机关追缴其骗取的退税款,并按照《中华人民共和国税收征收管理法》等有关规定处理
5	增值税留抵退税风险	虚增进项税额导致多退税款,存在骗取留抵退税风险	根据《财政部 税务总局关于进一步加大增值税期末留抵退税政策实施力度的公告》(财政部 税务总局公告2022年第14号)的规定,以虚增进项、虚假申报或其他欺骗手段,骗取留抵退税款的,由税务机关追缴其骗取的退税款,并按照《中华人民共和国税收征收管理法》等有关规定处理
6	增值税留抵退税风险	房地产企业未及时确认收入,虚增留抵税款,存在骗取留抵退税风险	根据《财政部 税务总局关于进一步加大增值税期末留抵退税政策实施力度的公告》(财政部 税务总局公告2022年第14号)的规定,以虚增进项、虚假申报或其他欺骗手段,骗取留抵退税款的,由税务机关追缴其骗取的退税款,并按照《中华人民共和国税收征收管理法》等有关规定处理

续表

序号	涉税事项	风险描述	风险提示
7	增值税申报	虚构农产品收购业务、虚抬收购价格、虚报收购数量，非法抵扣农产品收购发票，导致虚抵进项税额	根据《中华人民共和国税收征收管理法》的规定，纳税人、扣缴义务人编造虚假计税依据的，由税务机关责令限期改正，并处五万元以下的罚款。纳税人不进行纳税申报，不缴或者少缴应纳税款的，由税务机关追缴其不缴或者少缴的税款、滞纳金，并处不缴或者少缴的税款百分之五十以上五倍以下的罚款
8	增值税申报	企业取得免税收入与应税收入未分别核算，已做免税收入申报，但相应进项税额未转出	根据《中华人民共和国增值税暂行条例》（国令第691号）的规定，下列项目的进项税额不得从销项税额中抵扣： （一）用于简易计税方法计税项目、免征增值税项目、集体福利或者个人消费的购进货物、劳务、服务、无形资产和不动产； （二）非正常损失的购进货物，以及相关的劳务和交通运输服务； （三）非正常损失的在产品、产成品所耗用的购进货物（不包括固定资产）、劳务和交通运输服务； （四）国务院规定的其他项目。 根据《中华人民共和国增值税暂行条例》的规定，纳税人兼营免税、减税项目的，应当分别核算免税、减税项目的销售额；未分别核算销售额的，不得免税、减税
9	增值税申报	企业用于非正常损失、用于免税或简易计税项目购进货物的进项税额未按规定转出	根据《中华人民共和国增值税暂行条例》（国令第691号）的规定，下列项目的进项税额不得从销项税额中抵扣： （一）用于简易计税方法计税项目、免征增值税项目、集体福利或者个人消费的购进货物、劳务、服务、无形资产和不动产； （二）非正常损失的购进货物，以及相关的劳务和交通运输服务； （三）非正常损失的在产品、产成品所耗用的购进货物（不包括固定资产）、劳务和交通运输服务； （四）国务院规定的其他项目
10	增值税申报	已抵扣进项税额的不动产改变用途，未按规定转出进项税额	根据《国家税务总局关于深化增值税改革有关事项的公告》（国家税务总局公告2019年第14号）的规定，已抵扣进项税额的不动产，发生非正常损失，或者改变用途，专用于简易计税方法计税项目、免征增值税项目、集体福利或者个人消费的，按照下列公式计算不得抵扣的进项税额，并从当期进项税额中扣减： 不得抵扣的进项税额＝已抵扣进项税额×不动产净值率 不动产净值率＝（不动产净值÷不动产原值）×100%

续表

序号	涉税事项	风险描述	风险提示
11	增值税一般纳税人认定	小规模纳税人销售额达标未及时办理增值税一般纳税人登记	根据《财政部 税务总局关于统一增值税小规模纳税人标准的通知》(财税〔2018〕33号)的规定,增值税小规模纳税人标准为年应征增值税销售额500万元及以下。根据《增值税一般纳税人登记管理办法》(国家税务总局令第43号)的规定,增值税纳税人年应税销售额超过财政部、国家税务总局规定的小规模纳税人标准的,除按照政策规定,选择按小规模纳税人纳税的和年应税销售额超过规定标准的其他个人外,应当向主管税务机关办理一般纳税人登记
12	增值税申报	财政补贴收入未按规定计算缴纳增值税	根据《国家税务总局关于取消增值税扣税凭证认证确认期限等增值税征管问题的公告》(国家税务总局公告2019年第45号)的规定,纳税人取得的财政补贴收入,与其销售货物、劳务、服务、无形资产、不动产的收入或数量直接挂钩的,应按规定计算缴纳增值税
13	消费税风险	未按规定做消费税税种登记	根据《中华人民共和国消费税暂行条例》的规定,在中华人民共和国境内生产、委托加工和进口本条例规定的消费品的单位和个人,以及国务院确定的销售本条例规定的消费品的其他单位和个人,为消费税的纳税人,应当依照本条例缴纳消费税
14	消费税风险	消费税申报收入小于增值税申报收入,导致少缴消费税风险	根据《中华人民共和国税收征收管理法》的规定,纳税人不进行纳税申报,不缴或少缴应纳税款的,由税务机关追缴其不缴或者少缴的税款、滞纳金,并处不缴或者少缴的税款百分之五十以上五倍以下的罚款
15	消费税风险	消费税零申报但有应税消费品发票开具,导致少缴消费税风险	根据《中华人民共和国税收征收管理法》的规定,纳税人不进行纳税申报,不缴或少缴应纳税款的,由税务机关追缴其不缴或者少缴的税款、滞纳金,并处不缴或者少缴的税款百分之五十以上五倍以下的罚款
16	消费税风险	未按规定期限办理消费税申报	根据《中华人民共和国税收征收管理法》的规定,纳税人未按照规定的期限办理纳税申报和报送纳税资料的,或者扣缴义务人未按照规定的期限向税务机关报送代扣代缴、代收代缴税款报告表和有关资料的,由税务机关责令限期改正,可以处二千元以下的罚款;情节严重的,可以处二千元以上一万元以下的罚款
17	出口退税风险	出口货物未在财务上做销售处理,有违规退税的风险	根据《财政部 国家税务总局关于出口货物劳务增值税和消费税政策的通知》(财税〔2012〕39号)的规定,适用增值税退(免)税政策的出口货物,是指向海关报关后实际离境并销售给境外单位或个人的货物

续表

序号	涉税事项	风险描述	风险提示
18	出口退税风险	提供的增值税专用发票、海关进口增值税专用缴款书等进货凭证为虚开或伪造	根据《国家税务总局关于〈出口货物劳务增值税和消费税管理办法〉有关问题的公告》（国家税务总局公告2013年第12号）的规定，出口企业或其他单位出口的货物劳务提供的增值税专用发票、海关进口增值税专用缴款书等进货凭证为虚开或伪造的，按《财政部 国家税务总局关于出口货物劳务增值税和消费税政策的通知》（财税〔2012〕39号）的规定，适用增值税征税政策。查实属于偷、骗税的，应按相应的规定处理
19	出口退税风险	虚开农产品收购凭证，有违规退税的风险	根据《财政部 国家税务总局关于防范税收风险若干增值税政策的通知》（财税〔2013〕112号）的规定，增值税纳税人发生虚开增值税专用发票或者其他增值税扣税凭证、骗取国家出口退税款行为（以下简称增值税违法行为），被税务机关行政处罚或审判机关刑事处罚的，其销售的货物、提供的应税劳务和营业税改征增值税应税服务视同内销，按规定征收增值税（骗取出口退税的按查处骗税的规定处理）
20	出口退税风险	出口敏感产品价格低值高报，有违规退税的风险	根据《最高人民法院关于审理骗取出口退税刑事案件具体应用法律若干问题的解释》的规定，虽有货物出口，但虚构该出口货物的品名、数量、单价等要素，骗取未实际纳税部分出口退税款的，应当认定为《中华人民共和国刑法》第二百零四条"骗取出口退税罪"规定的"其他欺骗手段"
21	出口退税风险	将未纳税或免税货物作为已税货物出口，存在违规退税的风险	根据《最高人民法院关于审理骗取出口退税刑事案件具体应用法律若干问题的解释》的规定，将未纳税或免税货物作为已税货物出口的，应当认定为《中华人民共和国刑法》第二百零四条"骗取出口退税罪"规定的"其他欺骗手段"
22	出口退税风险	买卖报关单信息，将他人出口的货物虚构为本企业出口货物，导致骗取出口退税的风险	根据《国家税务总局关于〈出口货物劳务增值税和消费税管理办法〉有关问题的公告》（国家税务总局公告2013年第12号）的规定，出口企业或其他单位出口的货物劳务，主管税务机关如果发现有"出口货物报关单是通过报关行等单位将他人出口的货物虚构为本企业出口货物的手段取得"的，按《财政部 国家税务总局关于出口货物劳务增值税和消费税政策的通知》（财税〔2012〕39号）的规定，适用增值税征税政策。查实属于偷、骗税的，应按相应的规定处理

续表

序号	涉税事项	风险描述	风险提示
23	出口退税风险	未按规定收齐备案单证，导致出口货物违规适用退（免）税政策	根据《国家税务总局关于〈出口货物劳务增值税和消费税管理办法〉有关问题的公告》（国家税务总局公告2013年第12号）的规定，出口企业或其他单位未按规定进行单证备案（因出口货物的成交方式特性，企业没有有关备案单证的情况除外）的出口货物，不得申报退（免）税，适用免税政策。已申报退（免）税的，应用负数申报冲减原申报
24	出口退税风险	未足额收汇，也未提供不能收汇的有关证明材料，导致出口货物违规适用退（免）税政策	根据《国家税务总局关于进一步便利出口退税办理促进外贸平稳发展有关事项的公告》（国家税务总局公告2022年第9号）的规定，纳税人确实无法收汇且不符合视同收汇规定的出口货物，适用增值税免税政策
25	出口退税风险	出口取消出口退税的产品，未视同内销申报缴纳增值税	根据《财政部 国家税务总局关于出口货物劳务增值税和消费税政策的通知》（财税〔2012〕39号）的规定，出口企业出口或视同出口财政部和国家税务总局根据国务院决定明确的取消出口退（免）税的货物（不包括来料加工复出口货物、中标机电产品、列名原材料、输入特殊区域的水电气、海洋工程结构物），不适用增值税退（免）税和免税政策，按有关规定及视同内销货物征税的其他规定征收增值税
26	出口退税风险	"客商"或中间人从事自带客户、自带货源、自带汇票、自行报关和出口企业不见出口产品、不见供货货主、不见外商等非正常出口业务，导致违规退税风险	根据《财政部 国家税务总局关于出口货物劳务增值税和消费税政策的通知》（财税〔2012〕39号）的规定，以自营名义出口，其出口业务实质上是由本企业及其投资的企业以外的单位或个人借该出口企业名义操作完成的出口货物劳务，不适用增值税退（免）税和免税政策，按有关规定及视同内销货物征税的其他规定征收增值税
27	出口退税风险	从事"假自营、真代理"出口业务，导致的违规退税风险	根据《财政部 国家税务总局关于出口货物劳务增值税和消费税政策的通知》（财税〔2012〕39号）的规定，以自营名义出口，但不承担出口货物的质量、收款或退税风险之一的，即出口货物发生质量问题不承担购买方的索赔责任（合同中有约定质量责任承担者除外）；不承担未按期收款导致不能核销的责任（合同中有约定收款责任承担者除外）；不承担因申报出口退（免）税的资料、单证等出现问题造成不退税责任的出口货物劳务，不适用增值税退（免）税和免税政策，按有关规定及视同内销货物征税的其他规定征收增值税

续表

序号	涉税事项	风险描述	风险提示
28	车辆购置税风险	纳税人购置车辆购置税应税车辆，其机动车销售统一发票不含税价格或其他有效价格证明注明的价格明显偏低且无正当理由，存在少缴车辆购置税风险	根据《中华人民共和国车辆购置税法》的规定，纳税人申报的应税车辆计税价格明显偏低，又无正当理由的，由税务机关依照《中华人民共和国税收征收管理法》的规定核定其应纳税额
29	车辆购置税风险	2022年6月1日至12月31日开具机动车销售统一发票不含税价格在30万元以下、排量2.0升以下的乘用车，实际支付成交价格高于30万元，导致的违规享受部分乘用车减半征收车辆购置税优惠政策风险	根据《中华人民共和国车辆购置税法》的规定，纳税人购买自用应税车辆的计税价格，为纳税人实际支付给销售者的全部价款，不包括增值税税款。根据《财政部 税务总局关于减征部分乘用车车辆购置税的公告》（财政部 税务总局公告2022年第20号）的规定，对购置日期在2022年6月1日至12月31日且单车价格（不含增值税）不超过30万元的2.0升及以下排量乘用车，减半征收车辆购置税
30	分支机构违规享受小型微利企业优惠	分支机构违规享受小型微利企业所得税优惠	根据《中华人民共和国企业所得税法》（中华人民共和国主席令第六十三号）的规定，居民企业在中国境内设立不具有法人资格的营业机构的，应当汇总计算并缴纳企业所得税。由于分支机构不具有法人资格，其经营情况应并入企业总机构，由企业总机构汇总计算应纳税款，并享受相关优惠政策
31	违规享受非营利组织的收入免征企业所得税优惠	未认定为非营利组织的企业违规享受非营利组织的收入免征企业所得税优惠	根据《财政部 税务总局关于非营利组织免税资格认定管理有关问题的通知》（财税〔2018〕13号）的规定，经省级（含省级）以上登记管理机关批准设立或登记的非营利组织，凡符合规定条件的，应向其所在地省级税务主管机关提出免税资格申请，并提供本通知规定的相关材料；经地市级或县级登记管理机关批准设立或登记的非营利组织，凡符合规定条件的，分别向其所在地的地市级或县级税务主管机关提出免税资格申请，并提供本通知规定的相关材料。财政、税务部门按照上述管理权限，对非营利组织享受免税的资格联合进行审核确认，并定期予以公布
32	违规享受的高新技术企业优惠	纳税人不符合条件但享受高新技术企业优惠政策	根据《科技部 财政部 国家税务总局关于修订印发〈高新技术企业认定管理办法〉的通知》（国科发火〔2016〕32号）的规定，未取得高新技术企业资格或不符合《中华人民共和国企业所得税法》及其实施条例、《中华人民共和国税收征收管理法》及其实施细则，以及《高新技术企业认定办法》等有关规定条件的企业，不得享受高新技术企业税收优惠

续表

序号	涉税事项	风险描述	风险提示
33	虚假申报研发费用加计扣除	纳税人虚假申报研发费用加计扣除	根据《财政部 国家税务总局 科技部关于完善研究开发费用税前加计扣除政策的通知》（财税〔2015〕119号）的规定，企业应按照国家财务会计制度要求，对研发支出进行会计处理；同时，对享受加计扣除的研发费用按研发项目设置辅助账，准确归集核算当年可加计扣除的各项研发费用实际发生额。企业在一个纳税年度内进行多项研发活动的，应按照不同研发项目分别归集可加计扣除的研发费用。企业研发费用各项目的实际发生额归集不准确、汇总额计算不准确的，税务机关有权对其税前扣除额或加计扣除额进行合理调整
34	违规享受经营性文化事业单位转制为企业的免征企业所得税优惠	企业享受经营性文化事业单位转制为企业的免征企业所得税优惠，但不在已认定符合条件的经营性文化事业单位转制为企业名单中	根据《财政部 税务总局 中央宣传部关于继续实施文化体制改革中经营性文化事业单位转制为企业若干税收政策的通知》（财税〔2019〕16号）的规定，享受税收优惠政策的转制文化企业应同时符合以下条件： （一）根据相关部门的批复进行转制。 （二）转制文化企业已进行企业法人登记。 （三）整体转制前已进行事业单位法人登记的，转制后已核销事业编制、注销事业单位法人；整体转制前未进行事业单位法人登记的，转制后已核销事业编制。 （四）已同在职职工全部签订劳动合同，按企业办法参加社会保险。 （五）转制文化企业引入非公有资本和境外资本的，须符合国家法律法规和政策规定；变更资本结构依法应经批准的，须经行业主管部门和国有文化资产监管部门批准。 本通知适用于所有转制文化单位。中央所属转制文化企业的认定，由中央宣传部会同财政部、税务总局确定并发布名单；地方所属转制文化企业的认定，按照登记管理权限，由地方各级宣传部门会同同级财政、税务部门确定和发布名单，并按程序抄送中央宣传部、财政部和税务总局
35	企业所得税申报	取得不符合规定的发票作为税前扣除凭证，未进行纳税调整	根据《国家税务总局关于发布〈企业所得税税前扣除凭证管理办法〉的公告》（国家税务总局公告2018年第28号）的规定，企业发生支出，应取得税前扣除凭证，作为计算企业所得税应纳税所得额时扣除相关支出的依据。企业取得私自印制、伪造、变造、作废、开票方非法取得、虚开、填写不规范等不符合规定的发票，以及取得不符合国家法律、法规等相关规定的其他外部凭证，不得作为税前扣除凭证

续表

序号	涉税事项	风险描述	风险提示
36	企业所得税年度申报	超限额扣除业务招待费	根据《中华人民共和国企业所得税法实施条例》的规定，企业发生的与生产经营活动有关的业务招待费支出，按照发生额的60%扣除，但最高不得超过当年销售（营业）收入的5‰
37	企业所得税年度申报	增值税即征即退收入未计入企业所得税营业外收入	根据《财政部 国家税务总局关于财政性资金行政事业性收费政府性基金有关企业所得税政策问题的通知》（财税〔2008〕151号）的规定，企业取得的各类财政性资金，除属于国家投资和资金使用后要求归还本金的以外，均应计入企业当年收入总额。本条款所称财政性资金，是指企业取得的来源于政府及其有关部门的财政补助、补贴、贷款贴息，以及其他各类财政专项资金，包括直接减免的增值税和即征即退、先征后退、先征后返的各种税收，但不包括企业按规定取得的出口退税款
38	企业所得税年度申报	以办公经费、销售费用和人员费用等形式虚增费用支出，少缴企业所得税	根据《中华人民共和国税收征收管理法》的规定，纳税人伪造、变造、隐匿、擅自销毁账簿、记账凭证，或者在账簿上多列支出或者不列、少列收入，或者经税务机关通知申报而拒不申报或者进行虚假的纳税申报，不缴或者少缴应纳税款的，是偷税。对纳税人偷税的，由税务机关追缴其不缴或者少缴的税款、滞纳金，并处不缴或者少缴的税款百分之五十以上五倍以下的罚款；构成犯罪的，依法追究刑事责任
39	企业所得税年度申报	设有内部职工医院的企业，将自产的药品配送给职工医院，未按照税法规定确认当期应税收入，少确认应税所得	根据《中华人民共和国企业所得税法实施条例》的规定，企业发生非货币性资产交换，以及将货物、财产、劳务用于捐赠、偿债、赞助、集资、广告、样品、职工福利或者利润分配等用途的，应当视同销售货物、转让财产或者提供劳务，但国务院财政、税务主管部门另有规定的除外
40	企业所得税年度申报	集团化企业各子公司之间频繁发生资金借用，计入往来款项，未按照独立交易原则确认利息收入和支出	根据《中华人民共和国企业所得税法》的规定，企业与其关联方之间的业务往来，不符合独立交易原则而减少企业或者其关联方应纳税收入或者应纳税所得额的，税务机关有权按照合理方法调整。根据《中华人民共和国企业所得税法实施条例》的规定，企业所得税法所称独立交易原则，是指没有关联关系的交易各方，按照公平成交价格和营业常规进行业务往来遵循的原则
41	企业所得税年度申报	未按规定确认股权转让收入	根据《国家税务总局关于贯彻落实企业所得税法若干税收问题的通知》（国税函〔2010〕79号）的规定，企业转让股权收入，应于转让协议生效且完成股权变更手续时，确认收入的实现。转让股权收入扣除为取得该股权所发生的成本后，为股权转让所得。企业在计算股权转让所得时，不得扣除被投资企业未分配利润等股东留存收益中按该项股权所可能分配的金额

续表

序号	涉税事项	风险描述	风险提示
42	个人所得税纳税申报	兄弟姐妹协商由其中一人享受每月2000元赡养老人专项附加扣除	根据《个人所得税专项附加扣除暂行办法》的规定，纳税人为非独生子女的，由其与兄弟姐妹分摊每月2000元的扣除额度，每人分摊的额度不能超过每月1000元。根据《中华人民共和国税收征收管理法》的规定，纳税人经税务机关通知申报而拒不申报或者进行虚假的纳税申报，不缴或者少缴应纳税款的，是偷税。对纳税人偷税的，由税务机关追缴其不缴或者少缴的税款、滞纳金，并处不缴或者少缴的税款百分之五十以上五倍以下的罚款；构成犯罪的，依法追究刑事责任。纳税人、扣缴义务人编造虚假计税依据的，由税务机关责令限期改正，并处五万元以下的罚款
43		三个及三个以上兄弟姐妹享受赡养老人专项附加扣除总额超过2000元	
44	房产税、城镇土地使用税申报	发生房屋、土地交易后未及时申报房产税、城镇土地使用税	根据《财政部 国家税务总局关于房产税 城镇土地使用税有关政策的通知》（财税〔2006〕186号）的规定，以出让或转让方式有偿取得土地使用权的，应由受让方从合同约定交付土地时间的次月起缴纳城镇土地使用税；合同未约定交付土地时间的，由受让方从合同签订的次月起缴纳城镇土地使用税。根据《财政部 税务总局关于房产税若干具体问题的解释和暂行规定》（〔86〕财税地字第008号）的规定：纳税人自建的房屋，自建成之次月起征收房产税。纳税人委托施工企业建设的房屋，从办理验收手续之次月起征收房产税。纳税人在办理验收手续前已使用或出租、出借的新建房屋，应按规定征收房产税。根据《国家税务总局关于房产税 城镇土地使用税有关政策规定的通知》（国税发〔2003〕89号）的规定：购置新建商品房，自房屋交付使用之次月起计征房产税。购置存量房，自办理房屋权属转移、变更登记手续，房地产权属登记机关签发房屋权属证书之次月起计征房产税。出租、出借房产，自交付出租、出借房产之次月起计征房产税。房地产开发企业自用、出租、出借本企业建造的商品房，自房屋使用或交付之次月起计征房产税
45	土地增值税清算	房地产开发企业项目达到应清算条件未及时清算	根据《国家税务总局关于房地产开发企业土地增值税清算管理有关问题的通知》（国税发〔2006〕187号）的规定，符合下列情形之一的，纳税人应进行土地增值税的清算： 1. 房地产开发项目全部竣工、完成销售的； 2. 整体转让未竣工决算房地产开发项目的； 3. 直接转让土地使用权的

续表

序号	涉税事项	风险描述	风险提示
46	错误申报享受契税优惠	面积大于90平方米,错误申报享受契税首套优惠、二套优惠以及重复使用首套房优惠	根据《财政部 国家税务总局 住房城乡建设部关于调整房地产交易环节契税 营业税优惠政策的通知》(财税〔2016〕23号)的规定,对个人购买家庭唯一住房(家庭成员范围包括购房人、配偶以及未成年子女,下同),面积为90平方米及以下的,减按1%的税率征收契税;面积为90平方米以上的,减按1.5%的税率征收契税。 对个人购买家庭第二套改善性住房,面积为90平方米及以下的,减按1%的税率征收契税;面积为90平方米以上的,减按2%的税率征收契税。 家庭第二套改善性住房是指已拥有一套住房的家庭,购买的家庭第二套住房
47	发生应税行为未申报资源税	开采销售应税资源的企业开具了相应发票,未申报资源税	根据《中华人民共和国资源税法》的规定,在中华人民共和国领域和中华人民共和国管辖的其他海域开发应税资源的单位和个人,为资源税的纳税人。 根据《中华人民共和国税收征收管理法》的规定,纳税人未按照规定的期限办理纳税申报和报送纳税资料的,由税务机关责令限期改正,可以处二千元以下的罚款;情节严重的,可以处二千元以上一万元以下的罚款
48	环保税申报沿用数据不合规	违反规定跨季度沿用监测机构监测数据,申报环保税	根据《财政部 税务总局 生态环境部关于明确环境保护税应税污染物适用等有关问题的通知》(财税〔2018〕117号)的规定,纳税人采用委托监测方式,在规定监测时限内当月无监测数据的,可以沿用最近一次的监测数据计算应税污染物排放量,但不得跨季度沿用监测数据
49	违规申报享受环保税优惠	跨月沿用监测机构监测数据,违规申报享受环保税优惠	根据《财政部 税务总局 生态环境部关于明确环境保护税应税污染物适用等有关问题的通知》(财税〔2018〕117号)的规定,纳税人采用监测机构出具的监测数据申报减免环境保护税的,应当取得申报当月的监测数据;当月无监测数据的,不予减免环境保护税
50	工业噪声未申报环保税	工业噪声超标未按规定申报环保税	根据《中华人民共和国环境保护税法》的规定,在中华人民共和国领域和中华人民共和国管辖的其他海域,直接向环境排放应税污染物的企业事业单位和其他生产经营者为环境保护税的纳税人。 根据《中华人民共和国税收征收管理法》的规定,纳税人未按照规定的期限办理纳税申报和报送纳税资料的,由税务机关责令限期改正,可以处二千元以下的罚款;情节严重的,可以处二千元以上一万元以下的罚款

续表

序号	涉税事项	风险描述	风险提示
51	排污单位未进行环保税申报	持有排污许可证的单位向环境直接排放应税污染物，未进行环保税申报	根据《中华人民共和国环境保护税法》的规定，在中华人民共和国领域和中华人民共和国管辖的其他海域，直接向环境排放应税污染物的企业事业单位和其他生产经营者为环境保护税的纳税人。 根据《中华人民共和国税收征收管理法》的规定，纳税人未按照规定的期限办理纳税申报和报送纳税资料的，由税务机关责令限期改正，可以处二千以下的罚款；情节严重的，可以处二千元以上一万元以下的罚款
52	耕地占用税未及时申报	收到自然资源主管部门办理占用耕地手续的通知，30日内未申报缴纳耕地占用税	根据《中华人民共和国耕地占用税法》的规定，耕地占用税的纳税义务发生时间为纳税人收到自然资源主管部门办理占用耕地手续的书面通知的当日。纳税人应当自纳税义务发生之日起30日内申报缴纳耕地占用税。 根据《中华人民共和国税收征收管理法》的规定，纳税人未按照规定的期限办理纳税申报和报送纳税资料的，由税务机关责令限期改正，可以处二千以下的罚款；情节严重的，可以处二千元以上一万元以下的罚款
53	临时占用耕地未申报	因建设项目施工或者地质勘查临时占用耕地未申报耕地占用税	根据《中华人民共和国耕地占用税法》的规定，纳税人因建设项目施工或者地质勘查临时占用耕地，应当依照本法的规定缴纳耕地占用税。 根据《中华人民共和国税收征收管理法》的规定，纳税人未按照规定的期限办理纳税申报和报送纳税资料的，由税务机关责令限期改正，可以处二千以下的罚款；情节严重的，可以处二千元以上一万元以下的罚款
54	新购买车辆未及时申报车船税	新购买的车辆未在60日内申报缴纳车船税	《湖南省车船税实施办法》规定，新购置的车船，纳税人应当自购置之日起60日内申报缴纳或者经由扣缴义务人代收代缴车船税。 根据《中华人民共和国税收征收管理法》的规定，纳税人未按照规定的期限办理纳税申报和报送纳税资料的，或者扣缴义务人未按照规定的期限向税务机关报送代扣代缴、代收代缴税款报告表和有关资料的，由税务机关责令限期改正，可以处二千以下的罚款；情节严重的，可以处二千元以上一万元以下的罚款
55	申报征收	跨区经营未按规定预缴税款	根据《国家税务总局关于明确跨区域涉税事项报验管理相关问题的公告》（国家税务总局公告2018年第38号）的规定，纳税人跨区域经营活动结束后，应当结清经营地税务机关的应纳税款以及其他涉税事项，向经营地的税务机关填报经营地涉税事项反馈表

续表

序号	涉税事项	风险描述	风险提示
56	账簿、凭证管理	丢失损毁账簿、凭证	根据《中华人民共和国税收征收管理法》的规定，从事生产、经营的纳税人、扣缴义务人必须按照国务院财政、税务主管部门规定的保管期限保管账簿、记账凭证、完税凭证及其他有关资料。根据《中华人民共和国税收征收管理法》的规定，纳税人未按照规定设置、保管账簿或者保管记账凭证和有关资料的，由税务机关责令限期改正，可以处二千元以下的罚款；情节严重的，处二千元以上一万元以下的罚款
57	税务登记变更	企业办税人员变更后未及时到税务机关办理相关变更手续	根据《中华人民共和国税收征收管理法》的规定，未按照规定的期限申报办理税务登记、变更或者注销登记的，由税务机关责令限期改正，可以处二千元以下的罚款；情节严重的，处二千元以上一万元以下的罚款
58	税款征收	采取阴阳合同、真假两套账等方式编造虚假计税依据	根据《中华人民共和国税收征收管理法》的规定，纳税人、扣缴义务人编造虚假计税依据的，由税务机关责令限期改正，并处五万元以下的罚款
59	税款缴纳	未按照规定期限缴纳税款	根据《中华人民共和国税收征收管理法》的规定，纳税人、扣缴义务人按照法律、行政法规规定或者税务机关依照法律、行政法规的规定确定的期限，缴纳或者解缴税款。纳税人未按照规定期限缴纳税款的，扣缴义务人未按照规定期限解缴税款的，税务机关除责令限期缴纳外，从滞纳税款之日起，按日加收滞纳税款万分之五的滞纳金。纳税人欠缴应纳税款，采取转移或者隐匿财产的手段，妨碍税务机关追缴欠缴的税款的，由税务机关追缴欠缴的税款、滞纳金，并处欠缴税款百分之五十以上五倍以下的罚款；构成犯罪的，依法追究刑事责任
60	使用税控装置	损毁税控盘、金税盘或税务UKEY	根据《中华人民共和国税收征收管理法实施细则》的规定，纳税人应当按照税务机关的要求安装、使用税控装置，并按照税务机关的规定报送有关数据和资料。根据《中华人民共和国税收征收管理法》的规定，未按照规定安装、使用税控装置，或者损毁或者擅自改动税控装置的，由税务机关责令限期改正，可以处二千元以下的罚款；情节严重的，处二千元以上一万元以下的罚款

续表

序号	涉税事项	风险描述	风险提示
61	申请延期缴纳税款	未按规定提供延期缴纳税款相关资料	根据《中华人民共和国税收征收管理法实施细则》的规定，纳税人需要延期缴纳税款的，应当在缴纳税款期限届满前提出申请，并报送下列材料：申请延期缴纳税款报告，当期货币资金余额情况及所有银行存款账户的对账单、资产负债表、应付职工工资和社会保险费等税务机关要求提供的支出预算。税务机关应当自收到申请延期缴纳税款报告之日起20日内作出批准或者不予批准的决定；不予批准的，从缴纳税款期限届满之日起加收滞纳金
62	发票开具	取得经营收入未按规定向消费者开具发票	根据《中华人民共和国税收征收管理法》的规定，单位、个人在购销商品、提供或者接受经营服务以及从事其他经营活动中，应当按照规定开具、使用、取得发票。根据《中华人民共和国发票管理办法》的规定，违反本办法的规定，有下列情形之一的，由税务机关责令改正，可以处1万元以下的罚款；有违法所得的予以没收：（一）应当开具而未开具发票，或者未按照规定的时限、顺序、栏目，全部联次一次性开具发票，或者未加盖发票专用章的
63	发票管理	帮助亲友或为之谋取利益而开具与实际经营业务情况不符的发票	根据《中华人民共和国发票管理办法》的规定，任何单位和个人不得有下列虚开发票行为：（一）为他人、为自己开具与实际经营业务情况不符的发票；（二）让他人为自己开具与实际经营业务情况不符的发票；（三）介绍他人开具与实际经营业务情况不符的发票。违法虚开发票的，由税务机关没收违法所得；虚开金额在1万元以下的，可以并处5万元以下的罚款；虚开金额超过1万元的，并处5万元以上50万元以下的罚款；构成犯罪的，依法追究刑事责任。非法代开发票的，依照前款规定处罚
64	存款账户、账号报告	未按规定期限办理银行存款账户、账号报告	根据《中华人民共和国税收征收管理法实施细则》的规定，从事生产、经营的纳税人应当自开立基本存款账户或者其他存款账户之日起15日内，向主管税务机关书面报告其全部账号；发生变化的，应当自变化之日起15日内，向主管税务机关书面报告。根据《中华人民共和国税收征收管理法》的规定，未按照规定将其全部银行账号向税务机关报告的，由税务机关责令期限改正，可以处二千元以下的罚款；情节严重的，处二千元以上一万元以下的罚款

续表

序号	涉税事项	风险描述	风险提示
65	处分不动产或者大额资产报告	欠缴税款5万元以上的纳税人转让、出租、出借、提供担保不动产或者大额资产时未按规定报告	根据《中华人民共和国税收征收管理法》第四十九条规定，欠缴税款数额较大的纳税人在处分其不动产或者大额资产之前，应当向税务机关报告。《中华人民共和国税收征收管理法》第六十五条规定，纳税人欠缴应纳税款，采取转移或者隐匿财产的手段，妨碍税务机关追缴欠缴的税款的，由税务机关追缴欠缴的税款、滞纳金，并处欠缴税款百分之五十以上五倍以下的罚款；构成犯罪的，依法追究刑事责任。《中华人民共和国税收征收管理法实施细则》规定，《中华人民共和国税收征收管理法》第四十九条规定所称欠缴税款数额较大是指欠缴税款5万元以上
66	财务会计制度及核算软件备案	未按规定期限办理财务会计制度及核算软件备案	根据《中华人民共和国税收征收管理法实施细则》的规定，从事生产、经营的纳税人应当自领取税务登记证件之日起15日内，将其财务、会计制度或者财务、会计处理办法报送主管税务机关备案。根据《中华人民共和国税收征收管理法》的规定，未按照规定将财务、会计制度或者财务、会计处理办法和会计核算软件报送税务机关备查的，由税务机关责令限期改正，可以处二千元以下的罚款；情节严重的，处二千元以上一万元以下的罚款
67	对外支付税务备案	符合条件应进行服务贸易等项目对外支付税务备案的，未按规定备案	根据《国家税务总局 国家外汇管理局关于服务贸易等项目对外支付税务备案有关问题的公告》（国家税务总局 国家外汇管理局公告2013年第40号）和《国家税务总局 国家外汇管理局关于服务贸易等项目对外支付税务备案有关问题的补充公告》（国家税务总局 国家外汇管理局公告2021年第19号）的规定，境内机构和个人向境外单笔支付等值5万美元以上（不含等值5万美元）符合条件的，均应向所在地主管税务机关进行税务备案。对同一笔合同需要多次对外支付的，仅需在首次付汇前办理税务备案
68	非居民企业所得税源泉扣缴	扣缴义务人未依法扣缴非居民企业所得税	根据《中华人民共和国企业所得税法》的规定，非居民企业在中国境内未设立机构、场所的，或者虽设立机构、场所但取得的所得与其所设机构、场所没有实际联系的，应当就其来源于中国境内的所得缴纳企业所得税。上述非居民企业所得税实行源泉扣缴，以支付人为扣缴义务人。扣缴义务人每次代扣的税款，应当自代扣之日起七日内缴入国库，并向所在地的税务机关报送扣缴企业所得税报告表

续表

序号	涉税事项	风险描述	风险提示
69	境外投资者以分配利润直接投资，暂不征收预提所得税	境外投资者通过股权转让、回购、清算等方式实际收回享受过暂不征收预提所得税政策待遇的直接投资，但未申报补缴递延的税款	根据《财政部 税务总局 国家发展改革委 商务部关于扩大境外投资者以分配利润直接投资暂不征收预提所得税政策适用范围的通知》（财税〔2018〕102号）的规定，境外投资者通过股权转让、回购、清算等方式实际收回享受暂不征收预提所得税政策待遇的直接投资，在实际收取相应款项后7日内，按规定程序向税务部门申报补缴递延的税款
70	非居民承包工程作业和提供劳务	非居民企业在境内承包工程作业或提供劳务，未按要求办理相关涉税事项	根据《非居民承包工程作业和提供劳务税收管理暂行办法》（国家税务总局令第19号发布）的规定，非居民企业在中国境内承包工程作业或提供劳务的，应进行登记备案，并按要求办理增值税和企业所得税纳税申报。涉及个人所得税、印花税等税收的管理，应依照有关规定执行
71	非居民享受协定待遇	非居民申报享受税收协定待遇，但未按要求准备相关资料留存备查	根据《非居民纳税人享受协定待遇管理办法》（国家税务总局公告2019年第35号）的规定，非居民纳税人自行判断符合享受协定待遇条件的，可在纳税申报时，或通过扣缴义务人在扣缴申报时，自行享受协定待遇，同时按照规定归集和留存相关资料备查，并接受税务机关后续管理
72	同期资料	未按规定准备和提交同期资料	根据《中华人民共和国企业所得税法实施条例》和《国家税务总局关于完善关联申报和同期资料管理有关事项的公告》（国家税务总局公告2016年第42号）的规定，企业应按纳税年度准备并按税务机关要求提供其关联交易的同期资料。 根据《中华人民共和国税收征收管理法》的规定，纳税人未按照规定的期限办理纳税申报和报送纳税资料的，由税务机关责令限期改正，可以处二千元以下的罚款；情节严重的，可以处二千元以上一万元以下的罚款
73	年度关联业务往来申报	企业未就其与关联方之间的业务往来进行关联申报并附送《中华人民共和国企业年度关联业务往来报告表（2016年版）》	根据《国家税务总局关于完善关联申报和同期资料管理有关事项的公告》（国家税务总局公告2016年第42号）的规定，实行查账征收的居民企业和在中国境内设立机构、场所并据实申报缴纳企业所得税的非居民企业向税务机关报送年度企业所得税纳税申报表时，应当就其与关联方之间的业务往来进行关联申报，附送《中华人民共和国企业年度关联业务往来报告表（2016年版）》。 根据《中华人民共和国税收征收管理法》的规定，纳税人未按照规定的期限办理纳税申报和报送纳税资料的，由税务机关责令限期改正，可以处二千元以下的罚款；情节严重的，可以处二千元以上一万元以下的罚款

续表

序号	涉税事项	风险描述	风险提示
74	国别报告	符合条件应报送国别报告而未报送的	根据《国家税务总局关于完善关联申报和同期资料管理有关事项的公告》（国家税务总局公告 2016 年第 42 号）的规定，居民企业为跨国企业集团的最终控股企业且其上一会计年度合并财务报表中的各类收入金额合计超过 55 亿元，或者居民企业被跨国企业集团指定为国别报告的报送企业的，应当在报送年度关联业务往来报告表时，填报国别报告。 根据《中华人民共和国税收征收管理法》的规定，纳税人未按照规定的期限办理纳税申报和报送纳税资料的，由税务机关责令限期改正，可以处二千元以下的罚款；情节严重的，可以处二千元以上一万元以下的罚款
75	境外投资和所得信息报告	符合条件应报告境外投资和所得信息而未报告	根据《国家税务总局关于居民企业报告境外投资和所得信息有关问题的公告》（国家税务总局公告 2014 年第 38 号）的规定，居民企业成立或参股外国企业，或者处置已持有的外国企业股份或有表决权股份，符合条件的，应当在办理企业所得税预缴申报时向主管税务机关填报《居民企业参股外国企业信息报告表》。 根据《中华人民共和国税收征收管理法》的规定，纳税人未按照规定的期限办理纳税申报和报送纳税资料的，由税务机关责令限期改正，可以处二千元以下的罚款；情节严重的，可以处二千元以上一万元以下的罚款

（二）增值税进项税抵扣和留抵退税风险

（1）企业利用免税农产品销售发票或收购发票达到人为虚假抵扣、增大进项。

（2）企业利用大量虚列过路过桥费等通行费发票，从而达到虚假抵扣增值税。

（3）企业既有简易计税项目又有一般计税项目，把简易征收项目取得的进项税擅自转移到一般计税项目进行虚假抵扣。

（4）企业大量虚列会务费、培训费、办公费、住宿费、咨询费、服务费、运输费等并未真实发生的费用项目，通过取得增值税专用发票虚假抵扣。

（5）在不该抵扣项目抵扣增值税，如用于个人消费、集体福利、免征增值税项目的购进货物、加工修理修配劳务、服务和无形资产、不动产，以及购进旅客运输服务、贷款利息、餐饮服务、居民日常服务、娱乐服务等。用于非增值税应税项目、非正常损失的货物（劳务）、非正常损失的在产品和产成品所耗用的购进货物（劳务）未按规定作进项税额转出。

（6）在购销货物过程中进销品名严重背离，如大量购进 A 品名，却销售 B 品名的货物，以及未按照规定正确选择税收分类编码或者适用编码错误。

（7）企业在购进货物过程中资金流向跟发票流、货物流不一致，如从 A 公司购进的大宗商品却一直通过大笔现金支付而没有公对公打款，或者从 A 公司购进的大宗商品却把货款支付给 B 公司。

（8）经常对开增值税专用发票，或者大量存在两头在外的商贸企业，或者大量存在闭环开票的情形。

（9）取得的抵扣凭证证据链不足导致抵扣不实，如取得"办公品"的专用发票没有销售清单、取得大额"服务费"的专用发票没有服务合同、取得大额"会务费"的专用发票没有会务安排与纪要等。

（10）企业新增不动产或者不动产在建工程，取得了增值税专用发票未按照税法规定分 2 期进行抵扣，未进行正确的账务处理与纳税申报，未建立增值税分期抵扣的台账。

（11）存在将返利挂入其他应付款、其他应收款等往来账或冲减营业费用，而不作进项税额转出的情况。

知识链接

留抵退税 60 个风险点

（1）企业不申报隐匿或少报销售收入，不符合小型企业、微型企业标准。

（2）对照《中小企业划型标准规定》或《金融业企业划型标准规定》标准划分企业类型行业错误。

（3）制造业等行业划分选错。

（4）按行业划分计算销售额的比重错误。

（5）计算销售额的比重时未计入稽查查补销售额。

（6）计算销售额的比重时未计入未开票收入。

（7）计算销售额的比重时未计入视同销售额收入。

（8）计算销售额的比重时按照差额前的销售额确定。

（9）计算销售额的比重时收入口径错误。

（10）不属于制造业等六个行业违规办理行业登记信息变更。

（11）企业通过个人收款，不申报隐匿销售收入。

（12）注册空壳小规模纳税人企业，违规享受低税率或者免征优惠，转移销售收入。

（13）存在其他扣税凭证申报错误影响进项构成比例计算的情形。

（14）存在未按规定核算混合销售或兼营业务（影响行业判断）。

（15）企业经营中涉及多个税率时，未使用正确适用税率申报（影响行业判断）。

（16）同时适用简易计税和一般计税方法的业务未分开核算，计税方法混淆不清（影响留抵税额金额）。

（17）存在现金收入不按规定入账的情形。

（18）存在个人账户收款不按规定入账的情形。

（19）存在未开发票不按规定入账的情形。

（20）未开具发票销售额填报负数且无正当理由。

（21）增值税申报收入与企业所得税申报收入、财务报表收入不一致且无正当理由。

（22）存在以货易货、以货/不动产抵债收入未记收入的情形。

（23）存在无形资产/货物/不动产投资未记收入的情形。

（24）存在销售收入长期挂账应转收入未转收入的情形。

（25）将应收取的销售款项，先支付费用（如委托代销商品的手续费等），再将余款入账作收入的情形。

（26）存在视同销售行为未按规定计提销项税额的情形（如将购进货物无偿赠送其他单位或者个人未视同销售货物计算缴纳增值税等）。

（27）处置自己使用过的固定资产未按规定计算缴纳增值税。

（28）处置自己使用过的固定资产存在一般计税方法和简易计税方法错误情形。

（29）出售废旧货物未计算缴纳增值税（如销售废品）。

（30）销售购进的水、电未计算缴纳增值税（不含代收代付情形）。

（31）存在开具不符合规定的红字发票冲减应税收入的情形。

（32）向购货方收取的各种价外费用（如违约金、法院判决应支付货款利息等）未按规定计算缴纳增值税。

（33）设有两个以上的机构并实行统一核算的纳税人，将货物从一个机构移送到其他机构（不在同一县市）用于销售，未作销售处理。

（34）对逾期未收回的包装物押金未按规定计提销项税额。

（35）按照增值税税法规定应征收增值税的代购货物、代理进口货物的行为，未缴纳增值税。

（36）存在擅自扩大免税范围的情形。

（37）存在免税收入未申报的情形。

(38) 存在取得财政补贴属于增值税应税收入未按规定申报增值税的情形。

(39) 存在不按规定的时间确认收入（如不动产租赁预收租赁费）情形。

(40) 存在不符合差额征税规定，而按照差额征税方法计算增值税的情形。

(41) 存在"阴阳合同"隐瞒增值税收入的情形。

(42) 存在转让股票等金融产品未按规定计算申报增值税的情形。

(43) 存在按税法规定负有增值税扣缴义务的扣缴义务人未依法履行扣缴税款义务。

(44) 存在取得虚开增值税发票用于抵扣进项税额的情形（包括取得在税收洼地注册空壳企业开具的增值税专用发票用于抵扣）。

(45) 抵扣进项税额的增值税专用发票不真实合法。

(46) 存在取得应写备注栏未写备注栏等不合规抵扣凭证用于抵扣的情形。

(47) 存在票面所记载货物与实际入库货物不一致的发票用于抵扣的情形。

(48) 存在为非雇员支付的旅客运输费用用于抵扣的情形。

(49) 存在旅客运输费用计算错误抵扣进项税额的情形。

(50) 存在桥、闸等通行费计算错误抵扣进项税额的情形。

(51) 存在购进的贷款服务、餐饮服务、居民日常服务和娱乐服务抵扣进项税额的情形。

(52) 有用于非增值税应税项目、免征增值税项目、集体福利和个人消费抵扣进项情形。

(53) 存在未按规定开具农产品收购统一发票申报抵扣进项税额的情形。

(54) 存在取得虚开农产品销售发票申报抵扣进项税额的情形。

(55) 用于抵扣进项税额的海关进口增值税专用缴款书非真实合法。

(56) 取得完税凭证抵扣进项税额的，不具备书面合同、付款证明和境外单位的对账单或者发票等资料。

(57) 发生退货或取得销售折让未按规定作进项税额转出。

(58) 兼营免税项目，其不予抵扣的进项税额计算不准确。

(59) 兼营简易计税项目，其不予抵扣的进项税额计算不准确。

(60) 已抵扣进项税额的不动产改变用途不得抵扣时未按规定计算扣减不得抵扣的进项税额。

金税四期下，企业需注意的 40 项风险

金税三期实现了国地税数据的合并，而金税四期不仅涉及税务方面，还有"非税"业务，且实现银行税务信息共享。中国工商银行、交通银行、中信银行、中国民生银行、招商银行、广发银行、平安银行、上海浦东发展银行等 8

大银行作为首批用户接入企业信息联网核查系统。金税四期最大的亮点是通过企业信息联网核查系统搭建了各部委、中国人民银行以及商业银行等参与机构之间信息共享、核查通道，实现企业相关人员手机号码、企业纳税状态、企业登记注册信息核查三大功能，并集中纳入社会信用管理系统，一处违法，联合惩戒。金税四期对资金的监控更为严格，特别是对个人卡交易。企业更多的数据将被税务部门掌握，监控呈现全方位、立体化，实现从"以票管税"向"以数治税"分类精准监管转变。

新的税收征收管理系统充分运用大数据、人工智能等新一代信息技术，从而实现智慧税务和智慧监管。各个部门共享数据，并以大数据为支撑，从而实现对每个市场主体全业务全流程全国范围内的"数据画像"，每一家企业在税务部门面前都是透明的。

随着税务大数据技术的不断深入和渗透，隐藏在底层、水下和背后的交易事项很快会露出水面。信息共享会打破信息孤岛，监管只会越来越严，社保的规范化管理成为必然，大大推动企业主动合理规范缴纳社保费用。

随着金税四期的上线，会计人员进行账务处理必须建立在真实业务基础上，要反映业务的来龙去脉，回归业务的真实商业本质，无中生有的账务处理和税务处理必将给企业带来巨大风险。企业的财务合规和税务合规，是唯一出路。企业必须尽快步入财务合规改造期，规范财务做账流程和依法纳税。没有实际业务为前提的开票行为属于虚开发票行为，"税收洼地"不是避税天堂，"税收洼地"不是不能用，而是不能"滥用"。

以下异常情况易引起税务部门关注：

（1）商贸公司进、销严重背离，如大量购进手机却销售其他货物。

（2）企业长期存在增值税留抵异常现象。

（3）企业增值税税负率异常偏低，尤其是源头对接散户收购钢铁等大宗商品生产企业，异常的增值税税负率将使税务机关对企业原料购进产生怀疑，若发票取得存在模式上的不合规，极易导致虚开风险。

（4）企业增值税税负率异常偏高。

（5）企业常年亏损，企业所得税贡献率异常偏低。

（6）企业自开业以来长期零申报。

（7）企业大量存在现金交易，而不通过对公账户交易。

（8）企业的往来账户挂账金额过大。

（9）企业存货过大。

（10）企业取得大量未填写纳税人识别号或统一社会信用代码的增值税普通发票。

(11) 企业存在大量无清单的办公品增值税发票。
(12) 企业缴纳的增值税与附加税费金额比对异常。
(13) 企业连续三年以上盈利但从未向股东分红。
(14) 企业发生大量发票抬头为个人的不正常费用。
(15) 企业所得税申报表中的利润数据和报送的财务报表的数据不一致。
(16) 增值税纳税申报表附表一"未开票收入"为负数。
(17) 增值税申报表申报的销售额与增值税开票系统销售额不一致预警。
(18) 无免税备案但有免税销售额异常。
(19) 无简易征收备案但有简易计税销售额的预警风险。
(20) 开票项目与实际经营范围严重不符。
(21) 增值税纳税申报表附表二"进项税额转出"为负数。
(22) 企业只有销项但是从来没有进项。
(23) 企业只有进项但是从来没有销项。
(24) 新成立的企业发票频繁增量。
(25) 新成立的企业突然短期内开票额突增。
(26) 工资薪金的个人所得税人均税款偏低。
(27) 个人取得两处及两处以上工资薪金所得未合并申报。
(28) 同一单位员工同时存在工资薪金所得与劳务报酬所得。
(29) 个人所得税和企业所得税申报的工资总额不符。
(30) 期间费用率偏高。
(31) 大部分发票顶额开具，发票开具金额满额度明显偏高。
(32) 农产品收购发票数量较大，抵扣异常。
(33) 企业账面上没有车辆但是存在大量加油费等。
(34) 外埠进项或销项税额比重严重过高。
(35) 增值税专用发票用量变动异常。
(36) 纳税人销售货物发票价格变动异常。
(37) 法人户籍非本地、法人设立异常集中。
(38) 企业大量存在"会务费""材料一批""咨询费""服务费""培训费"等无证据链的关键词。
(39) 少缴或不缴社保费用。例如：企业员工试用期不入社保；工资高却按最低基数缴纳社保费用。
(40) 企业代别人挂靠社保。员工自愿放弃社保，企业未给员工缴纳社保费用。

第四节 税务稽查方法

一、稽查案源与稽查要点

（一）税务稽查年限（如表 5-2 所示）

表 5-2 税务稽查年限及措施

情形		追查期限	措施
因税务机关责任，致使纳税人、扣缴义务人未缴或少缴税款		三年	税款
（1）因纳税人、扣缴义务人计算错误等失误，未缴或少缴税款	税款累计不足 10 万元	三年	税款、滞纳金
（2）纳税人不进行纳税申报造成未缴或少缴应纳税款	税款累计金额在 10 万元以上	五年	
偷税、抗税、骗税		无限制	税款、滞纳金
纳税人已申报或税务机关已查处的欠缴税款		无限制	根据纳税人申报或税务机关查处的具体情况处理
违反税收法律、行政法规应当给予行政处罚的行为		五年	行政处罚
其他应当给予行政处罚的行为		两年	行政处罚

税务稽查实务中，税务机关对企业进行税务稽查时，检查期间通常会设定在 3 年以内，但是会根据具体情况延长检查期间。总的来说，税务机关查询企业账务资料年限分 3 年、5 年、无限期三种情况。根据《中华人民共和国税收征收管理法》规定，如果企业因为计算错误或者没有申报，造成未缴或者少缴税款的，税务机关可以追征 3 年内的税款、滞纳金，有特殊情况的，可以延长到 5 年。如果是税务机关造成的，则需补交 3 年以内所欠的税款，不加收滞纳金。如果企业偷税、抗税、骗税，税务机关可以无限期地追缴税款。

（二）为何稽查

税务稽查有严格的法定程序。税务稽查的稽查对象来源有 4 个方面。

一是"被抽查"。即税务机关通过税务稽查系统，抽查稽查对象。

二是"被举报"。很多案件均来源于"被举报"。

三是"被分析"。税局系统通过对企业涉税数据进行分析，若得出企业经营异常,则将其列入"异常企业数据库"。

四是"被关联"。其他行政机关转办、交办等形式关联的税务稽查,或者是与企业有业务往来的单位被查出偷税漏税等问题,企业也会受到税务稽查。

(三) 重点稽查什么、如何稽查

税务机关一般会重点查询以下四个方面情况。

一是查合同。查询合同的具体内容,从企业实际经营范围及需求出发,查看是否存在异常的交易情况。

二是查发票。看销售方开具的发票是否属于企业经营范围内业务,购买方收取的发票是不是企业日常经营所需。

三是查上下游。查询上下游企业的账簿,购买方和销售方针对同一笔交易入账的经济业务内容是否一致。

四是查资金流。以结算方式为出发点,查询银行账户及现金的流向,是否存在真实资金流,或者是否存在资金流异常回流,以及双方的资金流是否一致。要特别注意,在发票问题上,一定要保证发票、业务、资金三流一致,提供完整真实的证据链;否则有可能会被认定存在问题。

(四) 稽查日期

税务机关一般于每年的 5—12 月开展稽查工作,日期并不固定。当出现以下三种情况,税务机关就会随时检查:一是发票管理系统发现企业的发票用量明显增多;二是企业税负较上月变动超过正负 30%;三是企业预收账款占销售收入的比例超过 20%。

二、对偷税案件收入费用项目的稽查方法

(一) 隐瞒收入稽查

财会制度不健全的单位,特别是开票与收款同为一人时最易出现此种问题。企业直接管理财物的人员,如采购员、出纳员、仓库保管人员以及收款员等,违规开票,提高单价从中吃回扣或报销后私占,或内外勾结一票两开贪污公款,或收款后只给交款人开收据不记账。

针对这种作案手段,一般应从以下几个方面组织调查:①收集所有已使用的发票和收据的存根联,检查号码是否连续,有无缺号、缺页以及作废的发票和收据的正联、入账联是否粘在存根联上,校对发票和收据存根联的合计数同入账数是否符合。②校对收款人员和交款人保存的单据,挤出差额,追去向。③款项笔数、金额相核对,挤差额追去向。④从人与人之间,收集人证与其他

资料相核对。⑤账实核对，进行综合分析，加以判断。

（二）虚列费用稽查

企业直接经手管理财物的人员常采用伪造、盗用、涂改或重报购货发票和费用单据。虚列费用主要有利用白条发票或收据虚报冒领职工旅差费、临时工工资以及长期支取已死亡职工的退休金等。

对此应从以下几个方面组织调查：①组织审查可疑凭证的来源，看报销票据是由单位还是个人出具，有没有收款人的手印或印章。②注意审查支出的流向和支出形式是否异常。③带着审查疑点，与领款人或领款单位进行核对，审查有无虚报冒领的情况。④对已获取证据进行技术鉴定，如笔迹、手印、印章等。

（三）假单据稽查

对开具假单据的稽查方法：①认真细致地审查发票的来源，重点审查票据的出处、样式、规格和发票记载的品名、数量、单价、金额等。要注意查对发票的出处与购货渠道、内容是否一致，发票反映的内容与购货的渠道是否一致，发票反映的内容与购货单位所需要的产品、原材料是否相符，发票的首尾内容是否一致，何人书写等。②对照发票与入库的实物，查看有无实物入库。③对发票进行科学的笔迹鉴定，以证实是否伪造。

（四）设"小金库"的稽查

企业私设"小金库"，给贪污受贿违纪活动大开了方便之门。

对企业私设"小金库"稽查，可通过以下方法：①对照审查支出单位的账目与收入单位的账目，看是否存在差额，是否入账。②审查企业设立的账簿与科目是否合法。③对照支出账与库存账，看是否存在差额，有差额的是否入账。④对照收货单位的支出账与发货单位的收入账，看有无差额，以便发现账外资金。⑤检查企业销售物品或门类繁多的各种扣款、罚没款、集体存款利息以及合理的回扣是否入账。⑥检查"小金库"是否建账记载，对照账簿与库存，看其使用渠道是否合理。⑦查"小金库"与账外资金的实际支配权，是否由个人支配，是否存入银行，是否有贪污利息的情况。

（五）大头小尾稽查

所谓的"大头小尾"，就是存根联、记账联上面的数字小，而收款联上的数字大。不法人员通常将正联撕下另写或隔开套写，对这种作案手段，可通过以下方法审查：①持开票方的底联与业务单位的报销联核对；②票据与实物核对。

（六）对虚设账户的稽查

不法分子虚设账户侵吞公款的，一般是通过应收、应付货款等往来结算账户。如事先将一笔赊销的货款业务记入一虚设的应收销货款账户，而不以客户真实名称开立账户，待货款到账后，即将该笔货款侵吞，再以坏账方法注销账户。对此，可清查应收销货款账户处理坏账损失的手续是否完备真实。

（七）对漏账错账的稽查

在往来结算中发生漏账、错账或者原始凭证错误的情况下，财会人员便可能乘机截留，常见的手法是将收到的其他现金款项不如实入账，直接冲销该账户；或者将该账户转入虚拟的暂付款账户，再开具现金支票，并冲平该项虚拟的暂付款账户。查账方法为核对验证现金收入凭证与账户，审查其他应收款账目上的暂付账户。

三、"互联网+"税务稽查方法

"互联网+"税务稽查是指运用互联网技术，实现税务数据集中分析，实现纳税方、税收方以及第三方数据信息的互联互通，形成全新的税务稽查工作流程。"互联网+"税务稽查方法主要有三种：财务报表检查法、现场勘查比对法、网络数据对比法。

（一）财务报表检查法

通过审查反映稽查对象真实经营情况的会计资料，确定稽查对象在缴纳税金方面的真实性和精确性，其中的会计资料包括有效账簿、有效报表、有效凭证等。"互联网+"税务稽查下账务检查不仅对纳税人进行现场勘查、调取账簿，而且还会通过互联网技术对纳税人相关的电子信息进行系统检查。

引用查账软件系统，应用电子查账软件，税务人员可以将企业财务数据采集带回，不仅缩短了看账、翻账的时间，还可以运用查账软件中的查询、过滤分析、统计功能，迅速找到突破口，快捷地锁定重点，避免遗漏。同时，通过系统处理、生成稽查原始工作记录等功能，有效地提高了工作效率和案件审查准确率。

（二）现场勘查比对法

现场勘查比对法，是指在税务稽查过程中，税务人员采用现场勘查、外围走访等方法，对稽查对象的业务经营、经营方略、财务情况、原材料储备等进行询问、了解，进而确定稽查对象是否存在违法违规情况。根据稽查目的和对象的不同，调查验证方法可分为实地盘存法、外调法、观察法、查询法。"互联网+"税务稽查下调查取证不仅会到现场对纳税人进行货币资产和实物资产盘查,还会通过互联网技术对纳税人的原材料、库存商品账户账面等进行数据分析,基于准确掌握企业真实的生产情况来确定纳税企业是否存在违法违规行为。

(三)网络数据对比法

网络数据对比法,是指依托互联网技术,对与企业经营相关的业务流程、财务报表及管理模式,以及缴纳税金情况进行系统分析,以确定某些环节存在税务违法违规操作可能,常用的互联网技术包括网络"爬虫"搜索技术、云计算技术以及大数据挖掘技术等。常用的对比分析方法包括比较分析法、控制计算法、因素分析法和相关分析法等。

2010年,各地税务机关开始尝试使用爬虫技术进行第三方数据的采集和分析,取得了初步成效。例如,青岛市国家税务局利用爬虫软件,抓取了某境外上市公司的减持信息,进而查处了某境外非居民企业股权转让案件,查补税款接近2亿元;2016年,福州市国家税务局抓取了企业十大股东变化信息,继而对涉及企业开展评估,查补税款6 399.8万元,调减以前年度亏损71.91万元。

四、"网络爬虫""百度地图"查税案例

可利用"网络爬虫""百度地图"等手段识别导管公司。导管公司是指通常以逃避或减少税收、转移或累积利润等为目的而设立的公司,不从事制造、经销、管理等实质性经营活动。

(一)导管公司特征

根据一家上市公司发布的公告,X公司和Y公司的注册地都在香港,是国内多家大型外资企业的外方股东。

X公司股本1万港元,2011年无营业收入,净利润近5亿港元;2012年无营业收入,净利润近300万港元;2013年营业收入16500港元,净利润近9000万港元。

Y公司股本3万港元,2011年无营业收入,净利润近10亿港元;2012年无营业收入,净利润1100多万港元;2013年营业收入16500港元,净利润2.34亿港元。

X和Y公司都具备在低税地注册、投资股本低而利润极高的"导管"特征。显然X、Y公司是以避税为目的的导管公司。

(二)"网络爬虫"技术抓取涉税信息

为实现对上市公司股权交易等信息的实时精准掌控,精准收集上市公司股

权转让、股票减持等信息，青岛市国税局依靠"网络爬虫"技术自主研发了互联网涉税信息监控平台。

通过运用"网络爬虫"技术设定程序，可以根据既定的目标精准选择抓取相关网页信息，有助于在海量互联网信息中快捷获取有用的涉税信息。

青岛市国税局稽查人员正是通过"爬虫"发现X公司和Y公司的两组异常数据。

（三）厘清"受益所有人"概念

"受益所有人"是税收协定概念，只有符合条件的非居民企业（个人），才有资格享受我国与特定国家（地区）签订的税收协定（安排）中规定的享受股息、利息和特许权使用费等税收协定待遇。

X、Y两家境外企业是否有违"受益所有人"身份的规定？

《国家税务总局关于如何理解和认定税收协定中"受益所有人"的通知》（国税函〔2009〕601号）第一条规定："受益所有人"是指对所得或所得据以产生的权利或财产具有所有权和支配权的人。"受益所有人"一般从事实质性经营活动，代理人、导管公司等不属于"受益所有人"。

X、Y两家境外企业是否违规享受了有关优惠待遇？

《国家税务总局关于如何理解和认定税收协定中"受益所有人"的通知》第二条规定：在判定"受益所有人"身份时，不能仅从技术层面或国内法的角度理解，还应该从税收协定的目的（即避免双重征税和防止偷漏税）出发，按照"实质重于形式"的原则，结合具体案例的实际情况进行分析和判定。申请人不符合本通知第一条规定的，不应将申请人认定为"受益所有人"。

（四）破解中介公司的不配合

《非居民纳税人享受税收协定待遇管理办法》（国家税务总局公告2015年第60号）发布前，"受益所有人"身份申请采用审批前置程序，申请人按要求报送材料，审批通过即可享受有关待遇。

面对稽查人员的质疑，代理X公司和Y公司税务业务的知名国际会计机构表示："我们在申请'受益所有人'身份时已向税务机关报送资料，审批已通过，表明有关身份认定资料符合要求，为什么还要审核？"面对中介公司的拒不配合，稽查人员一时间也无从入手。因为依规对有关认定有异议时，稽查人员需要自己举证。

（五）稽查"爬虫"获取证据

借助"爬虫"软件，稽查人员发现，X公司和Y公司的实际控制人均为H

集团旗下的青岛 H 投资发展有限公司（以下简称 H 投发），且近年来 X 公司和 Y 公司与 H 投发发生过多次资本运作活动，H 投发与 X 公司、Y 公司的历次资本运作活动公告信息渐渐浮出水面。从这些信息中，稽查人员发现 X 公司和 Y 公司符合《国家税务总局关于如何理解和认定税收协定中"受益所有人"的通知》中规定的多项有关"受益所有人"身份认定不利因素的特征，除持有所得据以产生的财产或权利外，没有或几乎没有其他经营活动。H 投发高管及员工均未在该公司有实质性任职，员工人数与资产规模、所得数额不匹配。对于所得或所得据以产生的财产或权利缺乏实质控制权或处置权，基本不承担经营风险。面对稽查人员的铁证，两家公司最终都愿意依法补缴违规享受的 3000 多万元股息收入优惠税款，同时接受税务机关对其新的身份认定。

第五节　税务稽查合规与税收风险应对

　　2022 年，是中国智慧税务建设的攻坚之年，也是税收征管从"以票控税"迈向"以数治税"的关键之年。"以数治税"相较于"以账控税""以票控税"有更高要求，要完成从"以票管税"向"以数治税"分类精准监管转变。随着金税四期、智能税务系统的加快推进，"以数治税"已经成为不可逆的趋势。企业能够做的是提前部署，从执法逻辑倒推合规路径，运用大数据产品对企业自身风险进行合规自查。企业须进一步加强自身财务核算、提升税收风险防范意识，在确保有效规避税务风险的前提下，开展适度的税务筹划工作，以降低企业纳税成本。

　　目前，企业税务管理存在诸多误区，如将涉税处理作为业财税管理最后一环，将财务规则作为税务合规标准，且仍存在重视程度低、管理质效不高、管控手段缺乏等问题。与税务部门日渐强大的税收征管能力相比，大多数企业的税务管理水平还停留在人工操作、手工开票、查验、计税和报税阶段，且涉税风险防控意识严重缺失。不论是合规成本高、统筹规划难，还是风控管理弱，这些问题的本质都在于企业缺少数据、缺少通道、缺少标准、缺少技术，成为很多企业财税合规的痛点。

　　近几年，为严厉打击涉税违法行为，税务机关推行税收违法"黑名单"制度（《重大税收违法失信案件信息公布办法》），定期向社会公布重大税收违法失信案件的当事人信息，相关信息全部推送至参与联合惩戒部门依法使用。外部环境的变化对企业税务管理提出了更高要求，不仅需要全面了解税收征管模式的新变化和新局势，更要积极寻求合规高效的税务管理新路径。在这样的时代背景下，企业财税部门如何应对税务稽查，如何加强税收风险管理是亟待解决的问题。

一、"以数治税"下财税合规风险应对策略

（一）提升企业财务人员综合能力

目前，许多企业对于税收风险管理仍旧不重视，体现在企业管理层、业务部门、财务部门等各部门。首先，从管理层角度来看，其将主要精力放在营销、生产、技术革新方面，认为税务风险管理是财务部门的工作，从而忽略税收风险管理；其次，业务部门以完成自身的工作业绩为己任，对于税收风险问题缺乏专业认识，重视程度不够；最后，财务部门因忙于日常事务，难免会忽略税收风险问题，同时一些财务人员，对于税收风险敏感度不高，即便出现风险苗头也无从知晓。"以数治税"时代的到来，要求企业的经营更加真实，要求其对外披露的信息具有客观性，税收政策的不断更新对财务人员综合业务能力有着更高的要求。

"以数治税"征管样态已经发生巨大改变，智慧税务就是要实现税务、财务、业务的一体化深入融合，将征纳双方的接触点由过去的"有罪才关联"到现在的"涉税即关联"再发展到下一步"未税即关联"，使税收规则、算法、数据直接融入纳税人经营业务中，伴随每一次交易活动自动计算纳税金额，不再需要企业申报。企业每一次交易活动，按照要求输入，系统识别后自动计算出结果，会计的职责面临着重大转变。

因此，在日常生产经营管理、重大投融资决策中企业要有税收风险管理意识，提升对"以数治税"的重视度。财务部门应梳理企业所存在的问题，如收入有没有及时确认、成本费用是否真实、分摊是否合规、各类消耗是否符合企业的真实状况。同时，管理层应该制定相应的制度、机制以确保相关职能部门配合财务部门开展工作。

（二）提升企业"业财法税融合"质量

"业财法税融合"是近些年来许多企业十分重视的一项工作，也是企业有效避免税务风险、开展合理纳税筹划的关键所在。"业财法税融合"的开展能够从源头上控制各类财务、税务风险，使得企业的经济业务更具有可预判性。但是，部分企业在开展"业财法税融合"活动中仍旧存在一定的问题。实务中，企业的业务部门出于主观、客观的原因，不能与财务部门互动，使得业务部门的信息难以传递至财务部门，财务部门因无法了解最新的业务信息，对企业税务风险也就无法及时判断。财务人员应及时根据业务的发展状况来确认、计量、记录及披露收入、成本、费用、损失等相关信息，以规避不应有的风险；

业务部门要积极配合财务部门控制税收风险。业务部门在实际业务开展中，应该遵守企业相关财经制度，不得出现违反企业规定的行为；业务部门一旦在工作中发现异常问题，应第一时间与财务部门取得沟通，将风险降至最低。

为此，一方面企业应搭建信息化管理平台，如 ERP 系统，将企业的供、产、销、储等环节与财务进行很好的对接，使得财务部门能够了解企业最新、最为真实的业务进展状况；另一方面企业应形成内部信息交流机制，业务与财务要定期开展信息交流与沟通，以减少因信息传递不畅而导致的信息孤岛问题。

（三）提升企业税收筹划能力

新时期，企业实施纳税筹划工作能够起到降低纳税成本、延迟纳税、节约现金流的作用。然而，有少数企业以纳税筹划为名，行偷税、漏税之实，为企业的正常经营增添了隐患。究其原因，这与许多企业对纳税筹划认识不足有着较大关系。一些企业管理者、经营者提到纳税筹划就认为应该采取一切办法少缴税或是不缴税，并因此要求财务人员想尽一切办法实现其少缴或不缴税款的目的。财务人员出于各方面压力与自身生存考虑，不得不迎合管理层违规操作，企业因此而遭遇税收风险的侵袭。

为此，企业管理层要端正纳税筹划工作的态度，不能一味为了节税而铤而走险。同时，"以数治税"前提下，企业纳税筹划工作应该更加规范、合规。企业应该根据自己的业务需求，收集有效信息，各部门之间要做好信息交流，从企业整体利益出发，利用大数据提高效率，优化税收筹划方案，提高企业的综合实力。当然，企业也要加强对信息的管理，既要看到大数据技术为企业提供便利，也要注重防止信息被泄露。对企业来说，与税收筹划相关的信息极为重要，企业应当建立信息管理的安全制度，并在信息技术发展过程中不断加以完善。要对相关人员进行培训，提升其安全意识，在信息传递的每个环节都要严格把控，要对能接触到信息的企业人员进行限制，将不同的信息交叉管理，为税收筹划设置安全保护线。

（四）建立财税合规风险管理机制

大数据时代信息越发透明化，企业必须建立好财税合规风险预警机制，对风险进行严格把控。一是根据自身情况，建立专业化的财税合规风险管理团队。二是积极培养或聘请专业技术人员，以智能财税为切入点推动企业财税数智化建设；利用信息技术收集和分析内部信息与外部信息，实施"事前、事中、事后"全过程、全覆盖预警监控管理，提升分析预测和辅助决策能力，这是企业规范经营、健康发展的重要保障。三是请专业人员开展财税合规风险评估，提前发现财税合规风险，提前予以处置，并为今后财税合规提出规范要求。

应该说，财税合规管理是一种体系化建设，要有组织架构支撑、专业税务人员保障、质量绩效考核、标准操作流程控制等。但有了这些还是不够，还需要加强业财税的深度融合，让税收规则、数据直接融入业务管理系统，使税务管理从事后反映经营结果转变为事先服务经营决策；满足"以数治税"对税收大数据的要求，提高税务遵从和涉税业务的合规性；加强税收风险管理水平，打通前后台、各环节、全链条，做到风险及时预警和有效防范。

二、依托财税数智化工具促成业财法税一体化构建

（一）加快企业数字化转型升级

全电发票的应用有利于带动企业实现数字化和一体化，全电发票自开具开始便实现电子化。发票的填制、核准、数据传输等环节均可在线完成。发票开具完成后也可以进入电子发票服务平台税务数字账户进行查看，同时可以与企业的财务软件系统对接，进行后续的流转和记账。这对开票企业来说，节约了财务人员的时间和精力。此外，对受票企业来说，不需再利用邮箱、手机等完成接收发票的操作，受票企业直接进入电子发票服务平台税务数字账户进行查看，同时运用国家税务总局建立的电子发票服务平台进行发票的真伪校验，完成发票的认证和抵扣等事宜。既不需要开票企业去邮寄，也不需要受票企业专门去接收和查验，全电发票的推广使用对企业经营管理数字化、一体化发展有促进作用。发票完全电子化有利于带动企业各项会计凭证和其他会计档案的电子化。届时，企业业务数据可以实现电子化，一键进入企业财务系统进行处理，财务系统成为企业管理的中心。企业的各项业务单据、财务单据均可以在系统内查询和追踪，从而加快企业信息流通，有利于企业全面实现数字化和信息化。

（二）建立数据模型，提高事前、事中的预警能力

1. 利用大数据，实现整体合规

充分利用大数据来勾勒行政处罚的常见模式，实现合规风险可识别。密切关注企业高频行政违法风险点，为企业经营者提供行为模式及处罚额度的参考，避免遭受行政处罚。此外，通过对行政复议、行政诉讼案例进行大数据解析，为企业提供强有力的专业支撑。

2. 整合发票业务流，实现经营风险可把控

高频的经营行为都会通过大量的进项和销项发票来记录。企业可以税务发票为载体，通过税务合规和市场监管的跨界整合，利用大数据风控软件，让企业的每个经营行为都能够被合规模型所印证，杜绝企业经营违规。

3. 辩证角度看合规，构建合规系统

合规建设需要有前瞻性和实操性，需要企业辩证对待。从短期来看，需要强化合规资源配置，尤其是在出现应急合规事件后能够妥善处理内外部风险，利用强大的危机公关能力，实现合规有保障。从中期来看，需要强化内部管理，提升日常合规水平和大数据应用，查漏补缺，系统性识别和解决合规问题，对潜在风险问题进行提前预判。从长期来看，要有把握自身行业系统性合规风险和局部合规风险的能力，要有运筹帷幄、决策千里的战略合规意识。

（三）内部OA、ERP软件的系统跟进

OA、ERP软件具有缩短审批周期、加强内部控制、提高事前控制能力、提高资金运筹管理能力和财务效率的优势。不少企业将合规与业务割裂，以致合规与企业业务脱节。企业可以探索将法务、财务、税务合规融入企业业务流中，从根本上打破各部门之间的信息壁垒，增强企业管理控制的协同效应。在保证合规的同时减少财务部门的工作压力，提升效率、简化报销流程、缩短报销周期，达到发票的高效合规管理的目的。

（四）结果可视化反馈——财务规范外化指标

企业管理层与财务部门存在较大的隔阂，财务部门发现的相关风险往往很难及时向管理层进行反馈。管理层精通财务、审计、税务知识的人员比例较低。因此，有必要通过可视化表达的方式让管理层直观了解企业内部风险。将企业内部数据、风险可视化，勾勒企业合规的现实风险、监când逻辑以及未来风险，便于操作执行。这需要以执法逻辑倒推合规路径，用大数据提升企业合规水平，用企业家思维为企业服务，用互联网服务企业，降低企业成本。与监管部门同步的大数据合规可视化软件显得尤为重要，可以从交易风险的实时处置、交易主体的实时风控、交易发票的实时预警入手，以可视化方式实现动态风险追踪。

三、建立企业纳税自查机制

（一）纳税自查的形式

纳税人对自己的情况熟悉，通过纳税自查，容易发现问题，收效较快，进而增强纳税的自觉性。但是自查稍有疏忽，就会流于形式，查得不深不透，出现走过场的现象。

纳税自查可分为日常纳税自查、专项稽查前的纳税自查和汇算清缴中的纳税自查。

1. 日常纳税自查

纳税人在纳税自查时，应自查税务登记，发票领购、使用、保存情况，纳税申报、税款缴纳等情况，财务会计资料及其他有关涉税情况。企业可自行依照税法的规定进行自查，也可委托注册税务师代为检查。对涉税疑难问题，应及时向税务机关咨询。通过自查查深查透，以避免被税务机关稽查，被追究行政和经济责任，甚至被追究刑事责任。此外，还要自查作为纳税人的合法权益是否得到了充分保障，是否多缴纳、提前缴纳了税款等。企业日常纳税自查有利于改善经营管理，加强经济核算，依法纳税。

2. 专项稽查前的纳税自查

税务机关根据特定的目的和要求，往往需要对某些特定的纳税人，或者对纳税人的某些方面或某个方面进行专项稽查，可根据国家发布的税收专项检查工作方案规定的稽查重点和稽查方向进行。

3. 汇算清缴中的纳税自查

要重点关注比对企业所得税收入总额与流转税申报收入总额（视同销售部分应重点注意）、纳税调整项目的涉税处理和新报表主附表钩稽关系。

（二）企业自查重点

企业主要围绕以下几个大的方面开展自查，同时结合税收风险点进行深入细致的核查，从而确保企业财税合规。具体如下：

（1）收入成本费用确认是否合规，涉税处理是否恰当；

（2）是否存在税务管理漏洞、隐患、薄弱环节；

（3）账簿、凭证（发票）管理方面的税收风险；

（4）税款缴纳、纳税申报、汇算清缴等方面的风险；

（5）合同、协议等涉税条款的风险；

（6）纳税筹划方面的风险。

（三）对支出凭证的自查要点

收入和支出凭证在计算纳税时非常重要，近些年税务稽查常常把发票等凭证纳入监控范围。因此，企业在合规自查中应特别注意对收支凭证的检查，防止因凭证不合规产生额外的成本支出。下面简要说明增值税和企业所得税扣除凭证政策要点。

1. 增值税抵扣凭证的合规性检查及风险防范

允许抵扣的增值税普通发票包括：农产品收购发票、销售发票；国内旅客运输的普通发票；公路通行费发票。其中，国内旅客运输的普通发票又分增值税电子普通发票、注明旅客身份信息的航空运输电子客票行程单、注明旅客身份信息的铁路车票、注明旅客身份信息的公路水路等其他客票。

不得抵扣的增值税专用发票：一是用于简易计税方法计税项目、免征增值税项目、集体福利或者个人消费的项目，涉及的固定资产、无形资产、不动产，仅指专用于上述项目；二是用于非正常损失的项目；三是购进贷款服务、餐饮服务、居民日常服务和娱乐服务的专用发票。

2. 企业所得税税前扣除凭证的稽查要点

需要注意以下两点：①必须以发票作为税前扣除凭证的支出，包括如下情形：境内发生的支出项目、属于增值税应税项目、对方为办理税务登记增值税纳税人、不属于个人从事小额零星经营业务。②不以发票作为税前扣除凭证的支出，包括如下情形：境外发生的支出项目、不属于增值税应税项目、内部支出、个人从事小额零星经营业务、对方为无须办理税务登记的单位。其中，内部支出包含工资薪金、工会经费、住房公积金、社会保险费、公益事业捐赠等。

（四）针对收入确认风险自查

财政部发布的《财务舞弊易发高发领域及重点应对措施》（财会〔2022〕28号）针对提前或延迟确认收入舞弊风险提出了要求：一是严格实施收入截止测试，关注收入是否被计入恰当的期间；二是检查临近期末执行的重要销售合同，关注是否存在异常的定价、结算、发货、退货、换货或验收条款，关注期后是否存在退货以及改变或撤销合同条款的情况；三是复核重要合同的重要条款，关注是否存在通过高估履约进度，或将单项履约义务的销售交易拆分为多项履约义务实现提前确认收入，以及通过将多项履约义务合并为单项履约义务延迟确认收入的情况。

四、需要注意的若干问题

（一）稽查查补税款是否被处罚

1. 税收违法行为追究时效

违反税收法律、行政法规应当给予行政处罚的行为，在5年内未被发现的（行政诉讼法是2年），不再给予行政处罚。追究时效的期限从违法行为发生之日起计算，违法行为有连续或者继续状态的，自行为终了之日起计算。税务机关只要启动调查、取证和立案程序，均可视为"发现"；群众举报后被认定属实的，"发现"时效以举报时间为准。

2. "首违不罚"

初次违法且危害后果轻微并及时改正的，可以不予行政处罚。例如，《长江三角洲区域税务轻微违法行为"首违不罚"清单》共18项，包括江苏省、安徽省、浙江省、宁波市、上海市，对清单中列举的税务违法行为，当事人在一年内首次违反且情节轻微，能够及时纠正，未造成危害后果的，依法不予行政处罚。

3. 一事不二罚原则

对当事人的同一个违法行为，不得给予 2 次以上罚款的行政处罚。当事人同一个税收违法行为违反不同行政处罚规定且均应处以罚款的，应当选择适用处罚较重的条款。

4. 因税务机关的责任造成的少缴税款

因税务机关的原因导致纳税人少缴税款，不予处罚。

（二）如何争取不罚或者少罚

有下列情形之一的，从轻或者减轻处罚：

（1）主动消除或者减轻违法行为危害后果的。
（2）受他人胁迫有违法行为的。
（3）配合行政机关查处违法行为有立功表现的。
（4）其他依法从轻或者减轻行政处罚的。

（三）不予加收滞纳金的情形

（1）因税务机关的责任，致使纳税人、扣缴义务人未缴或者少缴税款的。
（2）纳税人善意取得虚开的增值税专用发票被依法追缴已抵扣税款的。
（3）纳税人根据《中华人民共和国税收征收管理法》第二十七条的规定，经税务机关核准延期申报并按规定预缴税款的，在核准的延期内办理税款结算的。
（4）税务机关依照《中华人民共和国企业所得税法》第六章规定作出纳税调整，需要补征税款，并按照国务院规定加收利息的。
（5）主管税务机关开具的缴税凭证上的应纳税额和滞纳金为 1 元以下的。
（6）纳税人按规定预缴土地增值税后，清算补缴的土地增值税在主管税务机关规定的期限内补缴的。
（7）定期定额户在定额执行期届满，分月汇总申报时，月申报额高于定额又低于省税务机关规定申报幅度的应纳税款，在规定的期限内申报纳税的；对实行简并征期的定期定额户，其按照定额所应缴纳的税款在规定的期限内申报纳税的。
（8）扣缴义务人应扣未扣、应收而未收税款的，由税务机关向纳税人追缴税款，对扣缴义务人处应扣未扣、应收未收税款 50% 以上 3 倍以下罚款的（注意区分是未扣未缴还是已扣未缴）。

(9) 其他不予加收滞纳金的情形。

(四) 善意接受虚开增值税专用发票

善意的认定应当同时满足下列条件：

(1) 有货物、不动产、无形资产购销，提供或者接受应税劳务、应税服务。

(2) 销售方使用的是其所在省（自治区、直辖市和计划单列市）的专用发票。

(3) 专用发票注明的销售方名称、印章、货物数量、金额及税额等全部内容与实际相符。

(4) 没有证据表明购货方知道销售方提供的专用发票是以非法手段获得的。如有证据表明购货方在进项税款得到抵扣或者获得出口退税前知道该专用发票是销售方以非法手段获得的，对购货方应当按偷税、骗取出口退税处理。

(五) 善意接受虚开增值税专用发票的法律后果

纳税人善意取得的虚开增值税专用发票不可以抵扣增值税和企业所得税，已抵扣的进项税要作进项税额转出处理，并补缴相应的企业所得税。

基于善意取得，纳税人善意取得虚开的增值税专用发票被依法追缴已抵扣税款的，不再按日加收滞纳税款万分之五的滞纳金。

纳税人善意取得虚开的增值税专用发票，如能重新取得合法、有效的专用发票，准许其抵扣进项税款。

(六) 无法补开的发票处理

增值税：凭票抵扣，进项税转出。

企业所得税：企业取得不合规发票应当在汇算清缴期结束前换开。如果因对方注销走逃失联等原因，无法换开合法有效发票的，凭以下资料证实支出真实性后，其支出允许税前扣除。

(1) 无法补开、换开发票、其他外部凭证原因的证明资料（包括工商注销、机构撤销、列入非正常经营户、破产公告等证明资料）。

(2) 相关业务活动的合同或者协议。

(3) 采用非现金方式支付的付款凭证。

(4) 货物运输的证明资料。

(5) 货物入库、出库内部凭证。

(6) 企业会计核算记录以及其他资料。

(七) 善意接受虚开增值税专用发票防范

如果上游企业出现以下异常行为，需要格外谨慎。

（1）开票时经常换单位名字，多为商贸企业。

（2）发票开具后大量作废等。

（3）企业的大部分发票顶额开具，发票开具金额满额度高于90%。

（4）登记信息雷同，企业法人、财务人员、办税人员多为同一人。

（5）商贸公司购进与销售货物名称严重背离的。

（6）发票连续多次增量增版。

（7）存在大量红字普通发票、随意开具红字发票来冲减以往年度的蓝字发票。

（8）资金或存货周转次数平均每月超过5次。

（9）短时间内开具增值税发票金额突增。

（10）成立时间短，成立时间多在半年以内，但营业规模迅速扩大。

（11）登记地址多为住宅小区某楼层某室，明显不适合对外经营。

（12）法人户籍非本地、法人设立异常集中。

（13）生产能耗如电费情况与销售情况严重不符的。

（14）企业多为认缴制或者实收资本多为较低金额。

（15）多户企业登记法人为同一人，且税务登记信息中所留的手机号码为同一个手机号。

（16）连续同时办理税务登记或一般纳税人认定的多家企业。

（17）企业所属行业属于虚开高危行业（税务部门所建的高风险行业库、注册地址风险库）。

（18）法人、财务负责人曾担任非正常户的负责人或财务负责人，且法人与财务负责人交叉担任。

第六章 法律视角下的企业财税合规应用

第一节 "灵活用工"政策合规应用

一、政策历程

灵活就业、灵活用工一直是国家重点关注的民生问题之一，从"十五"规划开始，非全日制、季节性等灵活就业类型就提上了日程，随后扩大就业成了国家中长期战略规划；从"十三五"开始，促进灵活就业作为单独小节出现，而"十四五"规划则围绕灵活就业出台了一系列保障性政策、机制。灵活用工政策的演变如图 6-1 所示。

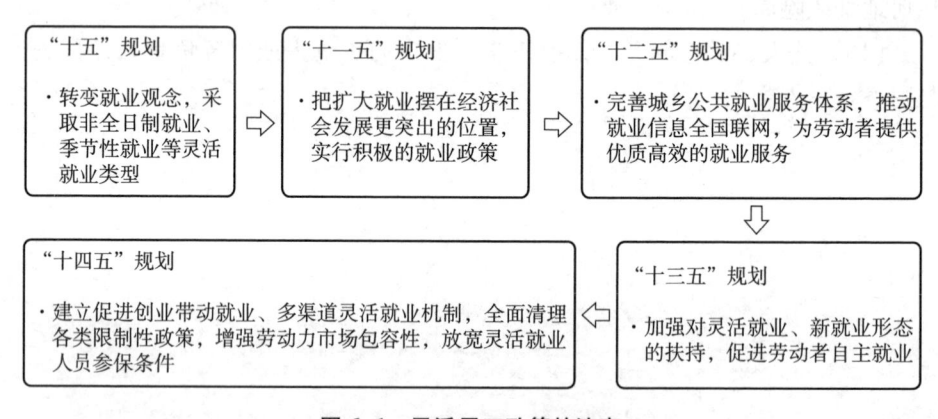

```
"十五"规划                    "十一五"规划                   "十二五"规划
·转变就业观念，采        ⇨   ·把扩大就业摆在经济社    ⇨   ·完善城乡公共就业服务体系，推动
 取非全日制就业、              会发展更突出的位置，         就业信息全国联网，为劳动者提供
 季节性就业等灵活              实行积极的就业政策           优质高效的就业服务
 就业类型
                                                                    ⇩
"十四五"规划                                                "十三五"规划
·建立促进创业带动就业、多渠道灵活就业机制，全面清理  ⇦   ·加强对灵活就业、新就业形态
 各类限制性政策，增强劳动力市场包容性，放宽灵活就业         的扶持，促进劳动者自主就业
 人员参保条件
```

图 6-1 灵活用工政策的演变

二、灵活用工政策汇总及解读

近年来，一系列相关政策的实施对灵活用工的发展起到了较大的影响，灵活用工相关政策分析如表 6-1 所示。

表 6-1　国家层面有关灵活用工政策分析

发布时间	政策名称	重点内容解读	政策性质
2022.03	《政府工作报告》	对2022年职工基本养老金上调事宜做出了明确安排，在2021年12月31日前办理退休手续并领取基本养老金的灵活就业人员，可以享受养老金"18连涨"的福利	完善类
2022.01	《"十四五"公共服务规划》	推动灵活就业人员在就业地参加社会保险，实现法定人群全覆盖。推进失业保险、工伤保险向职业劳动者广覆盖，实现失业保险省级统筹，工伤保险省级统筹更加完善。加强劳动保障监察执法维权服务能力，切实提高监察执法效能	完善类
2021.09	《推动医疗保障高质量发展》	在适应常态化人口流动和异地就医等方面还有短板弱项，都要求医保必须不断深化改革，推动高质量发展。放开灵活就业人员参保户籍限制	支持类
2020.05	《关于支持多渠道灵活就业的意见》	强调个体经营、非全日制以及新就业形态等灵活多样的就业方式，是劳动者就业增收的重要途径，对拓宽就业新渠道、培育发展新动能具有重要作用。提出要拓宽灵活就业发展渠道、优化自主创业环境、加大对灵活就业保障支持	支持类
2020.01	《关于推进"上云用数赋智"行动培育新经济发展实施方案》	鼓励发展共享员工等灵活就业新模式，充分发挥数字经济蓄水池作用	支持类
2019.09	《关于充分发挥市场作用促进人才顺畅有序流动的意见》	完善人才柔性流动政策，完善柔性引才政策措施，建立以业绩为导向的柔性引才激励办法，柔性引进人才与本地同类人才在创办科技型企业、表彰奖励、科研立项、成果转化等方面可享受同等待遇	完善类
2018.11	《人力资源市场暂行条例》	国家建立政府宏观调控、市场公平竞争、单位自主用人、个人自主择业、人力资源自由有序流动机制	支持类
2017.09	《服务业创新发展大纲（2017—2025）》	鼓励制造企业优化供应链管理，推动网络化协同制造，积极发展服务外包，推动服务外包向高端价值链延伸	支持类
2015.10	《关于促进服务外包产业加快发展的意见》	提出培育一批具有国际先进水平的服务外包知名企业的发展目标，并支持各类所有制企业从事服务外包业务，鼓励服务外包企业专业化、规模化、品牌化发展	支持类
2015.04	《中华人民共和国就业促进法》	各级人民政府采取措施，逐步完善和实施与非全日制用工等灵活就业相适应的劳动和社会保险政策，为灵活就业人员提供帮助和服务	完善类

《中共中央关于制定国民经济和社会发展第十四个五年规划和二〇三五年远景目标的建议》明确了健全有利于更充分更高质量就业的促进机制，扩大就业容量，提升就业质量，缓解结构性就业矛盾。优化财政支出结构，优先保障基本公共服务补短板。明确中央和地方在公共服务领域事权和支出责任，加大中

央和省级财政对基层政府提供基本公共服务的财力支持。围绕就业人群、低收入劳动力和灵活就业人员的保障、就业环境进行明确规划，并提出建立促进创业带动就业、多渠道灵活就业机制，全面清理各类限制性政策，增强劳动力市场包容性。统筹城乡就业政策，积极引导农村劳动力就业。扩大公益性岗位安置，着力帮扶残疾人、零就业家庭成员等困难人员就业。"十四五"规划实施就业优先战略，如表6-2所示。

表6-2 "十四五"规划实施就业优先战略

目标方向	主要内容
强化就业优先政策	坚持经济发展就业导向，健全就业目标责任考核机制和就业影响评估机制。完善高校毕业生、退役军人、农民工等重点群体就业支持体系。完善与就业容量挂钩的产业政策，支持吸纳就业能力强的服务业、中小微企业和劳动密集型企业发展，稳定拓展社区超市、便利店和社区服务岗位
健全就业公共服务体系	健全覆盖城乡的就业公共服务体系，加强基层公共就业创业服务平台建设，为劳动者和企业免费提供政策咨询、职业介绍、用工指导等服务。构建常态化援企稳岗帮扶机制，统筹用好就业补助资金和失业保险基金。健全劳务输入集中区域与劳务输出省份对接协调机制，加强劳动力跨区域精准对接
全面提升劳动者就业创业能力	健全终身技能培训制度，持续大规模开展职业技能培训。深入实施职业技能提升行动和重点群体专项培训计划，广泛开展新业态新模式从业人员技能培训，有效提高培训质量。统筹各级各类职业技能培训资金，创新使用方式，畅通培训补贴直达企业和培训者渠道
推动灵活就业人员在就业地参加社会保险，实现法定人群全覆盖	推进失业保险、工伤保险向职业劳动者广覆盖，实现失业保险省级统筹，工伤保险省级统筹更加完善
健全养老保险制度体系，促进基本养老保险基金长期平衡	实现企业职工基本养老保险全国统筹。完善城镇职工基本养老金合理调整机制，适时调整城乡居民基础养老金标准。其中，基本医疗保险参保率>95%；基本养老保险参保率达95%
健全基本医疗保险稳定可持续筹资和待遇调整机制，完善医疗保险缴费参保政策	做实基本医疗保险市级统筹，推动省级统筹。完善职工基本医疗保险门诊共济保障机制，健全重大疾病医疗保险和救助制度。完善跨省异地就医直接结算制度体系，加强国家、省级异地就医结算中心建设和跨区域业务协作，全面提升管理服务能力。将符合条件的互联网医疗服务纳入医保支付范围
扩大保障性租赁住房供给，鼓励灵活就业人员参加住房公积金	目前，住房和城乡建设部在重庆、成都、广州、深圳、苏州、常州6个城市开展了灵活就业人员参加住房公积金制度试点，引导和鼓助灵活就业人员参加住房公积金制度，并享受相应的权益

2022年1月，国家发展改革委等21部门印发《"十四五"公共服务规划》。到2025年，公共服务制度体系更加完善，政府保障基本、社会多元参与、全民共建共享的公共服务供给格局基本形成，民生福祉达到新水平。

随着政策的陆续发布，全国各地区将会陆续允许符合一定条件的非本地户籍者缴纳灵活就业社保。针对灵活就业者,"十四五"规划中着重围绕劳动者的保障进行重点阐释,具体如表6-3所示。

表6-3 "十四五"规划中关于劳动者保障政策

目标方向	主要内容
积极推动改善住房条件	在人口净流入的大城市大力发展保障性租赁住房,将共有产权房覆盖群体扩充至常住人口,将灵活就业人口纳入住房公积金制度
大力发展保障性租赁住房	以建筑面积不超过70平方米的小户型为主,租金低于同地段同品质市场租赁住房租金;因地制宜发展共有产权住房,以中小户型为主,供应范围以面向户籍人口为主,逐步扩大到常住人口。让住房保障制度惠及更多大城市的新市民、青年人、灵活就业人员
住房公积金使用政策的一视同仁	提出灵活就业人员、从事基本公共服务人员等群体在缴存住房公积金后,可享受与强制缴存职工同等的个人所得税减免、政府保障性住房、积分入户等公共服务政策及按月还房租等便利措施

2020年国务院办公厅出台《关于支持多渠道灵活就业的意见》,将灵活就业纳入构建更充分更高质量就业促进机制工作当中。提出个体经营、非全日制以及新就业形态等灵活多样的就业方式,是劳动者就业增收的重要途径,对拓宽就业新渠道、培育发展新动能具有重要作用。支持多渠道灵活就业的政策如表6-4所示。

表6-4 支持多渠道灵活就业的政策

目标方向	主要内容
鼓励个体经营发展	鼓励劳动者创办投资小、见效快、易转型、风险小的小规模经济实体。支持发展各类特色小店,完善基础设施,增加商业资源供给
增加非全日制就业机会	落实财政、金融等针对性扶持政策,推动非全日制劳动者较为集中的保洁绿化、批发零售、建筑装修等行业提质扩容。增强养老、托幼、心理疏导和社会工作等社区服务业的吸纳就业能力
支持发展新就业形态	实施包容审慎监管,促进数字经济、平台经济健康发展,加快推动网络零售、移动出行、线上教育培训、互联网医疗、在线娱乐等行业发展,为劳动者居家就业、远程办公、兼职就业创造条件
取消部分收费	取消涉及灵活就业的行政事业性收费,对经批准占道经营的免征城市道路占用费。建立公开投诉举报渠道,依法查处违规收费行为

三、灵活用工税收政策解读

(一)企业所得税问题

问题一:研发费用中直接从事研发活动的劳务派遣人员费用是否可加计扣除?

《国家税务总局关于研发费用税前加计扣除归集范围有关问题的公告》(国

家税务总局公告2017年第40号）规定，人工费用是指直接从事研发活动人员的工资薪金、基本养老保险费、基本医疗保险费、失业保险费、工伤保险费、生育保险费和住房公积金，以及外聘研发人员的劳务费用。

外聘研发人员是指与本企业或劳务派遣企业签订劳务用工协议（合同）和临时聘用的研究人员、技术人员、辅助人员。接受劳务派遣的企业按照协议（合同）约定支付给劳务派遣企业，且由劳务派遣企业实际支付给外聘研发人员的工资薪金等费用，属于外聘研发人员的劳务费用。

注：高新技术企业外聘科技人员可以计入企业从事研发和相关技术创新活动的科技人员总数，外聘人员的劳务费用（如劳务派遣形式的科技人员）应归集到人工费用中。

问题二：小型微利企业的从业人数能否包含劳务派遣人员？

《财政部　税务总局关于实施小微企业普惠性税收减免政策的通知》（财税〔2019〕13号）规定："从业人数，包括与企业建立劳动关系的职工人数和企业接受的劳务派遣用工人数。"

问题三：劳务派遣员工费用支出如何在企业所得税前扣除？

企业接受外部劳务派遣用工所实际发生的费用，应分两种情况按规定在税前扣除：按照协议（合同）约定直接支付给劳务派遣公司的费用，应作为劳务费支出；直接支付给员工个人的费用，应作为工资薪金支出和职工福利费支出。其中属于工资薪金支出的费用，准予计入企业工资薪金总额的基数，作为计算其他各项相关费用扣除的依据。

注：这里的"各项相关费用"是指工会经费、教育经费和职工福利费用。

对于劳务派遣员工在用工单位享受的福利待遇，如用工单位给劳务派遣人员报销的合理的差旅费，属于企业在生产经营活动中发生的与生产经营活动有关的、合理的支出，通常可以在企业所得税税前扣除。但实务中，建议企业在签订用工协议时约定相关人员日常费用由用工单位承担，避免被定义为"与本企业经营活动无关"的支出。

（二）增值税问题

问题：国内旅客运输服务进项税额抵扣是否包含劳动派遣人员相关费用支出？

《财政部　税务总局　海关总署关于深化增值税改革有关政策的公告》（财政部　税务总局　海关总署公告2019年第39号）第六条规定：所称"国内旅客运输服务"，限于与本单位签订了劳动合同的员工，以及本单位作为用工单位接受的劳务派遣员工发生的国内旅客运输服务。

（三）残疾人就业保障金

问题：以劳务派遣方式接受残疾人就业的，人数是否能计入残保金？

根据《财政部关于调整残疾人就业保障金征收政策的公告》（财政部公告2019年第98号）第二条规定：用人单位依法以劳务派遣方式接受残疾人在本单位就业的，由派遣单位和接受单位通过签订协议的方式协商一致后，将残疾人数计入其中一方的实际安排残疾人就业人数和在职职工人数，不得重复计算。

因此，对于残疾人以劳务派遣形式就业的，计算残保金时两方协商一致，不重复计算即可。

（四）责任认定问题

问题：发生工伤，劳务派遣人员该向哪方寻求责任赔偿？

依据《劳务派遣暂行规定》（人力资源和社会保障部令22号），劳务派遣单位跨地区派遣劳动者的，应当在用工单位所在地为被派遣劳动者参加社会保险，按照用工单位所在地的规定缴纳社会保险费。

被派遣劳动者在用工单位因工作遭受事故伤害的，劳务派遣单位应当依法申请工伤认定，用工单位应当协助工伤认定的调查核实工作。简单来说，就是劳务派遣单位承担工伤保险责任，工伤保险基金支付的工伤待遇之外的部分，依法由用工单位承担。

（五）会计处理

用人单位劳务派遣人员相关支出的账务处理：

借：生产成本（管理费用）——劳务费等
　　应交税费——应交增值税——进项税额
　贷：应付账款（支付给劳务派遣公司的服务费等）
　　　应付职工薪酬（直接支付给派遣人员工资等）

四、灵活用工合规及应用的法律视角

"灵活就业"与"灵活用工"，一体两面，前者是针对劳动者而言；后者是针对企业来说，即主要从企业角度来探讨灵活用工的概念与分类。现实中企业用工存在多种情况，即雇用、劳务、经营。对比相关法律，三者对应劳动法分别是雇佣关系、劳务关系和业务合作关系；对应到个人所得税法分别为工资薪金所得、劳务报酬所得和经营所得。

（一）新业态平台模式下劳动关系认定标准的法律困境

根据《中华人民共和国劳动合同法》第七条和第十条的规定，目前我国的

司法实践是以劳动合同和实际用工为依据来判断是否建立劳动关系。在没有签订书面合同时，但同时具备下列情形的，劳动关系成立：①用人单位和劳动者符合法律、法规规定的主体资格；②用人单位依法制定的各项劳动规章制度适用于劳动者，劳动者受用人单位的劳动管理，从事用人单位安排的有报酬的劳动；③劳动者提供的劳动是用人单位业务的组成部分。由此可知，在没有书面合同的情况下，以上认定劳动关系的列举条件应当视为构成要件因素。电商平台实体经济的快速发展，对我国劳动法中关于劳动劳务关系利益认定的理论研究提出了新的问题和挑战。在立法实践中，新业态平台从业人员与平台公司的劳动关系由于性质界定尚不明朗，对其采取的保护措施相应不全面，而其中的一部分人员很可能被排除在劳动关系的保护范围之外，使其基本的合法权益受到损害。

在司法实践中，面对不同于以往的平台经济模式，以上劳动关系隶属标准将很难适应社会发展，在实务中表现为未能形成一套完整的判定体系，考量的因素单一、考察的标准僵化，不能很好地运用其他辅助因素进行综合评判，使得司法部门在处理相关案件时使用该项标准得出的裁决存在差异。

平台从业人员合法权益的保障与平台公司的稳定发展，需要对平台与个人之间的劳动关系予以明确，以利于为企业的员工管理以及劳动者的权益保护提供制度性保障。

（二）新业态平台模式下社会保障的法律困境

尽管灵活用工这一新型的用工方式在一定程度上提供了更多的工作岗位，满足了某些劳动者灵活就业的需求，客观上迎合了服务行业用人单位的需求，但它却对劳动者的社会保障权益带来一些负面影响：以各种合作劳动协议形式掩盖合作劳动服务关系，多重分割用工劳动关系而致使合作劳动服务关系模糊，用工时间超时、劳动者的权益受损，以及个人信息安全、隐私安全得不到有效保护等。此外，以各种商业保险替代企业工伤保险，真实的合作劳动服务关系被规避，取而代之的是劳务、承揽、承包等合作劳动关系。现行劳动法刚性劳动调整合作模式以及涵盖工伤保险和其他劳动服务关系的"捆绑"模式，使得灵活就业人员享受企业工伤保险相关待遇具有相当大的管理难度。

（三）电商新业态下灵活用工法律研究成果

为了更好地解决电商新业态下灵活用工的难题，我们总结了企业解决灵活用工纠纷的两条思路：一是事前在立法中确定统一的新型劳动关系；二是事后在个案中依据公平补偿原则承认劳动关系。具体如下。

（1）对存在实际从事用工劳动行为的新型劳动争议纠纷，认定其劳动纠纷关系行为存在与否时，以行为存在实际劳动纠纷关系为认定前提，列举或者作出认定该行为不存在劳动纠纷关系的情形。将主要的劳动举证责任被动回归用工方，改变了在劳动纠纷中认为处于相对劣势的主体地位的劳动者需要自行承担主要劳动举证责任的一种困境。

（2）从分级灵活就业劳动市场存在的问题入手提出对策。主要措施包括：通过建立或者完善相关适用法律，对灵活就业用工市场的各类劳动者分级提供就业劳动保护，即区分为一级专业劳动者与二级专业劳动者。将行业基本标准意义上的专业劳动者作为一级专业劳动者，同时将参与灵活用工的专业劳动者作为二级或三级专业劳动者。针对不同缴费级别客户提供不同缴费级别的基本人身和社会保险。

（3）在平台用工关系模式分类中，由于平台灵活用工本质界定比较模糊，一种有效的分类方法是重新定义平台灵活用工的一类用工关系模式即新业态就业，只要为其定义一个配套型并设置一套完全符合其自身职业发展特征的基本劳动保护管理制度和基本社会保障管理制度，便可将此类平台灵活用工人员划归一类。

（4）探讨了保障平台灵活用工人员劳动报酬的措施，对灵活用工劳动者的各方面保障不能单纯依赖法律规定和支持，而要综合依托多渠道保障。

（5）将平台灵活就业工作人员全部纳入基本工伤保险制度具有必要性和基本理论实践基础，通过扩大基本工伤保险认定范围，明确缴费保险主体，并按照规定强制平台履行缴纳保险费义务，改变基本工伤保险认定缴费标准和处理程序等，将所有平台灵活就业工作人员纳入基本工伤保险，从而突破现行企业劳动损害关系保险认定制度范畴，创新建立平台灵活就业工作人员的基本工伤保险认定制度。

互联网技术催生了新的就业形态和灵活用工平台，而不同平台的服务质量，以及对灵活用工的概念界定存在明显差异，平台回避与灵活就业人员的劳动关系认定，劳资关系纠纷时有发生。基于此，需从政策、市场需求的角度出发，对灵活用工平台与灵活就业人员的关系进行分析，进而给出灵活用工平台的产品需求分析范例，以构建合乎法理、科学客观和符合多方期待的灵活用工平台产品需求分析方案。

新经济背景下，劳动力调配需求愈加灵活，新的职业不断涌现，人员流动性增大，雇主产生了新的雇佣方式需求。尤其在疫情期间和后疫情时代，更为灵活的用工方式被广泛关注，政府部门出台支持政策，灵活用工者陆续进场，探索新的劳动力管理平台。企业或雇主不断尝试新的用工方式，中国灵活用工市场正处在快速成长阶段。

随着灵活用工市场蓬勃发展，与之相关的问题和争议也不断出现。不同的灵活用工平台的服务质量良莠不齐，对灵活用工的相关概念界定存在明显差异。实践中平台方通过规避与从业者的劳动关系认定，虽减少企业成本，但也导致劳资关系纠纷时有发生。因此，有必要对灵活用工的关系和概念进行界定，从宏观政策、市场分析入手，总结灵活用工的业务模式，提出灵活用工互联网平台的产品需求分析方案，为相关利益方和学术探讨提供有益参考。

（四）从灵活用工政策和市场现状分析整体需求

从政策层面分析，政府相继出台了政策和规范支持发展新就业形态，具体如下。

一是为方便签约，对电子劳动合同的合法性给予认可。2020年3月，人力资源社会保障部办公厅印发《人力资源社会保障部办公厅关于订立电子劳动合同有关问题的函》，明确用人单位与劳动者协商一致，可以采用电子形式订立书面劳动合同。

二是针对实际工作中劳动者登记为个体工商户，平台方与劳动者成为合作关系而非雇佣关系这一现象，一方面政府部门对个体工商户登记制度给予政策规范，登记时注明"灵活用工"；另一方面对新就业形态劳动者进行分类，并对关系认定给出指导意见。

三是推进新就业形态劳动者的保险公积金等保障工作，推进灵活就业人员参加住房公积金、职业伤害保障工作，对灵活就业人员给予社保补贴，推动放开就业地参加社会保险的户籍限制等。

四是鼓励地方政府先行试点，如黑龙江省开展新就业形态劳动者入会工作，江西省开展工伤保险试点，广州市开展住房公积金试点工作。

五是针对平台通过算法对劳动者进行任务分派和扣罚工资的问题，明确要求平台应规范算法规则，督促企业制定直接涉及劳动者权益的制度规则和平台算法，充分听取工会或劳动者代表的意见建议，并将结果公示告知劳动者。

综上，政策上要对新就业形态劳动者的合法合理权益给予充分关注，不断完善相关政策法规。新型劳动关系下的平台企业和劳动者之间要在劳动法规下和谐共处，不能只停留在平台企业单方面订立规则上。

从市场层面分析。近年来，我国灵活用工平台依托互联网，实现了跳跃式发展，尤其是疫情期间公众居家隔离，餐饮、商超、交通、旅游等行业受到了严重影响，外卖、代送等服务需求激增，"共享员工"成为我国灵活用工进入快速发展期的标志。可以说，虽然灵活用工出现已久，灵活用工平台也蓬勃发展，但在新的市场环境下，灵活用工依然存在缺位，灵活用工平台仍有待完善，特别是面对突发事件时。

随着灵活用工市场迅速发展，平台用工关系的认定问题相伴而来，成为近年来劳动争议的焦点。现阶段，灵活用工平台将灵活就业人员注册为个体工商户，双方成为合作关系。合作关系下的劳动者很难受到劳动法及其他法规的保护，常遇到签约时身份的不可选择、算法困境等情况。因此，健全的行业规范是灵活用工市场健康有序发展的迫切需要。

五、灵活用工税务风险管理建议

一是重视灵活用工的税务风险。对于灵活用工企业来说，健康经营、合规经营才是长久发展之策。企业要重视灵活用工的税务风险，主动进行风险管理，在整个灵活用工业务流程中尽可能规避相关风险。

二是事前建立规范企业发票管理机制。无论是灵活用工的用工企业还是人力资源管理企业，或者是灵活用工平台企业，都应该提高警惕，严格规范发票管理，加强业务合同审核力度；构建明确的线上发票开具流程审查和合同审核规则；厘清业务流程，做好内部管理和外部审查，防范发票管理不严格造成的税收风险。

三是事中依法履行企业涉税义务。企业应当重视并积极履行个人所得税的代扣代缴义务，为员工缴纳合理的社会保障费用。在灵活用工这种流动性较高的用人模式中，企业一定要在业务设计之初、合同签订之时考虑好相关义务是不是己方需要承担的，且要进行准确核算，及时履行各项代扣代缴义务，避免由于代扣代缴义务履行差错而造成不必要的损失。

四是建立税务外部风险管理机制。企业应当建立税务风险管理机制，建立税务风险管理事前事中事后管理框架。在灵活用工模式下，企业的风险不仅来源于企业内部环境，还来源于诸如政策环境、经济环境变化等外部因素。培养具有税务风险管理理念的财务人员，提升税务工作管理水平，加强税务风险管理体系的建立和完善，制定税务风险预警机制。依照自身生产特征，对相关数据指标进行预警管理，定期自检，合理安排企业生产经营活动，准确适用适合企业发展的税收政策。

第二节 "税收洼地"政策合规应用

一、税收洼地

地方政府为了吸引企业入驻，扩充本地税收来源，促进本地经济的发展，针对某些特定的行政区域，制定一系列税收优惠政策，施行地方留成返还、简化税收征管办法等政策。范围内注册的企业，可以充分利用这些税收优惠政策，大幅度减轻税负，该特定行政区域被称为"税收洼地"。形成"税收洼地"的根本原因是全国各地经济发展不平衡。

目前，全国"税收洼地"主要有新疆霍尔果斯、江西萍乡、上海崇明、重庆黔江、湖北通山、宁波梅山、天津武清，以及江苏省沛县经济开发区、宿迁经济开发区、新沂经济开发区等园区。举例来说，某连锁超市在全国各地都有门店，由各门店自行采购，税负率高。如果在"税收洼地"成立贸易公司，由贸易公司统一采购供给各门店，就可以达到节税的目的。

知识链接

"税收洼地"如何节税

"税收洼地"的税收优势主要体现在以下两点：一是地方留存奖励、地方留存部分增值税：30%~70%财政奖励；地方留存部分所得税：30%~70%财政奖励。二是核定征收政策。利用核定利润率的方法来计算公司制企业所得税或合伙制、个人独资企业的个人所得税。

企业一般采取独立主体经营、重建商业模式或组织架构的模式利用"税收洼地"优势，具体如下。

（1）职能分离模式，对企业内部组织架构进行改造，如海底捞、移动通信等。

（2）贸易平台模式，企业专门建立贸易公司，适合贸易型企业和生产型企业。

（3）转移定价模式，通过转移定价将利润转移至"税收洼地"，享受低税率或免税政策。

二、"税收洼地"的类型

"税收洼地"主要有三大类型：核定征收、财政奖励、税收减免。

（一）以核定征收为主的"税收洼地"

核定征收主要针对新成立的小规模企业，基于其无法设立账簿，体系不完善等，对初设小企业进行核定征收，减轻其税收负担，促进企业发展壮大。

采用核定征收的地方会出具相关政策文件以及核定征收鉴定表，一年一核定。

核定方法征收个人所得税、企业所得税等，政策并不稳定。比如2018年发生某影视演员逃税案之后，涉及以核定征收为主的"税收洼地"纷纷要求影视艺人补交三年的税金。

（二）财政返还"税收洼地"

财政返还"税收洼地"是基于企业合法纳税的税额高低，以地方留存收入的一定比例或者大部分返还给投资者。

(三) 国家规定的低税率地区

根据法律、行政法规及部门规章规定,税务部门针对特定地域的纳税人或特定的税种实施减征或免征,降低纳税人的应纳税额,从而降低纳税人的实际税负。

低税率地区及税收优惠如图 6-2 所示。

一、增值税

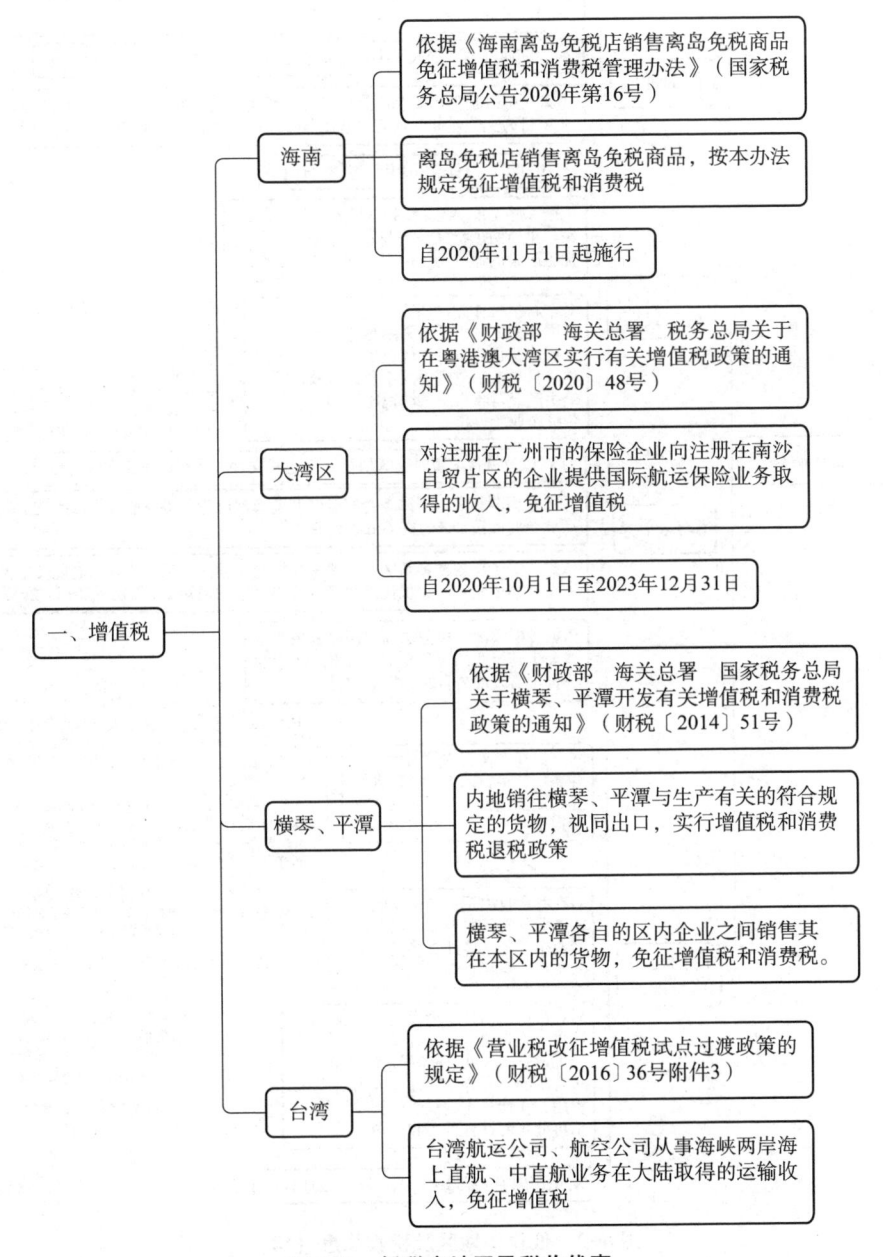

海南：
- 依据《海南离岛免税店销售离岛免税商品免征增值税和消费税管理办法》（国家税务总局公告2020年第16号）
- 离岛免税店销售离岛免税商品,按本办法规定免征增值税和消费税
- 自2020年11月1日起施行

大湾区：
- 依据《财政部 海关总署 税务总局关于在粤港澳大湾区实行有关增值税政策的通知》（财税〔2020〕48号）
- 对注册在广州市的保险企业向注册在南沙自贸片区的企业提供国际航运保险业务取得的收入,免征增值税
- 自2020年10月1日至2023年12月31日

横琴、平潭：
- 依据《财政部 海关总署 国家税务总局关于横琴、平潭开发有关增值税和消费税政策的通知》（财税〔2014〕51号）
- 内地销往横琴、平潭与生产有关的符合规定的货物,视同出口,实行增值税和消费税退税政策
- 横琴、平潭各自的区内企业之间销售其在本区内的货物,免征增值税和消费税

台湾：
- 依据《营业税改征增值税试点过渡政策的规定》（财税〔2016〕36号附件3）
- 台湾航运公司、航空公司从事海峡两岸海上直航、中直航业务在大陆取得的运输收入,免征增值税

图 6-2 低税率地区及税收优惠

二、企业所得税

中国（上海）自由贸易试验区临港新片区

- 依据《财政部 税务总局关于中国（上海）自贸试验区临港新片区重点产业企业所得税政策的通知》（财税〔2020〕38号）
- 自2020年1月1日起，对新片区内从事集成电路、人工智能、生物医药、民用航空等关键领域核心环节相关产品（技术）业务，并开展实质性生产或研发活动的符合条件的法人企业，自设立之日起5年内减按15%的税率征收企业所得税

西部地区

- 依据《财政部 税务总局 国家发展改革委关于延续西部大开发企业所得税政策的公告》（财政部公告2020年第23号）
- 对设在西部地区的鼓励类产业企业减按15%的税率征收企业所得税
- 本条所称鼓励类产业企业是指以《西部地区鼓励类产业目录》中规定的产业项目为主营业务，且其主营业务收入占企业收入总额60%以上的企业
- 自2021年1月1日至2030年12月31日

新疆喀什、霍尔果斯

- 依据《财政部 国家税务总局关于新疆喀什、霍尔果斯两个特殊经济开发区企业所得税优惠政策的通知》（财税〔2011〕112号）
- 对在新疆喀什、霍尔果斯两个特殊经济开发区内新办的，属于《新疆困难地区重点鼓励发展产业企业所得税优惠目录》（以下简称《目录》）范围内的企业，自取得第一笔生产经营收入所属纳税年度起，五年内免征企业所得税
  - 注1：第一笔生产经营收入，是指产业项目已建成并投入运营后所取得的第一笔收入。
  - 注2：属于《目录》范围内的企业，是指以《目录》中规定的产业项目为主营业务，其主营业务收入占企业收入总额70%以上的企业。

横琴、平潭

- 注：该政策目前暂时继续执行，待正式文件公布后以正式文件为准。
- 对设在横琴新区、平潭综合实验区和前海深港现代服务业合作区的鼓励类产业企业减按15%的税率征收企业所得税
- 依据《关于广东横琴新区、福建平潭综合实验区、深圳前海深港现代化服务业合作区企业所得税优惠政策及优惠目录的通知》（财税〔2014〕26号）

海南自由贸易港

- 依据《财政部 税务总局 国家发展改革委关于延续西部大开发企业所得税政策的公告》（财政部公告2020年第23号）
- 对注册在海南自由贸易港并实质性运营的鼓励类产业企业，减按15%的税率征收企业所得税
  - 本条所称鼓励类产业企业，是指以海南自由贸易港鼓励类产业目录中规定的产业项目为主营业务，且其主营业务收入占企业收入总额60%以上的企业。
  - 本条所称实质性企业，是指企业实际管理机构设在海南自由贸易港，并对企业生产经营、人员、账务、财产等实施实质性全面管理和控制。不符合实质性运营的企业，不得享受优惠。
- 对在海南自由贸易港设立的旅游业、现代服务业、高新技术产业企业新增境外直接投资取得的所得，免征企业所得税
  - 注1：从境外新设分支机构取得的营业利润；或从持股比例超过20%（含）的境外子公司分回的，与新增境外直接投资相对应的股息所得。
  - 注2：被投资国（地区）的企业所得税法定税率不低于5%。
- 对在海南自由贸易港设立的企业，新购置（含自建、自行开发）固定资产或无形资产，单位价值不超过500万元（含）的，允许一次性计入当期成本费用，在计算应纳税所得额时扣除，不再分年度计算折旧和摊销
  - 注1：新购置（含自建、自行开发）固定资产或无形资产单位价值超过500万元的，可以缩短折旧、摊销年限或采取加速折旧、摊销的方法。
  - 注2：本条所称固定资产，是指除房屋、建筑物以外的固定资产。
- 自2020年1月1日起执行至2024年12月31日

图6-2 低税率地区及税收优惠（续）

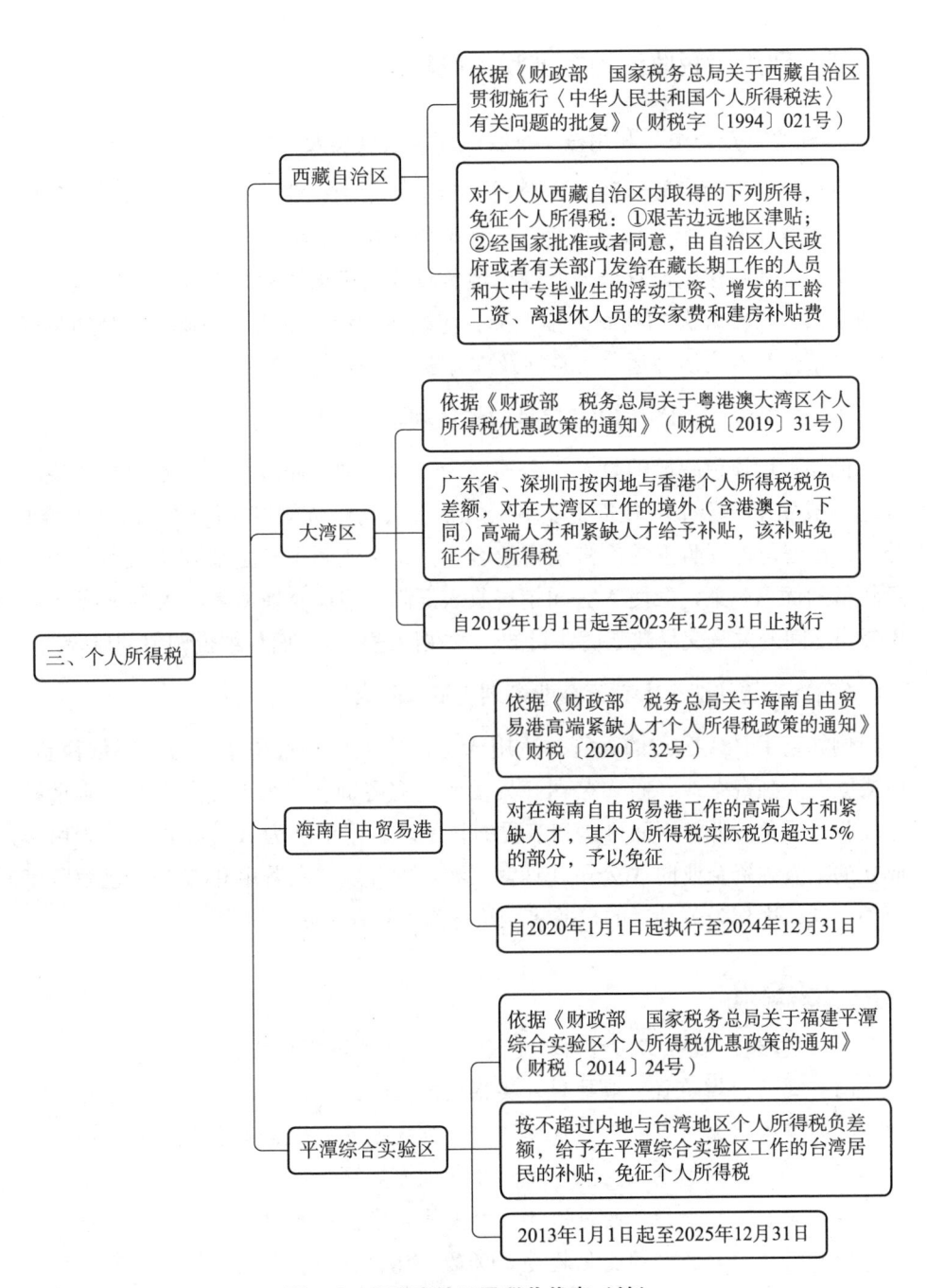

第六章 法律视角下的企业财税合规应用 | 289

```
三、个人所得税
├── 西藏自治区
│   ├── 依据《财政部 国家税务总局关于西藏自治区贯彻施行〈中华人民共和国个人所得税法〉有关问题的批复》（财税字〔1994〕021号）
│   └── 对个人从西藏自治区内取得的下列所得，免征个人所得税：①艰苦边远地区津贴；②经国家批准或者同意，由自治区人民政府或者有关部门发给在藏长期工作的人员和大中专毕业生的浮动工资、增发的工龄工资、离退休人员的安家费和建房补贴费
├── 大湾区
│   ├── 依据《财政部 税务总局关于粤港澳大湾区个人所得税优惠政策的通知》（财税〔2019〕31号）
│   ├── 广东省、深圳市按内地与香港个人所得税税负差额，对在大湾区工作的境外（含港澳台，下同）高端人才和紧缺人才给予补贴，该补贴免征个人所得税
│   └── 自2019年1月1日起至2023年12月31日止执行
├── 海南自由贸易港
│   ├── 依据《财政部 税务总局关于海南自由贸易港高端紧缺人才个人所得税政策的通知》（财税〔2020〕32号）
│   ├── 对在海南自由贸易港工作的高端人才和紧缺人才，其个人所得税实际税负超过15%的部分，予以免征
│   └── 自2020年1月1日起执行至2024年12月31日
└── 平潭综合实验区
    ├── 依据《财政部 国家税务总局关于福建平潭综合实验区个人所得税优惠政策的通知》（财税〔2014〕24号）
    ├── 按不超过内地与台湾地区个人所得税税负差额，给予在平潭综合实验区工作的台湾居民的补贴，免征个人所得税
    └── 2013年1月1日起至2025年12月31日
```

图6-2 低税率地区及税收优惠（续）

三、利用"税收洼地"节税的风险

(一)"空壳公司"利用核定征收虚开发票风险大

例如,增值税一般纳税人 A 公司,为了少缴纳企业所得税,专门在"税收洼地"成立了一家个人独资企业 B,为 A 公司开具费用发票。

B 企业利用核定征收个人所得税税负较低的优惠政策,为 A 公司开具大量费用发票,致使 A 公司利润大幅下降,应缴企业所得税大幅下降。B 公司享受优惠政策但没有实质性运营,且涉及虚开发票,风险非常大。

(二)"空壳公司"利用核定征收转让利润风险大

例如,增值税一般纳税人 A 公司,为了少缴纳企业所得税,专门在"税收洼地"成立了一家个人独资企业 B 公司。A 公司将货物以较低的价格销售给 B 公司,B 公司再按照正常价格销售给客户。B 企业利用核定征收个人所得税税负较低的优惠政策,致使 A 公司销售收入下降,应缴企业所得税大幅下降。A、B 公司之间的关联交易缺乏商业目的,意在偷逃税款,面临纳税调整的风险。

(三)高管注册个人独资企业筹划工资风险大

例如,甲是 A 公司的高管,适用 45% 的个人所得税税率。为了降低税负,甲成立个人独资企业,向 A 公司开具发票收取咨询费。个人独资企业可申请核定征收,税负较低,因而可达到节税的目的。若甲依然为 A 公司员工,则由甲成立的个人独资企业向 A 公司开具发票涉嫌虚开发票;若甲和 A 公司已解除了劳动合同,甲作为劳动者的权益将无法保障,存在一定的风险。

> **知识链接**
>
> "税收洼地"税务部门针对核定征收类别通常会检查以下内容:
> (1) 是否对增值税一般纳税人实行核定征收;
> (2) 是否对金融企业、经济鉴证中介机构等特殊行业进行了核定征收;
> (3) 是否对汇总纳税企业设立的分支机构实行核定征收;
> (4) 检查应税所得率的适用性,检查是否存在超额率;
> (5) 对年收入、利润变化超过 20% 的企业,税务机关是否履行调整应税所得率的职责;
> (6) 收入与财务报告数据不一致的企业的更正;
> (7) 经批准的收款企业的发票控制和注销管理;
> (8) 利用"税收洼地""阴阳合同"和关联交易等逃避税行为;

（9）其他需要注意的事项。

四、税务机关后续监督

对于"税收洼地"税务部门来说，其后续监督任务具体如下：

（1）严格落实对特定行业和一定规模以上的纳税人不得核定征收的要求；

（2）对现存核定征收企业，积极引导其建账立制，尽快转为查账征收企业；

（3）对于年收入和利润额变化超过20%以上的企业，要切实调整应税所得率；

（4）对于税务总局和省局直接修改征管鉴定的企业，应采取相应措施加大核查和日常评估力度；

（5）关注核定征收企业的发票管控和注销管理情况，履行相应的征管职责。

五、"税收洼地"的税收优惠政策

（一）财政奖励政策

1. 一般纳税人财政奖励政策

财政奖励政策是针对增值税与企业所得税税负较重的企业，通过在"税收洼地"注册成立一般纳税人企业、分支机构，或者以迁移的方式，将注册地址改到"税收洼地"，从而能够享受在地方留存基础上对企业缴纳增值税、企业所得税的财政奖励，一般为70%~85%，具体如下。

（1）企业缴纳增值税奖励地方财政留存部分的70%~85%。

（2）企业缴纳企业所得税奖励地方财政留存部分的70%~85%。

（3）企业当月纳税，财政奖励次月扶持到账，对以总部经济招商模式引入的企业来说，不改变其现有的经营模式和经营地址，外省市、外区域的企业都可以申请。

2. 小规模企业的核定征收政策

小规模企业的核定征收政策是对小规模企业生产经营所得税进行核定征收。税务部门给企业出具核定征收表，一般需企业在"税收洼地"新成立一家个人独资企业，申请核定征收，可享受1%增值税率、综合税率0.5%~3.16%。相比25%的企业所得税税率，很好地解决了企业所得税的税负问题，降低了企业的综合税负。

（二）有关增值税的补贴政策

一些园区对注册企业缴纳增值税以地方留存的30%~80%给予扶持奖励，

以减轻企业税负。

(三) 有关企业所得税补贴政策

对企业缴纳企业所得税以地方留存的 40%~80% 给予扶持奖励,以减轻企业税负。

(四) 个人独资企业/个体工商户核定征收优惠补贴政策

企业在"税收洼地"新成立个人独资企业,开展正当经济业务,经营一段时间后便可以享受按照行业利率的 10% 进行核定征收,且个人所得税税率固定在 0.5%~2.1%,增值税按 1% 进行征收,总税负仅 3.16%。

值得注意的是,各地区出台的财政优惠政策不一样,税率也会有所不同,具体如下。

重庆市税收优惠园区:实施核定征收政策,适用于企业无票支出较多、企业所得税压力大、个税高的情况;可将主体企业的一些职能部门或者结算中心布局在园区(如销售、服务、设计、物流等),设立小规模纳税人、个人独资企业或者个体工商户;合理承包主体企业的部分业务。可以享受园区的个税核定征收政策,定期定额核定、定率核定,税率为 0.6%~0.9%,目前小规模增值税纳税人减按 1% 征收、附加税 0.06%,综合税率不到 2%(无须实地办公,园区提供注册地址,并附核定表)。

江苏省税收优惠园区:实施纳税奖励政策,适用于企业缺少进项、成本票据等,导致增值税、企业所得税压力大的情况;在不改变原有主体企业经营模式和经营地址的情况下,在园区内成立的一般纳税人有限公司、分公司,享受地方留存部分的增值税和企业所得税 40%~80% 的双重奖励返还政策。

山东省、湖南省税收优惠园区:实施自然人代开政策,适用于需要临时解决大额的开票问题及个税高的情况;无须成立公司,只需要提供相应资料,在税务部门做临时税务登记,可享受个人所得税率 0.5% 的核定征收政策,综合税率仅 1.65% 左右;资金不经过第三方,直接由税务部门出票并附完税凭证。

江西省税收优惠园区:在当地注册服务类型的企业可享受所得税核定征收税率 2.5%;在当地成立贸易类型的企业能够享受所得税核定征收税率 1%。建筑工程类型企业成立分公司可沿用总公司资质。增值税可享受地方留存部分的 30%~80% 返还。

(五) 2022 年我国现有的园区"税收洼地"及其税收优惠政策

1. 重庆正阳工业园

有限公司奖补政策,最高奖补地方留存的 45%,按月兑现奖补,全面取消个人独资企业和个体户的核定征收政策。

2. 重庆白沙工业园

小规模有限公司可以核定征收（500万元以内），企业所得税按应税率10%核定，综合税率1.3%，注册使用周期建议1年左右。限制行业有金融、影视、医药、再生资源、体现政府职能行业。

3. 成都青白江

个人独资企业可以核定征收，一般按0.6%核定征收个人所得税，综合税率1.64%，注册使用周期建议1年左右。限制医药、影视、金融、再生资源行业。

4. 重庆浦里工业新区

有限公司奖补政策，最高奖补地方留存的60%，按季兑现奖补。

5. 贵州坪上工业园

小规模有限公司可以核定征收（500万元以内），企业所得税按应税所得率10%核定征收，综合税率1.3%，鼓励医药、交通运输业入驻，建议使用周期1年左右。

6. 重庆涪陵园区

个人独资企业可以核定征收，一般个人所得税按1.5%核定征收，综合税率2.56%，限制医药、金融、影视、再生资源行业。

六、如何选择"税收洼地"

企业在选择适合的"税收洼地"时，应提前做好税务筹划，合理、合规减税降费，将自身风险降到最低，为此需要注意以下方面。

（1）核定政策不要盲目追求税率低，要看是定额核定还是定率核定。

（2）纳税奖励政策的地方留存比例与返还周期。

（3）入驻园区是否有行业限制，一些特殊行业（医药、化工、影视等）会受限。

（4）申请入驻、维护、注销等流程是否复杂。

（5）企业要保证业务真实，保存好业务场景照片、合同、资金流、财务凭证等资料，将风险降到最低。

七、"税收洼地"的选择风险

（一）合法性风险

税收的开征、停征、减税、免税、退税、补税要依照法律规定执行，任何机关单位不得违反法律法规的规定，擅自作出与法律法规相抵触的决定。

税收优惠政策是法定的，企业不可钻税务漏洞，不要曲解与滥用，可按照法定程序去申请。

（二）政策稳定性

"税收洼地"是中央和地方各种政策叠加的一个结果。中央层面鼓励各地方积极作为，激发自主性发展。地方层面则利用税收优惠政策与财政奖励手段，增加招商引资的吸引力。企业要依据自身情况、慎重选择"税收洼地"。

（三）招商引资的要求

企业要认真审核相关合同约束条款、税收贡献要求、其他招商要求。

（四）地方政府信用

个别地方缺乏契约精神，不按合同办事；存在执法不当、滥用规则、收取保护费等问题，企业要注意防范。

（五）核定征收的风险

对于采用核定征收的，企业应留意是否符合国家税收政策导向，税务机关的核定行为有无被复议机关或人民法院否定，有无核定通知书，不同的核定征收政策影响（定期定额、核定征收率、核定应纳税额所得率）。

（六）本体企业自身情况

企业必须基于业务的真实性、商业合理性及合理的利润率，严格审查本体企业的税务是否合规，纳税有没有问题，有没有股权不清晰的情况。

（七）其他

企业还需关注税收返还周期长、地方政府诚信度不高、地方竞争及保护、无限连带责任、代理机构乱象等问题。

【示例1】新疆霍尔果斯

新疆霍尔果斯曾被认为是影视行业的"避税天堂"。据不完全统计，从2011年到2018年，在这座小城注册的内地影视文化公司有1600多家。在霍尔果斯注册公司，享受的政策是"五免五减半"，五年内免征企业所得税，第二个五年企业所得税减半征收，增值税奖励地方留存的50%。但是因为政策限制，2018年6月，霍尔果斯全面停止招商，开始整顿。

【示例2】上海崇明园区

上海崇明园区从2003年开始招商，政策相对稳定，上海崇明最先按总部经济方式招商，园区会结合实际情况，达到预期目标就会停止对外招商，待第二年有空出名额，再对外招商。上海崇明园区个人独资企业数量控制得很好，受外界影响不大。个人独资企业的核定征收根据开票额的10%作为企业利润，再按五级累进制5%~35%进行核算，综合税率为4.07%~5.28%。受大环境的影响，上海崇明园区于2021年停止招商。

八、如何安全有效地利用"税收洼地"

合法性原则：符合国家或地方政府颁布的现有政策法规。

事前规划原则：筹划在前，监督在中，实施在后。

成本效益原则：利用"税收洼地"不仅要考虑显性成本，还要考虑隐性成本和风险。

健全合理的商业模式：要确保业务的合理性、真实性。

用好税务服务机构：企业要学会甄别，不能单看价格，还要考虑其专业性及资源。

知识链接

"税收洼地"节税方法

1. 返税

企业经营过程中需要缴纳3种税，一是增值税；二是企业所得税；三是包含消费税、印花税、城市维护建设税等在内的其他税负。

企业增值税税率为3%~13%，其中小规模纳税人的增值税税率为3%（目前税收优惠为1%），一般纳税人的增值税税率根据服务类型不同分为6%、9%和13%三个挡位。

除小微企业外，企业所得税税率为15%~25%，大多数企业适用25%的税率。

如果企业在"税收洼地"地区注册，虽然同样需要缴纳法律规定的增值税和企业所得税以及其他税负，但却可以享受地方财政对其缴纳增值税与企业所得税的奖励，也就是通常所说的返税。

全国各地"税收洼地"的返税比例并不相同，据网络数据，有的地方增值税返税比例为30%~42.5%，企业所得税返税比例为24%~34%。

假设企业在2022年取得了1000万元的利润，则需要缴纳1000×25%=250（万元）的企业所得税，而当地园区（"税收洼地"）给予的优惠是返税比例24%，即返税60万元。

税收园区为了鼓励企业取得更多的利润，企业纳税越多，返税比例越高。

2. 个人独资企业

成立个人独资企业是利用"税收洼地"节税的一种重要手段。

个人独资企业并非按"25%的企业所得税+20%分红税"模式纳税，而是以5%~35%的超额累进税率计算缴纳个人所得税。

同时个人独资企业可以享受核定征税优惠，享受同个体工商户一样的核定征税税率0.6%优惠（最低）。

假设某公司盈利100万元，在不考虑小微企业等特定条件，该公司需要缴纳100×25%=25（万元）的企业所得税，如果企业主已实现企业利润私有化（占股100%），还需要缴纳（100-25）×20%=15（万元）的分红所得税，一共纳税40万元，该公司最终税后利润为60万元。

如果采用核定征税，该公司只需要缴纳100×0.6%=0.6（万元），即使当地核定税率达到2.5%，该公司也只需要纳税2.5万元。

3. 返税与核定征收

"税收洼地"可以节税，个人独资企业核定征收也可以节税，自然可以将二者结合以进一步节税。

"税收洼地"节税方法：简单地说就是A公司负责人在"税收洼地"另外成立B公司（个人独资企业），原本由C公司直接交给A公司的项目或工程，由A公司交由"税收洼地"B公司完成。"税收洼地"节税方法如图6-3所示。

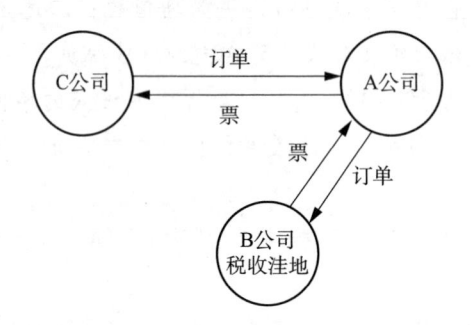

图6-3　"税收洼地"节税方法

我们发现C公司需获得购买服务（或货）对应的增值税专票，最终由A公司流转向B公司，也就是说发票最终由B公司开具。B公司在"税收洼地"享受返税的优惠政策，假设B公司需缴纳100万元的增值税，返税30万元后，实际上只缴纳了70万元增值税。

如果C公司的订单直接由A完成，而A公司不外包给"税收洼地"的B公司，那么A公司需要全额缴纳100万元的增值税。

再说企业所得税，在"税收洼地"的 B 公司是个人独资企业，享受核定征税优惠，按 100 万元利润计算，最终只需要交 2.5 万元左右企业所得税。

如果该企业不是个人独资企业而是有限责任公司，该公司虽然不享受税率优惠，但可享受返税政策。假设该公司需缴纳 100 万元的增值税，返税 30 万元，缴纳 100 万元的企业所得税，返税 30 万元，则原本 200 万元的税负实际只需缴纳 140 万元。

但从 2022 年起，个人独资公司以及合伙企业的核定征税优惠已被取消。

4. 合理合规利用"税收洼地"

"税收洼地"是阶段性政策，这样的税收优惠政策会随着时间的推移而改变。在享受"税收洼地"政策的时候，企业一定要合法合规地享受优惠，要有合理且完整的商业逻辑。

同时，金税四期已上线，税务部门与银行以及工信部、市场监管总局可以信息共享。金税四期还为智慧监管、智能办税提供了条件和基础，国家对资金的监管将更加严格，资金的任何异常都会引发连锁反应。金税四期的全网监管如图 6-4 所示。

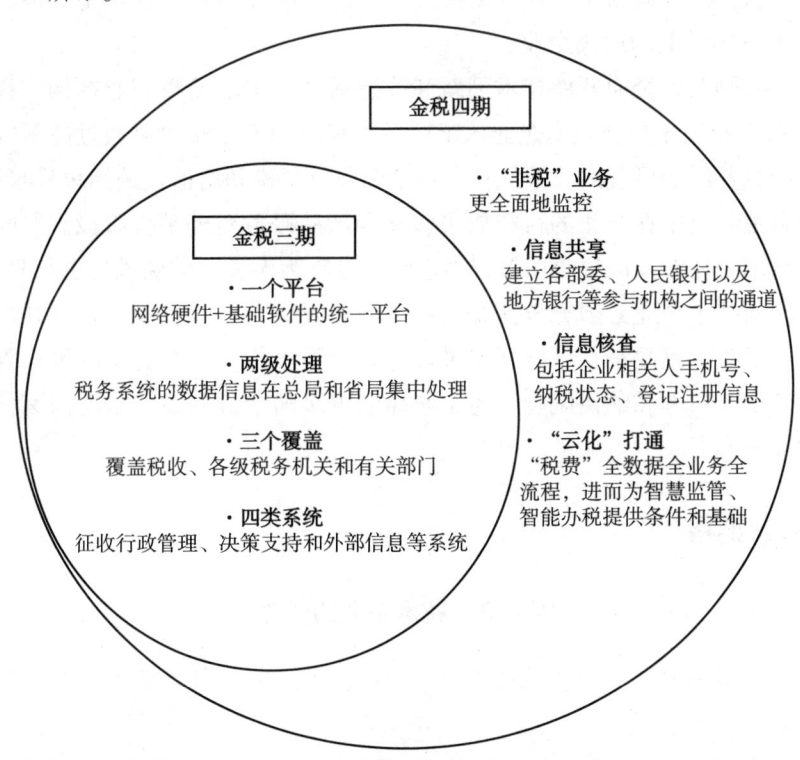

金税四期

- "非税"业务
  更全面地监控
- 信息共享
  建立各部委、人民银行以及地方银行等参与机构之间的通道
- 信息核查
  包括企业相关人手机号、纳税状态、登记注册信息
- "云化"打通
  "税费"全数据全业务全流程，进而为智慧监管、智能办税提供条件和基础

金税三期

- 一个平台
  网络硬件+基础软件的统一平台
- 两级处理
  税务系统的数据信息在总局和省局集中处理
- 三个覆盖
  覆盖税收、各级税务机关和有关部门
- 四类系统
  征收行政管理、决策支持和外部信息等系统

图 6-4　金税四期的全网监管

企业在享受"税收洼地"优惠政策时，一定要想清楚，业务是否适合在"税收洼地"开展，因为企业、企业关联人员的资金流都将清晰地呈现，任何一个环节有异常，都会引起预警。

在金税四期的严格监管下，利用"税收洼地"偷逃税，企图滥用"税收洼地"政策开票、节税，风险会逐年增高，企业务必合法经营、合规节税。

依法纳税是每个公民应尽的义务，企业在经营过程中，一定要谨慎处理好各类税务问题，做正确的税收筹划。

第三节　高新技术企业财税合规要求

一、高新技术企业及其优势

依据《高新技术企业认定管理办法》，高新技术企业是指在《国家重点支持的高新技术领域》内，持续进行研究开发与技术成果转化，形成企业核心自主知识产权，并以此为基础开展经营活动，在中国境内（不包括港、澳、台地区）注册一年以上的居民企业。

为了鼓励广大企业开展技术创新和改造活动，主动调整产业结构，我国自2008年起发布国家高新技术企业认定项目，有效期为三年，对通过高新技术企业认定的企业给予可观的政策红利，包括企业所得税和增值税的纳税优惠政策，这些政策主要集中在企业的科技成果转化和产品服务对外销售阶段。同时，由于高新技术企业涉及的税收项目较多、资金量较为庞大，纳税风险也与日俱增。因此，高新技术企业必须充分认知自身实际情况，合法、合规、合理利用高新技术企业税收优惠政策，科学开展税收筹划建设工作，提升自身的风险管控水平，降低纳税成本和纳税风险，为企业赢取更多的纳税利益，驱动国家科技和经济的高速发展。

知识链接

国家高新技术企业的优势

（1）财政补贴：按申报地区不同，高新技术企业一般可获得5万~50万元财政补贴。

（2）税收减免：高新企业所得税可减免40%，税负从原先的25%降到15%；同时可享受研发费用加计扣除，符合加计扣除的研发费用，允许加计扣除的最高比例为100%。

（3）科技贷款：根据各地区以及各企业的实际情况，高新技术企业可享受最高2000万元低息科技信用贷款。

（4）政策倾斜：高新技术企业资质后续可申报更多的政府扶持政策、专项资金项目。

（5）优先上市：优先批准符合条件的高新技术企业股票上市。

（6）投标加分：入围政府采购名单，优先考虑高新技术企业。

（7）人才积分：在高新技术企业工作的技术人员，在企业所在地申请积分入户、入学、入住公租房时将享受加分政策。

（8）企业荣誉：获得高新技术企业能提升企业竞争力、企业品牌知名度。

二、高新技术企业认定

高新技术企业认定标准：

（1）在中国境内（不含港、澳、台地区）注册的企业，近三年内通过自主研发、受让、受赠、并购等方式，或通过5年以上的独占许可方式，对其主要产品（服务）的核心技术拥有自主知识产权。

（2）产品（服务）属于《国家重点支持的高新技术领域》规定的范围。

（3）具有大学专科以上学历的科技人员占企业当年职工总数的30%以上，其中研发人员占企业当年职工总数的20%以上。

（4）高新技术产品（服务）收入占企业总收入的比例不低于规定比例（60%）。

（5）企业为获得科学技术新知识，创造性地运用科学技术新知识，或实质性改进技术、产品（服务）而持续进行了研究开发活动，且近三个会计年度的研究开发费用总额占销售收入总额的比例符合如下要求：①最近一年销售收入小于5000万元的企业，比例不低于6%；②最近一年销售收入在5000万元至20000万元的企业，比例不低于4%；③最近一年销售收入在20000万元以上的企业，比例不低于3%。

（6）其中，企业在中国境内发生的研究开发费用总额占全部研究开发费用总额的比例不低于60%。企业注册成立时间不足三年的，按实际经营年限计算。

（7）只认定企业委外研发费用的80%。此项目成果必须为企业所拥有，且与企业的主要经营业务紧密相关。

（8）企业在研发活动中发生的其他费用，如办公费、差旅费、通信费、专利申请维护费、高新科技研发保险费等，一般不得超过研究开发总费用的10%。

三、高新技术企业享受的税收优惠政策

《国家税务总局关于实施高新技术企业所得税优惠政策有关问题的公告》（国家税务总局公告2017年第24号）规定：企业获得高新技术企业资格后，自高新技术企业证书注明的发证时间所在年度起申报享受税收优惠，并按规定向主管税务机关办理备案手续。

企业的高新技术企业资格期满当年，在通过重新认定前，其企业所得税暂按15%的税率预缴，在年底前仍未取得高新技术企业资格的，应按规定补缴相应期间的税款。

《国家税务总局关于实施高新技术企业所得税优惠政策有关问题的公告》规定：享受税收优惠的高新技术企业，每年汇算清缴时应按照《国家税务总局关于发布〈企业所得税优惠政策事项办理办法〉的公告》（国家税务总局公告2015年第76号）规定向税务机关提交企业所得税优惠事项备案表、高新技术企业资格证书履行备案手续，同时妥善保管资料留存备查。

（一）企业所得税

针对企业所得税，高新技术企业可享受减按15%的税率征收。

（二）技术转让所得

符合相关规定的居民技术企业的技术转让所得，在一个纳税年度内对其高于500万元的部分，享受企业所得税减半征收；而低于500万元的部分，则免征企业所得税。

（三）研发费用扣除

1. 除制造业外的企业研发费用按75%加计扣除

适用主体：除制造业以外的企业，且不属于烟草制造业、住宿和餐饮业、批发和零售业、房地产业、租赁和商务服务业、娱乐业。

优惠政策：企业开展研发活动中实际发生的研发费用，未形成无形资产计入当期损益的，在2023年12月31日前，在按规定据实扣除的基础上，再按照实际发生额的75%在税前加计扣除；形成无形资产的，在上述期间按照无形资产成本的175%在税前摊销。

2. 制造业企业研发费用加计扣除比例提高到100%

适用主体：制造业企业

优惠内容：制造业企业开展研发活动中实际发生的研发费用，未形成无形资产计入当期损益的，在按规定据实扣除的基础上，自2021年1月1日起，再

按照实际发生额的 100% 在税前加计扣除；形成无形资产的，自 2021 年 1 月 1 日起，按照无形资产成本的 200% 在税前摊销。

3. 科技型中小企业研发费用税前加计扣除比例提高到 100%

如果高新技术企业又评定了科技型中小企业，其研发费用税前加计扣除比例提高到 100%。

科技型中小企业开展研发活动中实际发生的研发费用，未形成无形资产计入当期损益的，在按规定据实扣除的基础上，自 2022 年 1 月 1 日起，再按照实际发生额的 100% 在税前加计扣除；形成无形资产的，自 2022 年 1 月 1 日起，按照无形资产成本的 200% 在税前摊销。

（四）结转年限

对于科技型中小企业以及高新技术企业，其具备的资格年度之前 5 个年度内发生的尚未弥补完的亏损，可以结转到后面年度进行弥补，且最长结转年限提高至 10 年（之前 5 年）。

四、申请国家高新技术企业认定后享受的税收优惠政策

（1）所得税率优惠。高新技术企业享受 15% 的优惠所得税率。

（2）"两免三减半"。原深圳特区以内，2008 年 1 月 1 日以后成立的企业自取得第一笔生产经营收入所属纳税年度起，第一年至第二年免征企业所得税，第三年至第五年按照 25% 的法定税率减半征收企业所得税。

（3）人才安居。高新技术企业可以每两年推荐一位本企业的深圳高层次人才申请购房补贴，补贴标准为：按上年度深圳商品房均价补助 32 平方米，同时各区政府配套补贴总额的 10%（合计 70 万元左右）。

（4）高新技术企业符合条件的技术转让所得免征、减征企业所得税。一个纳税年度内，居民企业技术转让所得不超过 500 万元的部分，免征企业所得税；超过 500 万元的部分，减半征收企业所得税。

（5）高新技术企业固定资产加速折旧。允许加速折旧的固定资产包括：①由于技术进步，产品更新换代较快的固定资产；②常年处于强震动、高腐蚀状态的固定资产。采取缩短折旧年限方法的，最低折旧年限不得低于《国家税务总局关于实施高新技术企业所得税优惠政策有关问题的公告》规定折旧年限的 60%；采取加速折旧方法的，可以采取双倍余额递减法或者年数总和法。

（6）研发费用加计扣除。企业为开发新技术、新产品、新工艺发生的研究开发费用，未形成无形资产计入当期损益的，在按照规定据实扣除的基础上，按照研究开发费用的 50% 加计扣除；形成无形资产的，按照无形资产成本的

150%摊销。

（7）取得国家高新技术企业证书后可享受各区相应认定补贴，如：深圳龙华新区 20 万元，深圳宝安、罗湖区各 10 万元。

（8）进入高新区股份代办系统进行股份报价转让的高新技术企业，予以最高 180 万元资助。

（9）高新技术企业认定是新三板上市的必备条件，优先批准符合上市条件的股份制高新技术企业股票上市。

（10）高新技术企业认定是申请各级相关政府资金的必备条件之一。

（11）高新技术企业可优先获批办公及工业用地。

五、"高企"认定程序

（1）企业自我评价、注册登记。企业对照认定条件进行自我评价，认为符合条件的在"高新技术企业认定管理工作网"进行注册登记，按要求填写《企业注册登记表》。

（2）企业准备并提交材料。企业需将下列材料提交省高新技术企业认定管理工作协调小组办公室：①《高新技术企业认定申请书》；②企业营业执照副本、税务登记证书（复印件）；③符合条件的中介机构鉴证的企业近三个会计年度研发费用（不足 3 年的按实际经营年限）、近一个会计年度高新技术产品（服务）收入专项审计报告；④有资质的中介机构鉴证的企业近三个会计年度的财务报表；⑤技术创新活动证明材料，包括知识产权证书、独占许可协议、生产批文等。

六、软件企业享受的优惠政策

《财政部　国家税务总局关于软件和集成电路产业企业所得税优惠政策有关问题的通知》，明确享受财税〔2012〕27 号文件规定的税收优惠政策的软件、集成电路企业，每年汇算清缴时按规定向税务机关备案，同时提交备案资料即可享受相应的税收优惠。

软件企业是指以软件产品开发销售（营业）为主营业务并同时符合下列条件的企业：

（1）在中国境内（不包括港、澳、台地区）依法注册的居民企业。

（2）汇算清缴年度具有劳动合同关系且具有大学专科以上学历的职工人数占企业月平均职工总人数的比例不低于 40%，其中研究开发人员占企业月平均职工总数的比例不低于 20%。

（3）拥有核心关键技术，并以此为基础开展经营活动，且汇算清缴年度研究开发费用总额占企业销售（营业）收入总额的比例不低于6%；其中，企业在中国境内发生的研究开发费用金额占研究开发费用总额的比例不低于60%。

（4）汇算清缴年度软件产品开发销售（营业）收入占企业收入总额的比例不低于50%（嵌入式软件产品和信息系统集成产品开发销售或营业收入占企业收入总额的比例不低于40%），其中：软件产品自主开发销售或营业收入占企业收入总额的比例不低于40%，嵌入式软件产品和信息系统集成产品开发销售（营业）收入占企业收入总额的比例不低于30%。

（5）主营业务拥有自主知识产权。

（6）具有与软件开发相适应软硬件设施等开发环境（如合法的开发工具等）。

（7）汇算清缴年度未发生重大安全、重大质量事故或严重环境违法行为。

国家规划布局内重点软件企业除符合上述规定，还应至少符合下列条件中的一项：

（1）汇算清缴年度软件产品开发销售（营业）收入不低于2亿元，应纳税所得额不低于1000万元，研究开发人员占企业月平均职工总数的比例不低于25%。

（2）在国家规定的重点软件领域内，汇算清缴年度软件产品开发销售（营业）收入不低于5000万元，应纳税所得额不低于250万元，研究开发人员占企业月平均职工总数的比例不低于25%，企业在中国境内发生的研究开发费用金额占研究开发费用总额的比例不低于70%。

（3）汇算清缴年度软件出口收入总额不低于800万美元，软件出口收入总额占本企业年度收入总额比例不低于50%，研究开发人员占企业月平均职工总数的比例不低于25%。

七、研发费用加计扣除的税务风险防范措施

（一）强化政府在税务风险方面的防范管理

研发费用的核算过程很复杂，所以相关部门要有意识地提高工作人员的素质，使管理效率得到提升。比如，组建高水平的领导队伍，注重增强对风险的规避意识，要不断强化反腐倡廉意识。按照优惠政策的适应性对相关制度进行调整，使优惠政策更便捷地开展，使企业享受加计扣除优惠政策力度最大，这就是政府税务风险防范管理的主要内容。

（二）强化企业对税务风险的防范

1. 增强风险防范意识

高新技术企业在发展过程中，税务风险不可避免，相关企业在进行项目研发时要加强对税务风险的防范，积极提高自身风险防范意识，尤其是管理决策过程中的风险防范，使决策失误造成风险的概率降低，不仅使相关工作人员的税务风险防范积极性得到提高，还可以推动高新技术企业发展。

2. 完善企业的信息系统

高新技术企业要不断完善企业信息系统，按照我国税法要求来完善系统，保证企业与税法的相关规定相统一，使企业内部会计信息与法律规定互相适应，而且有利于高新技术企业结合自身发展状况，全面融入对税务风险的防范中。更加充分地落实风险防范工作。企业有必要对内部各管理制度进行完善与调整，使其适应风险防范制度，不仅可使企业会计信息化程度得到提升，而且可以有效降低税务风险。

3. 健全企业内部体制

高新技术企业在防范税务风险的过程中有必要不断健全企业内部体制。体制如果完备，就可以使高新技术企业对风险有更加积极的防范手段，因此企业有必要重视内部体制的健全，这是风险防范的基础。内部体制对于相关工作人员而言是一种激励与约束，能够促进员工更好地履行职责。高新技术企业在健全内部体制的过程中，可使财务管理水平得到一定程度的提高，使部门之间能够协调工作，配合更加合理，进而可有效降低与弱化企业税务风险。

总之，高新技术企业在项目研发费用加计扣除上可享受一定力度的优惠政策，但也产生了相应的风险，这些风险会干扰政策的实行，所以企业有必要关注对风险的防范，提高自身防范能力。企业只有增强防范意识，并不断完善企业信息系统，健全企业内部体制，才能保证高新技术企业全面地享受加计扣除优惠政策，进而促进高新技术企业可持续发展。

八、高新技术企业风险管控对策建议

（一）保持外部信息采集口径的统一性，充分发挥外部信息优势

当前，国家税务局为减轻企业填报各类报表数据的负担，实行企业所得税优惠事项备案管理办法，因此企业所得税的信息数据主要由纳税人自行填写、申报，后期地方税务系统再比对分析基础信息和财务数据。这种模式虽然简化了企业汇算清缴的程序，但也带来了较大的纳税风险。倘若高新技术企业在统计、科技系统、火炬系统等第三方信息平台填报的数据与在税务系统填报的信

息数据出入大，包括研发费用、营业收入、管理费用、研发人员、研发项目数量、研发时间等信息数据，则容易导致较高的税务风险。同时，税务系统难以对接知识产权局、科技局、火炬系统、统计局、市场监督管理局、社会保障局等系统平台，无法掌握高新技术企业专利授权情况、研发项目情况、行政处罚状况、公司人员情况等，久而久之，税务工作的开展处于相对被动的状态。

为改变这种现状，相关部门应优化高新技术企业涉税信息共享保障制度，优化涉税信息的采集方式，联合对接财政、知识产权、统计、社保、科技、工商等部门的信息，加强各部门之间的协作；统一内部和外部信息数据接口的口径和准则，构建一个综合涉税数据系统，搭建高新技术企业的基本信息库；促进风险指标和模型的建设，有效实现第三方信息平台和税务信息系统的共享、匹配和无缝对接，以便快速掌握高新技术企业的运行状况和各项信息。比如，通过国地税的融合，以及与其他第三方信息平台的信息共享，科学合理配置税收资源，确保政策执行口径保持一致，实现各系统数据的交互和共享，可实时查询核对研发人员的工资、工作时长、五险一金缴纳情况、公司经营状况等信息，鉴定科技人员的相关信息，以强有力的高新技术企业排查方式，助力国地税的日常核算工作，降低纳税风险，避免或减少偷税逃税行为的发生。高新技术企业应该保持外部信息采集口径的统一性，保证各项信息数据的合理性，保持各个平台填报的数据不出现大的出入。

（二）构建符合地方特色的纳税风险识别体系和风险模型

由于我国各区域的经济规模、产业结构、高新技术企业类型、人员学历结构等存在较大的差异，所以高新技术企业风险指标和模型的建设要有针对性和特异性。各区域应该按照实际情况构建符合地方特色的纳税风险识别体系和风险模型，切实推广和应用到当地高新技术企业日常纳税风险管控当中。

纳税风险识别体系的建设要从以下三个方面展开：一是从企业所得税申报的合法合规合理方面着手，监控高新技术企业的企业所得税优惠信息和其他的报表信息是否符合逻辑，初步筛查纳税风险；二是充分掌握高新技术企业的企业所得税优惠政策风险分布的行业特点、公司规模等，对风险指标进行分门别类，提升纳税风险识别的科学有效性；三是从税务的基本信息、财务数据出发，逐渐扩展到第三方平台的信息数据，梳理不同平台的侧重点，逐步细化风险指标体系。风险模型的搭建首先需要找到纳税风险管控的核心应对方向，针对当地重点扶持行业，构建相应的风险评估模型，拟订税收优惠事项风险分布状况、涉税风险排查方向等方面的指引章程，为高新技术企业的风险识别工作提供切实可行的建议。同时，各地政府应加强涉税风险模型的推广应用，按照当地高新技术企业的数量、分布特点、税收优惠享受状况等，构建合乎地方特色的、有较强操作性的应用推广模型。

总之，高新技术企业应在合理合规合法的前提下，充分享受各项纳税优惠政策，同时严格把控涉税风险，保持外部信息采集口径的统一性，充分发挥外部信息优势，构建符合地方特色的纳税风险识别体系和风险模型，强化纳税事务风险信息交流沟通，加强和政府机关的协作互助，进而保证高新技术企业研发和经济活动的持续、高效运转，提升高新技术企业的经济效益和社会效益。

九、高新技术企业构建财税风险控制体系的策略建议

（一）构建覆盖技术研发全过程的税收风险战略管理体系

层次化财税风险控制的上层建筑是集成化的战略管理体系，例如技术研发战略、税负结构管理战略、研发预算编制、税收资金管理战略、财税风险监控战略以及资产负债管理战略，具体如下。

（1）高新技术企业需要根据国家税收优惠政策、地方优惠政策、行业竞争格局等制定符合企业规模化发展的战略集合体，并保障不同战略之间的统一性、互通性以及可行性。

（2）高新技术企业在制定财税风险控制战略体系的过程中需要对技术研发的宏观背景进行综合分析，如国家技术改造政策优惠、地方产业园区规划、地方竞争格局以及市场价格波动等内容。

（3）高新技术企业应该根据国家技术研发的税收优惠政策调整自身的研发费用支出结构以及研发计划，并且将研发费用管理列为税务管理的重点内容。

（4）高新技术企业还需要基于前景分析模型、趋势分析法对研发资金、税负结构、现金流进行合理预测，进而制定不仅能够推进技术研发进程，还能够保障财税控制效益的税收管理策略。

（5）高新技术企业应该基于领导层组成税收风险管理小组，并对税收风险管理战略进行上层宏观设计，对现有的业务结构、生产技术存量、投融资结构、风险管理内容和流程、财务收支管理等内容进行综合评估，从而制定技术改造优化策略、税负控制方案以及现金流管理方案。

（6）高新技术企业应用财税风险监控体系的核心为将战略规划、业务蓝图与资金风险管理、税负风险控制有机结合，并且开展系统性的技术研发战略评估、税务风险管理战略评估等工作。

（二）完善财税风险识别和控制链条

全生命周期的闭环财税风险识别和预警链条是高新技术企业税负风险防控

以及内部控制的核心制度基础，具体要求如下。

（1）高新技术企业应该根据财税控制过程中的成本收支失衡事件、同行业的税收风险暴露事件对现有的税收成本管理的薄弱环节进行重点分析，并加快搭建财税风险识别和预警机制。

（2）高新技术企业在控制技术研发的经营风险以及财务风险的过程中需要建立技术改造预算管理机制，制定科学的预算编制并实现全生命周期的预算执行管理。

（3）高新技术企业在构建战略化、层次化的财税风险控制体系的过程中，亟须制定精细化的技术研发成本控制机制以及技术研发资金流动性管理机制，并对技术研发成本进行全生命周期的预算管理。

（4）高新技术企业应制定统一的税负风险识别标准、纳税风险事件处理规范、税收风险管理流程以及风险管理权责内容，同时应建立全面的财税风险指标库并设置指标的风险阈值以对财税风险进行精确识别，如财务比率有流动比率、速动比率、净资产回报率、成本利润率等；税务比率有增值税负担率、消费税税负率、企业所得税税负率、综合税税负率等。

（5）高新技术企业在财税风险监控过程中应该利用多元化的财务指标风险管理方法，如杜邦分析法、趋势分析法以及比率分析法等，进而构建多元化、复合化的财税指标分析管理机制。

总之，在高新技术行业税负规模较大、税收负担较重的环境下，科学的纳税管理机制以及财税资金管理模式对于提高高新技术企业营运能力以及盈利水平、降低资金流动性风险有着重要意义。

在宏观税收优惠政策下，高新技术企业财税风险管理的核心在于制度建设以及流程的制定，高新技术企业需要基于数字化的信息技术构建标准化的财税管理流程，根据行业竞争环境、高新企业税收优惠政策以及市场价格变动机制构建系统性的财税风险管理制度。高新技术企业在构建层次化财税风险监控体系的过程中需要将研发战略、业务发展战略和税负结构管理战略、资金流动性管理战略、资产负债管理战略以及预算管理战略相结合，进而构建具有统筹意义的税收风险战略管理体系。高新技术企业还应该完善财税风险识别和控制链条，搭建全生命周期的财税风险评估和预警机制，以提高高新技术企业的财税识别和监控能力，缩小高新技术企业财务控制以及税负管理的风险敞口。

知识链接

高新技术企业的财税合规

在金税四期强制规范下，企业财税合规化势在必行，高新技术企业应提前布局、主动合规。

高新技术企业除了如一般企业开展财税合规建设外，更重要的是，需要搭建高新技术企业的研发体系，原因如下。

1. 高新技术企业不搭建研发体系，存在涉税风险

虽然享受研发费用加计扣除优惠的企业越来越多，但按照税务机关的要求进行研发费用分项目归集的企业却少之又少。这意味着，很多企业虽然申请了高新技术企业，也享受了研发费用加计扣除，却经不起税务机关的检查。自从研发费用加计扣除的优惠政策出台后，税务机关对享受研发费用加计扣除的企业，每年的核查覆盖率是20%，高新技术企业不搭建研发体系，存在较高涉税风险。

2. 高新技术企业享受研发费用加计扣除需留存备查资料

一般建议申报高新技术企业的研发项目不少于6个。由于大部分企业没有搭建研发体系，发生的研发费用没有按项目归集，只笼统归集为研发费用，申请时只能让中介机构做一下6个项目的研发台账，作为申报材料。当年度申报研发费用加计扣除时基本以这套研发台账进行申报，也不管是否合理。高新技术企业要求3年复审，若企业并没有搭建研发体系，财务在做汇算清缴时就会很仓促，故高新技术企业很有必要搭建研发体系；准备备查资料，研发费用加计扣除的备查资料清单可参考表6-5。

表6-5 研发费用加计扣除的备查资料清单

序号	资料名称	纳税人留存备查	提交税务机关
1	自主、委托、合作研究开发项目计划书和企业相关部门关于自主、委托、合作研究开发项目立项的决议文件	√	
2	经科技行政主管部门登记的委托、合作研究开发项目的合同	√	
3	自主、委托、合作研究开发专门机构或项目组的编制情况和研发人员名单	√	
4	从事研发活动的人员（包括外聘人员）和用于研发活动的仪器、设备、无形资产的费用分配说明（包括工作使用情况记录及费用分配计算证据材料）	√	
5	集中研发项目研发费决算表、集中研发项目费用分摊明细情况表和实际分享收益比例等资料	√	
6	研发项目辅助明细账和研发项目汇总表	√	
7	企业如果已取得地市级（含）以上科技行政主管部门出具的鉴定意见，应作为资料留存备查	√	
8	省税务机关规定的其他资料	√	

3. 不搭建研发体系，高新技术企业申报研发费用加计扣除较困难且难以合规

高新技术企业申报研发费用加计扣除涉及的资料不仅多而且一时难以取得，即使在汇算清缴时匆忙收集整理，最终可能也是不合规的，经不起核查。高新技术企业若不申报研发费用加计扣除，税务部门及其他部门则会怀疑其真实性。另外，不申报，会影响到政府补贴的申领，如研发资助（申请研发资助的核心条件之一：汇算清缴必须做研发费用加计扣除）。

4. 搭建研发体系是高新技术企业的财税合规的重要环节

研发体系的搭建是高新技术企业财税合规化中的重要环节。搭建研发体系，企业需要打通研发部门和财务部门之间的壁垒，对立项的每一个项目都要进行过程管控、资料留痕。从研发部门负责的立项申请书、项目立项、实施分析、结题报告到财务部负责的研发费用辅助账的建立、研发费用加计扣除申报表的填写，形成闭环管理。一个项目一套备查资料，让企业的研发费用加计扣除有理有据，财税合规化，如此企业方能经得起审查。

高新技术企业如何搭建研发体系

高新技术企业研发费用加计扣除流程如图 6-5 所示。

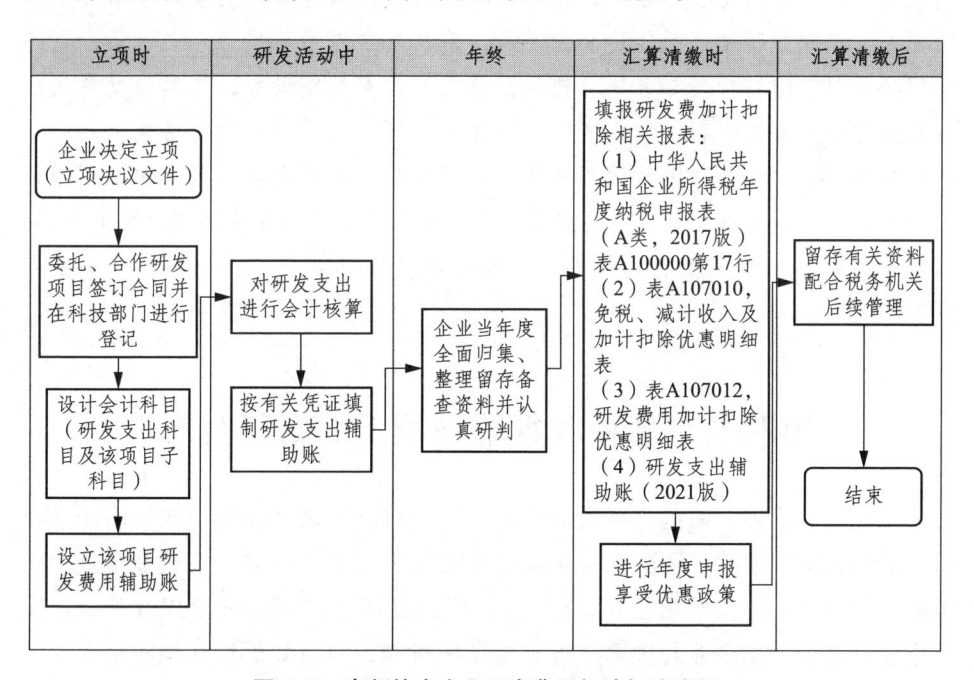

图 6-5 高新技术企业研发费用加计扣除流程

企业只有进行要研发立项分项目核算,才可以享受研发费用加计扣除优惠政策。由此可知,企业要想搭建研发体系,涉及3个重要方面:企业领导、研发部门、财务部门。

1. 企业领导要有意识让高新技术企业搭建研发体系

企业财税合规化建设是一个系统性工程,对于高新技术企业,要建立研发体系,一定要从上而下。企业领导要有意识按照规范的要求来做,督促研发部门按要求做研发立项,积极配合财务部门提交研发费用核算及申报研发费用加计扣除需要的资料。

2. 研发部门必须按要求做研发立项,并积极配合财务部门

要搭建研发体系,研发部门应首当其冲。搭建研发体系,不仅可使企业财税合规、申请高新技术企业和政府补贴、享受研发费用加计扣除税收优惠,还能够为研发部门"纠偏",对企业的研发活动进行项目管理,确保研发项目的进度和质量,减少企业资源浪费。

3. 财务部门要清楚研发费用加计扣除政策及具体要求,并做好研发辅助账

财务部门在研发费用加计扣除的申报,以及在搭建企业整个研发体系中发挥重要作用。首先,财务部门必须清楚研发费用加计扣除政策的内容,认真研判企业的研发费用是否符合加计扣除政策。其次,财务部门必须知道研发立项的要求,准确向研发部门转达相关要求,使其按要求做研发立项。最后,财务部门必须清楚研发费用要分项目核算,要做研发费用辅助账,了解研发费用加计扣除的各项备查资料,如此才能在搭建企业研发体系时规划好备查资料,对企业的每一个立项项目进行过程管控、资料留痕。从研发部门负责的立项申请书、项目立项、实施分析、结题报告到财务部门负责的研发费用辅助账的建立、研发费用加计扣除申报表的填写等,都要形成闭环管理,一个项目一套备查资料。

第四节 新税收征管环境下的财税合规

强化合规管理、防范合规风险已成为企业持续发展的基础。2021年6月3日,最高人民检察院、司法部等9部门共同发布《关于建立涉案企业合规第三方监督评估机制的指导意见(试行)》,指出在依法推进企业合规改革试点工作中建立健全涉案企业合规第三方监督评估机制,对有效惩治和预防企业违法犯罪,服务保障经济社会高质量发展具有重要意义。

企业合规本质上是企业内部治理的要求,是企业按照法律、法规建立内部

运营机制，通过对其高管、员工、第三方合作伙伴的相关行为进行管理、防范和约束，以达到防控企业法律风险及避免企业高管、员工、第三方合作伙伴因违规违法而承担民事、行政和刑事责任。企业财税合规，是指企业的一切经济活动需符合国家法律、法规、方针政策及内部控制制度等要求。

一、现行法律对企业财税合规的基本要求

《中华人民共和国会计法》总则规定：国家实行统一的会计制度；各单位必须依法设置会计账簿，并保证其真实、完整；单位负责人对本单位的会计工作和会计资料的真实性、完整性负责。《中华人民共和国会计法》第二章会计核算第九条规定：各单位必须根据实际发生的经济业务事项进行会计核算，填制会计凭证，登记会计账簿，编制财务会计报告。任何单位不得以虚假的经济业务事项或者资料进行会计核算。

《公司法》专设第八章来规定公司财务、会计的合规事宜，明确公司应当依照法律、行政法规和国务院财政部门的规定建立本公司的财务、会计制度；除法定的会计账簿外，不得另立会计账簿；公司应当在每一个会计年度终了时编制财务会计报告，并依法经会计师事务所审计。进一步规定公司聘用、解聘承办公司审计业务的会计师事务所，应当由股东会、股东大会或者董事会决定，且就解聘会计师事务所进行表决时，应当允许会计师事务所陈述意见。第十章第一百八十四条规定了清算组的七项职权，其中有四项涉及财税事宜（包括清理公司财产，分别编制资产负债表和财产清单；清缴所欠税款以及清算过程中产生的税款；清理债权、债务；处理公司清偿债务后的剩余财产）。

《中华人民共和国税收征收管理法实施细则》第二十二条规定：从事生产、经营的纳税人应当自领取营业执照或者发生纳税义务之日起15日内，按照国家有关规定设置账簿。前款所称账簿，是指总账、明细账、日记账以及其他辅助性账簿。总账、日记账应当采用订本式。

综上，国家实行统一的会计制度是企业财税合规的基础，现行法律要求企业在设立、存续经营、清算注销的各个阶段中都必须做到财税核算的真实、完整，否则将承担相应的民事、行政、刑事法律责任。

二、财税合规是企业合规的起点

（一）企业合规的定位决定财税合规是起点

虽然最高人民检察院出台《关于建立涉案企业合规第三方监督评估机制的指导意见（试行）》是从企业刑事合规角度来规范企业合规，但根据最高人民

检察院 2021 年 6 月 3 日发布的企业合规改革试点典型案例，检察机关通过检察听证、检察意见、检察建议等措施，推动企业合规、行刑衔接、认罪认罚等制度的有效落实，达到让企业"活下来""留得住""经营得好"的司法办案效果。因此，企业合规的定位包括民事合规、行政合规、刑事合规。

从企业合规改革试点典型案例来看，企业合规都是围绕完善企业内部治理规则开展，而企业内部治理规则离不开遵守国家财务和税务的规范。一是企业建立生产经营、财务管理、合规内控的管理体系；二是企业建立合规审计制度，聘请专业人士进行税收筹划；三是企业建立内部反舞弊和防止商业贿赂指引等制度，防范商业贿赂犯罪。财务和税务是衡量企业经营是否获利的载体，因此，企业合规首先要让内部治理规则符合国家财务和税务管理规范，找出相关管理漏洞并健全完善，做到民事不违法进而防范后续出现行政违法、刑事违法。

（二）企业合规的内容确定财税合规是起点

目前，关于企业合规的内容并没有相关法律法规界定，参照国务院国资委制定的《中央企业合规管理指引（试行）》（国资发法规〔2018〕106 号），企业合规是对重点领域、重点环节和重点人员的合规管理。重点领域中明确了财务税务的合规，要求健全完善财务内部控制体系，严格执行财务事项操作和审批流程，严守财经纪律，强化依法纳税意识，严格遵守税收法律政策；重点环节强调了各项制度的建立；重点人员强调了制度的落地。

通过对相关内容的比较，笔者认为其他重点领域合规均突出市场交易经营环境，而财务税务合规不仅是在市场交易经营环境中，更需在市场交易经营的准备阶段。比如，在开展市场交易经营之前，企业要从财务上预算资金的筹集与支付的合理节点，避免交易可能违约；在劳动用工之前，企业要从财务上进行劳动保护的相关支出，避免侵害劳动者的合法权益。可见，企业合规的内容确定财税合规应是起点，企业市场交易经营需要财务税务先行，相关制度的建立和落地更要以财务税务合规为基础。

（三）企业合规的结果要求财税合规为起点

根据 ISO 37301：2021《合规管理体系要求及使用指南》相关内容，企业合规的结果并不是静态的，而是动态的，即计划—执行—检查—改进。企业合规是一个持续的过程，一个阶段的企业合规结果是下一个阶段企业合规的开始。一个阶段的企业合规完成后需要进行分析、评估，而财务税务合规信息是分析、评估的重点。企业以经营获利为目的，离开了财务税务信息的分析、评估，企业合规的分析、评估将是不全面不完整的，也无法对下一个阶段的改进提供良好的基础。此外，在各地建立的企业合规人才库中，注册会计师、税务师人数占据近 2/3，也印证了财务税务信息的分析、评估在企业合规体系建设中的关键地位。

三、企业财税合规的发展

随着"互联网+大数据"的应用与不断发展，国家对企业财税信息的获得变得更容易，而通过对企业和第三方财税信息的关联分析易发现企业违规线索。近年来一些重大财税违规案件的查处，充分揭示了大数据对企业上下游财税数据的分析核对在查处企业违规案件中的作用，这使企业经营者对财税合规的重要性有了新的认识。

从企业经营角度来说，上下游企业的财税信息与本企业的财税信息存在一定的逻辑关系。财税合规是企业合规的起点，企业合规不是一个单独个体企业的合规，而应该是整个经营链条上的相关企业合规问题。因此，未来合规企业在寻求合作企业时必然要求对方也是合规企业。换言之，不合规企业将逐渐没有发展市场。

【示例1】

广东：以数治税——探索智慧税收征管转型新路径

2021年3月，中办、国办印发《关于进一步深化税收征管改革的意见》（以下简称《意见》），税收现代化事业自此开启了新的征程。为此，广州税务围绕落实《意见》，思考谋划了新发展阶段"1+3+12+N"战略体系，务实进取、开拓创新，奋力书写了新时代深化税收征管改革的"广州答卷"。

这一年，广州承接了全省26个试点项目，积极推动发票电子化改革，"金税四期"工程进展顺利，税收征管更加智能；这一年，我们打造"广州税信码""云税厅""联合处置中心"，税收营商环境更加优化；这一年，我们持续服务粤港澳大湾区建设，助力走出去引进来企业安心发展，税收助力区域发展更加有力；这一年，广州市委办、市府办制发全市深化税收征管改革实施方案，税收工作融入地方改革发展大局，共治共享税收治理格局更加完善。

从围绕智慧税收征管转型、一流税收营商环境、税收助力区域发展、共建共享税收治理四个方面，将这张新时代深化税收征管改革的"靓丽答卷"缓缓铺开。

近年来，随着广州经济社会发展和营商环境持续优化，广州的涉税市场主体已突破180万个，自然人纳税人超过1400万人，以数字经济为代表的新经济、新业态、新模式蓬勃发展。广州纳税人缴费人整体数量、组织结构、经营方式日趋复杂，税费管理和服务需求日益增长，税收征管数字化转型升级成为必由之路。

《意见》提出，要不断优化业务流程，合理划分业务边界，科学界定岗位职责，建立健全闭环管理机制。广州税务作为税收征管改革的"探路先锋"，深入贯彻落实《意见》要求，用数据赋能治理，率先推行"团队化管事管户改革"，开启智慧税收征管转型的新征程。

1. 机制创新团队化管事管户护航企业发展

"团队化管事管户"是广州基层税务机关开展税收管理的一种新型工作机制，即以数字化为核心，以智能化为路径，以分级分类管理为基础，实施"团队管户+专人服务""团队管事+专岗应对"模式，力求实现更精准税源管理、更优质纳税服务、更有效风险防控、更高效资源配置。

为充分发挥"团队化管事管户"机制对管理的促进作用，广州探索建立了"智慧大脑+左右互促"的精准高效管理模式：建立了广州大数据风险分析中心，构建数据处理的"大脑中枢"，通过业务集成处理、数据实时分析、风险预警监控，实现业务指挥统一调度、资源优化配置。

首先，"智慧大脑"通过征纳实时互动、规范操作步骤、业务一体串联、智能自动处理等做法，用智能化、自动化释放部分人力资源。"左右互促"则代表着服务和管理的互动互促："管户团队"侧重于服务，是基层税务所的"左手"，按照"抓大控中规范小"的方式，以数据画像为纳税人打上标签，实行差异化服务。"管事团队"侧重于管理，是基层税务所的"右手"，主要承担基础管理与风险应对等职能，实施"团队管事+专岗应对"，对基础事项灵活支持"一人多岗、一岗多人"，对风险事项设置"专岗应对、团队负责"，对复杂专业事项组建跨部门团队应对。专业团队服务更精准，分类分级管理少打扰，纳税人缴费人的获得感、满意度不断提升，成为检验这项改革成果的"试金石"。广州"纳税"指标连续两年被列为全国标杆，"政务服务好差评"综合评分在全市75个部门排名第一，优化税收营商环境经验做法在全国推广。

2. 数据支撑"智慧大脑"实现高效资源配置

团队化管事管户改革，离不开大数据管理的支撑。为此，广州市税务局建设税收大数据可视化应用，实现"市—区—所—岗"四级穿透管理。通过数据精准监控，实时将风险预警信息发送到基层岗位、将风险信息推送给纳税人，变传统的事后税收风险管理为事前事中事后全流程动态风险防控。2021年，广州市税务局共向19.6万户次纳税人推送风险共治信息，占同期全部风险任务的85%，最大限度减少对企业打扰的同时，又最大限度地帮助企业防范各类税收风险。数据的智能化运用也发挥出越来越大的作用。目前，广州已实现税务登记变更、税费种认定、催报等6项业务流程的数据化改造，月均发生业务量超过100万户次，其中八成可以通过全自动处理解决，有效提升基层工作效率。

团队化管事管户模式结合大数据工具，有效解决过去"人盯人、人盯户"模式存在的管不深、管不细、服务不到位的问题，将管理资源和精力向精细服务、风险防控转移，实现了更高效资源配置。据统计，"团队化管事管户"推行后，税务人员个人任务负担差异率降低到10%以内，风险应对人数所需人力减幅达61%，人均处理任务类型减少50%以上。

守正创新税收制度，依托数字化驱动税收征管方式变革，是实现税收治理现代化的必由之路。广州税务部门将始终坚持以服务纳税人缴费人为中心，发挥现代科技和数据赋能的倍增效应，推进税收执法、服务、监管的系统性融通，努力在这场税收征管大变革中走在全国全省前列，为推进广州经济社会高质量发展贡献更大的税务力量。

【示例2】

深耕细作税收征管改革"试验田"

根据国家税务总局统一部署安排，国家税务总局上海市税务局承接了税务总局发票电子化改革（金税四期）、动态"信用+风险"新型监管、精细服务3项改革试点任务。一年来，上海市税务局深入贯彻落实《意见》，奋力推进税收征管改革在上海落地见效，努力当好税收改革创新的"铺路石"和"试验田"。笔者梳理总结上海市税务局实践经验，为推进税收征管改革不断走深走实提供参考。

1. 坚持党的领导，着力推进党建与征管改革深度融合

落实《意见》，必须始终坚持党的领导，持续提升贯彻落实《意见》的领悟力和执行力。

强化理论学习，拧紧思想"总开关"。上海市税务局不断提升政治站位，拧紧思想"总开关"，坚持以习近平新时代中国特色社会主义思想指导税收征管改革的具体实践，坚持把落实税收征管改革作为一项重要的政治任务抓紧扛牢，坚持在推进改革过程中自觉提升政治判断力、政治领悟力、政治执行力，切实加强党对税收征管改革工作的全面领导，促进党建工作与税收征管改革深度融合，推动税收征管改革与上海城市数字化转型紧密结合，为确保税收征管改革各项决策部署落实落地提供了坚强的思想保障。

党建引领，筑牢落实"监督网"。以党建引领推动改革任务落实落细，在税务总局党委正确领导下，2021年上海市税务局党委制发《关于加强党建引领强化纪律作风保障推动〈关于进一步深化税收征管改革的意见〉落地见效的通知》，从3个方面9项内容作部署要求。纪检部门制发监督工作方案，确定4

类任务 3 项措施。制定督导工作专题方案，包含 83 个税务总局督导关注点和 40 项上海特色创新点。制发专项绩效考评办法，对本市税务系统各单位贯彻落实《意见》情况实行专项绩效考评，切实加强全过程督导。初步建立立体化、全方位、常态化的监督网络，有力促进《上海市进一步深化税收征管改革实施方案》6 个方面 28 类重点改革项目落地见效。

2. 坚持守正创新，全力推进税收征管改革走深走实

在推进试点工作中，需要把握不同阶段的工作重点、不同试点的特点难点，聚焦为民便民、系统集成、数据赋能，不断开拓创新、先行先试、重点突破、点面结合、稳扎稳打。在这方面，上海市税务局已初步形成一批可复制、可推广的经验和做法。

做好试点工作需要勇气担当，努力形成一批可复制、可推广成果。一是全力推进发票电子化改革试点工作。全面数字化电子发票（以下简称全电发票）具有领票流程更简化、开票用票更便捷、入账归档一体化等优点，通过全电发票全流程数字化流转，能够进一步推进企业和行政事业单位会计核算、财务管理信息化，降低制度性交易成本。2021 年 12 月 1 日，上海成功开出首批全电发票；首批 182 户试点企业涵盖主要行业；15 家单位被遴选为电子发票归档试点单位，并全部通过试点验收，全电发票试点在上海平稳落地。二是继续深化智慧税务生态体系建设。上海市税务局打造"一个系统、四个平台"，即智能智慧的上海电子税务局和安全稳固的技术支撑平台、综合严密的数据支撑平台、高效智慧的税务人电子工作平台、便捷智能的纳税人办税缴费平台。逐步构建"上海税务云"，打造统一监控运维管理平台。不断丰富应用场景，新版电子税务局支持网页端、客户端、移动端等办税缴费，在实现 137 个高频涉税事项机器自动审核、即时办结的基础上，创新推出 14 个高频业务"套餐办"，推出 7 个"好办"事项和 10 个"快办"事项，大幅提升办税缴费便利度和征管服务精准度。

深化精确执法，从制度机制建设入手，规范配套制度岗责流程。全面梳理执法全过程各环节，规范岗责流程，推动执法方式持续创新。一是不断健全地方税费法规政策。如与财政、房管、规划和自然资源等部门共同确定本市契税、城市维护建设税适用税率标准等相关事项并印发文件。二是定岗明责规范流程。实行知权明责工作机制，梳理职权运行流程 870 余条，明确工作责任 3300 余条，探索打造"权、岗、责、人"一体化法治保障体系。三是涉税执法刚柔相济。构建以税务检查员、税收宣传员和税情调研员"三员合一"为主要特征的稽查新模式，以说理式执法提升企业税法遵从度；深化税警联合办案模式。

创新精细服务，聚焦为民便民，探索建设智慧服务新体系。一是创新精细税费服务体系。重点聚焦"四个转变"：服务对象由单一向多元转变，服务模式由共性向个性化转变，实现途径由传统向数字化转变，服务渠道由独立向共治转变。二是构建新型征纳互动服务模式。在这一方面，上海市税务局探索搭建"集中部署+智能应答+全程互动+问办查评送一体化"的新型征纳互动服务模式，实现从"解答问题"向"解决问题"转变。建立税费优惠政策精准推送机制，实现48批次税费优惠政策精准推送、直达快享。打造线上、网上、掌上"三位一体"智能咨询新模式，智能咨询服务量已占总服务量55%以上。三是集成提供高效便捷税费服务。创新推出"网购式"税收优惠政策体检服务等。

完善精准监管，着力构建立体风险防控体系、信用风险双驱动新格局。一是完善税收风险管理制度。一体化修订纳税评估、风险管理、反避税调查等制度。将风险管理理念贯穿税源管理、申报管理、发票管理、欠税管理等征管各环节，充分发挥风险管理在构建现代税务监管体系建设中的导向作用。二是创新"信用+风险"动态监控。将动态监管嵌入办税缴费全流程。目前，上海市税务局实现138个事项线上线下动态化、差异化、分类分级管理，流程环节由原来平均3.5个减少到1.4个。2021年，对全市高、中信用纳税人精简超过40%的附报资料，累计为纳税人精简资料100多万份，节约填报时间15万小时以上。三是用活数据、用好平台，强化事中事后管理。打造风险全覆盖的立体监控平台，实现风险纳税人快速发现和及时应对。在税务总局"智税·2021"大数据竞赛中，上海市税务局荣获团体赛全国一等奖。

拓展精诚共治，以"谋一域促全局"为目标，推动与社会治理体系多领域融合。一是健全守信激励和失信惩戒制度。二是持续强化部门协作。上海市税务局与发改委、公安、人社、法院等部门精诚协作，协同开展产业园区规划、数字人民币缴纳税费、打击发票违法犯罪等重点工作。三是税收数据资源互联互通。推动部门信息共享，依托政府大数据中心共享交换平台，归集和共享税务数据。上海市税务局数据总量以及数据质量持续名列市级单位前三名，获市政府颁发的2020年度"数据治理贡献奖"。

3. 坚持服务大局，积极发挥税收征管改革保障作用

落实《意见》，必须聚焦党中央、国务院决策部署，主动对接各项国家重大战略，服务区域经济转型升级。

积极服务国家战略，助力区域税收营商环境优化。上海市税务局全力落实税务总局长三角一体化发展税收支持措施，牵头搭建长三角电子税务局，实现长三角五省（市）电子税务局用户互认，通过跨区域共享信用信息、风险信息、税收经济数据和分析成果，构建以"信用+风险"为主线的长三角一体化税费征管联动机制。支持浦东新区高水平改革开放和上海自贸区临港新片区建

设,推进特定区域公司型创投企业所得税试点政策落地,在临港新片区实行"分支机构属地征管"等多项创新举措。

助力城市数字化转型,融入地方治理体系创新。紧扣城市数字化转型重点,深度对接政府"一网通办"等平台,推动数据汇聚联通。上海市税务局从2018年市政府"一网通办"上线以来,已累计办结涉税事项1196万余次,位列全市第三。在市2021年度"一网通办"综合评估中,一网服务、统一入口、多渠道数据同源、电子证照社会化应用、证照数据质量管理等项目获得满分,综合位列全市第二名。税务事项全程网办率98%以上,纳税申报网办率超过99%,超过85%的发票通过免费配送直达企业。

4. 坚持底线思维,扎实筑牢网络安全保障基石

以数治税给信息安全等保障体系建设提出了更新更高要求,必须切实执行税务总局信息化规划管控工作要求,坚决筑牢网络安全屏障。

坚持安全制度、管理体系、评估演练"三统筹"。一是构建安全框架完善管理制度。形成定级系统安全保护环境,建立健全信息安全管理制度和操作规程。二是分类管理多层隔离。对计算环境、区域边界、通信网络体系分区分类管理,防止局部薄弱环节影响整体安全。实施税收数据资源分类分级管理,重点加强敏感数据安全防护。三是定期评估提高安全防护能力。定期开展安全教育培训等,增强人员安全意识;严格防护云上云下、内外网数据传递安全;搭建"上海税务云",支撑保障电子税务局平稳运行。

坚持规划管控、建设应用、网络安全"三同步"。信息化规划管控是贯彻落实《意见》必须下好的"先手棋",直接决定智慧税务的推进进度和建设成效。上海市税务局严格落实税务总局部署安排,始终坚持规划管控、建设应用、网络安全"三同步",全面加强税收信息化整体规划,切实做到"无规划不建设",严格落实信息化项目的"全生命周期"管控要求,更好为智慧税务建设保驾护航。

知识链接

税收征收管理法关于税务检查的规定

(1) 检查纳税人的账簿、记账凭证、报表和有关资料,检查扣缴义务人代扣代缴、代收代缴税款账簿、记账凭证和有关资料。

(2) 到纳税人的生产、经营场所和货物存放地检查纳税人应纳税的商品、货物或者其他财产,检查扣缴义务人与代扣代缴、代收代缴税款有关的经营情况。

(3) 责成纳税人、扣缴义务人提供与纳税或者代扣代缴、代收代缴税款有关的文件、证明材料和有关资料。

(4) 询问纳税人、扣缴义务人与纳税或者代扣代缴、代收代缴税款有关的问题和情况。

(5) 到车站、码头、机场、邮政企业及其分支机构检查纳税人托运、邮寄应纳税商品、货物或者其他财产的有关单据、凭证和有关资料。

(6) 经县以上税务局（分局）局长批准，凭全国统一格式的检查存款账户许可证明，查询从事生产、经营的纳税人、扣缴义务人在银行或者其他金融机构的存款账户。税务机关在调查税收违法案件时，经设区的市、自治州以上税务局（分局）局长批准，可以查询案件涉嫌人员的储蓄存款。税务机关查询所获得的资料，不得用于税收以外的用途。

(7) 税务机关对从事生产、经营的纳税人以前纳税期的纳税情况依法进行税务检查时，发现纳税人有逃避纳税义务行为，并有明显的转移、隐匿其应纳税的商品、货物以及其他财产或者应纳税收入迹象的，可以按照本法规定的批准权限采取税收保全措施或者强制执行措施。

(8) 纳税人、扣缴义务人必须接受税务机关依法进行的税务检查，如实反映情况，提供有关资料，不得拒绝、隐瞒。

(9) 税务机关依法进行税务检查时，有权向有关单位和个人调查纳税人、扣缴义务人和其他当事人与纳税或者代扣代缴、代收代缴税款有关的情况，有关单位和个人有义务向税务机关如实提供有关资料及证明材料。

(10) 税务机关调查税务违法案件时，对与案件有关的情况和资料，可以记录、录音、录像、照相和复制。

(11) 税务机关派出的人员进行税务检查时，应当出示税务检查证和税务检查通知书，并有责任为被检查人保守秘密；未出示税务检查证和税务检查通知书的，被检查人有权拒绝检查。

第五节　法律视角下企业滥用税收优惠政策分析

一、企业滥用税收优惠政策的表现

（一）滥用税收协定的两种方法

经济合作与发展组织（OECD）关于双重征税和中介公司使用的报告，提出税收协定被滥用的两种方法。

1. 设立直接中介公司

B 国与 C 国缔结了双边税收协定，给予 B 国居民包括根据 B 国法律设立的公司来自 C 国的所得以税收优惠。A 国和 C 国之间没有税收协定，或者 A 国与 C 国之间的税收协定给予 A 国居民有限的税收优惠。同时，A 国和 B 国之间有税收协定，给予 A 国居民来自 B 国的所得以税收优惠，或者是 A 国国内法给予这样的税收优惠。在这种情况下，A 国居民通过在 B 国设立一家公司，设在 B 国的这家公司从 C 国的所得就可以享受 B 国与 C 国之间税收协定给予的优惠，B 国公司再把所得汇给 A 国居民，A 国居民同样能够享受 B 国与 C 国的税收协定给予的优惠。A 国居民通过在 B 国设立中介公司可减轻其在 C 国所得税收负担。

2. 设立进阶中介公司

与设立直接中介公司的状况相似，A 国与 C 国没有税收协定或税收协定只给予有限的税收优惠，但 A 国与 D 国缔结有税收协定，给予 A 国居民来自 D 国的所得以税收优惠，或者 A 国国内法给予税收优惠。D 国的税收制度对所有企业或者是某一类型的企业优惠。在 B 国，向外国企业支付的费用可以作为成本扣除，而来自 C 国的所得可以享受 B 国与 C 国缔结的税收协定给予的优惠。在这种情况下，A 国居民可以在 D 国设立一个公司，该公司在 C 国实现的利润可享受 B 国与 C 国之间的税收协定给予的税收优惠。如此，来自 C 国的利润就可以在几乎没有任何成本的情况下转移到 D 国。由于这笔利润在 D 国免税或税负很低，这样来自 C 国的所得最终有机会在没有任何成本的情况下返回 A 国。

（二）不合规冲减利润的方法

高利润纳税人为了冲减企业利润，通过注册多个小微企业，在免税额度内为自身开具各种并未实际发生的咨询类发票，实现利润分解。

例如，某纳税人资产总额和用工人数均符合小型微利企业标准，但年应税所得额为 400 万元，不符合小型微利企业标准，因此所得税税负高。该纳税人为了享受小型微利企业的优惠政策，于是安排相关人员注册多个小规模咨询公司，为其开具 100 余万元的咨询费增值税普通发票，冲减其利润。

一方面，小规模咨询公司开具增值税普通发票，享受小微企业免征增值税的优惠；另一方面，该纳税人将利润分解到多个企业，享受小型微利企业所得税低税率政策，大幅降低了税负。

（三）滥用增值税起征点优惠政策

建筑业纳税人利用"适用增值税差额征税政策的小规模纳税人，以差额后的销售额确定是否可以享受按月不超过 15 万元（按季不超过 45 万元）的免征增值税政策"，对简易计税项目进行虚拟层层分包，规避税收。

例如，某建筑企业为了少缴纳增值税，将季度 180 万元的简易计税项目，通过层层分包，或拆解分包，取得免税的分包发票，实现不缴纳增值税的目的，具体如下。

（1）层层分包：45 万元→90 万元→135 万元→180 万元，每层分包差额不超过 45 万元，均不缴纳增值税；

（2）拆解分包：将 180 万元工程拆分给 4 个小规模纳税人，每个小规模纳税人不超过 45 万元，均不缴纳增值税。

（四）划转企业之间业务避税

小微企业普惠性减税政策对增值税小规模纳税人，各地基本按照 50%的幅度减征房产税、城镇土地使用税。一些不符合税收减免条件的企业，把生产经营业务转到新成立企业，使原企业成为小规模纳税人，达到少缴纳房产税和土地使用税的目的。

（五）变相调整员工人数

例如，某纺织企业有员工 100 人，其中残疾工人 20 人，残疾人安置比例为 20%。企业为享受残疾人就业增值税优惠政策，将企业 20 名正常员工调整为劳务派遣形式。企业向税务机关申报企业在职员工 80 人，其中残疾工人 20 人，残疾人安置比例为 25%，从而享受残疾人就业增值税优惠政策。

（六）利用制度设计不完善滥用优惠政策

例如，某企业生产销售机床适用 13%的增值税税率，2018 年该企业无生产。2018 年至 2019 年 4 月该企业主要收入为出租厂房取得不动产经营租赁收入。2019 年 5 月开始，该企业原出租房屋全部回收用作生产车间，后期业务收入 100%为机床生产销售收入。按照加计抵减政策规定，这家基本没有生产业务的企业却符合加计抵减政策，可享受加计抵减的政策优惠。假设某企业为 2019 年 10 月新办企业，自 2019 年 10 月开始认定为一般纳税人，该企业只需 2019 年第四季度销售比重符合加计抵减条件，即可取得 2020 年全年进项加计抵减资格，即使其 2020 年实际经营业务不符合加计抵减条件，仍可继续享受该项政策。

（七）企业高管身兼数职

企业高管是否具备科研技能以及是否参与了研发活动，税务机关难以判断。企业如将兼职高管的费用归入研发费用，有悖于"与研究相关的直接费用允许加计扣除"的政策规定。

（八）企业外聘人员搞研发

对于企业外聘人员是否符合政策规定的"到岗183天"的时间要求，税务机关难以准确判断。对于既生产也研发的企业，企业研发投入是否符合规定比例，税务机关也很难判断。

（九）企业生产和研发使用同一种价格昂贵的材料

由于税务机关的监管已由事前备案审核改为事后管理服务，税务人员只能被动地就企业的会计核算、相关原始凭证等资料进行复核，无法准确区分哪些材料是用于研发的，哪些是用于生产的。

（十）最高费用和成本

不少企业通过虚列成本和费用支付达到少纳税的目的。

（十一）不合理的关联交易

企业以低于市场价销售给关联企业产品，这是税务部门的稽查重点，一旦被查，很容易被认定为逃税。

（十二）以"阴阳合同"虚假申报

企业签订两份合同，用"阴合同"进行实际交易，用"阳合同"记账、报税，隐匿收入，并进行虚假申报，这是典型的逃税行为。

二、税收优惠政策使用规范相关规定

（一）防止税收协定优惠的不当授予

（1）《防止税收协定优惠的不当授予》（https：//max.book118.com/html/2018/0225/154629383.shtm）。

（2）《实施税收协定相关措施以防止税基侵蚀和利润转移（BEPS）的多边公约》（https：//max.book118.com/html/2018/0603/170495856.shtm）。

（3）关于《国家税务总局关于税收协定中"受益所有人"有关问题的公告》的解读（http：//www.chinatax.gov.cn/chinatax/n810341/n810760/c3278984/content.html）。

（4）《关于税收协定中"受益所有人"有关问题的公告》（http：//www.chinatax.gov.cn/n810341/n810755/c3279059/content.html）。

（二）纳税调整、预约定价等税收政策的适用政策

（1）国家税务总局关于印发《特别纳税调整实施办法（试行）》的通知

（http：//www.chinatax.gov.cn/chinatax/n362/c5164/content.html）。

（2）国家税务总局关于完善预约定价安排管理有关事项的公告（http://www.chinatax.gov.cn/chinatax/n810341/n810825/c101434/c4311550/content.html）。

（3）国家税务总局关于完善关联申报和同期资料管理有关事项的公告（http：//www.chinatax.gov.cn/chinatax/n810341/n810825/c101434/c3496832/content.html）。

第六节　小微企业财税合规要求

一、相关政策

（一）免征增值税政策

2022年4月至2022年底，增值税小规模纳税人适用3%征收率的应税销售收入，免征增值税；适用3%预征率的预缴增值税项目，暂停预缴增值税。

2022年5月至2022年底，对纳税人为居民提供必需生活物资快递收派服务取得的收入，免征增值税。

2022年1月至2022年底，对纳税人提供公共交通运输服务取得的收入，免征增值税。

（二）减征税政策

1. 所得税优惠

2022年1月至2024年底，对小型微利企业年应纳税所得额超过100万元但不超过300万元的部分，减按25%计入应纳税所得额，按20%的税率缴纳企业所得税。

2. 研发费用加计扣除

除烟草制造业、住宿和餐饮业、批发和零售业、房地产业、租赁和商务服务业、娱乐业以外的科技型中小企业，开展研发活动中实际发生的研发费用，未形成无形资产计入当期损益的，在按规定据实扣除的基础上，自2022年起，再按照实际发生额的100%在税前加计扣除；形成无形资产的，自2022年起，按照无形资产成本的200%在税前摊销。

从2022年起，企业在每年10月申报期申报享受前三季度研发费用加计扣除政策优惠。

3. 减免"六税两费"

2022年1月至2024年底，由各省、自治区、直辖市人民政府根据本地区实际情况，以及宏观调控需要确定，对增值税小规模纳税人、小型微利企业和个体工商户可以在50%的税额幅度内减征资源税、城市维护建设税、房产税、城镇土地使用税、印花税（不含证券交易印花税）、耕地占用税和教育费附加、地方教育附加。

4. 阶段性减免房租

被列为疫情中高风险地区所在的县级行政区域内的服务业小微企业和个体工商户承租国有房屋的，2022年减免6个月租金，其他地区减免3个月租金。对出租人减免租金的，税务部门根据地方政府有关规定减免当年房产税、城镇土地使用税；鼓励国有银行对减免租金的出租人视需要给予优惠利率质押贷款等支持。非国有房屋减免租金的，除同等享受上述政策优惠外，鼓励各地给予更大力度的政策优惠。通过转租、分租形式出租房屋的，要确保租金减免优惠政策惠及最终承租人，不得在转租、分租环节哄抬租金。

（三）降低税费政策

1. 延续降低社保费率

延续实施阶段性降低失业保险、工伤保险费率政策1年，执行期限至2023年4月30日。据测算，延续实施这项政策1年将减轻企业社保缴费负担约1600亿元。

2. 降低用水用电用网等成本

清理规范城镇供水供电供气供暖等行业收费，取消不合理收费，规范政府定价和经营者价格收费行为，对保留的收费项目实行清单制管理。

2022年中小微企业宽带和专线平均资费再降10%。积极为受疫情影响较大的中小企业减免云、用平台的费用。

3. 新增留抵退税约1.64万亿元

将先进制造业按月全额退还增值税增量留抵税额政策范围扩大至符合条件的小微企业（含个体工商户），并一次性退还小微企业存量留抵税额。将先进制造业按月全额退还增值税增量留抵税额政策范围扩大至符合条件的13个特定行业（制造业，科学研究和技术服务业，电力、热力、燃气及水生产和供应业，软件和信息技术服务业，生态保护和环境治理业，交通运输、仓储和邮政业，批发和零售业，农、林、牧、渔业，住宿和餐饮业，居民服务、修理和其他服务业，教育，卫生和社会工作，文化、体育和娱乐业）企业（含个体工商户），并一次性退还存量留抵税额。

2022年各项留抵退税政策新增退税总额约1.64万亿元。

（四）返还政策

根据国家发展改革委等部门印发《关于促进服务业领域困难行业恢复发展

的若干政策》的通知（发改财金〔2022〕271号）要求，2022年底前，参保企业上年度未裁员或裁员率不高于上年度全国城镇调查失业率控制目标，30人（含）以下的参保企业裁员率不高于参保职工总数20%的，可以申请失业保险稳岗返还。中小微企业返还比例从60%最高提至90%。以单位形式参保的个体工商户参照实施。

（五）缓税缓费政策

1. 社保费缓缴

根据《关于延续实施制造业中小微企业延缓缴纳部分税费有关事项的公告》（国家税务总局公告2022年第2号）要求，将阶段性缓缴养老、失业、工伤保险费政策实施范围，在餐饮、零售、旅游、民航、公路水路铁路运输等5个特困行业基础上，再增加汽车制造业、通用设备制造业等17个其他特困行业。22类行业养老保险费缓缴实施期限到2022年底，工伤、失业保险费缓缴期限不超过1年。缓缴期间免收滞纳金。

受疫情影响严重地区生产经营出现暂时困难的所有中小微企业、以单位方式参保的个体工商户，可申请缓缴三项社保费单位缴费部分。缓缴实施期限到2022年底，其间免收滞纳金。

以个人身份参加企业职工基本养老保险的个体工商户和各类灵活就业人员，2022年缴纳养老保险费有困难的，可自愿暂缓缴费至2023年底前补缴。

在有条件的地区（主要是指医保基金累计结余支付在6个月以上的统筹地区）对中小微企业阶段性实施缓缴职工医保单位缴费，实施时间为3个月，预计缓缴资金规模1500亿元左右。

2. 住房公积金缓缴

2022年底前，受疫情影响的企业，可按规定申请缓缴住房公积金，到期后进行补缴。在此期间，缴存职工正常提取和申请住房公积金贷款，不受缓缴影响。

3. 水电气"欠费不停供"

全面落实对受疫情影响暂时出现生产经营困难的小微企业和个体工商户用水、用电、用气"欠费不停供"政策，设立6个月的费用缓缴期，并可根据当地实际进一步延长，缓缴期间免收欠费滞纳金。

4. 贷款延期还本付息

鼓励对中小微企业和个体工商户、货车司机贷款及受疫情影响的个人住房与消费贷款等实施延期还本付息。

（六）补贴政策

1. 一次性留工培训补助

拓宽一次性留工培训补助（每名参保职工不超过500元的标准）受益范围，由出现中高风险疫情地区的中小微企业扩大至该地区的大型企业；各省（自治区、直辖市）还可根据当地受疫情影响程度以及基金结余情况，进一步拓展至未出现中高风险疫情地区的餐饮、零售、旅游、民航和公路水路铁路运输5个行业企业。

2. 一次性扩岗补助

企业招用毕业年度高校毕业生，签订劳动合同并参加失业保险的，可按每人不超过1500元的标准，发放一次性扩岗补助，具体补助标准由各省份确定，与一次性吸纳就业补贴政策不重复享受，实施期限至2022年底。

3. 水电气等费用补贴

指导地方对中小微企业、个体工商户水电气等费用予以补贴。

4. 防疫消杀支出补贴

鼓励有条件的地区对零售、餐饮等行业企业免费开展员工定期核酸检测，对企业防疫、消杀支出给予补贴支持。

5. 营业中断类保险补贴

鼓励餐饮企业自愿购买营业中断类保险。有条件的地方财政部门可对餐饮企业购买营业中断类保险给予适当补贴。

（七）扶持政策

1. 加大普惠小微贷款支持力度

继续实现普惠型小微企业贷款"两增"目标，确保个体工商户贷款增量扩面，继续实现涉农贷款持续增长、普惠型涉农贷款差异化增速目标。

银行机构要层层抓实小微企业、涉农信贷计划执行，向受疫情影响严重地区进一步倾斜信贷资源，为小微企业、个体工商户、农户停工停产期间应急性资金需求、复工复产提供信贷支持。

国有大型商业银行要确保全年新增普惠型小微企业贷款1.6万亿元。地方法人银行要用好用足普惠小微贷款支持工具、支小再贷款等政策。

2. 政府性融资担保支持

对符合条件的交通运输、餐饮、住宿、旅游行业中小微企业、个体工商户，鼓励政府性融资担保机构提供融资担保支持，及时履行代偿义务，推动金融机构尽快放贷，不盲目抽贷、压贷、断贷，并将上述符合条件的融资担保业务纳入国家融资担保基金再担保合作范围。

深入落实中央财政小微企业融资担保降费奖补政策，计划安排 30 亿元资金，支持融资担保机构进一步扩大小微企业融资担保业务规模，降低融资担保费率。

2022 年新增国家融资担保基金再担保合作业务规模 1 万亿元以上。

3. 加大政府采购支持中小企业力度

将面向小微企业的价格扣除比例由 6%～10% 提高至 10%～20%。落实促进中小企业发展的政府采购政策，根据项目特点、专业类型和专业领域合理划分采购包，积极扩大联合体投标和大企业分包，降低中小企业参与门槛。将预留面向中小企业采购的份额由 30% 以上阶段性提高至 40% 以上，非预留项目要给予小微企业评审优惠，增加中小企业合同规模。

根据《财政部 税务总局关于实施小微企业和个体工商户所得税优惠政策的公告》（财政部 税务总局公告 2021 年第 12 号）规定："对小型微利企业年应纳税所得额不超过 100 万元的部分，在《财政部 税务总局关于实施小微企业普惠性税收减免政策的通知》（财税〔2019〕13 号）第二条规定的优惠政策基础上，再减半征收企业所得税。……本公告执行期限为 2021 年 1 月 1 日至 2022 年 12 月 31 日。"

《国家税务总局关于实施小型微利企业普惠性所得税减免政策有关问题的公告》（国家税务总局公告 2019 年第 2 号）规定：①自 2019 年 1 月 1 日至 2021 年 12 月 31 日，对年应纳税所得额超过 100 万元但不超过 300 万元的部分，减按 50% 计入应纳税所得额，按 20% 的税率缴纳企业所得税。②小型微利企业无论按查账征收方式或核定征收方式缴纳企业所得税，均可享受上述优惠政策。③本公告所称小型微利企业是指从事国家非限制和禁止行业，且同时符合年度应纳税所得额不超过 300 万元、从业人数不超过 300 人、资产总额不超过 5000 万元等三个条件的企业。

根据《国家税务总局关于落实支持小型微利企业和个体工商户发展所得税优惠政策有关事项的公告》（国家税务总局公告 2021 年第 8 号）规定："对小型微利企业年应纳税所得额不超过 100 万元的部分，减按 12.5% 计入应纳税所得额，按 20% 的税率缴纳企业所得税。……本公告第一条和第二条自 2021 年 1 月 1 日起施行，2022 年 12 月 31 日终止执行。"

二、小微企业面临的财税风险

（一）开票额正处于免征额临界点

小规模免征额调高到月 15 万元或季度 45 万元，有很多小规模纳税人开票额随着免征额临界点浮动，之前是季度 27 万~30 万元，现在季度 40 万~45 万元，易引起税务部门的注意。

（二）存在大量作废发票或作废发票异常

企业存在大量的作废发票，或开票金额达到免征额临界点时，出现作废发票现象，都易被税务部门关注。

作废普通发票份数 10 份，占当期全部普通发票 50% 以上，或作废普通发票金额占当期全部正数普通发票金额 50% 以上，开具金额 10 万元以上；满足任意一方面，都易被作为异常企业预警。

（三）超标准被强制转为一般纳税人

有很多企业财务人员误以为小规模纳税人的标准是年收入为 500 万元以下，企业只要把 1—12 月累计开票额控制在 500 万以内就没问题。

实际上政策中说的年销售额，指的是连续不超过 12 个月或四个季度的销售额，并不是其理解的公历年度 1—12 月。因为理解有误，每年都有很多小规模纳税人被强制转为一般纳税人，对于进项抵扣较少的企业来说，无疑增加了税收负担。

（四）一址多户开具发票

在同一地址注册多家小规模纳税人开具发票，或同一 IP 地址对外开具发票等行为均存在涉税风险。

（五）短期内开票异常

刚成立的小规模纳税人于短时间内开具大量发票，且法人或负责人年龄偏大或户籍不在本地等情况易被预警异常。

（六）个体工商户不记账

达到建账标准的个体户须记账；达不到建账标准的个体户，须建立收支凭证粘贴簿、进货销货登记簿。

（七）个体工商户无业务不报税

很多个体工商户，将零申报和不申报混淆。认为符合零申报条件就可以不报税。

但是零申报 ≠ 不申报，零申报也必须在规定时间向税务部门报税。《中华人民共和国税收征收管理法》规定，纳税人未按照规定的期限办理纳税申报和报送纳税资料的，由税务机关责令限期改正，可以处二千元以下的罚款；情节严重的，可以处二千元以上一万元以下的罚款。

（八）个体工商户免税不报税

这里的免税是指个体工商户月销售额 15 万元或季度销售额 45 万元以下可免征增值税。

很多人认为，个体工商户销售额没超过免征额就不用报税。实际上个体工商户销售额无论有没有超过月 15 万元或季 45 万元的，都应当记账报税，只有进行税收申报才可以享受免税的优惠政策。

三、小微企业的财税风险防范

（一）小微企业成为税务稽查的重灾区

2021 年税务检查仅"虚开发票"一项，就涉及 44 万家企业，其中小微企业成为重灾区，主要原因如下。

（1）小微企业数量大。据统计，小微企业创造的最终产品和服务价值相当于国内生产总值（GDP）的 60%，贡献了 50%以上的国家税收，承担了 65%以上的专利发明和 80%以上的新产品开发。

（2）小微企业财务人员专业能力不强。小微企业财务人员多为亲友，比例较高。再加上企业规模小，财务人员薪酬低，晋升、职业规划等问题解决不了，财务人员流失严重。

（3）小微企业财务状况混乱，一人多职。尤其是初创企业，混岗现象严重。

（4）一些小微企业不单设会计岗位不建账。

（5）小微企业会计信息不完整。有的企业虽然建了账，但记录混乱，没有体系，不区分总账、现金、银行、存货、明细账。财务报表不能全面、准确地反映企业的真实信息，容易发生会计舞弊行为。

（6）小微企业个人与企业财务、账务不分。

（7）小微企业普遍对财税合规不够重视，意识薄弱。初创企业的投资人把精力放在企业的运营上，忽视企业的财税管理。

（8）小微企业对发票缺乏了解，仍停留在"凭发票抵扣"上。甚至认为有没有发票不重要。

（二）小微企业的财税风险防控

1. 强化金融风险防范意识

在初创阶段，企业也要加强金融风险防范意识。金融风险一般由管理漏洞导致，所以企业要从细微处防范。

（1）不得随意改变银行账户。基本账户可以取现，普通账户可以转账。建议初创企业开设基本账户。

（2）企业与个人财务分开。

（3）不通过购买发票来降低税额。虚构业务会增加企业的财税风险，造成不可挽回的损失。节税需要专业规划。

2. 完善财务制度，确保会计信息的完整性

小微企业可以根据实际情况，定期进行内部审计，并对企业各方面进行风险评估，把风险遏制在萌芽状态。

3. 代理记账

不具备条件或能力设立专业财务的企业可以聘请代理公司记账。代理记账公司在财税方面较专业，成本低，人员稳定可靠。记账公司可以帮助小微企业完善业务账目，申报缴纳各种应缴税款，甚至可实时提醒企业涉税风险。

第七节　法律视角下小规模纳税人的财税合规应用

一、小规模纳税人的认定标准及相关政策

（一）小规模的认定标准

（1）从事货物生产或者提供应税劳务的纳税人，以及以从事货物生产或者提供应税劳务为主，并兼营货物批发或者零售的纳税人，年应征增值税销售额（以下简称应税销售额）在50万元以下（含本数，下同）的；"以从事货物生产或者提供应税劳务为主"是指纳税人的年货物生产或提供应税劳务的销售额占全年应税销售额的比重在50%以上。

（2）对上述规定以外的纳税人，年应税销售额在80万元以下的。

（3）年应税销售额超过小规模纳税人标准的其他个人按小规模纳税人纳税。

（4）非企业性单位、不经常发生应税行为的企业可选择按小规模纳税人纳税。

（二）"营改增"后的小规模纳税人认定标准

《关于北京等8省市营业税改征增值税试点增值税一般纳税人资格认定有关事项的公告》（国家税务总局公告2012年第38号）规定：试点实施前应税服务年销售额未超过500万元的试点纳税人，可以向主管税务机关申请一般纳税人资格认定。

《关于营改增一般纳税人资格认定及相关事项的通知》（深国税函〔2012〕227号）规定：应税服务年销售额未超过500万元以及新开业的纳税人，符合条件的可于2012年10月22日前向主管税务机关申请一般纳税人资格认定。申请人应提供的资料如下：①《增值税一般纳税人资格通用申请书》；②《税务登记证》副本；③财务负责人和办税人员的身份证明及其复印件；④会计人员的从业资格证明或者与中介机构签订的代理记账协议及其复印件；⑤经营场所产权证明或者租赁协议，或者其他可使用场地证明及其复印件；⑥国家税务总局规定的其他有关资料。

二、小规模纳税人的征收方式

小规模纳税人主要有三种征收方式：查账征收、查定征收和定期定额征收。

查账征收：税务机关按照纳税人提供的账表所反映的经营情况，依照适用税率计算缴纳税款的方式。这种方式一般适用于财务会计制度较为健全，能够认真履行纳税义务的纳税单位。

查定征收：税务机关根据纳税人的从业人员、生产设备、原材料耗用情况等因素，查定核定其在正常生产经营条件下应税产品的数量、销售额并据以征收税款的方式。这种方式一般适用于账册不够健全，但是能够控制原材料或进销货的纳税单位。

定期定额征收：税务机关通过典型调查、逐户确定营业额和所得额并据以征税的方式。这种方式一般适用于无完整考核依据的小型纳税单位。

三、相关政策

（一）增值税小规模纳税人免征增值税政策

享受主体：增值税小规模纳税人。

优惠内容：自2022年4月1日至2022年12月31日，增值税小规模纳税人适用3%征收率的应税销售收入，免征增值税；适用3%预征率的预缴增值税项目，暂停预缴增值税（自2021年4月1日至2022年3月31日，增值税小规模纳税人适用3%征收率的应税销售收入，减按1%征收率征收增值税；适用3%预征率的预缴增值税项目，减按1%预征率预缴增值税）。

享受条件：增值税小规模纳税人适用3%征收率的应税销售收入；增值税小规模纳税人适用3%预征率的预缴增值税项目。

政策依据：①《财政部　税务总局关于对增值税小规模纳税人免征增值税的公告》（国家税务总局公告2022年第15号）；②《国家税务总局关于小规模

纳税人免征增值税等征收管理事项的公告》（国家税务总局公告2022年第6号）。

小规模纳税人2022年4月1日起，适用3%征收率的应税销售行为不超过500万元（小规模纳税人应税销售额超过500万元需要登记为一般纳税人）免征增值税，对于适用5%征收率的，依然适用原优惠政策，应税销售额月度15万元季度45万元免征增值税，开具专票的部分不得享受免征政策。5%征收率的适用范围主要包括销售不动产，提供不动产租赁服务，提供劳务派遣服务、安全保护服务选择差额纳税的。

（二）符合条件的增值税小规模纳税人免征增值税

享受主体：增值税小规模纳税人。

优惠内容：自2021年4月1日至2022年12月31日，小规模纳税人发生增值税应税销售行为，合计月销售额未超过15万元（以1个季度为1个纳税期的，季度销售额未超过45万元）的，免征增值税。

享受条件：①适用于增值税小规模纳税人。②小规模纳税人发生增值税应税销售行为，合计月销售额超过15万元，但扣除本期发生的销售不动产的销售额后未超过15万元的，其销售货物、劳务、服务、无形资产取得的销售额免征增值税。③适用增值税差额征税政策的小规模纳税人，以差额后的销售额确定是否可以享受上述免征增值税政策。

政策依据：①《财政部　税务总局关于明确增值税小规模纳税人免征增值税政策的公告》（财政部　税务总局公告2021年第11号）；②《国家税务总局关于小规模纳税人免征增值税征管问题的公告》（国家税务总局公告2021年第5号）。

（三）增值税小规模纳税人减征地方"六税两费"

享受主体：增值税小规模纳税人。

优惠内容：自2022年1月1日至2024年12月31日，由各省、自治区、直辖市人民政府根据本地区实际情况，以及宏观调控需要确定，对增值税小规模纳税人可以在50%的税额幅度内减征资源税、城市维护建设税、房产税、城镇土地使用税、印花税（不含证券交易印花税）、耕地占用税和教育费附加、地方教育附加。增值税小规模纳税人已依法享受资源税、城市维护建设税、房产税、城镇土地使用税、印花税、耕地占用税、教育费附加、地方教育附加其他优惠政策的，可叠加享受此项优惠政策。

享受条件：增值税小规模纳税人按照各省、自治区、直辖市人民政府根据本地区实际情况，以及宏观调控需要确定的税额幅度，享受税收优惠。

政策依据：①《财政部　税务总局关于进一步实施小微企业"六税两费"

减免政策的公告》（财政部　税务总局公告 2022 年第 10 号）。

（四）符合条件的增值税小规模纳税人免征文化事业建设费

享受主体：符合条件的增值税小规模纳税人。

优惠内容：增值税小规模纳税人中月销售额不超过 2 万元（按季纳税 6 万元）的企业和非企业性单位提供的应税服务，免征文化事业建设费。

享受条件：月销售额不超过 2 万元（按季纳税 6 万元）的增值税小规模纳税人，免征文化事业建设费。

政策依据：《财政部　国家税务总局关于营业税改征增值税试点有关文化事业建设费政策及征收管理问题的通知》（财税〔2016〕25 号）。

（五）《国家税务总局关于小规模纳税人免征增值税等征收管理事项的公告》（国家税务总局公告 2022 年第 6 号）解读

2022 年 3 月 24 日，财政部、税务总局制发《财政部　税务总局关于对增值税小规模纳税人免征增值税的公告》（财政部税务总局公告 2022 年第 15 号），为确保相关政策顺利实施，税务总局制发公告，就相关征管问题进行了明确。

（1）小规模纳税人取得的适用 3% 征收率的销售收入是否均可以享受免税政策？

答：小规模纳税人取得适用 3% 征收率的应税销售收入是否适用免税政策，应根据纳税人取得应税销售收入的纳税义务发生时间进行判断，纳税人取得适用 3% 征收率的销售收入，纳税义务发生时间在 2022 年 4 月 1 日至 12 月 31 日的，方可适用免税政策；若纳税义务发生时间在 2022 年 3 月 31 日前的，则应按照此前相关政策规定执行。

（2）小规模纳税人取得适用 3% 征收率的应税销售收入享受免税政策后，应如何开具发票？

答：《中华人民共和国增值税暂行条例》第二十一条规定，纳税人发生应税销售行为适用免税规定的，不得开具增值税专用发票。据此，公告第一条明确，增值税小规模纳税人取得适用 3% 征收率的应税销售收入享受免税政策的，可以开具免税普通发票，不得开具增值税专用发票。

（3）小规模纳税人是否可以放弃免税开具增值税专用发票？若可以开具，应按照什么征收率开具专用发票？

答：按照公告第一条规定，增值税小规模纳税人取得适用 3% 征收率的应税销售收入，可以选择放弃免税开具增值税专用发票。如果纳税人选择放弃免税对部分或者全部应税销售收入开具增值税专用发票的，应当开具征收率为 3% 的增值税专用发票，并按规定计算缴纳增值税。

（4）小规模纳税人在 2022 年 3 月底前已经开具了增值税发票，如发生销售折让、中止、退回或开票有误等情形，应当如何处理？

答：公告第二条明确，小规模纳税人在 2022 年 3 月底前已经开具增值税发票，发生销售折让、中止、退回或开票有误等情形需要开具红字发票的，应按照原征收率开具红字发票。即：如果之前按 3%征收率开具了增值税发票，则应按照 3%的征收率开具红字发票；如果之前按 1%征收率开具了增值税发票，则应按照 1%征收率开具红字发票。纳税人开票有误需要重新开具发票的，在开具红字发票后，重新开具正确的蓝字发票。

（5）小规模纳税人适用本次免税政策，在办理增值税纳税申报时，应当如何填写相关免税栏次？

答：公告第三条明确，增值税小规模纳税人发生增值税应税销售行为，合计月销售额未超过 15 万元（以 1 个季度为 1 个纳税期的，季度销售额未超过 45 万元，下同）的，免征增值税的销售额等项目应当填写在增值税及附加税费申报表（小规模纳税人适用）"小微企业免税销售额"或者"未达起征点销售额"相关栏次，如果没有其他免税项目，则无须填报增值税减免税申报明细表；合计月销售额超过 15 万元的，免征增值税的全部销售额等项目应当填写在增值税及附加税费申报表（小规模纳税人适用）"其他免税销售额"栏次及增值税减免税申报明细表对应栏次。

上述月销售额是否超过 15 万元，按照《国家税务总局关于小规模纳税人免征增值税征管问题的公告》（国家税务总局公告 2021 年第 5 号）第一条和第二条确定。

（6）2018 年至 2020 年办理过转登记的纳税人，其转登记前尚未抵扣的进项税额以及转登记日当期的留抵税额按规定记入了"应交税费——待抵扣进项税额"科目，此部分进项税额可否从销项税额中抵扣，应如何处理？

答：2018 年至 2020 年，连续三年出台了转登记政策，转登记纳税人尚未申报抵扣的进项税额以及转登记日当期的期末留抵税额按规定需记入"应交税费——待抵扣进项税额"，用于对其一般纳税人期间发生的销售折让、退回等涉税事项产生的应纳税额进行追溯调整。目前，转登记政策已执行到期，对该科目核算的相关税额应如何处理，本公告第四条明确规定，因转登记记入"应交税费——待抵扣进项税额"科目核算、截至 2022 年 3 月 31 日的余额，在 2022 年度可分别计入固定资产、无形资产、投资资产、存货等相关科目，按规定在企业所得税或个人所得税税前扣除，对此前已税前扣除的折旧、摊销不再调整；对无法划分的部分，在 2022 年度可一次性在企业所得税或个人所得税税前扣除。

（7）政策内容及执行期限问题。2022 年针对小规模纳税人的增值税政策可分为以下两个阶段：

1月1日至3月31日，执行的政策是增值税小规模纳税人适用3%征收率的应税销售收入，减按1%征收率征收增值税；适用3%预征率的预缴增值税项目，减按1%预征率预缴增值税。

4月1日至12月31日，执行的政策是增值税小规模纳税人适用3%征收率的应税销售收入，免征增值税；适用3%预征率的预缴增值税项目，暂停预缴增值税。

需要注意的是，此项政策适用主体是增值税小规模纳税人，为此要把握两点：一是不区分企业或个体工商户，属于增值税小规模纳税人、取得适用3%征收率的应税销售收入的，均可适用此政策。二是一般纳税人不能适用此政策，无论是免税政策还是暂停预缴政策，一般纳税人均不适用。

从政策内容可以看出，对小规模纳税人的优惠力度进一步加大，自2022年4月1日至12月31日，小规模纳税人取得适用3%征收率的应税销售收入，由原减按1%征收率征收，改为直接免征增值税，也就是说叠加现有的起征点等增值税优惠政策，除少数适用5%征收率的业务外，免税政策几乎覆盖所有小规模纳税人，优惠力度非常大。

（8）减按1%征收率征收增值税政策。2022年第一季度，仍延续执行小规模纳税人适用3%征收率的应税销售收入减按1%征收率征收增值税政策。

举例来说，一家小型商贸企业，属于按季申报的增值税小规模纳税人，2022年第一季度取得适用3%征收率的不含税销售收入60万元，由于超过季度销售额45万元以下免征增值税政策的标准，不能享受免征增值税政策。但第一季度小规模纳税人仍执行减按1%征收率征收增值税政策，因此该商贸企业需要缴纳的增值税为0.6万元。

（9）免征增值税的应税销售收入范围。根据《财政部 税务总局关于对小规模纳税人免征增值税的公告》（财政部税务总局公告2022年第15号，以下简称15号公告）规定，可以享受小规模纳税人免征增值税政策的应税销售收入，仅为纳税人取得的适用3%征收率的应税销售收入；对于纳税人取得的适用5%征收率的应税销售收入，仍应按照现行规定计算缴纳增值税。

小规模纳税人大多数业务均适用3%征收率，这里需要注意的是，前期出台的一些减征政策，如销售自己使用过的物品减按2%征收，二手车经销减按0.5%征收等，其减征前的征收率均为3%。因此对于这些业务，既可以选择适用免税政策，开具免税普通发票；也可以仍适用原减征政策，按照减征的征收率开具增值税专用发票并计算缴纳税款。

小规模纳税人适用5%征收率的应税销售收入，主要有销售不动产、出租不动产、劳务派遣选择 5% 差额缴纳增值税等业务，在 4 月 1 日至 12 月 31 日，不能享受免税政策，仍应按照相关规定计算缴纳增值税。

（10）暂停预缴增值税问题。根据 15 号公告规定，自 2022 年 4 月 1 日至 2022 年 12 月 31 日，增值税小规模纳税人适用 3% 征收率的应税销售收入，免征增值税；适用 3% 预征率的预缴增值税项目，暂停预缴增值税。

只有增值税小规模纳税人发生适用 3% 征收率的应税行为对应的预缴增值税项目，才暂停预缴增值税。主要包括小规模纳税人提供建筑服务预收款、跨区域提供建筑服务预缴增值税等。举例来说，一家建筑企业，属于按季度申报的增值税小规模纳税人，2022 年第二季度预计取得建筑服务预收款 20 万元，由于小规模纳税人提供建筑服务适用 3% 征收率，因此该企业不需要就第二季度取得的预收款预缴增值税。如该企业在外地开展建筑施工业务，则从 4 月 1 日开始不需要在外地预缴增值税。

以下两点需要特别说明：

一是一般纳税人发生的预缴项目，均不得适用 15 号公告规定，均需按规定预缴增值税。例如，建筑业一般纳税人，就不得按照 15 号公告暂免预缴增值税的规定执行。

二是小规模纳税人发生适用 5% 征收率的应税行为对应的预缴增值税项目，不得适用 15 号公告规定，均需按规定预缴增值税，包括异地预缴和预收款预缴。例如，某房地产开发企业为小规模纳税人，销售自行开发的房地产项目取得预收款，因房地产销售适用 5% 征收率，因此该小规模纳税人不适用 15 号公告的规定，需按规定预缴增值税。再如，小规模纳税人出租异地不动产，因适用 5% 征收率，不得享受暂免预缴政策，仍需按规定异地预缴增值税。

（11）部分放弃免税问题。小规模纳税人不涉及进项税额抵扣问题，可以根据实际经营情况和下游企业抵扣要求，对自己取得的适用 3% 征收率的应税销售收入，部分享受免税政策，部分放弃免税并开具增值税专用发票。纳税人放弃免税无须提供书面声明材料，在开具 3% 等征收率发票时系统会记录纳税人未开具免税发票的原因。

举例来说，一家制造业小规模纳税人，全部销售额均为销售货物，适用 3% 征收率。2022 年 4 月份销售额 80 万元，其中 30 万元下游企业要求开具专用发票，其他的 50 万元下游企业无特殊要求。该企业可以针对 30 万元收入放弃免税开具征收率为 3% 的增值税专用发票，按规定计算缴纳 0.9 万元增值税；其余的 50 万元销售收入，仍可以享受免征增值税政策，开具免税普通发票。

（12）如何填写申报表。2021 年，国家出台了小规模纳税人月销售额未超过 15 万元（以 1 个季度为 1 个纳税期的，季度销售额未超过 45 万元，下同）

的，免征增值税政策。需要说明的是，该政策与2022年出台的小规模纳税人免税政策并不矛盾，政策仍然有效且按现行口径继续执行。

具体来说，如果小规模纳税人取得的所有应税销售收入均适用3%征收率的，可以全部享受免税政策；如果小规模纳税人取得的应税销售收入含有5%征收率的，若符合月销售额15万元以下免税政策口径的，那么5%征收率也可以享受免税政策，若不符合月销售额15万元以下免税政策口径，则3%征收率部分可以享受免税，5%征收率部分需要按照现行政策规定计算缴纳增值税。

具体到申报表如何填写，举例说明，某按季申报的增值税小规模纳税人，2022年第二季度预计销售货物收入40万元左右，没有其他免税项目，由于季度销售额未超过45万元，适用月销售额15万元以下免税政策。在增值税纳税申报时，该小规模纳税人不用选择减免性质代码，如纳税人是企业，将40万元的免税销售额填写在增值税及附加税费申报表（小规模纳税人适用）第10栏"小微企业免税销售额"即可；如纳税人是个体工商户，填写在第11栏"未达起征点销售额"，无须填报增值税减免税申报明细表。

如果上述纳税人收入为60万元，其他条件相同，则由于其季度销售额超过了45万元，应适用新出台的小规模纳税人免税政策。60万元销售额应全部填写在增值税及附加税费申报表（小规模纳税人适用）第12栏"其他免税销售额"栏次，同时在增值税减免税申报明细表选择减免项目"小规模纳税人3%征收率销售额免征增值税"对应的减免性质代码"01045308"，填写对应免税销售额60万元。

（六）研发费用加计扣除

根据《财政部 税务总局 科技部关于进一步提高科技型中小企业研发费用税前加计扣除比例的公告》（财政部 税务总局 科技部公告2022年第16号）规定，科技型中小企业开展研发活动中实际发生的研发费用，未形成无形资产计入当期损益的，在按规定据实扣除的基础上，自2022年1月1日起，再按照实际发生额的100%在税前加计扣除；形成无形资产的，自2022年1月1日起，按照无形资产成本的200%在税前摊销。

如增值税小规模纳税人同时符合科技型中小企业的条件，具体条件和标准参考《科技部 财政部 国家税务总局关于印发〈科技型中小企业评价办法〉的通知》（国科发政〔2017〕115号）。

根据《国家税务总局关于企业预缴申报享受研发费用加计扣除优惠政策有关事项的公告》（国家税务总局公告2022年第10号）规定，企业在10月份预缴申报第三季度（按季度预缴）或第9个月（按月预缴）的企业所得税时，可以自主选择就当年前三个季度的研发费用享受加计扣除优惠政策；若放弃预缴阶段享受该政策的，可以等到汇算清缴时继续享受。

🎯 知识链接

小规模纳税人减免税发票开具

1. 适用免税的应税销售收入如何开具发票

国家税务总局公告2022年第6号明确，增值税小规模纳税人适用3%征收率应税销售收入免征增值税的，应按规定开具免税普通发票。需要强调的是，小规模纳税人应开具税率栏次标注"免税"的普通发票，而不要选择3%、1%、0等征收率，纳税人务必注意此要求。

2. 放弃免税政策优惠的小规模纳税人如何开具发票

小规模纳税人取得适用3%征收率的应税销售收入，放弃免税开具增值税专用发票的，应开具征收率为3%的增值税专用发票。15号公告明确，小规模纳税人3%征收率减按1%征收增值税政策，截至2022年3月31日到期。到期之后，纳税人开展相关业务的征收率，为《中华人民共和国增值税暂行条例》和《财政部　国家税务总局关于全面推开营业税改征增值税试点的通知》（财税〔2016〕36号附件1）规定的3%。因此，纳税义务发生时间在2022年4月1日之后的业务，小规模纳税人取得适用3%征收率的销售收入，选择放弃免税开具增值税专用发票的，应开具3%征收率的专用发票，不能再开具1%征收率的专用发票。

3. 开具红字发票的问题

2020年以来，小规模纳税人3%征收率减按1%征收政策执行了两年，因此2022年4月1日以后，一些纳税人会出现需要补开、换开前期发票的情况。因此，国家税务总局公告2022年第6号明确，增值税小规模纳税人取得应税销售收入，纳税义务发生时间在2022年3月31日前，已按3%或者1%征收率开具增值税发票，发生销售折让、中止或者退回等情形需要开具红字发票的，应按照对应征收率开具红字发票；开票有误需要重新开具的，应按照对应征收率开具红字发票，再重新开具正确的蓝字发票。

也就是说，2022年4月1日以后，并非完全不能开具1%征收率的发票，如果是纳税义务发生为2022年3月31日前的业务，仍应按照当时规定的征收率，开具相应的发票。

举例来说，一家增值税小规模纳税人，有一笔纳税义务发生时间在2021年12月1日的应税销售收入，适用3%征收率，已经依照减按1%征收政策缴纳税款并开具1%征收率发票。但由于购买方名称填写错误被购买方拒收，需要重新开具发票，2022 年 4 月 1 日之后，该公司应当按照 1%征收率开具红字发票，再按照 1%征收率重新开具正确的蓝字发票。

第八节　法律视角下个体工商户的财税合规

一、个体工商户核定税额

（一）个体工商户纳税有三种税收制度：查账征收；定期定额征收；核定征收

定期定额户应当自行申报经营情况，对未按照规定期限自行申报的，税务机关可以不经过自行申报程序，按照《个体工商户税收定期定额征收管理办法》第七条规定的方法核定其定额。税务机关核定定额程序如下。

（1）自行申报。定期定额户要按照税务机关规定的申报期限、申报内容向主管税务机关申报，填写有关申报文书。申报内容应包括经营行业、营业面积、雇用人数和每月经营额、所得额以及税务机关需要的其他申报项目。

这里所称经营额、所得额为预估数。

（2）核定定额。主管税务机关根据定期定额户自行申报情况，参考典型调查结果，采取《个体工商户税收定期定额征收管理办法》第六条规定的核定方法核定定额，并计算应纳税额。

（3）定额公示。主管税务机关应当将核定定额的初步结果进行公示，公示期限为五个工作日。

公示地点、范围、形式应当按照便于定期定额户及社会各界了解、监督的原则，由主管税务机关确定。

（4）上级核准。主管税务机关根据公示意见结果修改定额，并将核定情况报经县以上税务机关审核批准后，填制《核定定额通知书》。

（5）下达定额。主营税务机关将《核定定额通知书》送达定期定额户执行。

（6）公布定额。主管税务机关将最终确定的定额和应纳税额情况在原公示范围内进行公布。

政策依据：①《国家税务总局关于个体工商户定期定额征收管理有关问题的通知》（国税发〔2006〕183 号）；②《个体工商户税收定期定额征收管理办法》（国家税务总局令第 16 号）。

（二）关于取消代开货物运输业发票预征个人所得税有关事项

对个体工商户、个人独资企业、合伙企业和个人，代开货物运输业增值税发票时，不再预征个人所得税。个体工商户业主、个人独资企业投资者、合伙企业个人合伙人和其他从事货物运输经营活动的个人，应依法自行申报缴纳经营所得个人所得税。

政策依据：《国家税务总局关于落实支持小型微利企业和个体工商户发展所得税优惠政策有关事项的公告》（国家税务总局公告2021年第8号）。

二、税收优惠

（一）个体工商户应纳税所得不超过100万元部分个人所得税减半征收

享受主体：个体工商户。

优惠内容：2021年1月1日至2022年12月31日，对个体工商户经营所得年应纳税所得额不超过100万元的部分，在现行优惠政策基础上，减半征收个人所得税。

享受条件：①不区分征收方式，均可享受。②在预缴税款时即可享受。③按照以下方法计算减免税额：减免税额=（个体工商户经营所得应纳税所得额不超过100万元部分的应纳税额-其他政策减免税额×个体工商户经营所得应纳税所得额不超过100万元部分÷经营所得应纳税所得额）×（1-50%）。④减免税额填入对应经营所得纳税申报表"减免税额"栏次，并附报个人所得税减免税事项报告表。

政策依据：①《财政部　税务总局关于实施小微企业和个体工商户所得税优惠政策的公告》（财政部　税务总局公告2021年第12号）。②《国家税务总局关于落实支持小型微利企业和个体工商户发展所得税优惠政策有关事项的公告》（国家税务总局2021年第8号）。

（二）个体工商户减征地方"六税两费"

享受主体：个体工商户。

优惠内容：自2022年1月1日至2024年12月31日，由各省、自治区、直辖市人民政府根据本地区实际情况，以及宏观调控需要确定，对个体工商户可以在50%的税额幅度内减征资源税、城市维护建设税、房产税、城镇土地使用税、印花税（不含证券交易印花税）、耕地占用税和教育费附加、地方教育附加。

个体工商户已依法享受资源税、城市维护建设税、房产税、城镇土地使用税、印花税、耕地占用税、教育费附加、地方教育附加其他优惠政策的，可叠加享受此项优惠政策。

享受条件：个体工商户按照各省、自治区、直辖市人民政府根据本地区实际情况，以及宏观调控需要确定的税额幅度，享受税收优惠。

政策依据：《财政部　税务总局关于进一步实施小微企业"六税两费"减免政策的公告》（财政部　税务总局公告2022年第10号）。

（三）个体工商户阶段性缓缴企业社会保险费政策

享受主体：餐饮、零售、旅游、民航、公路水路铁路运输企业，以及上述行业中以单位方式参加社会保险的有雇工的个体工商户和其他单位。以个人身份参加企业职工基本养老保险的个体工商户和各类灵活就业人员。

优惠内容：①对餐饮、零售、旅游、民航、公路水路铁路运输企业阶段性实施缓缴企业职工基本养老保险费、失业保险费和工伤保险费。其中，企业职工基本养老保险费缓缴费款所属期为2022年4月至6月；失业保险费、工伤保险费缓缴费款所属期为2022年4月至2023年3月。在此期间，企业可申请不同期限的缓缴。已缴纳所属期为2022年4月费款的企业，可从5月起申请缓缴，缓缴月份相应顺延一个月，也可以申请退回4月费款。缓缴期间免收滞纳金。②以个人身份参加企业职工基本养老保险的个体工商户和各类灵活就业人员，2022年缴纳费款有困难的，可自愿暂缓缴费，2022年未缴费月度可于2023年底前进行补缴，缴费基数在2023年当地个人缴费基数上下限范围内自主选择，缴费年限累计计算。

享受条件：在缓缴期限内，企业可根据自身经营状况向社会保险登记部门申请缓缴企业职工基本养老保险费、失业保险费和工伤保险费。新开办企业可自参保当月起申请缓缴；企业行业类型变更为上述行业的，可自变更当月起申请缓缴。社会保险登记部门审核企业是否适用缓缴政策时，应以企业参保登记时自行申报的行业类型为依据。现有信息无法满足划分行业类型需要的，可实行告知承诺制，由企业出具所属行业类型的书面承诺，并承担相应法律责任。

政策依据：①《人力资源社会保障部　财政部　国家税务总局关于做好失业保险稳岗位提技能防失业工作的通知》（人社部发〔2022〕23号）。②《人力资源社会保障部办公厅　国家税务总局办公厅关于特困行业阶段性实施缓缴企业社会保险费政策的通知》（人社厅发〔2022〕16号）。

（四）符合条件的缴纳义务人免征有关政府性基金

享受主体：符合条件的缴纳义务人。

优惠内容：免征教育费附加、地方教育附加、水利建设基金。

享受条件：按月纳税的月销售额不超过10万元，以及按季度纳税的季度销售额不超过30万元的缴纳义务人免征教育费附加、地方教育附加、水利建设基金。

政策依据：《财政部　国家税务总局关于扩大有关政府性基金免征范围的通知》（财税〔2016〕12号）。

（五）金融机构向小微企业及个体工商户小额贷款利息收入免征增值税

享受主体：向小型企业、微型企业及个体工商户发放小额贷款的金融机构。

优惠内容：2017年12月1日至2023年12月31日，对金融机构向小型企业、微型企业及个体工商户发放小额贷款取得的利息收入，免征增值税。上述小额贷款，是指单户授信小于100万元（含本数）的小型企业、微型企业或个体工商户贷款；没有授信额度的，是指单户贷款合同金额且贷款余额在100万元（含本数）以下的贷款。2018年9月1日至2023年12月31日，对金融机构向小型企业、微型企业和个体工商户发放小额贷款取得的利息收入，免征增值税。上述小额贷款，是指单户授信小于1000万元（含本数）的小型企业、微型企业或个体工商户贷款；没有授信额度的，是指单户贷款合同金额且贷款余额在1000万元（含本数）以下的贷款。

金融机构可以选择以下两种方法之一适用免税：①对金融机构向小型企业、微型企业和个体工商户发放的，利率水平不高于中国人民银行授权全国银行间同业拆借中心公布的贷款市场报价利率150%（含本数）的单笔小额贷款取得的利息收入，免征增值税；②高于中国人民银行授权全国银行间同业拆借中心公布的贷款市场报价利率150%的单笔小额贷款取得的利息收入，按照现行政策规定缴纳增值税。

（六）重点群体创业税费扣减

享受主体：建档立卡贫困人口、持就业创业证（注明"自主创业税收政策"或"毕业年度内自主创业税收政策"）或就业失业登记证（注明"自主创业税收政策"）的人员，具体包括：①纳入全国扶贫开发信息系统的建档立卡贫困人口。②在人力资源社会保障部门公共就业服务机构登记失业半年以上的人员。③零就业家庭、享受城市居民最低生活保障家庭劳动年龄内的登记失业人员。④毕业年度内高校毕业生。高校毕业生是指实施高等学历教育的普通高等学校、成人高等学校应届毕业的学生；毕业年度是指毕业所在自然年，即1月1日至12月31日。

优惠内容：自2019年1月1日至2025年12月31日，上述人员从事个体经营的，自办理个体工商户登记当月起，在3年（36个月，下同）内按每户每年12000元为限额依次扣减其当年实际应缴纳的增值税、城市维护建设税、教育费附加、地方教育附加和个人所得税。限额标准最高可上浮20%，各省、自治区、直辖市人民政府可根据本地区实际情况在此幅度内确定具体限额标准。

享受条件：①纳税人实际应缴纳的增值税、城市维护建设税、教育费附加、地方教育附加和个人所得税小于减免税限额的，以实际应缴纳的增值税、城市维护建设税、教育费附加、地方教育附加和个人所得税税额为限；实际应缴纳的增值税、城市维护建设税、教育费附加、地方教育附加和个人所得税大于减免税限额的，以减免税限额为限。②城市维护建设税、教育费附加、地方教育附加的计税依据是享受本项税收优惠政策前的增值税应纳税额。

政策依据：①《财政部　税务总局　人力资源社会保障部　国务院扶贫办关于进一步支持和促进重点群体创业就业有关税收政策的通知》（财税〔2019〕22号）第一条、第五条。②《国家税务总局　人力资源社会保障部　国务院扶贫办　教育部关于实施支持和促进重点群体创业就业有关税收政策具体操作问题的公告》（2019年第10号）第一条。③《财政部　税务总局　人力资源社会保障部　国家乡村振兴局关于延长部分扶贫税收优惠政策执行期限的公告》（2021年第18号）④《财政部　税务总局关于继续执行城市维护建设税优惠政策的公告》（财政部　税务总局公告2021年第27号）。

（七）退役士兵创业税费扣减

享受主体：自主就业的退役士兵。

优惠内容：自2019年1月1日至2023年12月31日，自主就业退役士兵从事个体经营的，自办理个体工商户登记当月起，在3年（36个月，下同）内按每户每年12000元为限额依次扣减其当年实际应缴纳的增值税、城市维护建设税、教育费附加、地方教育附加和个人所得税。限额标准最高可上浮20%，各省、自治区、直辖市人民政府可根据本地区实际情况在此幅度内确定具体限额标准。

享受条件：①自主就业退役士兵，是指依照《退役士兵安置条例》（国务院　中央军委令第608号）的规定退出现役并按自主就业方式安置的退役士兵。②纳税人年度应缴纳税款小于上述扣减限额的，减免税额以其实际缴纳的税款为限；大于上述扣减限额的，以上述扣减限额为限。③城市维护建设税、教育费附加、地方教育附加的计税依据是享受本项税收优惠政策前的增值税应纳税额。

政策依据：①《财政部　税务总局　退役军人部关于进一步扶持自主就业退役士兵创业就业有关税收政策的通知》（财税〔2019〕21号）。②《财政部　税务总局关于延长部分税收优惠政策执行期限的公告》（财政部　税务总局公告2022年第4号）。

(八) 随军家属创业免征增值税

享受主体：从事个体经营的随军家属。

优惠内容：自办理税务登记事项之日起，其提供的应税服务3年内免征增值税。

享受条件：必须持有师以上政治机关出具的可以表明其身份的证明，每一名随军家属可以享受一次免税政策。

政策依据：《财政部 国家税务总局关于全面推开营业税改征增值税试点的通知》（财税〔2016〕36号）附件3；《营业税改征增值税试点过渡政策的规定》第一条第（三十九）项。

(九) 随军家属创业免征个人所得税

享受主体：从事个体经营的随军家属。

优惠内容：随军家属从事个体经营，自领取税务登记证之日起，3年内免征个人所得税。

享受条件：①随军家属从事个体经营，必须持有师以上政治机关出具的可以表明其身份的证明。②每一名随军家属只能按上述规定，享受一次免税政策。

政策依据：《财政部 国家税务总局关于随军家属就业有关税收政策的通知》（财税〔2000〕84号）第二条。

(十) 军队转业干部创业免征增值税

享受主体：从事个体经营的军队转业干部。

优惠内容：自领取税务登记证之日起，其提供的应税服务3年内免征增值税。

享受条件：自主择业的军队转业干部必须持有师以上部队颁发的转业证件。

政策依据：《财政部 国家税务总局关于全面推开营业税改征增值税试点的通知》（财税〔2016〕36号）附件3；《营业税改征增值税试点过渡政策的规定》第一条第（四十）项。

(十一) 自主择业的军队转业干部免征个人所得税

享受主体：从事个体经营的军队转业干部。

优惠内容：自主择业的军队转业干部从事个体经营，自领取税务登记证之日起，3年内免征个人所得税。

享受条件：自主择业的军队转业干部必须持有师以上部队颁发的转业证件。

政策依据：《财政部 国家税务总局关于自主择业的军队转业干部有关税收政策问题的通知》（财税〔2003〕26号）第一条。

(十二) 残疾人创业免征增值税

享受主体：残疾人个人。

优惠内容：残疾人个人提供的加工、修理修配劳务，为社会提供的应税服务，免征增值税。

享受条件：残疾人，是指在法定劳动年龄内，持有中华人民共和国残疾人证或者中华人民共和国残疾军人证（1至8级）的自然人，包括具有劳动条件和劳动意愿的精神残疾人。

政策依据：①《财政部　国家税务总局关于全面推开营业税改征增值税试点的通知》（财税〔2016〕36号）附件3；《营业税改征增值税试点过渡政策的规定》第一条第（六）项。②《财政部　国家税务总局关于促进残疾人就业增值税优惠政策的通知》（财税〔2016〕52号）第八条。

(十三) 安置残疾人就业的单位和个体工商户增值税即征即退

享受主体：安置残疾人的单位和个体工商户。

优惠内容：对安置残疾人的单位和个体工商户（以下称纳税人），实行由税务机关按纳税人安置残疾人的人数，限额即征即退增值税。每月可退还的增值税具体限额，由县级以上税务机关根据纳税人所在区县（含县级市、旗）适用的经省（含自治区、直辖市、计划单列市）人民政府批准的月最低工资标准的4倍确定。一个纳税期已交增值税额不足退还的，可在本纳税年度内以前纳税期已交增值税扣除已退增值税的余额中退还，仍不足退还的可结转本纳税年度内以后纳税期退还，但不得结转以后年度退还。纳税期限不为按月的，只能对其符合条件的月份退还增值税。

享受条件：①纳税人（除盲人按摩机构外）月安置的残疾人占在职职工人数的比例不低于25%（含25%），并且安置的残疾人人数不少于10人（含10人）；盲人按摩机构月安置的残疾人占在职职工人数的比例不低于25%（含25%），并且安置的残疾人人数不少于5人（含5人）。②依法与安置的每位残疾人签订一年以上（含一年）的劳动合同或服务协议。③为安置的每位残疾人按月足额缴纳基本养老保险、基本医疗保险、失业保险、工伤保险和生育保险等社会保险。④通过银行等金融机构向安置的每位残疾人，按月支付不低于纳税人所在区县适用的经省人民政府批准的月最低工资标准的工资。⑤纳税人纳税信用等级为税务机关评定的C级或D级的，不得享受此项税收优惠政策。⑥如果既适用促进残疾人就业增值税优惠政策，又适用重点群体、退役士兵、随军家属、军转干部等支持就业的增值税优惠政策的，纳税人可自行选择适用的优惠政策，但不能累加执行。一经选定，36个月内不得变更。⑦此项税收优惠政策仅适用于生产销售货物，提供加工、修理修配劳务，以及提供营改增现代服务和生活服务税目（不含文化体育服务和娱乐服务）范围的服务取得的收入之和占其增值税收入的比例达到50%的纳税人，但不适用于上述纳税人直接销售外购货物（包括商品批发和零售）以及销售委托加工的货物取得的收入。

政策依据：①《财政部　国家税务总局关于促进残疾人就业增值税优惠政策的通知》（财税〔2016〕52号）。②《国家税务总局关于发布〈促进残疾人就业增值税优惠政策管理办法〉的公告》（国家税务总局公告2016年第33号）。

三、相关报税简易操作

（一）增值税

金税三期系统、电子税务局（含委托代征模块）已进行改造，自2021年4月1日所属期起，增值税小规模纳税人在进行增值税预缴申报、增值税小规模申报、委托代征申报等申报时，系统自动按月15万元（按季45万元）的起征点计算增值税税额，起征点以下的免征增值税，纳税人在申报时即可享受税收优惠。

对实行简易申报（批扣和批量零申报）的定期定额个体户，金税三期将按新的起征点判断税款计算逻辑，无须纳税人操作。

（二）个人所得税

金税三期系统、自然人电子税务局（ITS）、电子税务局（含委托代征模块）已进行改造，具体包括：对定期定额个体户，自2021年1月1日所属期起，纳税人在进行定期定额户自行申报、分月汇总申报、通用申报、委托代征申报时，系统自动根据应纳税额的50%计算减免税额，纳税人申报时即可享受优惠政策。对实行简易申报（批扣和批量零申报）的定期定额个体户，金税三期在进行定期定额批扣时，自动对个人所得税进行减半征收，无须纳税人操作。

对非定期定额个体户，纳税人在自然人电子税务局内申报经营所得个人所得税月（季度）申报表，申报2021年1月1日及之后属期的税款时，默认享受上述个人所得税优惠政策并自动计算减免税额。

政策依据：《国家税务总局关于小规模纳税人免征增值税征管问题的公告》（国家税务总局公告2021年第5号）。

四、纳税风险点

（一）不设置账簿、不记账

《中华人民共和国税收征收管理法》第十九条规定：纳税人、扣缴义务人按照有关法律、行政法规和国务院财政、税务主管部门的规定设置账簿，根据合法、有效凭证记账，进行核算。

《个体工商户建账管理暂行办法》对个体工商户建账提出了明确要求：达到建账标准的个体户需要记账；达不到建账标准的个体户，需建立收支凭证粘贴簿、进货销货登记簿。

（二）未按规定报税

《中华人民共和国税收征收管理法》的第六十二条规定：纳税人未按照规定的期限办理纳税申报和报送纳税资料的，由税务机关责令限期改正，可以处二千元以下的罚款；情节严重的，可以处二千元以上一万元以下的罚款。

（三）不办理税务登记

根据相关法律法规：企业人在营业执照签发之日起 30 日内要办理税务登记。一般情况下超过 6 个月未办理税务登记，市场监管部门很可能直接吊销营业执照。

（四）不交社保

个体工商户没有雇员，可以不用依法缴纳社保；有雇员，需依法缴纳社保。

（五）个体工商户不开设对公账户

个体工商户可以不开设对公账户，而由个体业主私人账户收付款项，但易致公私不分，有逃税的嫌疑。

（六）虚拟注册地址

（七）个体工商户业主取得的工资薪金作税前扣除

《个体工商户个人所得税计税办法》规定："个体工商户业主的工资薪金支出不得税前扣除。"个体工商户业主从个体工商户取得的收入为经营所得，如果取得名义上的工资薪金收入等综合所得，不能于税前扣除，要并入最终的经营所得一并征收个人所得税。

（八）增值税方面的涉税风险

常见风险点有销售收入不完整、虚开发票、发票开具不合规、进项税额抵扣不合规等，其中进项税额抵扣不合规同样适用于一般纳税人。税务检查重点如图 6-6 所示。

（九）所得税方面的涉税风险

常见风险点有收入不完整；与其他不属于经营所得的收入混淆；虚列成本

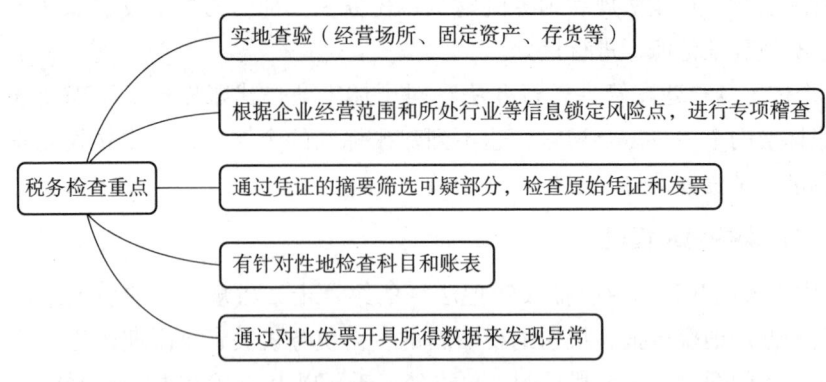

```
                            ┌─ 实地查验（经营场所、固定资产、存货等）
                            │
                            ├─ 根据企业经营范围和所处行业等信息锁定风险点，进行专项稽查
                            │
            税务检查重点 ────┼─ 通过凭证的摘要筛选可疑部分，检查原始凭证和发票
                            │
                            ├─ 有针对性地检查科目和账表
                            │
                            └─ 通过对比发票开具所得数据来发现异常
```

图 6-6　税务检查重点

费用；列支了不得扣除的支出；在有综合所得的情况下，计算应纳税所得额时仍然扣减费用 6 万元及其他扣除项目；个人、家庭费用与经营费用未能分别核算；扣除了业主本人的工资；长期零申报、不申报或不按规定记账；以各种形式向个人支付的应税收入未依法代扣代缴个人所得税。涉及所得税的税务检查重点如图 6-7 所示。

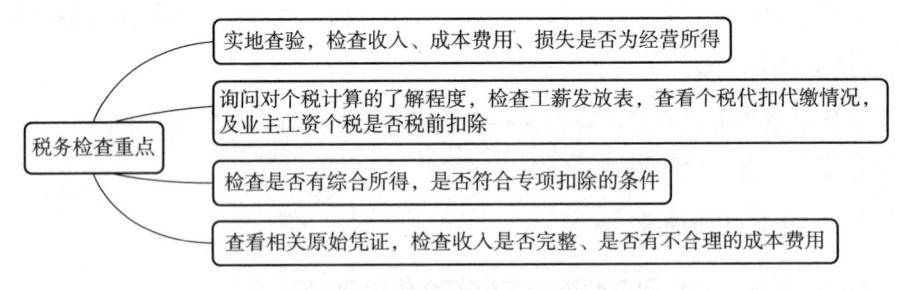

```
                            ┌─ 实地查验，检查收入、成本费用、损失是否为经营所得
                            │
                            ├─ 询问对个税计算的了解程度，检查工薪发放表，查看个税代扣代缴情况，
            税务检查重点 ────┤   及业主工资个税是否税前扣除
                            │
                            ├─ 检查是否有综合所得，是否符合专项扣除的条件
                            │
                            └─ 查看相关原始凭证，检查收入是否完整、是否有不合理的成本费用
```

图 6-7　涉及所得税的税务检查重点

（十）印花税等涉税风险

很多个体工商户认为其不用缴纳房产税、印花税等税种，其实不然，只要个体工商户发生涉税业务，就要缴纳相关税费。

（十一）不按规定报税工商年检

无论是个体工商户还是企业，都应当做工商年检，不填报工商年报的个体工商户将会被罚。

（十二）个体工商户账务处理

很多个体工商户规模小，对账务处理不重视，随意入账。

（十三）纳税年度

企业在年度中间开业，或者由于合并、关闭等原因，使该纳税年度的实际经营期不足 12 个月的，应当以其实际经营期为一个纳税年度。

在计算所得税额时应当注意：因为生产经营所得适用 5%~35% 的超额累进税率，所以应换算成全年应纳税所得额进行计算；企业按月预缴个人所得税时，也应将当月应纳税所得额换算成全年应纳税所得额，计算当月应纳所得税额。

（十四）境外缴纳个人所得税的扣除

投资者来源于境外的经营所得，已在境外缴纳个人所得税的，可以按照个人所得税法的有关规定计算扣除已在境外缴纳的所得税。

因为生产经营所得适用 5%~35% 的超额累进税率，所以在依照我国税法规定计算应纳的个人所得税额时，应将其分得的所得（"净所得+境外实缴税款"）与企业的生产经营所得合并确定其适用税率，再按境外所得占全部所得的比例计算境外所得按我国税法规定应缴纳的个人所得税额，作为境外所得的抵免限额。

（十五）个人投资两个或两个以上独资、合伙企业

这是个体工商业户检查的重点。个人投资两个或两个以上独资、合伙企业的，投资者个人应分别向企业实际经营管理所在地税务部门预缴个人所得税，年度终了后办理汇算清缴。主要有以下两种情况。

一是投资者兴办的企业全部是个人独资企业的，分别向各企业实际经营管理所在地税务部门办理年度纳税申报，并依其投资的全部个人独资企业的经营所得确定适用税率，以本企业实际生产经营所得为基础，计算应缴税款，办理汇算清缴。计算公式为：

应纳个人所得税额=应纳税所得额×适用税率-速算扣除数

应纳税所得额=各个独资企业应纳税所得额的合计数

本企业投资者应纳税额=应纳个人所得税税额×本企业应纳税所得额÷各独资企业应纳税所得额的合计数

本企业投资者应补缴的个人所得税额=本企业投资者应纳个人所得税额-本企业投资者预缴个人所得税额

二是投资者兴办企业中有合伙企业的，将投资者在合伙企业中应分配的应纳税所得额与其投资于独资企业的应纳税所得额合并，确定应纳个人所得税税额。投资者应向经常居住地税务部门申报纳税，办理汇算清缴；对于经常居住

地与其兴办企业的经营管理所在地不一致的,应选定其参与兴办的某一合伙企业经营管理所在地办理汇算清缴,且在5年内不得变更。

(十六)建账

符合条件的个体工商户应当设立账簿,未按规定建账的应承担相应的法律责任,税务机关责令限期改正,可以处2000元以下罚款;情节严重的,处2000元以上10000元以下罚款。建账时间应当自领取营业执照或者发生纳税义务之日起15日内。个体工商户应当建账的情形如图6-8所示。

应当建账的情形：

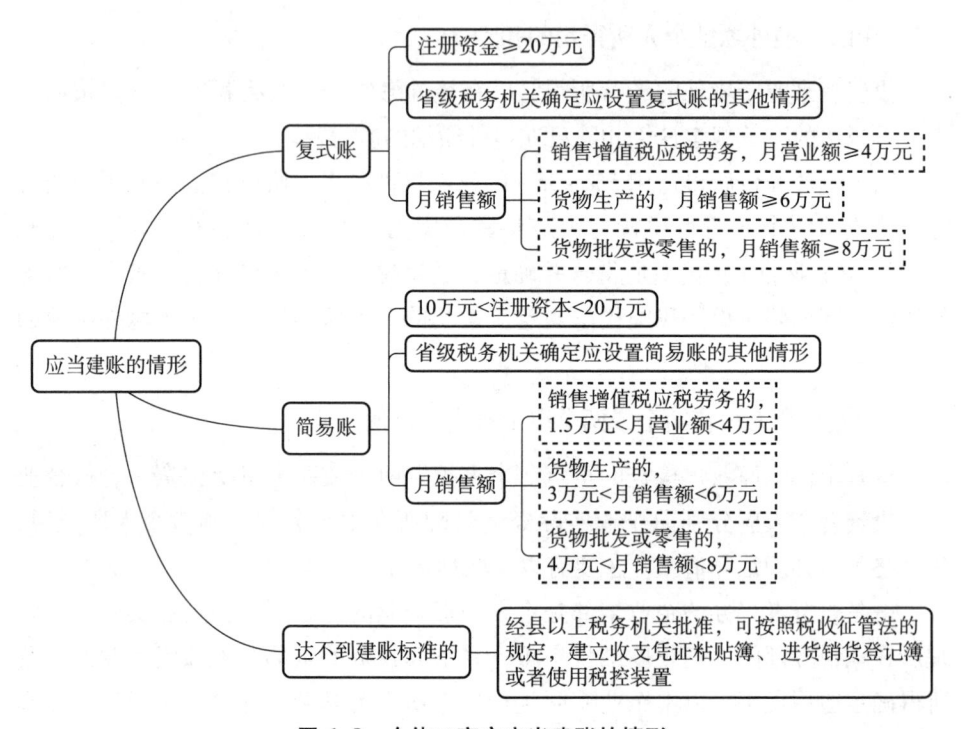

- 复式账
  - 注册资金≥20万元
  - 省级税务机关确定应设置复式账的其他情形
  - 月销售额
    - 销售增值税应税劳务,月营业额≥4万元
    - 货物生产的,月销售额≥6万元
    - 货物批发或零售的,月销售额≥8万元
- 简易账
  - 10万元<注册资本<20万元
  - 省级税务机关确定应设置简易账的其他情形
  - 月销售额
    - 销售增值税应税劳务的,1.5万元<月营业额<4万元
    - 货物生产的,3万元<月销售额<6万元
    - 货物批发或零售的,4万元<月销售额<8万元
- 达不到建账标准的
  - 经县以上税务机关批准,可按照税收征管法的规定,建立收支凭证粘贴簿、进货销货登记簿或者使用税控装置

图6-8 个体工商户应当建账的情形

(十七)工商年检

(1)个体工商户应当于每年1月1日至6月30日向市场监管机关报送上一年度报告,如未按规定报送的,市场监管机关处以200元的罚款,将其标记为经营异常状态,并于本年度7月1日至下一年度6月30日通过企业信用信息公示系统对社会公示;如报告不实的,个体工商户年度报告被发现隐瞒真实情况、弄虚作假的,市场监管机关责令其15个工作日内改正,逾期不改正的,处以200元以上500元以下的罚款,将其标记为经营异常状态,并予以公示。个体工商户工商年检报送内容如图6-9所示。

(2) 报送方式：企业信用信息公示系统和书面方式。
(3) 报送内容：个体工商户自主决定其年度报告的内容是否公示。

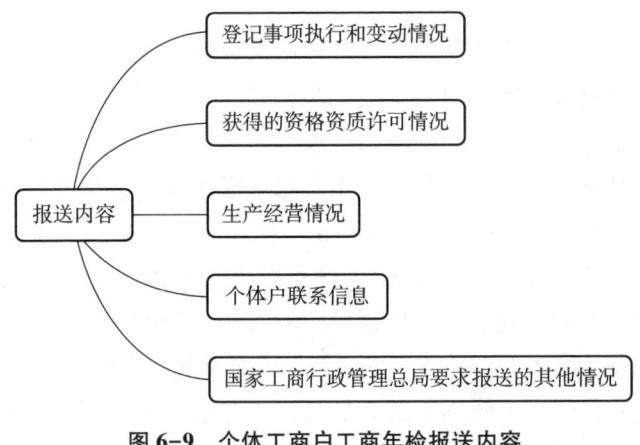

报送内容：
- 登记事项执行和变动情况
- 获得的资格资质许可情况
- 生产经营情况
- 个体户联系信息
- 国家工商行政管理总局要求报送的其他情况

图 6-9　个体工商户工商年检报送内容

第九节　法律视角下合伙企业的财税合规

一、税收优惠

（一）有限合伙制创业投资企业法人合伙人投资未上市的中小高新技术企业按比例抵扣应纳税所得额

享受主体：有限合伙制创业投资企业的法人合伙人。有限合伙制创业投资企业是指依照《中华人民共和国合伙企业法》、《创业投资企业管理暂行办法》（国家发展和改革委员会令第 39 号）和《外商投资创业投资企业管理规定》（外经贸部、科技部、工商总局、税务总局、外汇管理局令 2003 年第 2 号）设立的专门从事创业投资活动的有限合伙企业。有限合伙制创业投资企业的法人合伙人，是指依照《中华人民共和国企业所得税法》及其实施条例以及相关规定，实行查账征收企业所得税的居民企业。

优惠内容：自 2015 年 10 月 1 日起，有限合伙制创业投资企业采取股权投资方式投资于未上市的中小高新技术企业满 2 年（24 个月）的，该投资企业的法人合伙人可按照其对未上市中小高新技术企业投资额的 70%抵扣该法人合伙人从该投资企业分得的应纳税所得额，当年不足抵扣的，可以在以后纳税年度结转抵扣。有限合伙制创业投资企业的法人合伙人对未上市中小高新技术企业的投资额,按照有限合伙制创业投资企业对中小高新技术企业的投资额和合伙协议约定的法人合伙人占有限合伙制创业投资企业的出资比例计算确定。

享受条件:①有限合伙制创业投资企业采取股权投资方式投资于未上市的中小高新技术企业满2年(24个月),即2015年10月1日起,有限合伙制创业投资企业投资于未上市中小高新技术企业的实缴投资满2年,同时法人合伙人对该有限合伙制创业投资企业的实缴出资也应满2年。②创业投资企业投资的中小高新技术企业,按照科技部、财政部、国家税务总局《关于修订印发〈高新技术企业认定管理办法〉的通知》(国科发火〔2016〕32号)和《关于修订印发〈高新技术企业认定管理工作指引〉的通知》(国科发火〔2016〕195号)的规定,通过高新技术企业认定;同时职工人数不超过500人,年销售(营业)额不超过2亿元,资产总额不超过2亿元。③有限合伙制创业投资企业应纳税所得额的确定及分配应按照《财政部 国家税务总局关于合伙企业合伙人所得税问题的通知》(财税〔2008〕159号)相关规定执行。④财政部、国家税务总局规定的其他条件。

政策依据:①《财政部 国家税务总局关于将国家自主创新示范区有关税收试点政策推广到全国范围实施的通知》(财税〔2015〕116号)第一条。②《国家税务总局关于有限合伙制创业投资企业法人合伙人企业所得税有关问题的公告》(2015年第81号)。③《国家税务总局关于实施创业投资企业所得税优惠问题的通知》(国税发〔2009〕87号)。

(二)有限合伙制创投企业法人合伙人投资初创科技型企业抵扣从合伙企业分得的所得

享受主体:有限合伙制创业投资企业法人合伙人。

优惠内容:有限合伙制创业投资企业采取股权投资方式直接投资于符合条件的初创科技型企业满2年(24个月)的,法人合伙人可以按照对初创科技型企业投资额的70%抵扣法人合伙人从合伙创投企业分得的所得;当年不足抵扣的,可以在以后纳税年度结转抵扣。

有限合伙制创业投资企业,应同时符合以下条件:①在中国境内(不含港、澳、台地区)注册成立、实行查账征收的合伙创投企业,且不属于被投资初创科技型企业的发起人。②符合《创业投资企业管理暂行办法》(发展改革委等10部门令第39号)规定或者《私募投资基金监督管理暂行办法》(证监会令第105号)关于创业投资基金的特别规定,按照上述规定完成备案且规范运作。③投资后2年内,创业投资企业及其关联方持有被投资初创科技型企业的股权比例合计应低于50%。

初创科技型企业，应同时符合以下条件：①在中国境内（不包括港、澳、台地区）注册成立、实行查账征收的居民企业。②接受投资时，从业人数不超过200人，其中具有大学本科以上学历的从业人数不低于30%；资产总额和年销售收入均不超过3000万元。2019年1月1日至2023年12月31日，上述"从业人数不超过200人"调整为"从业人数不超过300人"，"资产总额和年销售收入均不超过3000万元"调整为"资产总额和年销售收入均不超过5000万元"。③接受投资时设立时间不超过5年（60个月）。④接受投资时以及接受投资后2年内未在境内外证券交易所上市。⑤接受投资当年及下一纳税年度，研发费用总额占成本费用支出的比例不低于20%。

股权投资，仅限于通过向被投资初创科技型企业直接支付现金方式取得的股权投资，不包括受让其他股东的存量股权。

自2019年1月1日至2023年12月31日，在此期间已投资满2年及新发生的投资，可按财税〔2018〕55号文件和《财政部 税务总局关于实施小微企业普惠性税收减免政策的通知》（财税〔2019〕13号）第五条、《财政部 税务总局关于延续执行创业投资企业和天使投资个人投资初创科技型企业有关政策条件的公告》（财政部 税务总局公告2022年第6号）规定适用税收政策。

政策依据：①《财政部 税务总局关于创业投资企业和天使投资个人有关税收政策的通知》（财税〔2018〕55号）。②《国家税务总局关于创业投资企业和天使投资个人税收政策有关问题的公告》（国家税务总局公告2018年第43号）。③《财政部 税务总局关于实施小微企业普惠性税收减免政策的通知》（财税〔2019〕13号）第五条。④《财政部 税务总局关于延续执行创业投资企业和天使投资个人投资初创科技型企业有关政策条件的公告》（财政部 税务总局公告2022年第6号）。

（三）有限合伙制创投企业个人合伙人投资初创科技型企业抵扣从合伙企业分得的经营所得

享受主体：有限合伙制创业投资企业个人合伙人。

优惠内容：有限合伙制创业投资企业采取股权投资方式直接投资于符合条件的初创科技型企业满2年（24个月）的，个人合伙人可以按照对初创科技型企业投资额的70%抵扣个人合伙人从合伙创投企业分得的经营所得；当年不足抵扣的，可以在以后纳税年度结转抵扣。

有限合伙制创业投资企业应同时符合以下条件：①在中国境内（不含港、

澳、台地区）注册成立、实行查账征收的合伙创投企业，且不属于被投资初创科技型企业的发起人。②符合《创业投资企业管理暂行办法》（发展改革委等10部门令第39号）规定或者《私募投资基金监督管理暂行办法》（证监会令第105号）关于创业投资基金的特别规定，按照上述规定完成备案且规范运作。③投资后2年内，创业投资企业及其关联方持有被投资初创科技型企业的股权比例合计应低于50%。

初创科技型企业应同时符合以下条件：①在中国境内（不包括港、澳、台地区）注册成立、实行查账征收的居民企业。②接受投资时，从业人数不超过200人，其中具有大学本科以上学历的从业人数不低于30%；资产总额和年销售收入均不超过3000万元。2019年1月1日至2023年12月31日，上述"从业人数不超过200人"调整为"从业人数不超过300人"，"资产总额和年销售收入均不超过3000万元"调整为"资产总额和年销售收入均不超过5000万元"。③接受投资时设立时间不超过5年（60个月）。④接受投资时以及接受投资后2年内未在境内外证券交易所上市。⑤接受投资当年及下一纳税年度，研发费用总额占成本费用支出的比例不低于20%。

股权投资，仅限于通过向被投资初创科技型企业直接支付现金方式取得的股权投资，不包括受让其他股东的存量股权。

自2019年1月1日至2023年12月31日，在此期间已投资满2年及新发生的投资，可按财税〔2018〕55号文件和《财政部　税务总局关于实施小微企业普惠性税收减免政策的通知》（财税〔2019〕13号）第五条、《财政部　税务总局关于延续执行创业投资企业和天使投资个人投资初创科技型企业有关政策条件的公告》（财政部　国家税务总局公告2022年第6号）规定。

政策依据：①《财政部　税务总局关于创业投资企业和天使投资个人有关税收政策的通知》（财税〔2018〕55号）。②《国家税务总局关于创业投资企业和天使投资个人税收政策有关问题的公告》（国家税务总局公告2018年第43号）。③《财政部　税务总局关于实施小微企业普惠性税收减免政策的通知》（财税〔2019〕13号）第五条。④《财政部　税务总局关于延续执行创业投资企业和天使投资个人投资初创科技型企业有关政策条件的公告》（国家税务总局公告2022年第6号）。

（四）创业投资企业灵活选择个人合伙人所得税核算方式

享受主体：创业投资企业（含创投基金，以下统称创投企业）个人合伙人。创投企业是指符合《创业投资企业管理暂行办法》（发展改革委等10部门令第39号）或者《私募投资基金监督管理暂行办法》（证监会令第105号）关于创业投资企业（基金）的有关规定，并按照上述规定完成备案且规范运作的合伙制创业投资企业（基金）。

优惠内容：自2019年1月1日至2023年12月31日，创投企业可以选择按单一投资基金核算或者按创投企业年度所得整体核算两种方式之一，对其个人合伙人来源于创投企业的所得计算个人所得税应纳税额。

创投企业选择按单一投资基金核算的，其个人合伙人从该基金应分得的股权转让所得和股息红利所得，按照20%税率计算缴纳个人所得税。创投企业选择按年度所得整体核算的，其个人合伙人应从创投企业取得的所得，按照"经营所得"项目5%~35%的超额累进税率计算缴纳个人所得税。

单一投资基金核算，是指单一投资基金（包括不以基金名义设立的创投企业）在一个纳税年度内从不同创业投资项目取得的股权转让所得和股息红利所得按下述方法分别核算纳税。

单个投资项目的股权转让所得，按年度股权转让收入扣除对应股权原值和转让环节合理费用后的余额计算，股权原值和转让环节合理费用的确定方法，参照股权转让所得个人所得税有关政策规定执行；单一投资基金的股权转让所得，按一个纳税年度内不同投资项目的所得和损失相互抵减后的余额计算，余额大于或等于零的，即确认为该基金的年度股权转让所得；余额小于零的，该基金年度股权转让所得按零计算且不能跨年结转。

个人合伙人按照其应从基金年度股权转让所得中分得的份额计算其应纳税额，并由创投企业在次年3月31日前代扣代缴个人所得税。如符合《财政部 税务总局关于创业投资企业和天使投资个人有关税收政策的通知》（财税〔2018〕55号）规定条件的，创投企业个人合伙人可以按照被转让项目对应投资额的70%抵扣其应从基金年度股权转让所得中分得的份额后再计算其应纳税额，当期不足抵扣的，不得向以后年度结转。

单一投资基金的股息红利所得，以其来源于所投资项目分配的股息、红利收入以及其他固定收益类证券等收入的全额计算。个人合伙人按照其应从基金股息红利所得中分得的份额计算其应纳税额，并由创投企业按次代扣代缴个人所得税。

除前述可以扣除的成本、费用之外，单一投资基金发生的包括投资基金管理人的管理费和业绩报酬在内的其他支出，不得在核算时扣除。上述单一投资基金核算方法仅适用于计算创投企业个人合伙人的应纳税额。

创投企业年度所得整体核算，是指创投企业以每一纳税年度的收入总额减除成本、费用以及损失后，计算应分配给个人合伙人的所得。如符合《财政部 税务总局关于创业投资企业和天使投资个人有关税收政策的通知》（财税

〔2018〕55号）规定条件的，创投企业个人合伙人可以按照被转让项目对应投资额的70%抵扣其从创投企业应分得的经营所得后再计算其应纳税额。年度核算亏损的，准予按有关规定向以后年度结转。按照"经营所得"项目计税的个人合伙人，没有综合所得的，可依法减除基本减除费用、专项扣除、专项附加扣除以及国务院确定的其他扣除。从多处取得经营所得的，应汇总计算个人所得税，只减除一次上述费用和扣除。

创投企业选择按单一投资基金核算或按创投企业年度所得整体核算后，3年内不能变更。创投企业选择按单一投资基金核算的，应当在按照《创业投资企业管理暂行办法》（发展改革委等10部门令第39号）或者《私募投资基金监督管理暂行办法》（证监会令第105号）规定完成备案的30日内，向主管税务机关进行核算方式备案；未按规定备案的，视同选择按创投企业年度所得整体核算。2019年1月1日前已经完成备案的创投企业，选择按单一投资基金核算的，应当在2019年3月1日前向主管税务机关进行核算方式备案。创投企业选择一种核算方式满3年需要调整的，应当在满3年的次年1月31日前，重新向主管税务机关备案。

政策依据：①《财政部　税务总局关于创业投资企业和天使投资个人有关税收政策的通知》（财税〔2018〕55号）。②《财政部　税务总局　发展改革委　证监会关于创业投资企业个人合伙人所得税政策问题的通知》（财税〔2019〕8号）。

二、纳税风险点（税收筹划方法）

（一）给股东发工资

首先要说明的是，如果股东只是对企业投资而没有在企业任职是不能向其发放工资的，股东要通过劳动合同、社保、劳动等相关记录证明其于企业任职，才能向其发放工资。

企业可以通过发放工资和年终奖的形式，将股东的个人所得税降至10%左右。因为有个人的免征额和专项附加扣除，可以相应抵免一部分个人所得税。

但需要注意的是，企业要提前测算工资和年终奖的发放区间，组合最优发放比例，最终的税负只要在股东分红20%以下就是可行的。

（二）给股东配车或者分房

如果觉得分红20%的税负太高，可以直接用利润以企业的名义买车或者买房，分给股东无偿使用。

但是这些资产都是处于企业名义下，如果企业后期经营不善破产或者产生债务，这些资产则会被法院收走拍卖，用以偿还债务。

（三）企业减资

有一种简单直接的操作方法，即同比例退还投资款，作为企业减资。由于是同比例减资，不影响股东的实际权益。

不过，企业注册资金减少，有损企业的形象，有些项目还要求企业的注册资金不能少于一定份额，因此这种操作方法须谨慎使用。

（四）公司、有限合伙企业形式参股

建议股东以公司或者有限合伙企业的形式参股。单以分红来说，如果股东是自然人，则存在双重纳税的情况，即公司缴纳增值税后，股东个人还需缴纳个人所得税。如果股东以有限公司或者有限合伙企业的形式参股，对于自然人股东而言，不仅可以缓冲风险，而且在"税收洼地"注册有限公司和合伙企业，还会享受国家税收优惠政策，实际税负压力很小。

以有限公司为例，很多时候股东不是为了实际分得资金，而是为了做进一步投资。如果股东本身是为了投资，则不要用个人方式分红，而要用公司的形式，可以免于重复征税。如果在花生财税园区注册有限公司，还可以享受返还增值税和企业所得税，具体返还比例为地方留存的50%~80%。

以有限合伙企业为例，这种情况下不会涉及企业所得税，可用以作为持股平台。倘若平台设立在花生财税园区，则可以将综合税率降到8%。

（五）调整企业商业模式，将业务分流

调整企业商业运作模式，在"税收洼地"注册个人独资企业。原企业在这家个人独资企业采购原材料，由个人独资企业开票给原公司，在整体利润不变的情况下，可降低企业总体税负。

三、纳税处理

（一）有限合伙企业的增值税处理

1. 以有限合伙企业作为纳税人的增值税处理

有限合伙企业本身是增值税的纳税义务人，其发生一切应税行为均应申报和缴纳增值税，具体的申报、征管流程和应纳税额计算和其他增值税纳税义务人并无区别。

2. 以有限合伙企业合伙人作为纳税人的增值税处理

（1）普通合伙人（GP）的增值税处理。作为有限合伙企业的GP，其从有限合伙企业取得的收入主要分为两部分：一是作为管理人收取的管理费，二是

作为合伙人收取的收益分配。管理费应当按照6%的税率申报缴纳增值税。收益分配属于投资收益，不涉及增值税。

（2）有限合伙人（LP）的增值税处理。LP从有限合伙分配取得的收益，一般情况下作为投资收益，不需要缴纳增值税。但是，如果符合按照《财政部 国家税务总局关于全面推开营业税改征增值税试点的通知》（财税〔2016〕36号）的规定，"以货币资金投资收取的固定利润或者保底利润"，则按照贷款服务缴纳增值税。

对此问题，主要是有限合伙中的优先级合伙人可能涉及。

根据一些业内人士和部分税务机关（如福建省国家税务局）的观点：优先级受益人取得的收益是否视作利息性收入，应根据上述方式先对产品是否保本进行判断。

优先级受益人是指在产品取得投资收益的前提下，优先级受益人在分配投资收益时优先分配，如果产品未取得收益甚至是产生投资亏损，优先级受益人同样不能取得分配收益。

因此，如果在合伙协议中约定优先级合伙人只享受收益分配、不承担亏损的条款，则该收益应当缴纳增值税；反之，不涉及增值税。

（二）有限合伙企业的印花税处理

有限合伙企业本身是印花税的纳税义务人，应当按照规定申报、缴纳印花税，可能涉及应税的业务如下。

1. 实缴出资份额的印花税处理

目前，有限合伙企业的实缴出资份额是否应当参照公司的实收资本缴纳印花税，尚存在争议，各地税务机关的执行口径和具体做法也不完全一致（有的地方征收、有的地方不征收）。根据笔者个人对印花税条例的理解，税务机关对有限合伙企业的实缴出资征收印花税并无不妥。

因此，合伙人在搭建有限合伙企业出资时应当考虑安排好印花税的成本（按照实缴份额的万分之五）。

2. 签订合同的印花税处理

有限合伙企业以有限合伙企业名义对外签订合同时，如果该合同属于印花税条例列举的税目，则应当按照合同总价的万分之五缴纳印花税。

四、11个常见涉税问题问答

问题一：合伙企业的合伙人份额转让是否属于股权转让需要缴纳印花税？

不需要。合伙人份额不属于企业股权；因此，合伙人转让合伙人份额，不属于印花税应税项目，不需要按"产权转移书据"缴纳印花税。

《国家税务局关于印花税若干具体问题的解释和规定的通知》（国税发〔1991〕155号）进一步明确："'财产所有权'转移书据的征税范围是：经政府管理机关登记注册的动产、不动产的所有权转移所立的书据，以及企业股权转让所立的书据。"

问题二：合伙企业的合伙人出资是否需要缴纳印花税？

合伙企业出资额不计入"实收资本"和"资本公积"，不征收资金账簿印花税。

《国家税务总局关于资金账簿印花税问题的通知》（国税发〔1994〕25号）规定："记载资金的账簿"的印花税计税依据改为"实收资本"与"资本公积"两项的合计金额。"实收资本"和"资本公积"两项的合计金额大于原已贴花资金的，就增加的部分补贴印花。《财政部 税务总局关于对营业账簿减免印花税的通知》（财税〔2018〕50号）规定：自2018年5月1日起，对按万分之五税率贴花的资金账簿减半征收印花税。

问题三：合伙企业股权转让，是按照"经营所得"还是按照"财产转让所得"缴纳个人所得税

情况一：若是非创投企业，则合伙企业股权转让，按照"经营所得"缴纳个人所得税，适用税率5%~35%。

按照现行个人所得税法规定，合伙企业的合伙人为其纳税人，合伙企业转让股权所得，应按照"先分后税"原则，根据合伙企业的全部生产经营所得和合伙协议约定的分配比例确定合伙企业各合伙人的应纳税所得额，其自然人合伙人的分配所得，应按照"个体工商户的生产、经营所得"项目缴纳个人所得税。

情况二：若是创投企业选择按单一投资基金核算的，其个人合伙人从该基金应分得的股权转让所得和股息红利所得，按照20%税率计算缴纳个人所得税；创投企业选择按年度所得整体核算的，其个人合伙人应从创投企业取得的所得，按照"经营所得"项目5%~35%的超额累进税率计算缴纳个人所得税。

《财政部 税务总局 发展改革委 证监会关于创业投资企业个人合伙人所得税政策问题的通知》财税〔2019〕8号规定：

创投企业可以选择按单一投资基金核算或者按创投企业年度所得整体核算两种方式之一，对其个人合伙人来源于创投企业的所得计算个人所得税应纳税额。创投企业选择按单一投资基金核算的，其个人合伙人从该基金应分得的股权转让所得和股息红利所得，按照20%税率计算缴纳个人所得税。创投企业选择按年度所得整体核算的，其个人合伙人应从创投企业取得的所得，按照"经营所得"项目5%~35%的超额累进税率计算缴纳个人所得税。

问题四：合伙企业对外投资分回的利息或者股息、红利是否并入收入按照"经营所得"缴纳个人所得税？

个人独资企业和合伙企业对外投资分回的利息或者股息、红利，不并入企业的收入，而应单独作为投资者个人取得的利息、股息、红利所得，按"利息、股息、红利所得"应税项目适用20%的税率计算缴纳个人所得税。

国家税务总局《关于个人独资企业和合伙企业投资者征收个人所得税的规定》（国税函〔2001〕84号）规定：个人独资企业和合伙企业对外投资分回的利息或者股息、红利，不并入企业的收入，而应单独作为投资者个人取得的利息、股息、红利所得，按"利息、股息、红利所得"应税项目计算缴纳个人所得税。以合伙企业名义对外投资分回利息或者股息、红利的，应按规定的第五条精神确定各个投资者的利息、股息、红利所得，分别按"利息、股息、红利所得"应税项目计算缴纳个人所得税。

问题五：合伙企业的先分后税如何理解？

"先分后税"不是"有利润时未分配时暂不征税，分配后再产生纳税义务"，正确的理解是"有利润后，先分别计算每位合伙人的份额，当月就产生纳税义务"。合伙企业分的不是账上的利润，分的是应纳税所得额。

财税〔2008〕195号规定，合伙企业生产经营所得和其他所得采取"先分后税"的原则。生产经营所得和其他所得，包括合伙企业分配给所有合伙人的所得和企业当年留存的所得（利润）。

合伙企业的合伙人按照下列原则确定应纳税所得额：①合伙企业的合伙人以合伙企业的生产经营所得和其他所得，按照合伙协议约定的分配比例确定应纳税所得额。②合伙协议未约定或者约定不明确的，以全部生产经营所得和其他所得，按照合伙人协商决定的分配比例确定应纳税所得额。③协商不成的，以全部生产经营所得和其他所得，按照合伙人实缴出资比例确定应纳税所得额。④无法确定出资比例的，以全部生产经营所得和其他所得，按照合伙人数量平均计算每个合伙人的应纳税所得额。合伙协议不得约定将全部利润分配给部分合伙人。

问题六：合伙企业是法人合伙人，则从被投资企业取得的投资收益，是否享受免征企业所得税的优惠？

不能享受免税优惠，由于不是直接投资，而且不是居民企业之间，法人合伙人从合伙企业取得的分红不属于居民企业之间的股息、红利所得，不能免征企业所得税。

《中华人民共和国企业所得税法》第一条规定，在中华人民共和国境内，企业和其他取得收入的组织为企业所得税的纳税人，依照本法的规定缴纳企业所得税，个人独资企业、合伙企业不适用本法。《中华人民共和国企业所得税法》第二十六条第（二）项明确，符合条件的居民企业之间的股息、红利等权益性投资收益为免税收入。

《企业所得税法实施条例》第八十三条规定，《中华人民共和国企业所得税法》第二十六条第（二）项所称符合条件的居民企业之间的股息、红利等权益性投资收益，是指居民企业直接投资于其他居民企业取得的投资收益。《中华人民共和国企业所得税法》第二十六条第（二）项和第（三）项所称股息、红利等权益性投资收益，不包括连续持有居民企业公开发行并上市流通的股票不足12个月取得的投资收益。

问题七：普通合伙企业与有限合伙企业，主要区别在哪？

一是责任承担不一样。普通合伙企业的所有出资人都必须对合伙企业的债务承担无限连带责任，即合伙人全部为普通合伙人；有限合伙企业中一部分出资人对企业债务承担有限责任，另一部分出资人对合伙企业的债务承担无限责任，即合伙人既有普通合伙人也有有限合伙人，普通合伙人对企业债务承担有限责任，有限合伙人对合伙企业的债务承担无限责任。

二是出资人数不一样。普通合伙企业的投资人数为二人以上，即对投资人数没有上限规定；而有限合伙企业的投资人数为二人以上五十人以下且至少有一个普通合伙人。也就是说普通合伙企业只有普通合伙人；有限合伙企业至少有一个普通合伙人，至少有一个有限合伙人。

三是执行合伙事务的权利不一。普通合伙企业的合伙人对执行合伙事务享有同等的权利。当然，根据合伙协议约定或经全体合伙人决定，可委托一个或数个合伙人对外代表合伙企业，执行合伙事务；而有限合伙企业中的有限合伙人不得执行合伙企业中的事务，只有普通合伙人才有执行合伙事务的权利。

四是能否与本企业进行业务交易。普通合伙人不得同本企业进行交易，但合伙协议另有约定或经全体合伙人一致同意的除外，普通合伙人不得自营或与他人合作经营与合伙企业相竞争的业务；有限合伙人可以与合伙企业进行交易，当然合伙协议约定不能进行交易的除外，有限合伙人可自营或与他人合作经营与本企业相竞争的业务。

五是营业执照上名称不一样。普通合伙企业名称中应当标明"普通合伙"字样；有限合伙企业名称中应当标明"有限合伙"字样。

根据《中华人民共和国合伙企业法》的规定，有限合伙企业由普通合伙人和有限合伙人组成，普通合伙人对合伙企业债务承担无限连带责任，有限合伙人以其认缴的出资额为限对合伙企业债务承担责任。

问题八：合伙企业能否享受小型微利企业所得税优惠？

合伙企业不得享受小型微利企业所得税的优惠政策。根据《中华人民共和国企业所得税法》第一条规定："在中华人民共和国境内，企业和其他取得收入的组织为企业所得税的纳税人""个人独资企业、合伙企业不适用本法"。因此，个体工商户、个人独资企业以及合伙企业不是企业所得税的纳税义务人，也就不能享受小型微利企业普惠性所得税减免政策。

问题九：几个人要成立一家有限合伙企业，不想作为 GP 承担无限连带责任，怎么办？

投资者可以先成立一家有限责任公司，再以控股的这家有限责任公司名义担任合伙企业 GP。如此既可以建立风险隔离墙，切断个人和合伙企业间连带责任，也可以方便更换实际控制人，在公司层面改换股东，避开合伙人会议和合伙企业工商登记。

问题十：一家合伙企业，申报了合伙人的个人经营所得个税后，将剩余利润转入合伙人个人账户，是否需要缴纳个人所得税？

由于合伙企业已经申报缴纳了合伙人经营所得个人所得税，故允许将合伙企业剩余利润转入投资者个人账户，不需要重复缴纳个人所得税。

根据《财政部 国家税务总局关于印发〈关于个人独资企业和合伙企业投资者征收个人所得税的规定〉的通知》（财税〔2000〕91 号）第五条规定，个人独资企业的投资者以全部生产经营所得为应纳税所得额；合伙企业的投资者按照合伙企业的全部生产经营所得和合伙协议约定的分配比例确定应纳税所得额，合伙协议没有约定分配比例的，以全部生产经营所得和合伙人数量平均计算每个投资者的应纳税所得额。

这里所称生产经营所得，包括企业分配给投资者个人的所得和企业当年留存的所得（利润）。个人独资企业和合伙企业按照上述政策申报缴纳经营所得个人所得税后，将利润分配给投资者不再缴纳个人所得税。

问题十一：合伙企业都是自然人合伙人，合伙企业是否属于个人所得税的纳税义务人？

合伙企业本身不纳税，合伙企业既不是企业所得税的纳税义务人，也不是个人所得税的纳税义务人。

《财政部 国家税务总局关于合伙企业合伙人所得税问题的通知》（财税〔2008〕159 号）第二条规定：合伙企业以每一个合伙人为纳税义务人。合伙企业合伙人是自然人的，缴纳个人所得税；合伙人是法人和其他组织的，缴纳企业所得税。

第十节 法律视角下数字企业财税合规应用

一、税收优惠

（一）电商经营者可与线下纳税人一样享受现行有效的增值税、所得税等税收优惠政策

例如，自2019年1月1日至2021年3月31日，对月销售额未超过10万元的小规模纳税人免征增值税；自2021年4月1日至2022年12月31日，对月销售额15万元以下（含本数）的增值税小规模纳税人，免征增值税。

符合条件的小型微利企业（放宽后的条件为企业资产总额5000万元以下，从业人数300人以下，应纳税所得额300万元以下），年应纳税所得额不超过100万元的部分，自2021年1月1日至2022年12月31日，减按12.5%计入应纳税所得额，按20%的税率缴纳企业所得税。对小型微利企业年应纳税所得额超过100万元但不超过300万元的部分，自2019年1月1日至2021年12月31日，减按50%计入应纳税所得额，按20%的税率缴纳企业所得税；自2022年1月1日至2024年12月31日，减按25%计入应纳税所得额，按20%的税率缴纳企业所得税。电商经营者也可享受各地依法出台的其他税收优惠政策。

国家重点扶持的高新技术企业，减按15%的税率征收企业所得税。西部大开发税收优惠，对西部地区鼓励类产业企业减按15%税率征收企业所得税。

（二）西部地区优惠政策

1. 线上（限上）平台企业

（1）线上第三方平台企业。对新开业入库及较上年同期基数有增长的平台企业予以奖励。第1年按新增营业收入的10%给予一次性奖励，第2年按新增营业收入的12%给予一次性奖励，第3年按新增营业收入的15%给予一次性奖励；每年奖励上限500万元。

（2）限额以上商贸类平台企业。对新开业入库及较上年同期基数有增长的平台企业予以奖励。对批发类平台企业，第1年按新增商品销售额的3%给予一次性奖励，第2年按新增商品销售额的4%给予一次性奖励，第3年按新增商品销售额的5%给予一次性奖励；每年奖励上限500万元。对零售类平台企业，第1年按新增商品销售额的5%给予一次性奖励，第2年按新增商品销售额的6%

给予一次性奖励，第 3 年按新增商品销售额的 7%给予一次性奖励；每年奖励上限 500 万元。

2. 特色电商企业

对实现青海省实物类产品外销且年网络零售额 1000 万元以上或在全国性知名平台单品类销售年度排名全国前 15 位或年度录用大专及以上学历毕业生 15 人以上的电商企业，一次性给予 30 万元奖励。

3. 双边市场交易

对撮合双边或多边交易超过 1 亿元的第三方平台企业进行奖励，第 1 年按年交易额的 0.1%进行奖励，第 2 年按年新增交易额的 0.2%进行奖励，第 3 年按年新增交易额的 0.3%进行奖励；每年奖励上限 500 万元。

4. 平台总部企业

支持国内知名平台或互联网企业在青海设立独立法人，对示范引领作用大、实际效果突出的平台企业给予一次性 50 万~200 万元落户奖励，具体额度根据年度企业申报数量及资金总额统筹核定。

5. 平台建设运营

获得银行业金融机构贷款且用于平台项目建设或作为流动资金的，按照贷款合同签订日贷款市场报价利率给予全额贴息，每户企业每年累计贴息金额不超过 200 万元。鼓励政府性融资担保机构对符合政策要求的平台企业提供担保增信。

6. 物流仓储建设项目

平台企业或第三方物流企业在国内中心城市或省内物流薄弱节点布局建设仓储分拨中心或交割仓，解决产品最初一公里、最后一公里成效突出，降低仓储物流费用明显的，对其前置仓固定资产投资的 20%或租赁仓储费用的 30%予以补助，单仓补助上限 100 万元。

7. 落实税收优惠项目

对符合西部地区鼓励类产业目录、属于高新技术企业、技术先进型服务企业的平台企业，按照相关政策规定，减按 15%的税率征收企业所得税。

（三）福建漳州市网络货运企业税收优惠政策

（1）支持网络货运企业统一办卡、统一购油、统一开票，依法依规取得货物运输车辆燃油进项发票，并协调国有石油经营企业在供油协议价格上给予优惠。

（2）漳州市注册的网络货运平台开具专用发票，其企业年度开具发票营业额≥5000 万元，按营业额的 0.8%给予奖励；企业年度开具发票营业额≥1 亿元，按营业额的 1% 给予奖励。

注意：网络货运平台按照规定为符合条件的货物运输业小规模纳税人代开增值税专用发票，其年度开具发票营业额计入网络货运平台营业总额，享受本措施规定的相关扶持条款。

（3）福建漳州市网络货运企业税收政策实施时间如下。

奖励时间：自 2021 年 9 月 30 日起施行，有效期至 2025 年 12 月 31 日。

兑现时间：于次年 3 月 31 日前（企业在享受本政策措施后，不重复享受本市出台其他关于网络平台发展政策条款所涉及的奖励）。

（四）科技型中小企业研发费用加计扣除政策

享受主体：科技型中小企业。

优惠内容：科技型中小企业开展研发活动中实际发生的研发费用，未形成无形资产计入当期损益的，在按规定据实扣除的基础上，自 2022 年 1 月 1 日起，再按照实际发生额的 100% 在税前加计扣除；形成无形资产的，自 2022 年 1 月 1 日起，按照无形资产成本的 200% 在税前摊销。

享受条件：①科技型中小企业条件和管理办法按照《科技部　财政部　国家税务总局关于印发〈科技型中小企业评价办法〉的通知》（国科发政〔2017〕115 号）执行。②科技型中小企业享受研发费用税前加计扣除政策的其他政策口径和管理要求，按照《财政部　国家税务总局　科技部关于完善研究开发费用税前加计扣除政策的通知》（财税〔2015〕119 号）、《财政部　税务总局　科技部关于企业委托境外研究开发费用税前加计扣除有关政策问题的通知》（财税〔2018〕64 号）等文件相关规定执行。

政策依据：《财政部　税务总局　科技部关于进一步提高科技型中小企业研发费用税前加计扣除比例的公告》（2022 年第 16 号）。

（五）科技企业孵化器等免征房产税、城镇土地使用税和增值税政策

享受主体：国家级、省级科技企业孵化器、大学科技园和国家备案众创空间。

优惠内容：①自 2019 年 1 月 1 日至 2023 年 12 月 31 日，对国家级、省级科技企业孵化器、大学科技园和国家备案众创空间自用以及无偿或通过出租等方式提供给在孵对象使用的房产、土地，免征房产税和城镇土地使用税。②自 2019 年 1 月 1 日至 2023 年 12 月 31 日，对国家级、省级科技企业孵化器、大学科技园和国家备案众创空间向在孵对象提供孵化服务取得的收入，免征增值税。

享受条件：①孵化服务是指为在孵对象提供的经纪代理、经营租赁、研发和技术、信息技术、鉴证咨询服务。②国家级、省级科技企业孵化器、大学科技园和国家备案众创空间应当单独核算孵化服务收入。③国家级科技企业孵化器、大学科技园和国家备案众创空间认定和管理办法由国务院科技、教育部门另行发布；省级科技企业孵化器、大学科技园认定和管理办法由省级科技、教育部门另行发布。④国家级、省级科技企业孵化器、大学科技园和国家备案众创空间应按规定申报享受免税政策，并将房产土地权属资料、房产原值资料、房产土地租赁合同、孵化协议等留存备查。⑤2018年12月31日以前认定的国家级科技企业孵化器、大学科技园，自2019年1月1日起享受本政策规定的税收优惠。2019年1月1日以后认定的国家级、省级科技企业孵化器、大学科技园和国家备案众创空间，自认定之日次月起享受本政策规定的税收优惠。2019年1月1日以后被取消资格的，自取消资格之日次月起停止享受本政策规定的税收优惠。

政策依据：①《财政部 税务总局关于延长部分税收优惠政策执行期限的公告》（财政部 税务总局公告2022年第4号）②《财政部 税务总局 科技部 教育部关于科技企业孵化器大学科技园和众创空间税收政策的通知》（财税〔2018〕120号）。

（六）科技企业孵化器和众创空间免征增值税

享受主体：国家级、省级科技企业孵化器及国家备案众创空间。

优惠内容：自2019年1月1日至2023年12月31日，对国家级、省级科技企业孵化器和国家备案众创空间向在孵对象提供孵化服务取得的收入，免征增值税。

享受条件：①孵化服务是指为在孵对象提供的经纪代理、经营租赁、研发和技术、信息技术、鉴证咨询服务。国家级、省级科技企业孵化器和国家备案众创空间应当单独核算孵化服务收入。②国家级科技企业孵化器和国家备案众创空间认定和管理办法由国务院科技部门发布；省级科技企业孵化器认定和管理办法由省级科技部门发布。③在孵对象是指符合上述相关认定和管理办法规定的孵化企业、创业团队和个人。④国家级、省级科技企业孵化器和国家备案众创空间应按规定申报享受免税政策，并将房产土地租赁合同、孵化协议等留存备查。⑤2018年12月31日以前认定的国家级科技企业孵化器，自2019年1月1日起享受上述规定的税收优惠政策。2019年1月1日以后认定的国家级、省级科技企业孵化器和国家备案众创空间，自认定之日次月起享受上述规定的税收优惠政策。2019年1月1日以后被取消资格的，自取消资格之日次月起停止享受上述规定的税收优惠政策。

政策依据：①《财政部 税务总局 科技部 教育部关于科技企业孵化器

大学科技园和众创空间税收政策的通知》（财税〔2018〕120号）。②《财政部 税务总局关于延长部分税收优惠政策执行期限的公告》（财政部 税务总局公告2022年第4号）。

（七）科技企业孵化器和众创空间免征房产税

享受主体：国家级、省级科技企业孵化器及国家备案众创空间。

优惠内容：自2019年1月1日至2023年12月31日，对国家级、省级科技企业孵化器和国家备案众创空间自用以及无偿或通过出租等方式提供给在孵对象使用的房产，免征房产税。

享受条件：①国家级科技企业孵化器和国家备案众创空间认定和管理办法由国务院科技部门发布；省级科技企业孵化器认定和管理办法由省级科技部门发布。②在孵对象是指符合上述相关认定和管理办法规定的孵化企业、创业团队和个人。③国家级、省级科技企业孵化器和国家备案众创空间应按规定申报享受免税政策，并将房产土地权属资料、房产原值资料、房产土地租赁合同、孵化协议等留存备查。④2018年12月31日以前认定的国家级科技企业孵化器，自2019年1月1日起享受上述规定的税收优惠政策。2019年1月1日以后认定的国家级、省级科技企业孵化器和国家备案众创空间，自认定之日次月起享受上述规定的税收优惠政策。2019年1月1日以后被取消资格的，自取消资格之日次月起停止享受上述规定的税收优惠政策。

政策依据：①《财政部 税务总局 科技部 教育部关于科技企业孵化器大学科技园和众创空间税收政策的通知》（财税〔2018〕120号）。②《财政部 税务总局关于延长部分税收优惠政策执行期限的公告》（财政部 税务总局公告2022年第4号）。

（八）科技企业孵化器和众创空间免征城镇土地使用税

享受主体：国家级、省级科技企业孵化器及国家备案众创空间。

优惠内容：自2019年1月1日至2023年12月31日，对国家级、省级科技企业孵化器和国家备案众创空间自用以及无偿或通过出租等方式提供给在孵对象使用的土地，免征城镇土地使用税。

享受条件：①国家级科技企业孵化器和国家备案众创空间认定和管理办法由国务院科技部门发布；省级科技企业孵化器认定和管理办法由省级科技部门发布。②在孵对象是指符合上述相关认定和管理办法规定的孵化企业、创业团队和个人。③国家级、省级科技企业孵化器和国家备案众创空间应按规定申报享受免税政策，并将房产土地权属资料、房产原值资料、房产土地租赁合同、孵化协议等留存备查。④2018年12月31日以前认定的国家级科技企业孵化器，自 2019 年 1 月 1 日起享受上述规定的税收优惠政策。2019 年 1 月 1 日以后认定的国家级、省级科技企业孵化器和国家备案众创空间，自认定之日次月起享受上述规定的税收优惠政策。2019 年 1 月 1 日以后被取消资格的，自取消资格之日次月起停止享受上述规定的税收优惠政策。

政策依据：①《财政部　税务总局　科技部　教育部关于科技企业孵化器大学科技园和众创空间税收政策的通知》（财税〔2018〕120 号）。②《财政部　税务总局关于延长部分税收优惠政策执行期限的公告》（财政部　税务总局公告 2022 年第 4 号）。

（九）大学科技园免征增值税

享受主体：国家级、省级大学科技园。

优惠内容：自 2019 年 1 月 1 日至 2023 年 12 月 31 日，对国家级、省级大学科技园向在孵对象提供孵化服务取得的收入，免征增值税。

享受条件：①孵化服务是指为在孵对象提供的经纪代理、经营租赁、研发和技术、信息技术、鉴证咨询服务。国家级、省级大学科技园应当单独核算孵化服务收入。②国家级、省级大学科技园认定和管理办法分别由国务院教育部门和省级教育部门发布。③在孵对象是指符合上述相关认定和管理办法规定的孵化企业、创业团队和个人。④国家级、省级大学科技园应按规定申报享受免税政策，并将房产土地租赁合同、孵化协议等留存备查。⑤2018 年 12 月 31 日以前认定的国家级大学科技园，自 2019 年 1 月 1 日起享受上述规定的税收优惠政策。2019 年 1 月 1 日以后认定的国家级、省级大学科技园，自认定之日次月起享受上述规定的税收优惠政策。2019 年 1 月 1 日以后被取消资格的，自取消资格之日次月起停止享受上述规定的税收优惠政策。

政策依据：①《财政部　税务总局　科技部　教育部关于科技企业孵化器大学科技园和众创空间税收政策的通知》（财税〔2018〕120 号）。②《财政部　税务总局关于延长部分税收优惠政策执行期限的公告》（财政部　税务总局公告 2022 年第 4 号）。

（十）大学科技园免征房产税

享受主体：国家级、省级大学科技园。

优惠内容：自 2019 年 1 月 1 日至 2023 年 12 月 31 日，对国家级、省级大学科技园自用以及无偿或通过出租等方式提供给在孵对象使用的房产，免征房产税。

享受条件：①国家级、省级大学科技园认定和管理办法分别由国务院教育部门和省级教育部门发布。②在孵对象是指符合上述相关认定和管理办法规定的孵化企业、创业团队和个人。③国家级、省级大学科技园应按规定申报享受免税政策，并将房产土地权属资料、房产原值资料、房产土地租赁合同、孵化协议等留存备查。④2018年12月31日以前认定的国家级大学科技园，自2019年1月1日起享受上述规定的税收优惠政策。2019年1月1日以后认定的国家级、省级大学科技园，自认定之日次月起享受上述规定的税收优惠政策。2019年1月1日以后被取消资格的，自取消资格之日次月起停止享受上述规定的税收优惠政策。

政策依据：①《财政部 税务总局 科技部 教育部关于科技企业孵化器大学科技园和众创空间税收政策的通知》（财税〔2018〕120号）。②《财政部 税务总局关于延长部分税收优惠政策执行期限的公告》（财政部 税务总局公告2022年第4号）。

（十一）大学科技园免征城镇土地使用税

享受主体：国家级、省级大学科技园。

优惠内容：自2019年1月1日至2023年12月31日，对国家级、省级大学科技园自用以及无偿或通过出租等方式提供给在孵对象使用的土地，免征城镇土地使用税。

享受条件：①国家级、省级大学科技园认定和管理办法分别由国务院教育部门和省级教育部门发布。②在孵对象是指符合上述相关认定和管理办法规定的孵化企业、创业团队和个人。③国家级、省级大学科技园应按规定申报享受免税政策，并将房产土地权属资料、房产原值资料、房产土地租赁合同、孵化协议等留存备查。④2018年12月31日以前认定的国家级大学科技园，自2019年1月1日起享受上述规定的税收优惠政策。2019年1月1日以后认定的国家级、省级大学科技园，自认定之日次月起享受上述规定的税收优惠政策。2019年1月1日以后被取消资格的，自取消资格之日次月起停止享受上述规定的税收优惠政策。

政策依据：①《财政部 税务总局 科技部 教育部关于科技企业孵化器大学科技园和众创空间税收政策的通知》（财税〔2018〕120号）。②《财政部 税务总局关于延长部分税收优惠政策执行期限的公告》（财政部 税务总局公告2022年第4号）。

（十二）中国（上海）自由贸易试验区临港新片区内重点产业减征企业所得税

享受主体：在中国（上海）自由贸易试验区临港新片区（以下简称新片区）中符合条件的企业。

优惠内容：自2020年1月1日起，对新片区内从事集成电路、人工智能、生物医药、民用航空等关键领域核心环节相关产品（技术）业务，并开展实质性生产或研发活动的符合条件的法人企业，自设立之日起5年内减按15%的税率征收企业所得税。2019年12月31日前已在新片区注册登记且从事《新片区集成电路、人工智能、生物医药、民用航空关键领域核心环节目录》（以下简称《目录》）所列业务的实质性生产或研发活动的符合条件的法人企业，可自2020年至该企业设立满5年期限内按照本政策执行。

享受条件：上述所称"符合条件的法人企业"必须同时满足以下各项条件中任一子条件。

（1）自2020年1月1日起在新片区内注册登记（不包括从外区域迁入新片区的企业），主营业务为从事《目录》中相关领域环节实质性生产或研发活动的法人企业；实质性生产或研发活动，是指企业拥有固定生产经营场所、固定工作人员，具备与生产或研发活动相匹配的软硬件支撑条件，并在此基础上开展相关业务。

（2）企业主要研发或销售产品中至少包含1项关键产品（技术）；关键产品（技术）是指在集成电路、人工智能、生物医药、民用航空等重点领域产业链中起到重要作用或不可或缺的产品（技术）。

（3）企业投资主体条件：①企业投资主体在国际细分市场影响力排名居于前列，技术实力居于业内前列；②企业投资主体在国内细分市场居于领先地位，技术实力在业内领先。

（4）企业研发生产条件：①企业拥有领军人才及核心团队骨干，在国内外相关领域长期从事科研生产工作；②企业拥有核心关键技术，对其主要产品具备建立自主知识产权体系的能力；③企业具备推进产业链核心供应商多元化、牵引国内产业升级能力；④企业具备高端供给能力，核心技术指标达到国际前列或国内领先；⑤企业研发成果（技术或产品）已被国际国内一线终端设备制造商采用或已经开展紧密实质性合作（包括资本、科研、项目等领域）；⑥企业获得国家或省级政府科技或产业化专项资金、政府性投资基金或取得知名投融资机构投资。

政策依据：《财政部 税务总局关于中国（上海）自贸试验区临港新片区重点产业企业所得税政策的通知》（财税〔2020〕38号）。

（十三）科技型中小企业研发费用企业所得税100%加计扣除

享受主体：科技型中小企业。

优惠内容：科技型中小企业开展研发活动中实际发生的研发费用，未形成无形资产计入当期损益的，在按规定据实扣除的基础上，自 2022 年 1 月 1 日起，再按照实际发生额的 100% 在税前加计扣除；形成无形资产的，自 2022 年 1 月 1 日起，按照无形资产成本的 200% 在税前摊销。

享受条件：①科技型中小企业条件和管理办法按照《科技部　财政部　国家税务总局关于印发〈科技型中小企业评价办法〉的通知》（国科发政〔2017〕115 号）执行。②科技型中小企业享受研发费用税前加计扣除政策的其他政策口径和管理要求，按照《财政部　国家税务总局　科技部关于完善研究开发费用税前加计扣除政策的通知》（财税〔2015〕119 号）、《财政部　税务总局　科技部关于企业委托境外研究开发费用税前加计扣除有关政策问题的通知》（财税〔2018〕64 号）等文件相关规定执行。

政策依据：《财政部　税务总局　科技部关于进一步提高科技型中小企业研发费用税前加计扣除比例的公告》（财政部　税务总局科技部公告 2022 年第 16 号）。

（十四）制造业及部分服务业企业符合条件的仪器、设备加速折旧

享受主体：全部制造业领域及信息传输、软件和信息技术服务业企业。

优惠内容：①生物药品制造业，专用设备制造业，铁路、船舶、航空航天和其他运输设备制造业，计算机、通信和其他电子设备制造业，仪器仪表制造业，信息传输、软件和信息技术服务业等六个行业的企业 2014 年 1 月 1 日后新购进的固定资产，可缩短折旧年限或采取加速折旧的方法。②轻工、纺织、机械、汽车等四个领域重点行业的企业 2015 年 1 月 1 日后新购进的固定资产，可由企业选择缩短折旧年限或采取加速折旧的方法。③自 2019 年 1 月 1 日起，适用《财政部　国家税务总局关于完善固定资产加速折旧企业所得税政策的通知》（财税〔2014〕75 号）和《财政部　国家税务总局关于进一步完善固定资产加速折旧企业所得税政策的通知》（财税〔2015〕106 号）规定固定资产加速折旧优惠的行业范围，扩大至全部制造业领域。④缩短折旧年限的，最低折旧年限不得低于《企业所得税法实施条例》第六十条规定折旧年限的 60%；采取加速折旧方法的，可采取双倍余额递减法或者年数总和法。

享受条件：制造业及信息传输、软件和信息技术服务业按照国家统计局《国民经济行业分类与代码（GB/T4754—2017）》确定。若以后国家有关部门更新国民经济行业分类与代码，从其规定。

政策依据：①《财政部　国家税务总局关于完善固定资产加速折旧企业所得税政策的通知》（财税〔2014〕75 号）。②《国家税务总局关于固定资产加速折旧税收政策有关问题的公告》（国家税务总局公告 2014 年第 64 号）。

③《财政部　国家税务总局关于进一步完善固定资产加速折旧企业所得税政策的通知》（财税〔2015〕106号）。④《国家税务总局关于进一步完善固定资产加速折旧企业所得税政策有关问题的公告》（国家税务总局公告2015年第68号）。⑤《财政部　税务总局关于扩大固定资产加速折旧优惠政策适用范围的公告》（财政部　税务总局公告2019年第66号）。

（十五）中关村国家自主创新示范区特定区域内居民企业技术转让所得减免企业所得税

享受主体：在中关村国家自主创新示范区特定区域内注册的居民企业。

优惠内容：自2020年1月1日起，在中关村国家自主创新示范区特定区域内注册的居民企业，符合条件的技术转让所得，在一个纳税年度内不超过2000万元的部分，免征企业所得税；超过2000万元部分，减半征收企业所得税。

享受条件：①上述所称技术，是指专利（含国防专利）、计算机软件著作权、集成电路布图设计专有权、植物新品种权、生物医药新品种，以及财政部和国家税务总局确定的其他技术。其中，专利是权利人依法就发明创造包括发明、实用新型、外观设计享有的专有的权利。②技术转让，是指居民企业转让上述技术的所有权，或3年以上（含3年）非独占许可使用权和全球独占许可使用权的行为。③技术转让应签订技术转让合同。相关管理事项按照《财政部　国家税务总局关于居民企业技术转让有关企业所得税政策问题的通知》（财税〔2010〕111号）第三条规定执行。④中关村国家自主创新示范区特定区域包括：朝阳园、海淀园、丰台园、顺义园、大兴—亦庄园、昌平园。

政策依据：《财政部　税务总局　科技部　知识产权局关于中关村国家自主创新示范区特定区域技术转让企业所得税试点政策的通知》（财税〔2020〕61号）。

（十六）高新技术企业技术人员股权奖励分期缴纳个人所得税

享受主体：高新技术企业的技术人员。

优惠内容：自2016年1月1日起，高新技术企业转化科技成果，给予本企业相关技术人员的股权奖励，个人一次缴纳税款有困难的，可根据实际情况自行制订分期缴税计划，在不超过5个公历年度内（含）分期缴纳，并将有关资料报主管税务机关备案。

享受条件：

（1）实施股权激励的企业是查账征收和经省级高新技术企业认定管理机构认定的高新技术企业。

（2）必须是转化科技成果实施的股权奖励，企业面向全体员工实施的股权奖励，不得按本通知规定的税收政策执行。

（3）股权奖励，是指企业无偿授予相关技术人员一定份额的股权或一定数量的股份。

（4）相关技术人员，是指经公司董事会和股东大会决议批准获得股权奖励的以下两类人员：①对企业科技成果研发和产业化作出突出贡献的技术人员，包括企业内关键职务科技成果的主要完成人、重大开发项目的负责人、对主导产品或者核心技术、工艺流程作出重大创新或者改进的主要技术人员。②对企业发展作出突出贡献的经营管理人员，包括主持企业全面生产经营工作的高级管理人员，负责企业主要产品（服务）生产经营合计占主营业务收入（或者主营业务利润）50%以上的中、高级经营管理人员。

政策依据：①《财政部　国家税务总局关于将国家自主创新示范区有关税收试点政策推广到全国范围实施的通知》（财税〔2015〕116号）第四条。②《国家税务总局关于股权奖励和转增股本个人所得税征管问题的公告》（国家税务总局2015年第80号）第一条。

（十七）中小高新技术企业向个人股东转增股本分期缴纳个人所得税

享受主体：中小高新技术企业的个人股东。

优惠内容：自2016年1月1日起，中小高新技术企业以未分配利润、盈余公积、资本公积向个人股东转增股本时，个人股东一次缴纳个人所得税确有困难，可根据实际情况自行制订分期缴税计划，在不超过5个公历年度内（含）分期缴纳，并将有关资料报主管税务机关备案。

享受条件：中小高新技术企业是在中国境内注册的实行查账征收的、经认定取得高新技术企业资格，且年销售额和资产总额均不超过2亿元、从业人数不超过500人的企业。

政策依据：①《财政部　国家税务总局关于将国家自主创新示范区有关税收试点政策推广到全国范围实施的通知》（财税〔2015〕116号）第三条。②《国家税务总局关于股权奖励和转增股本个人所得税征管问题的公告》（国家税务总局2015年第80号）第二条。

（十八）高新技术企业减按15%税率征收企业所得税

享受主体：国家重点扶持的高新技术企业。

优惠内容：国家重点扶持的高新技术企业减按15%税率征收企业所得税。

享受条件：

（1）高新技术企业是指在《国家重点支持的高新技术领域》内，持续进行研究开发与技术成果转化，形成企业核心自主知识产权，并以此为基础开展经营活动,在中国境内(不包括港、澳、台地区)注册的居民企业。

(2)高新技术企业要经过各省(自治区、直辖市、计划单列市)科技行政管理部门同级财政、税务部门组成的高新技术企业认定管理机构的认定。

(3)认定为高新技术企业须同时满足以下条件:①企业申请认定时须注册成立一年以上。②企业通过自主研发、受让、受赠、并购等方式,获得对其主要产品(服务)在技术上发挥核心支持作用的知识产权的所有权。③企业主要产品(服务)发挥核心支持作用的技术属于《国家重点支持的高新技术领域》规定的范围。④企业从事研发和相关技术创新活动的科技人员占企业当年职工总数的比例不低于10%。⑤企业近三个会计年度(实际经营期不满三年的按实际经营时间计算)的研究开发费用总额占同期销售收入总额的比例符合相应要求。⑥近一年高新技术产品(服务)收入占企业同期总收入的比例不低于60%。⑦企业创新能力评价应达到相应要求。⑧企业申请认定前一年内未发生重大安全、重大质量事故或严重环境违法行为。

政策依据:①《中华人民共和国企业所得税法》第二十八条第二款。②《中华人民共和国企业所得税法实施条例》第九十三条。③《财政部 国家税务总局关于高新技术企业境外所得适用税率及税收抵免问题的通知》(财税〔2011〕47号)。④《科技部 财政部 国家税务总局关于修订印发〈高新技术企业认定管理办法〉的通知》(国科发火〔2016〕32号)。⑤《科技部 财政部 国家税务总局关于修订印发〈高新技术企业认定管理工作指引〉的通知》(国科发火〔2016〕195号)。⑥《国家税务总局关于实施高新技术企业所得税优惠政策有关问题的公告》(国家税务总局公告2017年第24号)。

(十九)高新技术企业和科技型中小企业亏损结转年限延长至10年

享受主体:高新技术企业和科技型中小企业。

优惠内容:自2018年1月1日起,当年具备高新技术企业或科技型中小企业资格(以下统称资格)的企业,其具备资格年度之前5个年度发生的尚未弥补完的亏损,准予结转以后年度弥补,最长结转年限由5年延长至10年。

享受条件:①高新技术企业,是指按照《科技部 财政部 国家税务总局关于修订印发〈高新技术企业认定管理办法〉的通知》(国科发火〔2016〕32号)规定认定的高新技术企业。②科技型中小企业,是指按照《科技部 财政部 国家税务总局关于印发〈科技型中小企业评价办法〉的通知》(国科发政〔2017〕115号)规定取得科技型中小企业登记编号的企业。

政策依据:《财政部 税务总局关于延长高新技术企业和科技型中小企业亏损结转年限的通知》(财税〔2018〕76号)。

（二十）软件产品增值税超税负即征即退

享受主体：自行开发生产销售软件产品（包括将进口软件产品进行本地化改造后对外销售）的增值税一般纳税人。

优惠内容：增值税一般纳税人销售其自行开发生产的软件产品，按17%（编者注：自2018年5月1日起，原适用17%税率的调整为16%；自2019年4月1日起，原适用16%税率的税率调整为13%）税率征收增值税后，对其增值税实际税负超过3%的部分实行即征即退政策。

享受条件：软件产品需取得著作权行政管理部门颁发的计算机软件著作权登记证书。

政策依据：①《财政部　国家税务总局关于软件产品增值税政策的通知》（财税〔2011〕100号）。②《财政部　税务总局关于调整增值税税率的通知》（财税〔2018〕32号）第一条。③《财政部　税务总局　海关总署关于深化增值税改革有关政策的公告》（财政部　税务总局　海关总署公告2019年第39号）第一条。

（二十一）国家鼓励的软件企业定期减免企业所得税

享受主体：国家鼓励的软件企业。

优惠内容：自2020年1月1日起，国家鼓励的软件企业，自获利年度起，第一年至第二年免征企业所得税，第三年至第五年按照25%的法定税率减半征收企业所得税。

享受条件：

（1）国家鼓励的软件企业是指同时符合下列条件的企业：①在中国境内（不包括港、澳、台地区）依法设立，以软件产品开发及相关信息技术服务为主营业务并具有独立法人资格的企业；该企业的设立具有合理商业目的，且不以减少、免除或推迟缴纳税款为主要目的。②汇算清缴年度具有劳动合同关系或劳务派遣、聘用关系，其中具有本科及以上学历的月平均职工人数占企业月平均职工总人数的比例不低于40%，研究开发人员月平均数占企业月平均职工总数的比例不低于25%。③拥有核心关键技术，并以此为基础开展经营活动，汇算清缴年度研究开发费用总额占企业销售（营业）收入总额的比例不低于7%，企业在中国境内发生的研究开发费用金额占研究开发费用总额的比例不低于60%。④汇算清缴年度软件产品开发销售及相关信息技术服务（营业）收入占企业收入总额的比例不低于55%（嵌入式软件产品开发销售或营业收入占企业收入总额的比例不低于45%），其中软件产品自主开发销售及相关信息技术服务（营业）收入占企业收入总额的比例不低于45%

（嵌入式软件产品开发销售或营业收入占企业收入总额的比例不低于40%）。⑤主营业务或主要产品具有专利或计算机软件著作权等属于本企业的知识产权。⑥具有与软件开发相适应的生产经营场所、软硬件设施等开发环境（如合法的开发工具等），建立符合软件工程要求的质量管理体系并持续有效运行。⑦汇算清缴年度未发生重大安全事故、重大质量事故、知识产权侵权等行为，企业合法经营。

（2）符合原有政策条件且在2019年（含）之前已经进入优惠期的企业，2020年（含）起可按原有政策规定继续享受至期满为止，如符合本项优惠规定，可按规定享受相关优惠，其中定期减免税优惠，可按《财政部　税务总局　发展改革委　工业和信息化部关于促进集成电路产业和软件产业高质量发展企业所得税政策的公告》（财政部　税务总局　发展改革委工业和信息化部公告2020年第45号，以下简称45号公告）规定计算优惠期，并就剩余期限享受优惠至期满为止。符合原有政策条件，2019年（含）之前尚未进入优惠期的企业，2020年（含）起不再执行原有政策。

（3）原有政策，是指依法成立且符合条件的软件企业，在2019年12月31日前自获利年度起计算优惠期，第一年至第二年免征企业所得税，第三年至第五年按照25%的法定税率减半征收企业所得税，并享受至期满为止。其中，"符合条件"是指符合《财政部　国家税务总局关于进一步鼓励软件产业和集成电路产业发展企业所得税政策的通知》（财税〔2012〕27号）和《财政部　国家税务总局　发展改革委　工业和信息化部关于软件和集成电路产业企业所得税优惠政策有关问题的通知》（财税〔2016〕49号）规定的条件。

（4）软件企业按照2020年第45号公告规定同时符合多项定期减免税优惠政策条件的，由企业选择其中一项政策享受相关优惠。其中，已经进入优惠期的，可由企业在剩余期限内选择其中一项政策享受相关优惠。

政策依据：①《财政部　国家税务总局关于进一步鼓励软件产业和集成电路产业发展企业所得税政策的通知》（财税〔2012〕27号）第三条。②《财政部　国家税务总局　发展改革委　工业和信息化部关于软件和集成电路产业企业所得税优惠政策有关问题的通知》（财税〔2016〕49号）。③《财政部　税务总局关于集成电路设计和软件产业企业所得税政策的公告》（2019年第68号）。④《财政部　税务总局关于集成电路设计企业和软件企业2019年度企业所得税汇算清缴适用政策的公告》（财政部　税务总局公告2020年第29号）。⑤《财政部　税务总局　发展改革委　工业和信息化部关于促进集成电路产业和软件产业高质量发展企业所得税政策的公告》（财政部　税务总局　发展改革委　工业和信息化部公告2020年第45号）第三条、第五条、第六条、第七条、第八条、第九条。⑥《中华人民共和国工业和信息化部　国家发展改革委　财政部　国家税务总局公告》（2021年第10号）。

（二十二）国家鼓励的重点软件企业减免企业所得税

享受主体：国家鼓励的重点软件企业。优惠内容：自2020年1月1日起，国家鼓励的重点软件企业，自获利年度起，第一年至第五年免征企业所得税，接续年度减按10%的税率征收企业所得税。

享受条件：

（1）国家鼓励的重点软件企业清单由国家发展改革委、工业和信息化部会同财政部、税务总局等相关部门制定。

（2）国家鼓励的重点软件企业，除符合国家鼓励的软件企业条件外，还应至少符合下列条件中的一项：①专业开发基础软件、研发设计类工业软件的企业，汇算清缴年度软件产品开发销售及相关信息技术服务（营业）收入（其中相关信息技术服务是指实现软件产品功能直接相关的咨询设计、软件运维、数据服务，下同）不低于5000万元；汇算清缴年度研究开发费用总额占企业销售（营业）收入总额的比例不低于7%。②专业开发生产控制类工业软件、新兴技术软件、信息安全软件的企业，汇算清缴年度软件产品开发销售及相关信息技术服务（营业）收入不低于1亿元；应纳税所得额不低于500万元；研究开发人员月平均数占企业月平均职工总数的比例不低于30%；汇算清缴年度研究开发费用总额占企业销售（营业）收入总额的比例不低于8%。③专业开发重点领域应用软件、经营管理类工业软件、公有云服务软件、嵌入式软件的企业，汇算清缴年度软件产品开发销售及相关信息技术服务（营业）收入不低于5亿元，应纳税所得额不低于2500万元；研究开发人员月平均数占企业月平均职工总数的比例不低于30%；汇算清缴年度研究开发费用总额占企业销售（营业）收入总额的比例不低于7%。

（3）符合原有政策条件且在2019年（含）之前已经进入优惠期的企业，2020年（含）起可按原有政策规定继续享受至期满为止，如符合本项优惠规定，可按规定享受相关优惠，其中定期减免税优惠，可按45号公告规定计算优惠期，并就剩余期限享受优惠至期满为止。符合原有政策条件，2019年（含）之前尚未进入优惠期的企业，2020年（含）起不再执行原有政策。

（4）软件企业按照2020年第45号公告规定同时符合多项定期减免税优惠政策条件的，由企业选择其中一项政策享受相关优惠。其中，已经进入优惠期的，可由企业在剩余期限内选择其中一项政策享受相关优惠。

政策依据：①45号公告第四条、第六条、第七条。②《中华人民共和国工

业和信息化部　国家发展改革委　财政部　国家税务总局公告》（2021 年第 10 号）。③《国家发展改革委等五部门关于做好享受税收优惠政策的集成电路企业或项目、软件企业清单制定工作有关要求的通知》（发改高技〔2021〕413 号）附件 1；《享受税收优惠政策的企业条件和项目标准》第三条。④《关于做好 2022 年享受税收优惠政策的集成电路企业或项目、软件企业清单制定工作有关要求的通知》（发改高技〔2022〕390 号）附件 1；《享受税收优惠政策的企业条件和项目标准》第三条。

（二十三）软件企业取得即征即退增值税款用于软件产品研发和扩大再生产企业所得税政策

享受主体：符合条件的软件企业。

优惠内容：符合条件的软件企业按照《财政部　国家税务总局关于软件产品增值税政策的通知》（财税〔2011〕100 号）规定取得的即征即退增值税款，由企业专项用于软件产品研发和扩大再生产并单独进行核算，可以作为不征税收入，在计算应纳税所得额时从收入总额中减除。

享受条件：①在中国境内（不包括港、澳、台地区）依法设立，以软件产品开发及相关信息技术服务为主营业务并具有独立法人资格的企业；该企业的设立具有合理商业目的，且不以减少、免除或推迟缴纳税款为主要目的。②汇算清缴年度具有劳动合同关系或劳务派遣、聘用关系，其中具有本科及以上学历的月平均职工人数占企业月平均职工总人数的比例不低于 40%，研究开发人员月平均数占企业月平均职工总数的比例不低于 25%。③拥有核心关键技术，并以此为基础开展经营活动，汇算清缴年度研究开发费用总额占企业销售（营业）收入总额的比例不低于 7%，企业在中国境内发生的研究开发费用金额占研究开发费用总额的比例不低于 60%。④汇算清缴年度软件产品开发销售及相关信息技术服务（营业）收入占企业收入总额的比例不低于 55%（嵌入式软件产品开发销售或营业收入占企业收入总额的比例不低于 45%），其中软件产品自主开发销售及相关信息技术服务（营业）收入占企业收入总额的比例不低于 45%（嵌入式软件产品开发销售或营业收入占企业收入总额的比例不低于 40%）。⑤主营业务或主要产品具有专利或计算机软件著作权等属于本企业的知识产权。⑥具有与软件开发相适应的生产经营场所、软硬件设施等开发环境（如合法的开发工具等），建立符合软件工程要求的质量管理体系并持续有效运行。⑦汇算清缴年度未发生重大安全事故、重大质量事故、知识产权侵权等行为，企业合法经营。

政策依据：①《财政部　国家税务总局关于软件产品增值税政策的通知》

(财税〔2011〕100号）。②《财政部　国家税务总局关于进一步鼓励软件产业和集成电路产业发展企业所得税政策的通知》（财税〔2012〕27号）第五条。

（二十四）符合条件的软件企业职工培训费用按实际发生额税前扣除

享受主体：符合条件的软件企业。

优惠内容：自2011年1月1日起，符合条件的软件企业的职工培训费用，应单独进行核算并按实际发生额在计算应纳税所得额时扣除。

享受条件：①在中国境内（不包括港、澳、台地区）依法设立，以软件产品开发及相关信息技术服务为主营业务并具有独立法人资格的企业；该企业的设立具有合理商业目的，且不以减少、免除或推迟缴纳税款为主要目的。②汇算清缴年度具有劳动合同关系或劳务派遣、聘用关系，其中具有本科及以上学历的月平均职工人数占企业月平均职工总人数的比例不低于40%，研究开发人员月平均数占企业月平均职工总数的比例不低于25%。③拥有核心关键技术，并以此为基础开展经营活动，汇算清缴年度研究开发费用总额占企业销售（营业）收入总额的比例不低于7%，企业在中国境内发生的研究开发费用金额占研究开发费用总额的比例不低于60%。④汇算清缴年度软件产品开发销售及相关信息技术服务（营业）收入占企业收入总额的比例不低于55%（嵌入式软件产品开发销售或营业收入占企业收入总额的比例不低于45%），其中软件产品自主开发销售及相关信息技术服务（营业）收入占企业收入总额的比例不低于45%（嵌入式软件产品开发销售或营业收入占企业收入总额的比例不低于40%）。⑤主营业务或主要产品具有专利或计算机软件著作权等属于本企业的知识产权。⑥具有与软件开发相适应的生产经营场所、软硬件设施等开发环境（如合法的开发工具等），建立符合软件工程要求的质量管理体系并持续有效运行。⑦汇算清缴年度未发生重大安全事故、重大质量事故、知识产权侵权等行为，企业合法经营。

政策依据：①《财政部　国家税务总局关于进一步鼓励软件产业和集成电路产业发展企业所得税政策的通知》（财税〔2012〕27号）第六条。②《中华人民共和国工业和信息化部　国家发展改革委　财政部　国家税务总局公告》（2021年第10号）。

（二十五）企业外购软件缩短折旧或摊销年限

享受主体：企业纳税人。

优惠内容：企业外购的软件，凡符合固定资产或无形资产确认条件的，可以按照固定资产或无形资产进行核算，其折旧或摊销年限可以适当缩短，最短可为2年（含）。

享受条件：符合固定资产或无形资产确认条件。

政策依据：《财政部　国家税务总局关于进一步鼓励软件产业和集成电路产业发展企业所得税政策的通知》（财税〔2012〕27号）第七条。

二、数字企业税务风险分析[①]

（一）利用买家不开发票的机会偷逃税款

当买家不要求开具发票，很多商家借机不申报，少列收入。

（二）利用刷单虚增销量、虚构业务

已有电子商务公司因电商平台销售数量、金额与申报的销售收入不一致被稽查。

（三）进项税额抵扣不足，取得虚开发票，虚抵进项、虚增成本

此类情况多发于网络货运平台。一些网络货运平台要求个体运输户以平台的名义开具购买机动车销售统一发票；与个体运输户进行运输报酬结算时，即使平台未承担加油费、过路费而要求运输户提供等额或超额的油费、路桥费增值税专用发票或普通发票。上述虚开发票均用于抵扣税款、列支成本。

（四）混淆收入类型，错开发票逃避税款

此类风险亦多存在于网络货运平台。《财政部　国家税务总局关于全面推开营业税改征增值税试点的通知》（财税〔2016〕36号）明确规定：无车承运业务按照"交通运输服务"缴纳增值税。一些平台发生运输业务，本应根据实际运输方式选择"运输服务/无运输工具承运业务"下明细项目给委托方开具税率为9%的增值税专用发票，但却就其收入开具税率为6%的"物流辅助服务费"增值税专用发票，如搬运费、装卸费、仓储费等，从而少缴增值税。

（五）利用财政返还政策，为他人或帮助他人虚开发票

前已述及，互联网平台囿于进项税票的短缺而通常与地方政府签订招商引资协议，获取地方财政奖补、财政返还。部分企业发现下游客户的用票需求远大于业务需求，通过虚开发票赚取开票费实现快速盈利，为此不当利用地方政府的财政返还政策，在无真实交易的情况下为他人或帮助他人虚开发票。

[①] 资料来源：互联网平台涉税刑事风险报告（2022）（https://www.shui5.cn/article/74/43992$2.html）。

三、数字经济企业享受减税降费相关政策梳理

（一）企业所得税减免政策

表6-6 数字经济企业可享受的企业所得税减免政策

减免政策	政策目标
（1）广东横琴、福建平潭、深圳前海等地区的鼓励类产业企业减按15%税率征收企业所得税； （2）民族自治地方的自治机关对本民族自治地方的企业应缴纳的企业所得税中属于地方分享的部分减征或免征； （3）设在西部地区的鼓励类产业企业减按15%的税率征收企业所得税	促进区域发展
（1）符合条件的小型微利企业减半征收企业所得税； （2）符合条件的小型微利企业减免企业所得税	促进小微企业发展
安置残疾人员所支付的工资加计扣除	改善民生
（1）服务贸易类技术先进型服务企业减按15%的税率征收企业所得税； （2）符合条件的技术转让所得减免征收企业所得税； （3）符合条件的软件企业减免企业所得税； （4）国家规划布局内集成电路设计企业可减按10%的税率征收企业所得税； （5）国家规划布局内重点软件企业可减按10%的税率征收企业所得税； （6）国家需要重点扶持的高新技术企业减按15%的税率征收企业所得税； （7）技术先进型服务企业减按15%的税率征收企业所得税； （8）经济特区和上海浦东新区新设立的高新技术企业在区内取得的所得定期减免征收企业所得税； （9）开发新技术、新产品、新工艺发生的研究开发费用加计扣除； （10）科技型中小企业开发新技术、新产品、新工艺发生的研究开发费用加计扣除； （11）企业为获得创新性、创意性、突破性的产品进行创意设计活动发生的相关费用加计扣除； （12）提高研究开发费用税前加计扣除比例（开发新技术、新产品、新工艺发生的研究开发费用）； （13）提高研究开发费用税前加计扣除比例（企业为获得创新性、创意性、突破性的产品进行创意设计活动发生的相关费用）； （14）新办集成电路设计企业减免企业所得税	鼓励高新技术
购置用于环境保护、节能节水、安全生产等专用设备的投资额按一定比例实行税额抵免	节能环保
税收协定减免股息所得企业所得税	享受税收协定待遇

续表

减免政策	政策目标
（1）非居民企业减按10%税率征收企业所得税； （2）符合条件的居民企业之间的股息、红利等权益性投资收益（除内地居民企业通过沪港通投资且连续持有H股满12个月取得的股息红利所得，内地居民企业通过深港通投资且连续持有H股满12个月取得的股息红利所得，居民企业持有创新企业CDR取得的股息红利所得，符合条件的居民企业之间属于股息、红利性质的永续债利息收入）免征企业所得税； （3）符合条件的居民企业之间的股息、红利等权益性投资收益免征企业所得税； （4）内地居民企业通过深港通投资且连续持有H股满12个月取得的股息、红利所得免征企业所得税	支持金融资本市场
投资者从证券投资基金分配中取得的收入暂不征收企业所得税	支持金融资本市场
（1）固定资产或购入软件等可以加速折旧或摊销； （2）固定资产加速折旧或一次性扣除	支持其他各项事业
经营性文化事业单位转制为企业的免征企业所得税	支持文化教育体育

（二）增值税减免政策

表6-7　数字企业可享受的增值税减免政策

减免政策	政策目标
小规模纳税人免征增值税（月销售额3万~10万元）	促进小微企业发展
（1）安置残疾人就业增值税即征即退； （2）对湖北省外的小规模纳税人减按1%征收率征收增值税； （3）婚姻介绍服务免征增值税； （4）粮食免征增值税； （5）企业招用建档立卡贫困人口就业扣减增值税； （6）企业招用退役士兵扣减增值税； （7）蔬菜免征增值税； （8）退役士兵从事个体经营扣减增值税； （9）鲜活肉蛋产品免征增值税	改善民生
（1）技术转让、技术开发免征增值税优惠； （2）科技企业孵化器、大学科技园和众创空间孵化服务免征增值税； （3）软件产品增值税即征即退； （4）线宽小于0.8微米（含）的集成电路生产企业减免企业所得税	鼓励高新技术
（1）人民银行对金融机构的贷款的利息收入免征增值税； （2）适用财税〔2016〕36号文件规定的金融同业往来利息收入（不含财税〔2016〕46号、财税〔2016〕70号文件规定的免税收入）免征增值税； （3）统借统还业务取得的利息收入免征增值税； （4）熊猫普制金币免征增值税	支持金融资本市场

续表

减免政策	政策目标
（1）二手车经销减征增值税（3%减按0.5%）； （2）扶贫货物捐赠免征增值税； （3）购置增值税税控系统专用设备抵减增值税； （4）国际货物运输代理服务免征增值税； （5）纳税人运输疫情防控重点保障物资取得的收入免征增值税； （6）销售旧货（不含二手车经销）、已使用固定资产减征增值税； （7）行政单位之外的其他单位收取的符合条件的政府性基金和行政事业性收费免征增值税； （8）已使用固定资产减征增值税； （9）疫情防控期间，提供公共交通运输服务取得的收入免征增值税； （10）疫情防控期间，提供生活服务取得的收入免征增值税； （11）疫情防控期间，为居民提供必需生活物资快递收派服务取得的收入免征增值税； （12）支持新型冠状病毒感染的肺炎疫情防控有关捐赠免征增值税	支持其他各项事业
饲料产品免征增值税优惠	支持三农
（1）《财政部 税务总局关于电影等行业税费支持政策的公告》（财政部 税务总局公告2020年第25号）第一条； （2）从事学历教育的学校提供的教育服务免征增值税； （3）电影产业免征增值税； （4）对科普单位的门票收入，以及县级及以上党政部门和科协开展科普活动的门票收入免征增值税； （5）纪念馆、博物馆、文化馆、文物保护单位管理机构、美术馆、展览馆、书画院、图书馆在自己的场所提供文化体育服务取得的第一道门票收入免征增值税优惠； （6）图书批发、零售环节免征增值税； （7）有线电视基本收视费免征增值税； （8）政府举办的职业学校设立的企业从事"现代服务""生活服务"业务活动取得的收入免征增值税； （9）转制文化企业党报、党刊发行收入和印刷收入免征增值税	文化教育体育

从数字经济企业享受减税降费的行业分类来看，主要为软件和信息技术服务业，计算机、通信和其他电子设备制造业，专用设备制造业，互联网和相关服务，电信、广播电视和卫星传输服务业，合计占比95.63%。按中国信通院数字经济数字化产业和产业数字化的分类，高度集中于数字化产业，减税降费政策对促进产业数字化有主要作用。

从减税降费的具体政策来看，数字经济企业享受的减税降费政策与高新技术企业同质性较强，从侧面反映了数字经济企业税收优惠政策的针对性仍有待提升。数字经济企业具有创新性强、技术范式变化快、平台效应明显等特征，因此需要"对症下药"，制定出台更具针对性和更加合理的减税降费政策措施。

另外，从实践与实证研究结果来看，要着重增强减税降费对国有数字经济企业创新投入的促进作用，同时要提高对低研发强度企业的税收优惠力度促进企业研发投入。民营和外资数字企业创新投入的积极性相对较高，要充分利用这一形势，为数字经济企业发展创造良好的营商环境，充分发挥数字经济新业态对经济高质量发展的促进作用。

知识链接

"以数治税"背景下的企业财税合规策略

基于大数据分析监测和多部门涉税信息共享，税务机关不仅可掌握纳税人税务方面信息，还可以通过其他部门掌握纳税人大量的经济数据信息，彻底打破了信息壁垒，稽查范围更广，且可以多维度分析比对。"将风险防控措施嵌入留抵退税业务办理的全过程……对留抵退税纳税人风险进行全景扫描、精准画像"绝不仅仅是税务部门的监管设想，以"信用+风险"为基础的税务监管新体系已然是税务部门严厉打击骗取留抵退税案件的有力助手，纳税人必须严格落实企业税务合规，做好以下几项工作。

1. 强化"业财税一体化"数字合规建设

所谓"业财税一体化"是指业务、财务、税务一体化智能管理。将业务合规、税务合规、财务合规纳入企业经营的各个流程，实现企业的业务管理、税务管理、资金管理、财务管理全面贯通，使企业基于价值链的内外部信息互联，提高效率、降低风险。

2022年4月，中央全面深化改革委员会第二十五次会议审议通过了《关于加强数字政府建设的指导意见》，要求推动政府数字化、智能化运行，发挥数字化在政府履行经济调节、市场监管、社会管理等方面职能的重要支撑作用，构建协同高效的政府数字化履职能力体系。在"数字政府"的数字监管下，政府监管部门对企业的业财税数据能够实时、精准、全面了解和掌握，对经营异常的企业可以"近距离"监管和查处。

在"数字政府"和"以数治税"智慧稽查双重监管下，企业应当顺应监管趋势，构筑自身"业财税一体化"数字化经营模型，对自身经营各项数据指标有更细致的了解，对自身进行画像与预判，对企业存在的风险进行实时预警和处置。

2. 强化发票合规管理与风险预警

进项发票的合规管理，是当前企业财税管理的核心环节。随着发票监管力度的不断加大，进项发票合规问题成为企业面临的一大税务风险。在全电子发票情境下,在发票开具、交付、查验过程中,税务部门均可通过大数据监察网络进行审查,对企业的任何违规行为进行稽查。结合海量政府数据的匹配和互通,税务部门能够做到精准预警和管理,与传统的人工线下审查相比,稽查覆盖面更宽,稽查力度更大。

发票是记载企业日常经营情况的"红细胞",具有数量多、频率高、内容杂的特点。仅通过简单的验证无法快速准确识别虚开虚受发票等风险,而且发票风险是动态的,收录时正常,一段时间后因为各种原因可能变为异常,由此导致成本不合法屡见不鲜。因此,需要强化对发票的精细化、数据化合规预警与管理。企业可按需建立电子发票数据库和原始发票数据库,为后续企业发票溯源及数字化管理提供数字支撑;与此同时尝试分类管理发票,提升发票管理水平。

3. 加强对上游供应商风险评估与预警

企业需要及时全方位了解供应商状态:一是了解供应商基本状态、供应商负面风险、供应商经营异常信息、供应商股东,供应商存续状态及刑事风险等,提前对供应商进行评估以及风险预警;二是通过风险规则库、外部风险数据库,结合当前的监管重点热点,针对性防范与企业有经济往来的上游企业的合规问题,落实数据化发票管理责任,提前预警虚开风险,大幅降低虚受风险,减少发生税务犯罪的可能性,为有效应对和查处虚受发票、商业贿赂、职务侵占、挪用资金、串通招投标、经营同业业务等各类违法行为提供强有力的数据支撑。

对供应商的系统评估具体包含以下三个方面。

(1) 经营异常企业核查。核查供应商(销方)是否有注销或者被吊销营业执照等情况。

(2) 供应商负面风险预警。核查供应商是否存在失信公告、执行公告、查封冻结公告,是否存在重大发票违法信息,是否被列入政府采购领域黑名单、电子商务领域严重失信企业黑名单。并根据监管重点,排摸供应商及供应商下游企业情况,获取企业相关负面信息。

(3) 税务黑名单核查。核查供应商是否存在诸如偷税、逃避追缴欠税、骗取出口退税、抗税、虚开增值税专用发票、虚开普通发票、走逃(失联)等违法行为及其他黑名单风险评估项。

4. 财税合规数字化的有效实践路径

(1) 以风险为导向,以发票大数据为核心。以风险为导向、发票大数据推动的合规管理是企业改革、行政监管和大数据时代的必然选择。税务部门凭借发票大数据的精准分类监管,对发票开具、交付、查验过程进行大数据监察,对企业的税务、市场等违法行为及企业内部违规进行画像建模。

企业可把发票作为事中监管的重点,除了金额外,货物或应税劳务、服务名称、开票日期、销售方等发票信息内涵可以对企业各项风控指标进行预判,为反垄断、反商业贿赂、关联交易等重点监管领域提供事前自我合规检查渠道;同时要深入财务、投资、采购等营运环节,打破职能部门间的信息壁垒,增强企业管理的协同效应,以税务稽查的逻辑来倒推合规管理。

(2)用好"发票探针",以合规数据库为链条。企业合规数据库包含其日常经营所产生的全方面、多种类信息,以其为"发票探针",通过建立数据库打通企业营运各个环节,实现数字化全面合规预警。一是确立要素管理的全链路追溯机制。合规风险数据库可以基于发票要素进行全链路追溯,形成独立风险规则引擎,凭借强大的研发能力和实务经验,借助税务部门的监管思路实现动态逻辑交互,及时对企业风险进行预判和警示。具体而言,即通过发票链,将基于人员、业务团队、合同和供应商的全链路追溯机制贯穿起来,以发票为抓手,实现对海量、具体、高频信息的精细化管理,对发票票面上货物或应税劳务、服务名称进行数据内容重组、重构并画像,实现发票数据可追溯,使报表、凭证、数字、数据无缝连接和流转,进行大数据管理。此外,在建立合规风险数据库的同时,通过大数据发票合规系统的建设,让该系统变成"合规血糖仪",让企业在经营过程中,实现无痛、无感、实时和精准的合规保护。二是施行发票流程的全生态合规管控。合规风险数据库可以根据发票流程,实施闭环合规管理,完成事前、事中和事后的全过程把控,具体如表6-8所示。

表6-8 事前、事中、事后的发票合规管理

管理事项	策略	具体措施
事前的发票合规管理	评估供应商资质、提供预警	(1)精准管控精准管理,建立独立规则引擎; (2)自动计算企业缺票量,以此为参考,安排发票抵扣报销事宜; (3)供应商合规评估,从受惩名单、失信名单、执行公告、税务等多方面考察供应商
事中的发票合规管理	核检发票风险、实现模块化管控	(1)对发票风险进行综合评估,包括发票核验监控、企业负面风险、风险规则评估和黑名单评估; (2)团队制管理,由管理员掌握全部发票信息,团队其他成员仅对自己导入的发票拥有权限,保证后续可追溯、可归责; (3)实行发票模块化管理,重点监控容易发生合规风险的发票类型,按季、半年和年进行周期性合规风险评估

续表

管理事项	策略	具体措施
事后的发票合规管理	锁定风险发票、提供可视化方案	(1) 实时处置交易风险，针对各类交易风险，明确主体和人员，及时锁定风险发票，有利于追责； (2) 对交易主体进行实时风控，关注供应商的信用风险，尤其是存在严重违法行为失信者，提供实时化预警方案； (3) 建立交易发票的实时预警制度，针对风险事件直接关联发票，实现高风险预警，对涉及的发票进行风险提示，提供可视化方案

(3) 以合规实现增效降险增润。数据可帮助企业降低运营风险，为其创造意想不到的价值。

一是防范内部侵蚀，增加管理效率。通过建立财税大数据系统，对企业财务实施全方面管理，可确保企业发票利用、合同签订等经营行为的合法合规性。此外，企业可以指定财务人员或合规管理人员，负责企业内部经营所涉发票事务，同时通过指定合规管理人员，建立各部门、各专员之间相互制约、相互监督的规范机制，防止不法人员利用职权损害企业利益甚至违法犯罪。税务合规控制，有助于防范不法人员进行利益输送、损害企业利益。

二是避免违规行为，降低法律风险。当前，国家开始加大留抵退税政策实施力度，税务机关正开展更大规模、更大范围的留抵退税政策实施中的风险稽查。2022年5月10日，财政部、税务总局和人民银行三部门联合举行新闻发布会，表示"税务部门外打骗取留抵退税违法行为，内查税务人员落实留抵退税政策失职失责行为，特别是内外勾结、通同作弊等违法违纪行为"，税务机关对于留抵退税环节违法违规行为的处罚决心可见一斑。面对"以数治税"的有力推行，企业只有依托发票的大数据管理，才能有效降低税务违法风险，避免行政处罚，开源节流，保证企业收益。

三是精细管理发票，享受政策红利。留抵退税新政，旨在有效提振市场主体信心、推动经济平稳健康发展。符合一定条件的纳税人可以享受该政策红利，如新规要求"纳税信用能级为A级或者B级""申请退税前36个月未发生骗取留抵退税、骗取出口退税或虚开增值税专用发票情形""申请退税前36个月未因偷税被税务机关处罚两次以上"等，如此种种，无一不在倒逼企业尽快实现税务合规。

发票处理需求大且流程复杂，企业可选用专业的大数据财税工具进行辅助管理，依托大数据资源，通过数据可视化分析，为企业的经营成本核算、进项发票管理和合规运营提供助力。根据《财政部 税务总局 海关总署关于深化增值税改革有关政策的公告》（财政部　税务总局　海关总署公告2019年第39号）第六条规定，纳税人购进国内旅客运输服务，其进项税额允许从销项税额中抵扣。面对海量的增值税电子普通发票，很多企业财务人员难以及时进行进项抵扣。但通过大数据财税工具可以快速对数据进行统计和汇总，帮助企业应享尽享政策红利。

发票作为"以数治税"的核心抓手，可以将业务、法律和财税串联起来，基于数量多、频率高和内容杂的特征，只有依托数据库精细化管理才能更好实现其本身价值。精细化的进项发票数据管理，是企业合规管理的动态化便捷预警工具，为应对重大合规风险提供翔实的数据支撑，帮助企业高效完成合规管理工作。

风险导向、数据推动的合规管理，是企业的必然选择。采用业财税一体化合规管理系统，以进项发票为底层数据，能够挖掘企业违规线索；利用风险规则模型，实现合规风险的在线监测和事前、事中、事后闭环管理，能够确保合规审查与监测的敏锐度和前瞻性，推进合规操作落地。

附 录

附录1　中央企业合规管理办法

（国务院国有资产监督管理委员会令第42号）

第一章　总　则

第一条　为深入贯彻习近平法治思想，落实全面依法治国战略部署，深化法治央企建设，推动中央企业加强合规管理，切实防控风险，有力保障深化改革与高质量发展，根据《中华人民共和国公司法》《中华人民共和国企业国有资产法》等有关法律法规，制定本办法。

第二条　本办法适用于国务院国有资产监督管理委员会（以下简称国资委）根据国务院授权履行出资人职责的中央企业。

第三条　本办法所称合规，是指企业经营管理行为和员工履职行为符合国家法律法规、监管规定、行业准则和国际条约、规则，以及公司章程、相关规章制度等要求。

本办法所称合规风险，是指企业及其员工在经营管理过程中因违规行为引发法律责任、造成经济或者声誉损失以及其他负面影响的可能性。

本办法所称合规管理，是指企业以有效防控合规风险为目的，以提升依法合规经营管理水平为导向，以企业经营管理行为和员工履职行为为对象，开展的包括建立合规制度、完善运行机制、培育合规文化、强化监督问责等有组织、有计划的管理活动。

第四条　国资委负责指导、监督中央企业合规管理工作，对合规管理体系建设情况及其有效性进行考核评价，依据相关规定对违规行为开展责任追究。

第五条　中央企业合规管理工作应当遵循以下原则：

（一）坚持党的领导。充分发挥企业党委（党组）领导作用，落实全面依法治国战略部署有关要求，把党的领导贯穿合规管理全过程。

（二）坚持全面覆盖。将合规要求嵌入经营管理各领域各环节，贯穿决策、执行、监督全过程，落实到各部门、各单位和全体员工，实现多方联动、上下贯通。

（三）坚持权责清晰。按照"管业务必须管合规"要求，明确业务及职能部门、合规管理部门和监督部门职责，严格落实员工合规责任，对违规行为严肃问责。

（四）坚持务实高效。建立健全符合企业实际的合规管理体系，突出对重点领域、关键环节和重要人员的管理，充分利用大数据等信息化手段，切实提高管理效能。

第六条 中央企业应当在机构、人员、经费、技术等方面为合规管理工作提供必要条件，保障相关工作有序开展。

第二章 组织和职责

第七条 中央企业党委（党组）发挥把方向、管大局、促落实的领导作用，推动合规要求在本企业得到严格遵循和落实，不断提升依法合规经营管理水平。

中央企业应当严格遵守党内法规制度，企业党建工作机构在党委（党组）领导下，按照有关规定履行相应职责，推动相关党内法规制度有效贯彻落实。

第八条 中央企业董事会发挥定战略、作决策、防风险作用，主要履行以下职责：

（一）审议批准合规管理基本制度、体系建设方案和年度报告等。

（二）研究决定合规管理重大事项。

（三）推动完善合规管理体系并对其有效性进行评价。

（四）决定合规管理部门设置及职责。

第九条 中央企业经理层发挥谋经营、抓落实、强管理作用，主要履行以下职责：

（一）拟订合规管理体系建设方案，经董事会批准后组织实施。

（二）拟订合规管理基本制度，批准年度计划等，组织制定合规管理具体制度。

（三）组织应对重大合规风险事件。

（四）指导监督各部门和所属单位合规管理工作。

第十条 中央企业主要负责人作为推进法治建设第一责任人，应当切实履行依法合规经营管理重要组织者、推动者和实践者的职责，积极推进合规管理各项工作。

第十一条 中央企业设立合规委员会，可以与法治建设领导机构等合署办公，统筹协调合规管理工作，定期召开会议，研究解决重点难点问题。

第十二条 中央企业应当结合实际设立首席合规官，不新增领导岗位和职数，由总法律顾问兼任，对企业主要负责人负责，领导合规管理部门组织开展相关工作，指导所属单位加强合规管理。

第十三条 中央企业业务及职能部门承担合规管理主体责任，主要履行以下职责：

（一）建立健全本部门业务合规管理制度和流程，开展合规风险识别评估，编制风险清单和应对预案。

（二）定期梳理重点岗位合规风险，将合规要求纳入岗位职责。

（三）负责本部门经营管理行为的合规审查。

（四）及时报告合规风险，组织或者配合开展应对处置。

（五）组织或者配合开展违规问题调查和整改。

中央企业应当在业务及职能部门设置合规管理员，由业务骨干担任，接受合规管理部门业务指导和培训。

第十四条 中央企业合规管理部门牵头负责本企业合规管理工作，主要履行以下职责：

（一）组织起草合规管理基本制度、具体制度、年度计划和工作报告等。

（二）负责规章制度、经济合同、重大决策合规审查。

（三）组织开展合规风险识别、预警和应对处置，根据董事会授权开展合规管理体系有效性评价。

（四）受理职责范围内的违规举报，提出分类处置意见，组织或者参与对违规行为的调查。

（五）组织或者协助业务及职能部门开展合规培训，受理合规咨询，推进合规管理信息化建设。

中央企业应当配备与经营规模、业务范围、风险水平相适应的专职合规管理人员，加强业务培训，提升专业化水平。

第十五条 中央企业纪检监察机构和审计、巡视巡察、监督追责等部门依据有关规定，在职权范围内对合规要求落实情况进行监督，对违规行为进行调查，按照规定开展责任追究。

第三章 制度建设

第十六条 中央企业应当建立健全合规管理制度，根据适用范围、效力层级等，构建分级分类的合规管理制度体系。

第十七条 中央企业应当制定合规管理基本制度，明确总体目标、机构职责、运行机制、考核评价、监督问责等内容。

第十八条 中央企业应当针对反垄断、反商业贿赂、生态环保、安全生产、劳动用工、税务管理、数据保护等重点领域，以及合规风险较高的业务，制定合规管理具体制度或者专项指南。

中央企业应当针对涉外业务重要领域，根据所在国家（地区）法律法规等，结合实际制定专项合规管理制度。

第十九条 中央企业应当根据法律法规、监管政策等变化情况，及时对规章制度进行修订完善，对执行落实情况进行检查。

第四章 运行机制

第二十条 中央企业应当建立合规风险识别评估预警机制，全面梳理经营管理活动中的合规风险，建立并定期更新合规风险数据库，对风险发生的可能性、影响程度、潜在后果等进行分析，对典型性、普遍性或者可能产生严重后果的风险及时预警。

第二十一条 中央企业应当将合规审查作为必经程序嵌入经营管理流程，重大决策事项的合规审查意见应当由首席合规官签字，对决策事项的合规性提出明确意见。业务及职能部门、合规管理部门依据职责权限完善审查标准、流程、重点等，定期对审查情况开展后评估。

第二十二条 中央企业发生合规风险，相关业务及职能部门应当及时采取应对措施，并按照规定向合规管理部门报告。

中央企业因违规行为引发重大法律纠纷案件、重大行政处罚、刑事案件，或者被国际组织制裁等重大合规风险事件，造成或者可能造成企业重大资产损失或者严重不良影响的，应当由首席合规官牵头，合规管理部门统筹协调，相关部门协同配合，及时采取措施妥善应对。

中央企业发生重大合规风险事件，应当按照相关规定及时向国资委报告。

第二十三条 中央企业应当建立违规问题整改机制，通过健全规章制度、优化业务流程等，堵塞管理漏洞，提升依法合规经营管理水平。

第二十四条 中央企业应当设立违规举报平台，公布举报电话、邮箱或者信箱，相关部门按照职责权限受理违规举报，并就举报问题进行调查和处理，对造成资产损失或者严重不良后果的，移交责任追究部门；对涉嫌违纪违法的，按照规定移交纪检监察等相关部门或者机构。

中央企业应当对举报人的身份和举报事项严格保密，对举报属实的举报人可以给予适当奖励。任何单位和个人不得以任何形式对举报人进行打击报复。

第二十五条 中央企业应当完善违规行为追责问责机制，明确责任范围，细化问责标准，针对问题和线索及时开展调查，按照有关规定严肃追究违规人员责任。

中央企业应当建立所属单位经营管理和员工履职违规行为记录制度，将违规行为性质、发生次数、危害程度等作为考核评价、职级评定等工作的重要依据。

第二十六条 中央企业应当结合实际建立健全合规管理与法务管理、内部控制、风险管理等协同运作机制，加强统筹协调，避免交叉重复，提高管理效能。

第二十七条 中央企业应当定期开展合规管理体系有效性评价，针对重点业务合规管理情况适时开展专项评价，强化评价结果运用。

第二十八条 中央企业应当将合规管理作为法治建设重要内容，纳入对所属单位的考核评价。

第五章 合规文化

第二十九条 中央企业应当将合规管理纳入党委（党组）法治专题学习，推动企业领导人员强化合规意识，带头依法依规开展经营管理活动。

第三十条 中央企业应当建立常态化合规培训机制，制定年度培训计划，将合规管理作为管理人员、重点岗位人员和新入职人员培训必修内容。

第三十一条 中央企业应当加强合规宣传教育，及时发布合规手册，组织签订合规承诺，强化全员守法诚信、合规经营意识。

第三十二条 中央企业应当引导全体员工自觉践行合规理念，遵守合规要求，接受合规培训，对自身行为合规性负责，培育具有企业特色的合规文化。

第六章 信息化建设

第三十三条 中央企业应当加强合规管理信息化建设，结合实际将合规制度、典型案例、合规培训、违规行为记录等纳入信息系统。

第三十四条 中央企业应当定期梳理业务流程，查找合规风险点，运用信息化手段将合规要求和防控措施嵌入流程，针对关键节点加强合规审查，强化过程管控。

第三十五条 中央企业应当加强合规管理信息系统与财务、投资、采购等其他信息系统的互联互通，实现数据共用共享。

第三十六条 中央企业应当利用大数据等技术，加强对重点领域、关键节点的实时动态监测，实现合规风险即时预警、快速处置。

第七章 监督问责

第三十七条 中央企业违反本办法规定，因合规管理不到位引发违规行为的，国资委可以约谈相关企业并责成整改；造成损失或者不良影响的，国资委根据相关规定开展责任追究。

第三十八条 中央企业应当对在履职过程中因故意或者重大过失应当发现而未发现违规问题，或者发现违规问题存在失职渎职行为，给企业造成损失或者不良影响的单位和人员开展责任追究。

第八章 附 则

第三十九条 中央企业应当根据本办法，结合实际制定完善合规管理制度，推动所属单位建立健全合规管理体系。

第四十条 地方国有资产监督管理机构参照本办法，指导所出资企业加强合规管理工作。

第四十一条 本办法由国资委负责解释。

第四十二条 本办法自 2022 年 10 月 1 日起施行。

附录 2 ISO37301：2021《合规管理体系要求及使用指南》与《中央企业合规管理办法》对比表

合规管理体系建设任务清单		合规风险防控类型			《中央企业合规管理办法》要求
	合规管理特有工作	自律控制	机制控制	制度控制	他律控制	
前言						第二十六条 中央企业应当结合实际建立健全合规管理与法务管理、内部控制、风险管理等协同运作机制，加强统筹协调，避免交叉重复，提高管理效能
1	术语定义					第三条 本办法所称合规，是指企业经营管理行为和员工履职行为符合国家法律法规、监管规定、行业准则和国际条约、规则，以及公司章程、相关规章制度等要求。 本办法所称合规风险，是指企业及其员工在经营管理过程中因违规行为引发法律责任、造成经济或声誉损失以及其他负面影响的可能性
2	适用营利、非营利组织、公共管理组织、权利组织					第二条 本办法适用于国务院国有资产监督管理委员会（以下简称国资委）根据国务院授权履行出资人职责的中央企业
3	理解组织及其环境	合规战略：合规环境管理				
4	理解相关方的需求和期望	合规战略：合规利益相关管理				
5	应该建立什么样的合规管理体系	确定合规管理范围				第一条 为深入贯彻习近平法治思想，落实全面依法治国战略部署，深化法治央企建设，推动中央企业加强合规管理，切实防控风险，有力保障深化改革与高质量发展，根据《中华人民共和国公司法》《中华人民共和国企业国有资产法》等有关法律法规，制定本办法
		合规战略：组织合规定位				

续表

合规管理体系建设任务清单		合规风险防控类型				《中央企业合规管理办法》要求
	合规管理特有工作	自律控制	机制控制	制度控制	他律控制	
6 合规义务	确定合规管理范围；合规义务梳理与更新					第二十条 中央企业应当建立合规风险识别评估预警机制，全面梳理经营管理活动中的合规风险，建立并定期更新风险数据库，对风险发生的可能性、影响程度、潜在后果等进行分析，对典型性、普遍性或者可能产生严重后果的风险及时预警
7 合规风险评估	合规风险识别、评价管理					
	合作伙伴合规风险尽职调查					
8 合规领导作用	最高领导的合规领导作用					第七条 中央企业党委（党组）发挥把方向、管大局、促落实的领导作用，推动合规要求在本企业得到严格遵循和落实，不断提升合规管理水平。 第八条 中央企业董事会发挥定战略、作决策、防风险作用。 第九条 中央企业经理层发挥谋经营、抓落实、强管理作用。
	领导人员合规工作指导作用					
	领导人员推进合规承诺合规管理责任书	合规文化合规行为承诺，包括：领导人员合规承诺，员工合规承诺				第十条 中央企业主要负责人作为推进法治建设第一责任人，应当切实履行依法治企经营管理重要组织者、推动者和实践者的职责，积极推进合规管理各项工作
	合规文化		合规文化建设			第三十二条 中央企业应当引导全体员工自觉践行合规理念，遵守合规要求，接受合规培训，对自身行为合规性负责，培育具有企业特色的合规文化
	合规方针		合规方针			

续表

合规管理体系建设任务清单		合规风险防控类型			《中央企业合规管理办法》要求
	合规管理特有工作	自律控制	机制控制	制度控制	他律控制
8	合规领导作用	合规治理				公司合规治理要求	第五条 中央企业合规管理工作应当遵循以下原则： （一）坚持党的领导。充分发挥国有企业党委（党组）领导作用，落实全面依法治国战略部署有关要求，把党的领导贯穿合规管理全过程。 （二）坚持全面覆盖。将合规要求嵌入经营管理各领域各环节，贯穿决策、执行、监督全过程，落实到各部门、各单位和全体员工，实现多层联动、上下贯通。 （三）坚持权责清晰。按照"管业务必须管合规"要求，明确业务及职能部门、合规管理部门和监督部门职责，严格落实员工合规责任，对违规行为严肃问责。 （四）坚持务实高效。建立健全符合企业实际的合规管理体系，突出对重点领域、关键环节和重要人员的管理，充分利用大数据等信息化手段，切实提高管理效能。
9	岗位职责与权限	治理机构			公司合规管理组织与分工		第七条 中央企业应当严格遵守党内法规制度，企业党建工作机构在党委（党组）领导下，按照有关规定履行相应职责，推动相关党内法规制度有效贯彻落实。 第八条 中央企业董事会发挥定战略、作决策、防风险作用，主要履行以下职责： （一）审议批准合规管理基本制度、体系建设方案并对其有效性进行评价。 （二）研究决定合规管理重大事项。 （三）推动完善合规管理体系及设置合规管理部门。 （四）决定合规管理部门设置及职责

续表

合规管理体系建设任务清单	合规管理特有工作	合规风险防控类型				《中央企业合规管理办法》要求
		自律控制	机制控制	制度控制	他律控制	
9	岗位职责与权限	最高管理者					**第九条** 中央企业经理层发挥谋经营、抓落实、强管理作用，主要履行以下职责： （一）拟订合规管理体系建设方案，经董事会批准后组织实施； （二）拟订合规管理基本制度，批准年度计划等，组织制定合规管理具体制度。 （三）组织应对重大合规风险事件。 （四）指导监督各部门和所属单位合规管理工作。 **第十一条** 中央企业设立合规委员会，可以与法治建设领导机构等合署办公，统筹协调合规管理工作，定期召开会议，研究解决重点难点问题。 **第十二条** 中央企业应当结合实际设立首席合规官，不新增领导岗位和职数，由总法律顾问兼任，对企业主要负责人负责，领导合规管理部门组织开展相关工作，指导所属单位加强合规管理
				公司合规管理组织与分工		**第十条** 中央企业合规管理部门牵头负责本企业合规管理工作，主要履行以下职责： （一）组织起草合规管理基本制度，具体制度、年度计划和工作报告等； （二）负责规章制度、经济合同、重大决策合规审查。 （三）组织开展合规风险识别，预警和应对处置，根据董事会授权开展合规管理体系有效性评价。 （四）受理举报或者参与对合规职责范围内的违规举报，提出分类处置意见，组织或者参与对违规行为的调查
	合规管理部					

续表

合规管理体系建设任务清单		合规风险防控类型				《中央企业合规管理办法》要求
	合规管理特有工作	自律控制	机制控制	制度控制	他律控制	
9 岗位职责与权限	合规管理部					(五)组织或者协助业务及职能部门开展合规培训，受理合规咨询，推进合规管理信息化建设。 中央企业应当配备与经营合规范围、业务范围、风险水平相适应的专职合规管理人员，加强业务培训，提升专业化水平。 第十条 中央企业纪检监察机构和审计、巡视巡察、监督追责等部门依据有关规定，在职权范围内对合规管理主体责任落实情况进行监督，对违规行为进行调查，按照规定开展责任追究。 第十三条 中央企业业务及职能部门承担合规管理主体责任，主要履行以下职责： (一)建立健全本部门业务合规管理制度和流程，开展合规风险识别评估，编制风险清单和应对预案。 (二)定期梳理重点岗位合规风险，将合规要求纳入岗位职责。 (三)负责本部门经营管理行为的合规审查。 (四)及时报告合规违规风险，组织或者配合开展调查和整改。 (五)组织或者配合业务及职能部门设置合规管理员，由业务骨干担任，接受合规管理部门业务指导和培训。 中央企业应当在业务及职能部门设置合规管理员，由业务骨干担任，接受合规管理部门业务指导和培训
	业务管理部门			公司合规管理组织与分工		
	各人员					

续表

合规管理体系建设任务清单			合规风险防控类型				《中央企业合规管理办法》要求
			自律控制	机制控制	制度控制	他律控制	
	合规管理特有工作	合规管理特有工作					
策划	10	合规策划	合规风险应对策划管理					**第十六条** 中央企业应当建立健全合规管理制度，根据适用范围、效力层级等，构建分级分类的合规管理制度体系。 **第十七条** 中央企业应当制定合规管理基本制度，明确总体目标、机构职责、运行机制、考核评价、监督问责等内容。 **第十八条** 中央企业应当针对反垄断、反商业贿赂、生态环保、安全生产、劳动用工、税务管理、数据保护等重点领域，以及合规风险较高的业务，制定合规管理具体制度或者专项指南。 中央企业应当针对涉外业务重要领域，结合实际制定专项合规管理制度。 **第十九条** 中央企业应当根据法律法规、监管政策等变化情况，及时对规章制度进行修订完善，对执行落实情况进行检查。
		合规目标	合规目标管理					
		合规标准	外规转化：合规标准	合规行为准则				
		合规制度						
实施与控制	11	第三方合规管理		合作伙伴合规管理	重点业务合规管理			
		评审与测试	合规标准、合规控制措施持续有效保障					

续表

合规管理体系建设任务清单		合规风险防控类型				《中央企业合规管理办法》要求
	合规管理特有工作	自律控制	机制控制	制度控制	他律控制	
11	实施与控制	控制措施	利益冲突回避管理；岗位合规自查和自报告		合规管理工具与信息化	重点环节合规管理；重点岗位合规管理；事前合规咨询；事前合规审查；合规预警；合规风险管控；合规公示；定期强制轮岗；合规运行检查、审计	**第十九条** 中央企业应当对规章制度执行落实情况进行检查。 **第二十条** 中央企业应当建立合规风险识别评估预警机制，全面梳理经营管理活动中的合规风险，对风险发生的可能性、影响程度、潜在后果等进行分析，对典型性、普遍性或者可能产生严重后果的风险及时预警。 **第二十一条** 中央企业应当将合规事项作为必经程序嵌入经营管理流程、重大决策事项的合规审查意见应当由首席合规官签字，对决策事项的合规审查意见应当由首席合规官签字。合规管理部门依据职责权限提出明确意见。业务及职能部门、合规管理部门依据职责权限完善合规审查标准、流程、重点等，定期对审查情况开展后评估。 **第二十二条** 中央企业应当加强合规管理信息化建设，结合实际将合规制度、典型案例、合规培训、违规行为记录等纳入信息系统。 **第二十三条** 中央企业应当定期梳理合规管理业务流程，查找合规风险，运用信息化手段将合规管理要求和防控措施嵌入流程，针对关键节点加强合规审查，强化过程管控。 **第二十四条** 中央企业应当加强合规管理信息系统与财务、投资、采购等其他信息系统的互联互通，实现数据共用共享。 **第二十五条** 中央企业应当利用大数据等技术，加强对重点领域、关键节点的实时动态监测，实现合规风险即时预警、快速处置

续表

合规管理体系建设任务清单		合规管理特有工作	合规风险防控类型				《中央企业合规管理办法》要求
			自律控制	机制控制	制度控制	他律控制	
11	实施与控制	举报				合规举报管理	**第二十四条** 中央企业应当设立违规举报平台，公布举报电话、邮箱或者信箱，相关部门按照职责权限受理违规举报，并就举报问题进行调查和处理，移交责任部门追究职责。失或者严重不良后果的，按照规定移交纪检监察等相关部门或者纪检违法的，按照规定移交纪检监察等相关部门或者机构。 中央企业应当对举报人的身份和举报事项严格保密，对举报属实的举报人可以给予适当奖励。任何单位和个人不得以任何形式对举报人进行打击报复
		调查				合规调查管理	**第二十五条** 中央企业应当完善违规行为追责问责机制，明确责任范围，细化责任标准，按照责任严重追究职责。 中央企业应当建立所属单位经营管理和员工履职违规行为记录制度，将违规行为次数、危害程度等作为考核评价、职级评定工作的重要依据
12	合规绩效管理	合规目标绩效与监视				合规报告	**第二十二条** 中央企业发生合规风险，相关业务及职能部门应当及时采取应对措施，并按照规定向合规管理部门报告。 中央企业发生重大合规风险事件，应当按照相关规定及时向国资委报告
		合规目标指标系统计与监视					
		合规报告			合规报告		

续表

合规管理体系建设任务清单		合规管理特有工作	合规风险防控类型				《中央企业合规管理办法》要求
			自律控制	机制控制	制度控制	他律控制	
12	合规绩效管理	合规监视评价	合规有效性监测					第二十七条 中央企业应当定期开展合规管理体系有效性评价，针对重点业务合规管理情况适时开展专项评价，强化评价结果运用
		合规记录	业务留痕与可追溯					
		内部审核	内部审核					
		管理评审	合规管理评审					
13	持续改进	纠正与纠正措施					不符合、不合理纠正与纠正措施	第二十二条 中央企业发生合规风险，相关业务及职能部门应当及时采取应对措施，并按照规定向合规管理部门报告。中央企业因违规行为引发重大法律纠纷案件、重大行政处罚、刑事案件，或者被国际组织制裁等严重损失或者严重不良影响的，应当由首席合规官牵头，及时采取应对措施妥善应对协调，相关部门协同配合，及时向合规管理部门统筹协调。中央企业发生重大合规风险事件，应当按照相关规定及时向国资委报告。第二十三条 中央企业应当建立违规问题整改机制，通过健全规章制度、优化业务流程等，堵塞管理漏洞，提升依法合规经营管理水平

续表

合规管理体系建设任务清单		合规管理特有工作	合规风险防控类型				《中央企业合规管理办法》要求
			自律控制	机制控制	制度控制	他律控制	
13	持续改进	合规管理持续改进					第十九条 中央企业应当根据法律法规、监管政策等变化情况，反时对规章制度进行修订完善，对执行落实情况进行检查。 第二十三条 中央企业应当建立违规问题整改机制，通过健全规章制度、优化业务流程等，堵塞管理漏洞，提升依法合规经营管理水平
14	支持与保障	人员合规能力管理：聘用环节		合规绩效考核与奖励		聘用管理；合规交流	第二十八条 中央企业应当将合规管理作为法治建设重要内容，纳入对所属单位的考核评价
		人员合规能力管理：合规培训	人员合规能力管理；合规培训				第三十条 中央企业应当建立常态化合规培训机制，制定年度培训计划，将合规管理作为管理人员、重点岗位人员和新入职人员培训必修内容
		合规宣传		合规宣传			第三十一条 中央企业应当加强合规宣传教育，及时发布合规手册，组织签订合规承诺，强化全员守法诚信、合规经营意识
		合规意识培养	员工合规意识培养				第二十九条 中央企业应当将合规管理纳入党委（党组）法治专题学习，推动企业领导人员强化合规意识，带头依法依规开展经营管理活动
		合规管理预算与资源投入					第六条 中央企业应当为机构、人员、经费、技术等方面为合规管理工作提供必要条件，保障相关工作有序开展
		文化信息制度管理					

续表

合规管理体系建设任务清单		合规管理特有工作	合规风险防控类型			《中央企业合规管理办法》要求
			自律控制	机制控制	制度控制	他律控制	
15	监管要求						第三十六条 国资委负责指导、监督中央企业合规管理工作，对合规管理体系建设情况及其有效性进行考核评价，依据相关规定对违规行为开展责任追究。 第三十七条 中央企业违反本办法规定，因合规管理不到位引发违规行为的，国资委可以约谈相关企业并责成整改；造成损失或者不良影响的，国资委根据相关规定开展责任追究。 第三十八条 中央企业应当对在履职过程中因故意或者重大过失应当发现而未发现违规问题，或者发现违规问题存在失职渎职行为，给企业造成损失或者不良影响的单位和人员开展责任追究。 第三十九条 中央企业应当根据本办法，结合实际制定完善合规管理制度，推动所属单位建立健全合规管理体系。 第四十条 地方国有资产监督管理机构参照本办法，指导所出资企业加强合规管理工作。

附录3　企业合同管理体系应用
——合同管理制度（模板）

第一章　总　则

第一条　为规范××××公司（以下称"××××"）及下属机构，各项业务活动中的合同管理，防范潜在风险，根据相关法律法规制定本制度。

第二条　本制度中的"合同"是指××××及下属机构与自然人、法人或其他组织之间设立、变更、终止民事权利义务关系的协议，包括但不限于各种合同、协议、契约、备忘录、意向书、承诺函、授权书、委托书等。××××及下属机构与员工签订的劳动合同不适用本制度。

第一条中所称的合同必须采用书面形式。

第三条　本制度适用于××××公司全体员工。××××下属机构应当参照本制度，根据各自的业务特点制定本公司的合同审批及管理制度。

第二章　合同订立原则

第四条　合同订立应遵循如下原则：

（一）合法性原则

合同内容必须符合国家相关法律法规及公司颁布的相关规章制度的规定，应本着"平等、自愿、公平、诚实信用、遵守法律法规、尊重社会公德"的原则签署合同。

（二）合理性原则

签订合同必须以维护公司的合法权益和提高公司经济效益为宗旨，任何部门和个人不得利用合同进行违法违规活动、谋取个人或部门私利、损害公司利益。

（三）书面合同原则

所有合同必须签署书面合同以明确合同各方的权利、义务和责任，不得采用口头承诺、默示或推定等形式，以避免不必要的纠纷和争议。

（四）事前签订原则

合同应在合同事项履行之前签署，所有交易和业务活动原则上应在合同生效（合同各当事方在合同上签字和/或盖章）后方可开始进行。

（五）招标原则

需招标确定合同相对方的合同，应按照国家相关法律法规和公司招标管理制度的规定执行，即只有在招标或竞争性委托确定合同相对方后，才能进行合同订立的相关工作。

（六）程序合规原则

合同必须经合法程序订立，并按本规定及公司其他制度规定，经正当手续审核、确认、批准后方可签订。

（七）权利义务清晰原则

合同应清楚地界定、准确地描述合同内容、合同条款及各方的权利和义务，杜绝和减少模糊不清、易产生歧义、矛盾的词语或语句，以避免扯皮、推诿现象。

第三章 组织机构与职责

第五条 ××××及下属机构设置合同管理员负责合同的日常管理。

第六条 合同的主办业务部门为合同责任部门，负责合同立项、编审、谈判、审批、签订、执行、管理，并对下列内容进行审查及承担责任：

（一）从事本项合同业务的必要性。

（二）从事本项合同业务的可行性（包括经济利益、技术条件与安全保障等）。

（三）从事本项合同业务对公司利益的综合影响。

（四）对无须招标的合同，通过比选（原则上应由三家以上供应商报价）或竞争性谈判确定拟签约方。

（五）合同缔约对方的背景调查，包括但不限于：主体资格、经营资质、履约能力、资信情况以及对方签约人的签约权限等：

1. 审查签约对方的主体资格，审查对方的营业执照及年检的情况，以了解其主体的合法性（如是否合法注册、是否存在未年检导致被吊销营业执照等）和经营范围，其核载的内容应与实际相符。必要时应当到相关部门调查资产状况、工商登记以及不动产登记等，也可登录"国家企业信用信息公示系统"企查查，输入公司名称即可查询相关信息。

2. 签约对方的经营范围应涵盖合同内容，涉及专营许可证或资质的，应具备相应的许可、等级、资质证书。

3. 审查签约对方的经办人的代理权限和授权权限，应出具真实、有效的法定代表人（负责人）身份证明书、授权委托书及代理人身份证明。法人的身证件名称应与营业执照上面的名字相核对。委托代理人应审查是否有授权委托书或单位介绍信，审查时注意授权是否清楚，权限的范围是否已失效。

4. 审查签约对方的履约能力，是否具有支付能力或生产能力，审查历史履约情况等，以保证签约后能够顺利履行合同。必要时应要求其出具资产负债表、由开户银行或会计（审计）事务所出具的资信证明、验资报告等相关文件。中标候选人的经营、财务状况发生较大变化（如：破产、拖欠银行大量贷款等）或者存在违法行为，招标人认为可能影响其履约能力的，应当在发出中标通知书前由原评标委员会按照招标文件规定的标准和方法审查确认。

5. 审查签约对方使用的印鉴是否合法与真实有效。印鉴可以比对与政府部门、司法机关发生法律关系的文件，投标书、行政许可申请书、与政府签订的合同等，或向工商局、公安局查询。如使用虚假印鉴所签订的合同被确认无效后，因过错行为给对方造成损失的，过错方还要承担损害赔偿责任。

6. 有担保的合同，应审查担保人的担保能力和担保资格。

7. 对于重大合同，还须了解和审查合同对方当事人的履约信用：无违约事实，现时未涉及重大经济纠纷或重大经济犯罪案件。

8. 重大合同签约前应遵循"三重一大"决策流程，必须向法律人员、财务总监报备。

（六）合同事项审批：按照公司相关规章制度的规定履行必要的审批程序。

1. 合同金额××元（含）以下由分管领导审批；

2. 合同金额××元至×××元以下由公司负责人审批；

3. 合同金额××元至×××元以下由总经理审批；

4. 合同金额××元以上，由总经理审批，须经董事会决议；

5. 合同金额××元以上，由总经理审批，须经股东会决议。

（七）合同谈判与合同中商务条款的确认，确保所签合同有效、有利于公司利益和具有可操作性。

（八）将合同提交各相关部门审核会签。

（九）按照公司相关制度对合同正本加盖公司印章。

（十）按照合同条款履行合同：

1. 作为合同的执行责任人，对合同的履行，包括但不限于款项的支付或回收承担责任，避免出现违约行为，同时负责督促对方当事人履行合同。

2. 必须完整地收集和保存合同执行过程中产生的全部书面凭证，并妥善保管，以备如有合同纠纷时作为证据。

（十一）及时向上级领导和相关部门通报在合同履行过程中发生的问题，提出解决问题的意见和建议。

（十二）参与合同纠纷的协商、调解、仲裁、诉讼。

（十三）按照公司相关规章制度的规定将合同正本、复印件及相关审批文件、成果文件及时交送各部门归档，并会同档案室对合同进行编号。

（十四）登记本部门合同台账。

1. 合同名称；

2. 合同主体、签约方名称；

3. 合同实质内容（含标的、数量、价款或者酬金，履行期限、地点和方式，违约责任、解决争议的方法及其他须注明的事项）；

4. 合同履行情况（有无违约、争议、诉讼等情况及合同履行完毕时间）；

5. 合同承办部门、承办人；

6. 合同签订时间；

7. 其他应当记载的重要内容。

第七条　合同实行各部门会审制度，各部门审核人员应在各自岗位职责和权限范围内及时对各部门提交的合同文本出具审核意见，协助完善合同条款。

第八条　财务部门审核下列事项并承担责任：

（一）合同中有关价款、酬金条款及结算条款的合法性、适当性。

（二）履行合同所需资金安排的可行性，资金用途及使用方法的合理性。

（三）合同款项支付是否符合合同约定并按公司相关制度履行审批手续。

（四）登记合同台账

第九条　合同管理部门负责下列事项：

（一）对进行招标或比选的合同，审核合同范围、合同金额、履约保证、款项支付、变更洽商、结算及保修金等商务条款与招标文件（或报价要求）、回标文件（或报价）、清标问卷及回复等招标过程文件的匹配性与一致性。

（二）审核项目成本相关的合同。

（三）登记项目合同台账。

第十条　法务部门（法律顾问）的主要职责如下：

（一）公司标准合同文本的起草、制定。

（二）审核合同的合法合规性及合同的法律条款。

（三）负责合同纠纷的协商、调解、仲裁、诉讼等。

第十一条　合同管理员根据公司的业务需要，组织各部门对经常使用的合同类型拟订标准合同文本并予以推广使用。

第四章　合同审核管理

第十二条　合同发起部门负责草拟合同文本，对于公司已制定标准合同文本的合同类型，原则上应当使用标准合同文本。

使用公司标准合同文本且无实质性修改的，可以不经法务人员审核。

无收付款内容的合同（如保密协议等）可以免于财务审核。

有关招聘、房屋租赁、商标专利申请等中介服务的合同，经法律人员审批后，由财务总监审批，再由公司负责人审核。

第十三条　审批程序

××××及下属机构各类合同应当按照《××××公司合同审批流程示意图》（附件1）的规定以及××××或下属机构相关办法和业务流程履行审核手续。

××××及下属机构审批的合同，应按照《××××公司合同审核表》（附件4）的格式履行纸面审批手续，并将签署完毕的《合同审核表》交合同管理员存档。

第十四条　审批权限

须经公司股东会批准的合同，由公司负责人负责报批。股东会依据公司章程以及《公司事项决策制度》所规定的权限进行合同审批。

第十五条　由下属机构公司签订的、属于《××××公司合同审批权限表》（附件3）所规定需报××××审批范围内的合同，应及时报××××审批。

第十六条　对于须报××××审批的合同，具体业务负责人应根据本单位合同管理的规定，先完成本单位内部合同审批手续，填写完备的《××××公司合同审核表（适用于下属机构合同审批表）》（附件5），然后提交经××××法务人员、财务总监、公司负责人审批。如超过××××负责人审批权限或属于重大风险事项，应提交股东会或董事会审批。

针对已审批授权的合同××××不做合同管理，由下属机构自行管理。

第五章　合同签订管理

第十七条　全部审批手续办理完毕并按照各环节审核意见修改定稿的合同方可对外签订。

合同定稿后、正式签署前，应先由具体业务负责人在合同首页签署自己的全名，并在合同每一页上签署自己姓氏，签字页除外。

第十八条　以××××名义签订的合同应当由××××法定代表人或按照××××相关规定取得法定代表人授权人代表××××签订。

第十九条　对外签订合同时，具体业务负责人应当核实确定其他合同方的签署人为本人（缔约方为自然人）、法定代表人（缔约方为法人）或负责人（缔约方为其他组织），或者持有有效授权文件的代表。

对于由合同他方授权代表签订的合同，具体业务负责人应当索取正本授权文件，随合同正本带回并归档。

第二十条　××××签订的合同应当按照《××××公司合同编号规则》（附件6）为合同编号。下属机构出具的合同应参照本合同规则来编制编号。不得签订未经编号的合同，不得在两份以上合同上使用同一个合同编号。

第二十一条　合同签订时，应当按照合同条款中约定的方式签署并注明签署日期（精确到日），签字、盖章至少具备其一。盖章应当按照《××××公司印章管理制度》规定办理。

合同条款中约定既要签字又要盖章的，应当先签字，后盖章。对于未经有权签字人签字的合同，印章管理人员应不予盖章。

第六章　合同文本管理

第二十二条　合同各方同时签订或者我司作为最后签订方完成签署后，具体业务负责人应当立即向财务部和合同管理员提交一份合同正本归档。

我方先行完成签署后交由合同他方签署的，具体业务负责人应当在我司签署后一个月内将合同各方签署完毕的合同正本按照合同中约定的我司持有份数收回，并及时向财务部和合同管理员提交一份合同正本归档。合同管理员应当按照《××××档案管理制度》妥善归档保管合同正本。

如在我方签署后一个月仍未能交回合同正本，具体业务负责人应出具书面说明，由公司主管领导或其授权人签字审批后，交合同管理员备案。

第二十三条　财务部门负责根据相关法律法规的规定缴纳印花税。

第二十四条　档案管理员建立正本合同借阅登记台账。需要借阅已归档正本合同的，借阅人应当按照公司档案管理制度的要求填写《××××档案使用登记表》，写明用途，经借阅部门经理、主管领导和合同管理部门经理签字同意后方可借阅。使用完毕后应当及时归还并登记。

第二十五条　合同签订后即具有法律效力，业务部门必须认真履行合同，严格执行，确保不因违约给公司造成损失。

第二十六条　合同项下付款，业务部门应填写《建设工程立项审批单》，由相关部门/人员签字确认后，交到财务部门。财务部门在确认《建设工程立项审批单》依审批权限签字完整，且本次支付金额及支付方式符合合同约定后，按财务管理流程支付款项。签字不完整或与合同不符的，财务应拒绝付款。

业务部门要定期对合同履行情况进行检查，对合同履行中出现的问题及时上报，并督促相关部门与人员及时予以解决。

第七章　合同变更、转让管理

第二十七条　合同签订成立后，合同各方协商一致需要更改原合同内容的，包括但不限于标的、权利义务内容等，应当签订合同变更协议（具体形式包括但不限于补充协议、备忘录、更正说明等）；需要变更合同主体的，应当签订合同转让协议。

第二十八条　合同变更、转让协议应当采用书面形式。

第二十九条　合同变更、转让协议的签订和归档应当按照本制度对于新合同签订的要求执行。

第三十条　合同变更协议的签订主体应当包括原合同各方；合同转让协议的签订主体应当包括变更前后的合同各方。原合同各方中分立、合并的，由继承原合同权利义务的主体签订。

第三十一条　合同变更、转让协议应当采用原合同编号后加"-"加阿拉伯数字的编号，按照合同变更、转让协议的签订时间顺序编排。

第八章　合同终止管理

第三十二条　合同经各方签订成立后，无论是否生效，合同各方协商一致决定不再继续执行的，应当签署合同终止协议。终止协议签订前，不得就原合同中规定的事项与其他主体签订新的合同。

第三十三条　有下列情形之一的，合同的权利义务终止：

（一）债务已经按照约定履行。

（二）合同解除。

1. 解除包括单方解除和双方解除。单方解除指当事人一方通过行使解除权而使合同归于消灭的意思表示；双方解除指双方协议消灭原有的合同。

2. 解除还包括约定解除和法定解除。

（三）债务相互抵销。

抵销是指双方互负债务时，各以其债权充当债务之清偿，而使其债务与对方的债务在对等额内相互消灭。提出抵销的债权，为主动债权；被抵销的债权，为被动债权。抵销根据其产生的原因不同，有法定抵销和合意抵销之分。

（四）债务人依法将标的物提存。

是指由于债权人的原因而无法向其交付合同标的物时，债务人将该标的物交给提存部门保存以消灭合同权利义务的法律制度。按照《提存公证规则》的规定，我国公证机关可以负责办理提存事务。

（五）债权人免除债务。

即债权人抛弃债权从而消灭合同关系的意思表示。

（六）债权债务同归于一人。

（七）法律规定或者当事人约定终止的其他情形。

第三十四条　合同终止协议应当采用书面形式，并按照本制度的规定进行编号。

第三十五条　合同终止协议的签订和归档应当按照本制度对于新合同签订的要求执行。

第三十六条　合同终止协议的签订主体应当包括原合同各方。原合同各方中分立、合并的，由继承原合同的主体签订。

第三十七条　公司先行完成签署后交由合同他方签署但尚未收回的合同，如果需要终止，应当按照以下方式处理：

（一）合同他方未完成签署，合同尚未成立的，具体业务负责人应当将我司已签署的全部合同正本如数收回，交由合同管理员登记核销，合同管理员应当在核对无误后在全部合同正本上加盖作废章。

（二）合同他方已完成签署，合同成立的，应当由合同各方另行签订合同终止协议。

（三）合同他方声称合同正本已全部或部分丢失或销毁的，应当由合同各方共同签订合同废止声明（附件8）。合同废止声明的签订和归档应当按照本制度对于新合同签订的要求执行。具体业务负责人应当将我司已签署的剩余合同正本收回，交由合同管理员登记核销，合同管理员应当在核对无误后在收回的合同正本上加盖作废章。

第九章　合同纠纷的处理

第三十八条　合同履行过程中产生纠纷的，业务部门应立即上报。如因个人原因没有及时上报，给公司造成损失的，公司可以要求其赔偿经济损失，如损失严重的，可以解除其劳动合同。并追究其法律责任。能协商解决的，应协商解决。不能协商解决的，由公司法务部门（法律顾问）处理。

第十章　责　任

第三十九条　对违反本制度的有关责任人员，公司有权视情节轻重给予警告、取消下年度向上调薪资格、季度/或年度绩效考核列为"不称职"等处分。

1. 给公司造成损失的，应承担赔偿责任。
2. 情节严重者、给公司造成重大损失，如10000元以上产生不良影响的。

3. 严重违反公司规章制度，公司有权解除劳动合同并不予支付赔偿或经济补偿。

处分由公司负责人办公会研究决定，由人力资源管理部门负责实施。

第十一章　附　则

第四十条　本制度由合同管理部制定、变更和解释，并监督执行。

第四十一条　本制度经公司负责人办公会批准后，自颁布之日起试行。

附录 4　国务院国资委政策法规局负责人就《中央企业合规管理办法》答记者问

(2022 年 9 月 19 日)

问：请介绍一下《办法》起草背景。

答：习近平总书记强调，守法经营是任何企业都必须遵守的一个大原则，企业只有依法合规经营才能行稳致远。党的十九大后，党中央明确提出习近平法治思想，把全面依法治国提升到前所未有的新高度。《法治中国建设规划（2020—2025 年）》《法治社会建设实施纲要（2020—2025 年）》等中央文件对企业依法合规经营提出明确要求。落实党中央部署要求，国务院国资委高度重视合规管理工作，2018 年印发《中央企业合规管理指引（试行）》（以下简称《指引》），组织编制一系列重点领域合规指南，并将今年确定为中央企业"合规管理强化年"，进一步加大推动力度。中央企业认真落实有关要求，合规管理工作取得积极进展和明显成效，为企业改革发展提供了有力支撑保障。

党中央明确提出加快建设世界一流企业的目标，一流的企业必须要有一流的法治工作为保障。在当前国际竞争越来越体现为规则之争、法律之争的大背景下，中央企业面临的国内外环境和风险挑战日趋复杂严峻，必须加快提升依法合规经营管理水平，确保改革发展各项任务在法治轨道上稳步推进。为此，国务院国资委深入贯彻落实习近平法治思想，在总结中央企业合规管理实践、借鉴国际大企业先进做法的基础上起草了《办法》，广泛征求了中央企业意见，并向社会公开征求意见建议，经由国资委党委会、委务会审议通过后印发。

问：与此前印发的《指引》相比，此次出台的《办法》主要有哪些变化？

答：《办法》以国资委令的形式印发，通过部门规章对中央企业进一步深化合规管理提出明确要求，与《指引》相比更加突出刚性约束，内容更全、要求更高、措施更实。具体来讲，一是明确合规管理相关主体职责。按照法人治理结构，规定了企业党委（党组）、董事会、经理层、首席合规官等主体的合规管理职责，进一步明确了业务及职能部门、合规管理部门和监督部门合规管理"三道防线"职责。二是建立健全合规管理制度体系。要求中央企业结合实际,制定合规管理基本制度、具体制度或专项指南,构建分级分类的合规管理制度体系,强化对制度执行情况的检查。三是全面规范合规管理流程。对合规风险识别评估预警、合规审查、风险应对、问题整改、责任追究等提出明确要求,实现合规风险闭环管理。四是积极培育合规文化。要求中央企业通过法治专题学习、业务培训、加强宣传教育等,多方式、全方位提升全员合规意识,营造合规文化氛围。五是加快推进合规管理信息化建设。推动中央企业运用信息化手段将合规要求嵌入业务流程,利用大数据等技术对重点领域、关键节点开展实时动态监测,实现合规风险即时预警、快速处置。

问: 我们注意到《办法》中明确规定中央企业设立首席合规官,请介绍一下有关情况。

答: 在中央企业设立首席合规官,是强化合规管理工作的一项重要举措。从国际大企业实践看,设立首席合规官是世界一流企业的普遍做法,首席合规官作为企业核心管理层成员,全面领导合规管理体系建设与运行,发挥了积极作用。从中央企业实际看,近年来中央企业合规管理工作取得积极进展,但顶层设计和统筹依然不够,工作协同有待进一步强化。为此,一些企业已经设置了首席合规官并取得良好效果。2021年国际标准化组织印发的《合规管理体系要求及使用指南》(ISO 37301:2021)明确规定,应当指定一人对合规管理体系运行负有职责、享有权限。世界银行、经合组织等国际组织鼓励企业设立首席合规官,并作为评估合规管理水平的重要指标。因此,在中央企业设立首席合规官,既有利于进一步明确合规管理职责、落实责任,统筹各方力量更好推动工作,也展现了中央企业对强化合规管理的高度重视和积极态度,对推动各类企业依法合规经营具有重要示范带动作用。综合以上考虑,我们在《办法》中提出,中央企业应当结合实际设立首席合规官,领导合规管理部门组织开展相关工作,指导所属单位加强合规管理。

问:《办法》中对合规审查作了明确规定,请问有哪些具体要求?

答: 加强合规审查是规范经营行为、防范违规风险的第一道关口,合规审查做到位就能从源头上防住大部分合规风险。对此,我们在《办法》中对合规审查提出了更高要求:一是明晰各部门合规审查职责和界限。业务及职能部门负责本部门经营管理行为的合规审查,合规管理部门负责规章制度、经济合同、重大决策等重要事项的合规审查,进一步明确各自分工,便于职责落地。二是进一步提升合规审查的刚性。企业应当将合规审查作为必经程序嵌入流程,重大决策事项的合规审查意见应当由首席合规官签字,对决策事项的合规性提出明确意见,进一步突出合规审查的刚性约束,确保"应审必审"。三是完善合规审查闭环管理。参考部分企业的经验做法，业务及职能部门、合规管理部门依据职责权限，不断完善审查标准、流程、重点等，定期对审查情况开展后评估以及合规评价，通过闭环管理不断提升审查质量，更好支撑保障中心工作。

问：《办法》对合规管理信息化建设专章作出规定，请介绍下有关情况。

答：《法治中国建设规划（2020—2025年）》首次提出，运用大数据、云计算、人工智能等现代科技手段，全面建设"智慧法治"，推进法治中国建设的数据化、网络化、智能化。这为企业法治建设搭乘数字化快车、实现加速发展带来新机遇，也提出了更高要求。目前，超过半数中央企业建立了法治工作信息化管理系统，但合规管理信息化建设方面还有一些差距。我们体会到，世界一流企业之所以合规管理做得好，一个重要原因就是充分运用大数据、人工智能等现代科技手段，真正将合规要求嵌入经营管理流程，并通过数据分析、智能控制等方式，实现即时预警、快速处置，切实提高了管理效能。因此，适应这一发展趋势，《办法》专章对合规管理信息化建设作出规定，从明确主要功能、推进与其他信息系统互联互通、加强重点领域和关键节点实时动态监测等提出要求。

问：请介绍国资委下一步的工作安排。

答：下一步，国务院国资委将推动中央企业认真落实《办法》各项要求，完善制度机制，细化工作措施，将各项任务落实落地。加强对《办法》贯彻落实的督促指导，组织开展企业间互学互鉴，加快补齐短板。同时，指导各省级国资委参照《办法》，积极推进所出资企业合规管理工作，加快提升国有企业依法合规经营管理整体水平，为深化改革与高质量发展提供更加有力的支撑保障，以实际行动迎接党的二十大胜利召开。

附录5　关于进一步深化税收征管改革的意见

（中共中央办公厅　国务院办公厅）

近年来，我国税收制度改革不断深化，税收征管体制持续优化，纳税服务和税务执法的规范性、便捷性、精准性不断提升。为深入推进税务领域"放管服"改革，完善税务监管体系，打造市场化、法治化、国际化营商环境，更好服务市场主体发展，现就进一步深化税收征管改革提出如下意见。

一、总体要求

（一）指导思想。以习近平新时代中国特色社会主义思想为指导，全面贯彻党的十九大和十九届二中、三中、四中、五中全会精神，围绕把握新发展阶段、贯彻新发展理念、构建新发展格局，深化税收征管制度改革，着力建设以服务纳税人缴费人为中心、以发票电子化改革为突破口、以税收大数据为驱动力的具有高集成功能、高安全性能、高应用效能的智慧税务，深入推进精确执法、精细服务、精准监管、精诚共治，大幅提高税法遵从度和社会满意度，明显降低征纳成本，充分发挥税收在国家治理中的基础性、支柱性、保障性作用，为推动高质量发展提供有力支撑。

（二）工作原则。坚持党的全面领导，确保党中央、国务院决策部署不折不扣落实到位；坚持依法治税，善于运用法治思维和法治方式深化改革，不断优化税务执法方式，着力提升税收法治化水平；坚持为民便民，进一步完善利企便民服务措施，更好满足纳税人缴费人合理需求；坚持问题导向，着力补短板强弱项，切实解决税收征管中的突出问题；坚持改革创新，深化税务领域"放管服"改革，推动税务执法、服务、监管的理念和方式手段等全方位变革；坚持系统观念，统筹推进各项改革措施，整体性集成式提升税收治理效能。

（三）主要目标。到2022年，在税务执法规范性、税费服务便捷性、税务监管精准性上取得重要进展。到2023年，基本建成"无风险不打扰、有违法要追究、全过程强智控"的税务执法新体系，实现从经验式执法向科学精确执法转变；基本建成"线下服务无死角、线上服务不打烊、定制服务广覆盖"的税费服务新体系，实现从无差别服务向精细化、智能化、个性化服务转变；基本建成以"双随机、一公开"监管和"互联网+监管"为基本手段、以重点监管为补充、以"信用+风险"监管为基础的税务监管新体系，实现从"以票管税"向"以数治税"分类精准监管转变。到2025年，深化税收征管制度改革取得显著成效，基本建成功能强大的智慧税务，形成国内一流的智能化行政应用系统，全方位提高税务执法、服务、监管能力。

二、全面推进税收征管数字化升级和智能化改造

（四）加快推进智慧税务建设。充分运用大数据、云计算、人工智能、移动互联网等现代信息技术，着力推进内外部涉税数据汇聚联通、线上线下有机贯通，驱动税务执法、服务、监管制度创新和业务变革，进一步优化组织体系和资源配置。2022年基本实现法人税费信息"一户式"、自然人税费信息"一人式"智能归集，2023年基本实现税务机关信息"一局式"、税务人员信息"一员式"智能归集，深入推进对纳税人缴费人行为的自动分析管理、对税务人员履责的全过程自控考核考评、对税务决策信息和任务的自主分类推送。2025年实现税务执法、服务、监管与大数据智能化应用深度融合、高效联动、全面升级。

（五）稳步实施发票电子化改革。2021年建成全国统一的电子发票服务平台，24小时在线免费为纳税人提供电子发票申领、开具、交付、查验等服务。制定出台电子发票国家标准，有序推进铁路、民航等领域发票电子化，2025年基本实现发票全领域、全环节、全要素电子化，着力降低制度性交易成本。

（六）深化税收大数据共享应用。探索区块链技术在社会保险费征收、房地产交易和不动产登记等方面的应用，并持续拓展在促进涉税涉费信息共享等领域的应用。不断完善税收大数据云平台，加强数据资源开发利用，持续推进与国家及有关部门信息系统互联互通。2025年建成税务部门与相关部门常态化、制度化数据共享协调机制，依法保障涉税涉费必要信息获取；健全涉税涉费信息对外提供机制，打造规模大、类型多、价值高、颗粒度细的税收大数据，高效发挥数据要素驱动作用。完善税收大数据安全治理体系和管理制度，加强安全态势感知平台建设，常态化开展数据安全风险评估和检查，健全监测预警和应急处置机制，确保数据全生命周期安全。加强智能化税收大数据分析，不断强化税收大数据在经济运行研判和社会管理等领域的深层次应用。

三、不断完善税务执法制度和机制

（七）健全税费法律法规制度。全面落实税收法定原则，加快推进将现行税收暂行条例上升为法律。完善现代税收制度，更好发挥税收作用，促进建立现代财税体制。推动修订税收征收管理法、反洗钱法、发票管理办法等法律法

规和规章。加强非税收入管理法制化建设。

（八）严格规范税务执法行为。坚持依法依规征税收费，做到应收尽收。同时，坚决防止落实税费优惠政策不到位、征收"过头税费"及对税收工作进行不当行政干预等行为。全面落实行政执法公示、执法全过程记录、重大执法决定法制审核制度，推进执法信息网上录入、执法程序网上流转、执法活动网上监督、执法结果网上查询，2023年基本建成税务执法质量智能控制体系。不断完善税务执法及税费服务相关工作规范，持续健全行政处罚裁量基准制度。

（九）不断提升税务执法精确度。创新行政执法方式，有效运用说服教育、约谈警示等非强制性执法方式，让执法既有力度又有温度，做到宽严相济、法理相融。坚决防止粗放式、选择性、"一刀切"执法。准确把握一般涉税违法与涉税犯罪的界限，做到依法处置、罚当其责。在税务执法领域研究推广"首违不罚"清单制度。坚持包容审慎原则，积极支持新产业、新业态、新模式健康发展，以问题为导向完善税务执法，促进依法纳税和公平竞争。

（十）加强税务执法区域协同。推进区域间税务执法标准统一，实现执法信息互通、执法结果互认，更好服务国家区域协调发展战略。简化企业涉税涉费事项跨省迁移办理程序，2022年基本实现资质异地共认。持续扩大跨省经营企业全国通办涉税涉费事项范围，2025年基本实现全国通办。

（十一）强化税务执法内部控制和监督。2022年基本构建起全面覆盖、全程防控、全员有责的税务执法风险信息化内控监督体系，将税务执法风险防范措施嵌入信息系统，实现事前预警、事中阻断、事后追责。强化内外部审计监督和重大税务违法案件"一案双查"，不断完善对税务执法行为的常态化、精准化、机制化监督。

四、大力推行优质高效智能税费服务

（十二）确保税费优惠政策直达快享。2021年实现征管操作办法与税费优惠政策同步发布、同步解读，增强政策落实的及时性、确定性、一致性。进一步精简享受优惠政策办理流程和手续，持续扩大"自行判别、自行申报、事后监管"范围，确保便利操作、快速享受、有效监管。2022年实现依法运用大数据精准推送优惠政策信息，促进市场主体充分享受政策红利。

（十三）切实减轻办税缴费负担。积极通过信息系统采集数据，加强部门间数据共享，着力减少纳税人缴费人重复报送。全面推行税务证明事项告知承诺制，拓展容缺办理事项，持续扩大涉税资料由事前报送改为留存备查的范围。

（十四）全面改进办税缴费方式。2021年基本实现企业税费事项能网上办理，个人税费事项能掌上办理。2022年建成全国统一规范的电子税务局，不断拓展"非接触式""不见面"办税缴费服务。逐步改变以表单为载体的传统申报模式，2023 年基本实现信息系统自动提取数据、自动计算税额、自动预填申报，纳税人缴费人确认或补正后即可线上提交。

（十五）持续压减纳税缴费次数和时间。落实《优化营商环境条例》，对标国际先进水平，大力推进税（费）种综合申报，依法简并部分税种征期，减少申报次数和时间。扩大部门间数据共享范围，加快企业出口退税事项全环节办理速度，2022 年税务部门办理正常出口退税的平均时间压缩至 6 个工作日以内，对高信用级别企业进一步缩短办理时间。

（十六）积极推行智能型个性化服务。全面改造提升 12366 税费服务平台，加快推动向以 24 小时智能咨询为主转变，2022 年基本实现全国咨询"一线通答"。运用税收大数据智能分析识别纳税人缴费人的实际体验、个性需求等，精准提供线上服务。持续优化线下服务，更好满足特殊人员、特殊事项的服务需求。

（十七）维护纳税人缴费人合法权益。完善纳税人缴费人权利救济和税费争议解决机制，畅通诉求有效收集、快速响应和及时反馈渠道。探索实施大企业税收事先裁定并建立健全相关制度。健全纳税人缴费人个人信息保护等制度，依法加强税费数据查询权限和留痕等管理，严格保护纳税人缴费人及扣缴义务人的商业秘密、个人隐私等，严防个人信息泄露和滥用等。税务机关和税务人员违反有关法律法规规定、因疏于监管造成重大损失的，依法严肃追究责任。

五、精准实施税务监管

（十八）建立健全以"信用+风险"为基础的新型监管机制。健全守信激励和失信惩戒制度，充分发挥纳税信用在社会信用体系中的基础性作用。建立健全纳税缴费信用评价制度，对纳税缴费信用高的市场主体给予更多便利。在全面推行实名办税缴费制度基础上，实行纳税人缴费人动态信用等级分类和智能化风险监管，既以最严格的标准防范逃避税，又避免影响企业正常生产经营。健全以"数据集成+优质服务+提醒纠错+依法查处"为主要内容的自然人税费服务与监管体系。依法加强对高收入高净值人员的税费服务与监管。

（十九）加强重点领域风险防控和监管。对逃避税问题多发的行业、地区和人群，根据税收风险适当提高"双随机、一公开"抽查比例。对隐瞒收入、虚列成本、转移利润以及利用"税收洼地""阴阳合同"和关联交易等逃避税行为，加强预防性制度建设，加大依法防控和监督检查力度。

（二十）依法严厉打击涉税违法犯罪行为。充分发挥税收大数据作用，依托税务网络可信身份体系对发票开具、使用等进行全环节即时验证和监控，实现对虚开骗税等违法犯罪行为惩处从事后打击向事前事中精准防范转变。健全违法查处体系，充分依托国家"互联网+监管"系统多元数据汇聚功能，精准有效打击"假企业"虚开发票、"假出口"骗取退税、"假申报"骗取税费优惠等行为，保障国家税收安全。对重大涉税违法犯罪案件，依法从严查处曝光并按照有关规定纳入企业和个人信用记录，共享至全国信用信息平台。

六、持续深化拓展税收共治格局

（二十一）加强部门协作。大力推进会计核算和财务管理信息化，通过电子发票与财政支付、金融支付和各类单位财务核算系统、电子档案管理信息系统的衔接，加快推进电子发票无纸化报销、入账、归档、存储。持续深化"银税互动"，助力解决小微企业融资难、融资贵问题。加强情报交换、信息通报和执法联动，积极推进跨部门协同监管。

（二十二）加强社会协同。积极发挥行业协会和社会中介组织作用，支持第三方按市场化原则为纳税人提供个性化服务，加强对涉税中介组织的执业监管和行业监管。大力开展税费法律法规的普及宣传，持续深化青少年税收法治教育，发挥税法宣传教育的预防和引导作用，在全社会营造诚信纳税的浓厚氛围。

（二十三）强化税收司法保障。公安部门要强化涉税犯罪案件查办工作力量，做实健全公安派驻税务联络机制。实行警税双方制度化、信息化、常态化联合办案，进一步畅通行政执法与刑事执法衔接工作机制。检察机关发现负有税务监管相关职责的行政机关不依法履责的，应依法提出检察建议。完善涉税司法解释，明晰司法裁判标准。

（二十四）强化国际税收合作。深度参与数字经济等领域的国际税收规则和标准制定，持续推动全球税收治理体系建设。落实防止税基侵蚀和利润转移行动计划，严厉打击国际逃避税，保护外资企业合法权益，维护我国税收利益。不断完善"一带一路"税收征管合作机制，支持发展中国家提高税收征管能力。进一步扩大和完善税收协定网络，加大跨境涉税争议案件协商力度，实施好对所得避免双重征税的双边协定，为高质量引进来和高水平走出去提供支撑。

七、强化税务组织保障

（二十五）优化征管职责和力量。强化市县税务机构在日常性服务、涉税涉费事项办理和风险应对等方面的职责，适当上移全局性、复杂性税费服务和管理职责。不断优化业务流程，合理划分业务边界，科学界定岗位职责，建立健全闭环管理机制。加大人力资源向风险管理、税费分析、大数据应用等领域倾斜力度，增强税务稽查执法力量。

（二十六）加强征管能力建设。坚持更高标准、更高要求，着力建设德才兼备的高素质税务执法队伍，加大税务领军人才和各层次骨干人才培养力度。高质量建设和应用学习兴税平台，促进学习日常化、工作学习化。

（二十七）改进提升绩效考评。在实现税务执法、税费服务、税务监管行为全过程记录和数字化智能归集基础上，推动绩效管理渗入业务流程、融入岗责体系、嵌入信息系统，对税务执法等实施自动化考评，将法治素养和依法履职情况作为考核评价干部的重要内容，促进工作质效持续提升。

八、认真抓好贯彻实施

（二十八）加强组织领导。各地区各有关部门要增强"四个意识"、坚定"四个自信"、做到"两个维护"，切实履行职责，密切协调配合，确保各项任务落地见效。税务总局要牵头组织实施，积极研究解决工作推进中遇到的重大问题，加强协调沟通，抓好贯彻落实。地方各级党委和政府要按照税务系统实行双重领导管理体制的要求，在依法依规征税收费、落实减税降费、推进税收共治、强化司法保障、深化信息共享、加强税法普及、强化经费保障等方面提供支持。

（二十九）加强跟踪问效。在税务领域深入推行"好差评"制度，适时开展监督检查和评估总结，减轻基层负担，促进执法方式持续优化、征管效能持续提升。

（三十）加强宣传引导。税务总局要会同有关部门认真做好宣传工作，准确解读便民利企政策措施，及时回应社会关切，正确引导社会预期，营造良好舆论氛围。

附录6 《重大税收违法失信主体信息公布管理办法（修改草案征求意见稿）》

（国家税务总局）

第一章 总则

第一条【宗旨及依据】 为了贯彻落实中共中央办公厅、国务院办公厅印发的《关于进一步深化税收征管改革的意见》，维护正常税收征收管理秩序，惩戒严重涉税违法失信行为，促进依法诚信纳税，推进社会信用体系建设，根据《中华人民共和国税收征收管理法》《优化营商环境条例》等相关法律法规，制定本办法。

第二条【适用范围】 税务机关依照本办法的规定，向社会公布重大税收违法失信主体失信信息，并将信息通报相关部门，共同实施监管和联合惩戒。

第三条【基本原则】 重大税收违法失信主体信息公布管理应当遵循依法行政、公平公正、统一规范的原则。

第四条【信息保密】 各级税务机关应当依法保护当事人合法权益，对重大税收违法失信主体信息公布管理工作中知悉的国家秘密、商业秘密或者个人隐私、个人信息，应当依法予以保密。

第五条【责任追究】 税务机关及其工作人员在重大税收违法失信主体信息公布管理工作中，滥用职权、玩忽职守、徇私舞弊的，依法予以处理。

第二章 失信主体的确定

第六条【确定标准】 本办法所称"重大税收违法失信主体"（以下简称失信主体）是指有下列情形之一的纳税人、扣缴义务人或者其他涉税当事人（以下简称当事人）：

（一）【偷税】伪造、变造、隐匿、擅自销毁账簿、记账凭证，或者在账簿上多列支出或者不列、少列收入，或者经税务机关通知申报而拒不申报或者进行虚假的纳税申报，不缴或者少缴应纳税款100万元以上，且任一年度不缴或者少缴应纳税款占当年各税种应纳税总额10%以上，采取前述手段，不缴或者少缴已扣、已收税款，数额在100万元以上的；

（二）【逃避追缴欠税】欠缴应纳税款，采取转移或者隐匿财产的手段，妨碍税务机关追缴欠缴的税款，欠缴税款金额 100 万元以上的；

（三）【骗取出口退税】骗取国家出口退税款的；

（四）【抗税】以暴力、威胁方法拒不缴纳税款的；

（五）【虚开专用发票】虚开增值税专用发票或者虚开用于骗取出口退税、抵扣税款的其他发票的；

（六）【虚开其他发票】虚开第五项规定以外的其他发票 100 份以上或者金额 400 万元以上的；

（七）【私自印制发票等】私自印制、伪造、变造发票，非法制造发票防伪专用品，伪造发票监制章，窃取、截留、篡改、出售发票数据的；

（八）【协助偷税】为纳税人、扣缴义务人非法提供银行账户、发票、证明或者其他方便，导致未缴、少缴税款 100 万元以上或骗取国家出口退税款，被税务机关予以行政处罚的；

（九）【税务代理人违法】税务代理人违反税收法律、行政法规，造成纳税人未缴或者少缴税款 100 万元以上，被税务机关予以行政处罚的；

（十）【其他情形】其他性质恶劣、情节严重、社会危害性较大的税收违法行为。

第七条【确定依据】税务机关对当事人依法作出《税务行政处罚决定书》，当事人在法定期限内未申请行政复议、未提起行政诉讼，或者申请行政复议，行政复议机关作出行政复议决定后，在法定期限内未提起行政诉讼，或者人民法院对税务行政处罚决定或行政复议决定作出生效判决、裁定，有本办法第六条规定情形之一的，税务机关确定为失信主体。

税务机关对向公安机关移送涉嫌犯罪的当事人仅作出《税务处理决定书》，当事人在法定期限内未申请行政复议、未提起行政诉讼，或者申请行政复议，行政复议机关作出行政复议决定后，在法定期限内未提起行政诉讼，或者人民法院对税务处理决定或行政复议决定作出生效判决、裁定，有本办法第六条规定情形之一的，税务机关确定为失信主体。

第八条【告知程序】税务机关应当在作出确定失信主体决定前向当事人送达告知文书，告知其依法享有陈述、申辩的权利。告知文书应当包括以下内容：

（一）当事人姓名或者名称、有效身份证件号码或者统一社会信用代码、地址，没有统一社会信用代码的，以税务机关赋予的纳税人识别号代替；

（二）拟确定为失信主体的事由、法律依据；

（三）拟向社会公布的失信信息；

（四）拟通知相关部门采取失信惩戒措施；

（五）当事人依法享有的相关权利；

（六）其他相关事项。

对纳入纳税信用评价范围的当事人，还应当告知其拟适用 D 级纳税人管理措施。

第九条【陈述申辩】当事人在税务机关告知后 5 日内，可以书面或者口头提出陈述、申辩意见。当事人口头提出陈述、申辩意见的，税务机关应当制作陈述申辩笔录，并由当事人签章。

税务机关应当充分听取当事人陈述、申辩意见，对当事人提出的事实、理由和证据进行复核。当事人提出的事实、理由或者证据成立的，应当采纳。

第十条【确定文书】经设区的市、自治州以上税务局局长批准，税务机关在本办法第七条规定的申请行政复议或提起行政诉讼期限届满或者行政复议决定、人民法院判决、裁定生效后 30 日内制作失信主体确定文书，并依法送达当事人。失信主体确定文书应当包括以下内容：

（一）当事人姓名或者名称、有效身份证件号码或者统一社会信用代码、地址，没有统一社会信用代码的，以税务机关赋予的纳税人识别号代替；

（二）确定为失信主体的事由、法律依据；

（三）向社会公布的失信信息提示；

（四）相关部门采取失信惩戒措施提示；

（五）当事人依法享有的相关权利；

（六）其他相关事项。

对纳入纳税信用评价范围的当事人，还应当包括适用 D 级纳税人管理措施提示。

第一款规定的时限不包括因其他方式无法送达，公告送达告知文书的时间。

第三章　信息公布及惩戒措施

第十一条【公布内容】税务机关应当在失信主体确定文书送达后的次月 15 日内，向社会公布下列信息：

（一）失信主体基本情况；

（二）失信主体的主要税收违法事实；

（三）税务处理、税务行政处罚决定及法律依据；

（四）确定失信主体的税务机关；

（五）税务机关认为有必要公布的其他信息。

第十二条【基本情况】税务机关按照本办法第十一条第一项规定向社会公布的失信主体基本情况，失信主体为法人或者其他组织的，公布其名称，统一社会信用代码（纳税人识别号），注册地址，违法行为发生时的法定代表人、负责人或者经人民法院裁判确定的实际责任人的姓名、性别及身份证件号码（隐去出生年、月、日号码段）；失信主体为自然人的，公布其姓名、性别、身份证件号码（隐去出生年、月、日号码段）。

经人民法院裁判确定的实际责任人，与违法行为发生时的法定代表人或者负责人不一致的，除有证据证明法定代表人或者负责人有涉案行为外，税务机关只向社会公布实际责任人信息。

第十三条【公布方式】税务机关应当通过省、自治区、直辖市、计划单列市税务局（以下简称省税务局）网站向社会公布失信主体信息，根据本地区实际情况，也可以通过税务机关公告栏、报纸、广播、电视、网络媒体等途径以及新闻发布会等形式向社会公布。

国家税务总局归集各级税务机关确定的失信主体信息，并提供至"信用中国"网站进行公开。

第十四条【不予公布】当事人在失信信息公布前按照《税务处理决定书》《税务行政处罚决定书》规定缴清税款、滞纳金和罚款的，税务机关不向社会公布其相关信息。

第十五条【管理措施】税务机关对按本办法规定确定的失信主体，纳入纳税信用评价范围的，按照纳税信用管理规定，将其纳税信用级别判为D级，适用相应的D级纳税人管理措施。

第十六条【惩戒措施】对按本办法第十一条规定向社会公布信息的失信主体，税务机关将失信信息提供给相关部门，由相关部门依法采取失信惩戒措施。

第十七条【公布期限】失信主体信息自公布之日起满3年的，停止信息公布。

第四章　信用修复

第十八条【申请条件】失信信息公布期间，符合下列条件之一的，失信主体或者其破产管理人可以向作出确定失信主体决定的税务机关申请信用修复：

（一）按照《税务处理决定书》《税务行政处罚决定书》规定缴清税款、滞纳金和罚款的；

（二）在发生重大自然灾害、公共卫生、社会安全等突发事件期间，因参与应急抢险救灾、疫情防控、重大项目建设或者履行社会责任作出突出贡献的；

（三）失信主体破产，税务机关依法受偿后，人民法院出具批准重整计划或认可和解协议的裁定书的。

第十九条【提交申请】按本办法第十八条第一项规定申请信用修复的，申请人应当提交停止公布失信信息申请表、诚信纳税承诺书。

按办法第十八条第二项规定申请信用修复的，申请人应当提交停止公布失信信息申请表、诚信纳税承诺书以及省、自治区、直辖市人民政府出具的证明材料。

按本办法第十八条第三项规定申请信用修复的，申请人应当提交停止公布失信信息申请表、人民法院出具的批准重整计划或认可和解协议的裁定书。

第二十条【审核受理】税务机关应当自收到申请之日起 2 日内作出是否受理的决定。申请材料齐全、符合法定形式的，应当予以受理，并告知申请人。不予受理的，应当告知申请人，并说明理由。

第二十一条【修复决定】受理申请后，税务机关应当及时审核。对符合本办法第十八条第一项规定条件申请信用修复的申请人，经设区的市、自治州以上税务局局长批准，准予信用修复；对符合本办法第十八条第二项、第三项规定条件申请信用修复的申请人，经省税务局局长批准，准予信用修复。

税务机关应当自受理之日起 15 日内作出是否予以信用修复的决定，并告知申请人。对不予信用修复的，应当说明理由。

第二十二条【不予修复】失信主体有下列情形之一的，不予信用修复：

（一）被确定为失信主体后，因发生偷税、逃避追缴欠税、骗取出口退税、抗税、虚开发票等税收违法行为受到税务处理或者行政处罚的；

（二）五年内被确定为失信主体两次及以上的。

申请人按本办法第十八条第三项规定申请信用修复的，不受前款规定限制。

第二十三条【停止公布】税务机关作出准予信用修复决定的，应当在 5 日内停止信息公布。

第二十四条【信用教育】税务机关可以组织申请信用修复的失信主体法定代表人、财务负责人等参加信用培训，开展依法诚信纳税教育。信用培训不得收取任何费用。

第五章 附则

第二十五条【文字释义】本办法规定期间的最后一日为法定休假日的，以休假日期满的次日为期限的最后一日；在期限内有连续 3 日以上法定休假日的，按休假日天数顺延。

本办法规定的期间是指工作日，不包括法定休假日。

第二十六条【具体规定】各省、自治区、直辖市和计划单列市税务局可以依照本办法制定具体实施办法。

第二十七条【施行日期】本办法自年月日起施行。《国家税务总局关于发布〈重大税收违法失信案件信息公布办法〉的公告》（国家税务总局公告2018年第 54 号）同时废止。

附录7　关于《重大税收违法失信主体信息公布管理办法（修改草案征求意见稿）》的说明

(国家税务总局)

为贯彻落实中共中央办公厅、国务院办公厅《关于进一步深化税收征管改革的意见》和《国务院办公厅关于进一步完善失信约束制度构建诚信建设长效机制的指导意见》（国办发〔2020〕49号）要求，更好发挥税务诚信机制在激发市场活力、营造良好营商环境等方面积极作用，国家税务总局拟对《重大税收违法失信案件信息公布办法》（国家税务总局公告2018年第54号，以下简称现行办法）进行修改并更名为《重大税收违法失信主体信息公布管理办法》（修改草案征求意见稿，以下简称修改草案），以部门规章形式发布施行。现就有关修改情况说明如下：

一、修改的必要性

现行办法自颁布实施以来，在构建以信用为基础的新型监管机制、营造诚信社会环境方面发挥了重要作用。近年来，随着经济社会发展，党中央、国务院对进一步深化税收征管改革，发挥税务诚信体系建设在税收治理中的积极作用作出了新部署，提出了新要求，现行办法的施行面临一系列新形势、新情况，有必要及时修改完善。

（一）进一步深化税收征管改革的需要

中办、国办印发的《关于进一步深化税收征管改革的意见》要求，要健全守信激励和失信惩戒制度，充分发挥纳税信用在社会信用体系中的基础性作用。作为税务诚信体系建设的重要组成部分，重大税收违法失信主体信息公布管理需要按照进一步深化税收征管改革的要求，进一步完善制度，提升重大税收违法失信主体信息公布工作的规范化、法治化水平，为推进税收治理体系和治理能力现代化提供充分的制度基础和法治保障。

（二）构建诚信建设长效机制的需要

《国务院办公厅关于进一步完善失信约束制度构建诚信建设长效机制的指导

意见》指出，要严格依法依规推动社会信用体系建设，进一步规范和健全失信行为认定、记录、归集、共享、公开、惩戒和信用修复等机制，并明确要求各部门于 2021 年 12 月 31 日前以规章形式制定相关领域严重失信主体名单管理办法。税务部门的现行办法是规范性文件，需要按照国务院要求进一步修订完善，并提升至规章的法律层级。

（三）进一步优化税务执法方式的需要

重大税收违法失信主体信息公布工作直接面向广大纳税人，事关纳税人利益。贯彻落实依法行政要求，推进税务诚信体系建设，需要持续健全完善税务诚信制度规定，进一步优化税务执法方式，切实加大对重大税收违法失信主体信息公布工作的规范力度，充分保障当事人的合法权益。

二、修改的基本原则

修改工作坚持稳中求进总基调，按照依法依规、保护权益、审慎适度的总体思路，重点规范和健全重大税收违法失信主体的确定标准、确定程序、信用修复、权利保护，着力构建税务诚信建设长效机制，推动税收信用体系迈入高质量发展的新阶段，更好发挥其在营造公平诚信的市场环境等方面的积极作用。

一是强化权利保障。把维护当事人合法权益贯穿于失信信息公布工作全过程，充分保障当事人事前知情权、事中异议权、事后信用修复申请权，提高社会满意度。

二是提升法治化水平。将现行办法立法级次提升为部门规章，明确各级税务机关在重大税收违法失信主体信息公布工作中的职权和相应程序，进一步约束执法行为，确保该工作在法治轨道内运行。

三是回应社会关切。针对现行办法执行中出现的新情况、新问题，通过制度修订予以明确、解决，回应纳税人关切和需求，更好服务市场主体发展，打造市场化、法治化、国际化营商环境。

三、修改的主要内容

修改草案分 5 章（总则、失信主体的确定、信息公布及惩戒措施、信用修复、附则）27 条，和现行办法相比，删除 7 条，新增 15 条，修改 12 条。具体修改内容如下：

（一）在立法目的中增加"贯彻落实《关于进一步深化税收征管改革的意见》"的表述。在第一条开宗明义将贯彻落实中共中央办公厅、国务院办公厅印发的《关于进一步深化税收征管改革的意见》作为立法目的之一。

（二）增加对失信主体个人信息的保护。按照《优化营商环境条例》的要求，在第四条明确税务机关在重大税收违法失信主体信息公布管理工作中知悉的商业秘密、个人隐私及个人信息，应当依法保密，进一步提高失信主体信息公布管理工作的规范性。

（三）明确失信主体的确定标准。充分考虑失信主体确定的一致性、合理性，在第六条将逃避追缴欠税金额提高至100万元以上，虚开专票以外的其他发票金额提高至400万元以上，把"窃取、截留、篡改、出售发票数据"的违法主体，不缴或者少缴已扣、已收税款且数额在100万以上的扣缴义务人，为纳税人、扣缴义务人非法提供银行账户、发票、证明或者其他方便导致未缴、少缴税款100万元以上或者骗取国家出口退税款，被税务机关予以行政处罚的涉税当事人以及造成纳税人未缴或者少缴税款100万元以上，被税务机关处罚的税务代理人纳入失信主体范围。

（四）明确保障当事人知情权和陈述申辩权的相关规定。在第八条规定税务机关应当在确定失信主体前告知当事人享有的法定权利，在第九条增加及时复核当事人陈述申辩意见的规定，保障当事人合法权益。

（五）增加确定失信主体和公布失信主体信息的时限规定。在第十条明确税务机关在文书生效后30日内制作失信主体确定文书，在第十一条规定税务机关应当在失信主体确定文书送达后的次月15日内，向社会公布失信信息。通过明确具体时限，防止税务机关不作为、慢作为。

（六）明确失信主体信息公布方式。在第十三条规定国家税务总局归集各级税务机关确定的失信主体信息，并提供至"信用中国"网站进行公开。

（七）增加失信主体信息不予公布规定。为促进税法遵从，第十四条规定所有失信主体，在失信信息公布前按照《税务处理决定书》《税务行政处罚决定书》规定缴清税款、滞纳金和罚款的，税务机关不向社会公布其相关信息。

（八）增加信用修复申请规定。为鼓励失信主体主动纠正违法行为、积极承担社会责任、重塑良好信用，在第十八条规定失信主体符合一定条件的，可以申请信用修复。

（九）明确申请信用修复应提交的材料。为最大限度便利纳税人，减轻纳税人办税负担，按照必要性原则，在第十九条对不同情形的信用修复申请明确规定应提交的申请材料。

（十）严格信用修复审批程序。在第二十条、第二十一条、第二十三条明确失信主体申请信用修复的，税务机关应当及时审核决定是否受理。经规定层级的税务局局长批准后，在受理后15日内作出准予修复决定，并在5日内停止公布失信信息。

（十一）增加不予信用修复的情形。为体现"宽严相济""过惩相当"，在第二十二条明确对五年内被确定为失信主体两次及以上的和被确定为失信主体后因发生偷税、逃避追缴欠税、骗税、抗税、虚开发票等税收违法行为受到税务处理或者行政处罚的，不予信用修复。

（十二）增加信用培训的规定。在第二十四条规定税务机关对申请信用修复的失信主体，可以组织其法定代表人、财务负责人等参加信用培训，开展依法诚信纳税教育，进一步强化对失信主体正面引导，提高失信主体诚信纳税意识。